SOLZHENITSYN
A SOUL IN EXILE

流放的灵魂

索尔仁尼琴

JOSEPH PEARCE

约瑟夫·皮尔斯　著

张桂娜　译

上海三联书店

SOLZHENITSYN: A SOUL IN EXILE

Revised and Updated Edition

By JOSEPH PEARCE

© 2011 by Ignatius Press, San Francisco

Original edition published in 1999 by HarperCollins Publishers, Ltd.

© 1999 by Joseph Pearce

Second edition published in 2001 by Baker Books, Grand Rapids, Michigan

目 录

致谢

　　首先,我非常感谢本传的传主。若没有亚历山大·索尔仁尼琴本人的鼎力相助,我依然还在二手资料的海洋中奋力挣扎。这并不是说我没有广泛地使用这类资料。我当然使用了这类资料,所采用的主要部分也已在注释中标明,但是,若没有索尔仁尼琴的亲自参与,我不可能取得对他的生命与作品的深刻洞见,并且从中受益;我希望,而且我也相信,这种深刻的洞见在本书中得到了传达。我强烈地意识到我的采访所具有的优势,因为这位俄罗斯作家对西方的传记作家和媒体记者的不信任感是众所周知的,这一点更加重了我的感激之情。比如,我还记得,之前的一位传记作家想尽办法都没有得到索尔仁尼琴的帮助,甚至他的信件都得不到回复(这位传记作家能够写出出类拔萃的书,当归功于他作为一名作家的能力)。索尔仁尼琴为我破除了他抵制西方作家的一惯做法,其原因我是无从猜测的,然而,能够得益于他的帮助依然使我很高兴。

　　在我访问俄罗斯期间,我受到了索尔仁尼琴夫人娜塔丽娅·索尔仁尼琴(即阿莉娅)的热情接待,还贪婪地品尝了她的俄罗斯传统厨艺。随后,她又为我提供了她本人和她丈夫的一些生活细节,这给了我莫大帮助。我也很感谢叶尔莫莱·索尔仁尼琴——索尔仁尼琴的长子,这不仅是因为在我采访他父亲期间,他耐心地、不辞劳苦地担任同声传译,而且采访结束后他还带我乘兴游览了莫斯科。在接下来的数月中,叶尔莫莱不断帮助我,详细地回答我的各种问题,和我分享他对佛蒙特州生活和英国生活的童年记忆，还有他对父亲回到俄罗斯以及随后受到俄罗斯人民欢迎的印象。

伊格纳特·索尔仁尼琴，即叶尔莫莱的弟弟，在我筹备本书的那几个月中，也不知疲倦地为我提供帮助。虽然他在美国的日程排得很满——在美国，他是一位造诣极高又广受欢迎的职业钢琴演奏家——但是，他从来都没有拒绝过我的请求，总是通过电话、传真、电邮，有时甚至通过最古老的邮政服务来回答我的问题。在他的帮助和安排下我还访问了莫斯科，并在我和他父母间充当中间人和翻译，将他本人的一些记忆和看法与我分享，没有他的这些帮助，这本传记是不可能完成的。我同样对他充满深深的感激之情。

这本传记新的修订版还受益于伊格纳特·索尔仁尼琴由俄语翻译成英语的几份材料，还有娜塔丽娅·索尔仁尼琴提供的几幅索氏的近照，也使本书更加丰富。我不仅感激索尔仁尼琴夫人提供这些新照片的慷慨，而且，我还感谢伊格纳特和弟弟斯捷潘·索尔仁尼琴将这些照片上传到虚拟空间，使我可以迅速地接收到它们。

我还要感谢迈克尔·尼科尔森在我于牛津大学学院写作这本书时，或者为写这本书进行研究期间，通过无数次的电话访谈所给予我的帮助。他还帮助翻译了俄语版《古拉格群岛》（第二卷）中索尔仁尼琴的二十四行诗句。

我还要向莎拉·霍林斯沃斯表示感谢，她对本书第一版提出了宝贵的批评意见；感谢艾尔弗雷德·西蒙德斯孜孜不倦的鼓励；感谢凯特琳娜·怀特帮助做的翻译；感谢美国 HarperCollins 出版社的詹姆斯·凯特福德、埃尔斯佩思·泰勒、凯西·戴克，他们为本书第一版的出版付出了艰辛的劳动。同样，我还非常感谢约瑟夫·费希奥神父、马克·布鲁姆雷、托尼·赖安、卡洛林·莱蒙、戴安·艾瑞克森以及 Ignatius 出版社的其他人员在本书新修订版上所付出的劳动。

第二版序言

一九九八年,我在莫斯科索尔仁尼琴的家中见到了索尔仁尼琴,这也许是我一生中最大的荣幸。那时,这位伟大的俄罗斯作家和诺贝尔奖获得者,即将迎来他的八十岁寿辰。因此,我的这本传记是恰逢其时的礼赞,赞扬那种活出人样的生命,那种勇敢面对暴政和真正英雄主义的生命。然而,那时,这个生命仍然在继续着,而且依然生命力十足。索尔仁尼琴又活了十年,整整十年,在这十年当中,他坚决拒绝退休,他在俄罗斯依然是一个有争议的人物,实际上他在整个世界也是一个有争议的人物。

既然在我写作这本索尔仁尼琴传记时他的生命还没有结束,那么,我所呈现出的他的"生命"也因此尚是一部未完成的作品。所以,本书第二版才是本传的终结版,而第一版只是它的先锋。当前这个修订版又另外增加了四章内容,还作了一些重要的修改,更能全方位地透视索尔仁尼琴的整个生命,他全部的八十九年,这是对他的文学成就和精神遗产的完整陈述与礼赞。

第一版序言

　　如果说二十世纪的文学人物有哪一位是媒体"指派角色"的受害者，那么，这个人一定是亚历山大·索尔仁尼琴。无论何时提起他的名字，得到的几乎永远都是类型化的概括。我们被言之凿凿地告知，他是一个末世论预言家，是一个极端的悲观主义者，是一个旧约先知耶利米式的不屈从的人物，脱离现实和时代，最为糟糕的是，在我们热衷于不断创新的亚文化中，他还是过时的。我们还被告知，对于当代世界，尤其是对于当代俄罗斯，他是不合潮流的。

　　一九九八年六月六日，乔治·特列夫加恩在《每日电讯报》商业版发表文章，题名"索尔仁尼琴失去了俄罗斯人的支持"，该文也许典型地体现了人们对待这位俄罗斯的诺贝尔文学奖获得者的这种态度。"亚历山大·索尔仁尼琴再一次证明了，他的极度痛苦依然如故，"特列夫加恩写道，"他对新俄罗斯的激烈批判显示出末日感、灾难感和历史感，这是从一个苏联的幸存者、一个诺贝尔奖获得者身上所能预料到的。索尔仁尼琴认为，俄罗斯推翻了共产主义的罪恶，但结果只是用资本主义的罪恶取而代之。"

　　特列夫加恩先生的文章以这样的断言结束："亚历山大·索尔仁尼琴是一位作家，但不是一位经济学家。"然而，人们也许会问，为什么这会使一个作家失去评论他的国家问题的资格呢？难道狄更斯关于维多利亚时期英国的贫困没有说出任何重要的东西吗？难道乔治·奥维尔关于极权主义的危险没有说出任何重要的东西吗？相比于这些作家对有争议的问题所做出的文学阐释,报纸商业版上许多分析性文章的缺陷显而易见。实际上,特列夫加恩先生本人的文章就是一个恰如其分的例子。他认为"索尔仁尼琴和末世论散播者夸张地描述了他们的处境",因为俄罗斯充满活力的新总理谢尔盖·基利延科正通过"一系列果断的措施",努力振兴处在困境中的俄罗斯经济。特列夫加恩还凭借对统计数据的巧妙采用,为俄罗斯的未来描绘出一幅玫瑰色的图景,这使人想起索尔仁尼琴的批评:他的祖国的问题永远都被"虚假的统计数据掩盖着"。

就在特列夫加恩预测俄罗斯从此以后将会幸福地生活着的文章仅仅发表两个月后,谢尔盖·基利延科就被解职了,他的"一系列的果断措施"也随即被抛弃,整个俄罗斯经济全线崩溃,并使整个世界都受到了冲击。有很多批评家亲身尝过苦头,然后才发现如此轻率地批评索尔仁尼琴是危险的,乔治·特列夫加恩就是最近出现的一个这样的批评家。

然而,即便索尔仁尼琴是正确的,批评家们还是坚持认为,他是无关紧要的,因为没有人倾听他。一九九八年十二月十二日,丹尼尔·约翰逊在《每日电讯报》上发文写道:"他关于大灾难的预言应验了,但这并没有给人带来多少安慰。"这篇文章写于索尔仁尼琴八十岁生日的第二天,其中很多话都是完全错误的。为了庆祝他的生日,俄罗斯电视台播放了两个纪录片,每个纪录片都连续播放三个晚上,每晚播放一小时。第三个纪录片则在最后一刻被取消播放,因为索尔仁尼琴对其中一些拍摄了他的私生活的未经授权的镜头表示不满。在同一个星期,著名的大提琴家、作曲家姆斯蒂斯拉夫·罗斯特洛维奇在莫斯科音乐学院举办了一场纪念索尔仁尼琴的音乐会;同时,由索尔仁尼琴的小说《第一圈》改编的戏剧也在俄罗斯一个重要的剧院上演。最后,作为生日庆祝的一部分,叶利钦总统试图给索尔仁尼琴颁发圣安德烈荣誉勋章,以奖励他所取得的文学成就,然而,引人争议的是,作家拒绝接受这项荣誉,以示对叶利钦在俄罗斯崩溃中所扮演的角色的抗议。他说:"在今天的状况中,当人民还在挨饿、在为领取工资而罢工的时候,我不能接受这个奖项。"他补充道:"也许,在许多年后,当俄罗斯克服了自己这些似乎是无法克服的困难时,他的一个儿子会在他去世后代替他领取这个奖项。"①很显然,即使已经是一位八十岁的老人,索尔仁尼琴还能够挑起巨大的争议。而且,他的八十岁寿诞在他的祖国和世界媒体上所引起的巨大兴趣,是和他已被遗忘或者他已经过时这种结论相矛盾的。相反,很少有一个作家在他的一生中会吸引到如此多的公众注意力——无论是积极的还是消极的。不管是遭到诽谤还是受到维护,不管是得到爱戴还是憎恨,索尔仁尼琴都是一个具有煽动性的人物。现在,当他走向生命暮年之时,对他过往的八十年做一个回顾似乎是合宜的。作者近期对这位作家本人的一个深度采访,也为本书增添了额外的洞见,希望本书有助于揭开蒙在索尔仁尼琴身上的面纱,从而可以透过事实领悟到支撑着他的生命、作品和信念的基本真理。

亚历山大·索尔仁尼琴究竟是谁?以下章节不仅要讨论这个引人入胜的问题,而且,我还希望它能够为这个问题的解决提供一些初始的答案。

---

① 《纽约客》电子版,2001 年 8 月 6 日。

第一章　革命之子

　　自从沙皇尼古拉二世、皇后亚历山德拉以及他们的三个孩子、四个仆人被秘密枪决以来,已经过去九十三年了,这九十三年是俄罗斯动荡不安的历史上最为血腥的一个时期。亚历山大·索尔仁尼琴注定要几乎经历这整段时期。一九一八年七月,列宁下令处死沙皇和他的家人,仅仅过去五个月,索尔什尼琴出生了;甚至在他还天真无邪地躺在母腹中的时候,他即将走进的这个世界正在孕育着变化。索尔仁尼琴出生在一九一八年十二月十一日,在他出生前的九个月,俄罗斯发生了天翻地覆的变化。三月,布尔什维克政府——自从一九一七年十月革命以来,它一直都在强化着自己的权力——撤离了圣彼得堡,因此得以脱离预置在这座城市范围内的德国大炮的射程。列宁宣布将莫斯科作为新生苏维埃政权的新首都,他搬进了克里姆林宫,而苏维埃的秘密警察机关"契卡"则接管了卢比扬卡广场上的俄国保险公司大楼。八月,在沙皇和他的家人被处死后的一个月内,布尔什维克在"红色恐怖"的镇压浪潮中摧毁了社会主义的敌人,有数千名人质被监禁和枪杀。

　　与此同时,一场血腥的内战狂暴地席卷了整个俄罗斯。由布尔什维克党人组建的新红军和被统称为白军的各种反苏力量在人数上旗鼓相当。然而,最为关键的是,布尔什维克党人控制了以莫斯科为中心的铁路系统,这使得他们能够将战略物质从一个战场转移到另一个战场。此外,红军还利用前沙皇军官的经验,那些军官在红军军政委的监视下被迫服役。整个国家都在使用类似的力量,因为托洛茨基在整个俄罗斯到处巡视,枪毙那些未尽全力守住阵地的军官。与此相反,白军则缺乏意识形态的狂热——这种意识形态的狂热是布尔什维克党人团结一致的根基;在白军的部队中,有着各种各样的政治思想体系,从君主专制主义者到反苏维埃政权的社会主义者。他们既没有统一的指挥,也没有集中的通信路线。这些因素都有力地促成了苏维埃政府的最终胜利,虽然在索尔仁尼琴出生的时候,这场战争还处在最激烈的胶着状态。

对于这个后革命时代的政府来说,经济领域的成功是不易实现的。苏维埃的政策引起了骚乱。由于货币已经完全贬值,乡村的农民就没有动力将他们所有的稀缺的农产品卖到城里去。布尔什维克对此做出的回应是将红军派到乡下去抢夺食物,成立了"穷人委员会",并随后由它发动了反对更富裕些的农民或者说是反对富农的阶级斗争。在"战时共产主义政策"——就其严厉性而言,这种政策和沙皇统治下的前工会时期没有多大差别——的掩饰下,城市中引入了劳动纪律。在十月革命后的最初几个月中,列宁曾要求采取"最果断、最严厉的措施以强化纪律",①劳动纪律只是列宁这个命令的一个反映。一九一七年十二月,他提出了一些强制实施纪律的具体措施:"对于所有不遵守现行法律的人,没收其所有财产……投放到监狱中,派往前线,进行强制劳动。"②

一九一八年七月二十三日,布尔什维克政府通过一项法令规定,"必须强制那些被剥夺了自由、又有劳动能力的人参加体力劳动"。半个世纪后,索尔仁尼琴明确地写道:"集中营的出现和古拉格群岛的产生都源于一九一八年七月二十三日的这项特殊法令。"③一九一八年九月五日,红色恐怖法令除了要求大规模地实施死刑外,还准许苏维埃共

---

① 《列宁全集》,第36卷,第5版,第217页;转引自亚历山大·索尔仁尼琴:《古拉格群岛》(*The Gulag Archipelago*),第2卷(London:Collins & Harvill Press, 1975),第9-10页。

② 《列宁全集》,第35卷,第176页;转引自《古拉格群岛》,第2卷,第9页。

③ 索尔仁尼琴:《古拉格群岛》,第2卷,第14页。

和国"以将阶级敌人隔离在集中营的方式来保卫自己"。①

索尔仁尼琴在《古拉格群岛》中写道:"那时,当局通常喜欢在此前的修道院中设立他们的集中营:这些修道院四周有着坚固的围墙,房屋也非常结实,而且还都是空的(毕竟修士被视为不属于人类,可以随意地驱逐他们)。这样,莫斯科就有了安德罗尼科夫修道院集中营、新救主修道院集中营、伊万诺夫斯基修道院集中营。"②修士并不是唯一的受害者,被依法驱逐的还有修女们。一九一八年九月六日的《红色报》报道,圣彼得堡的第一个集中营"将设立在下诺夫哥罗德一个空置的女修道院中,"还补充道,"最开始,计划送五千人去这个集中营。"

于是,亚历山大·索尔仁尼琴和"古拉格群岛"就在几个星期内一同出生了,他们都是同一场革命的孩子。

索尔仁尼琴在一九一八年冬天诞生其中的这个动荡、专制的世界,由于他父亲的去世显得对他更加不友善了——在儿子出生前六个月,父亲在一次狩猎事故中去世了。因此,索尔仁尼琴只能"从相片中、从我母亲和认识他的人的讲述中"③去回忆父亲。索尔仁尼琴从这些讲述中逐渐得知,他的父亲伊萨克·索尔仁尼琴离开大学,以自愿者的身份去了前线,在手榴弹炮兵旅服役。他曾骄傲地回忆起父亲在敌人的炸弹引发的大火中将火药箱拉离的英勇故事。由于他的这种英雄主义的行为,领导在向上级派送的重要消息中提到了他。当所有的战线在德军的进攻下几乎全部崩溃的时候,他父亲服役的那支小分队仍然留在前线,直到一九一八年三月布列斯特-立陶夫斯克合约签订后才撤离。他和索尔仁尼琴的妈妈塔伊西娅·谢尔巴克是在随军神父的主持下在前线结婚的。战争结束时,他获得了三枚军官勋章,其中包括圣乔治和安娜十字勋章,但是,一九一八年春回到家乡后,他很快就去世了。如果他还活着,当他儿子在著名的高加索胜地基斯洛沃茨克出生时,他应

① 《1918年法案汇编》(Collection of Legislative Acts for 1918),第65号,第710页;转引自《古拉格群岛》,第2卷,第17页。

② 索尔仁尼琴:《古拉格群岛》,第2卷,第19页。

③ 索尔仁尼琴:《牛犊顶橡树》(*The Oak and the Calf*, London: Collins & Harvill Press, 1980),第510页。

该是二十七岁，他的妻子则是二十三岁。

小索尔仁尼琴出生的时代就是如此地反复无常，甚至他父亲的战争勋章后来也被认为是极其危险的罪证，他还记得曾经帮助母亲把它们掩埋起来。

多年后，索尔仁尼琴回忆说，他母亲"是在极其困难的境况中"抚养他长大成人。尽管她在如此年轻和悲惨的情况下成了寡妇，却没有再婚，索尔仁尼琴认为，这"主要是因为害怕继父会对我太粗暴"。他出生后不久，母亲就带他到罗斯托夫去生活了。他们在罗斯托夫生活了十九年，直到第二次世界大战爆发。在罗斯托夫的前十五年中，他们不能从政府那里获得住处，不得不住在租来的房子中，一般来说，他们租的都是一些索价过高的破旧小屋。后来，他们终于得到了一间房屋，那是一个被改造过的马厩，寒冷且四面透风，要用煤取暖，而在二三十年代的俄罗斯，煤本身即是一种极其稀缺的资源。没有自来水。"只是到了最近，我才知道房间中的自来水意味着什么，"一九七二年三月，索尔仁尼琴向《纽约时报》和《华盛顿邮报》的记者如是说道。[①]

塔伊西娅·索尔仁尼琴的法语和英语都很好，还学过速记和打字，但是，由于她的社会出身，她在就业中屡遭歧视。因此，她不仅丢掉了面粉机建设管理处的工作，甚至未来再就业的权利也受到了限制。她被迫做些低工资的工作，不得不选择在晚上做兼职，等到深夜回家后再做家务。回顾这段时期，索尔仁尼琴记得他母亲总是睡眠不足。

塔伊西娅·索尔仁尼琴的父亲是来自克里米亚的一个牧羊人的孩子，后来成了一个农场工人。索尔仁尼琴说：

> 他白手起家，然后成为一个佃农，在他年老的时候，他已经很富有了。他是一个精力充沛又极其勤劳的人。在他辛勤劳作的这五十年当中，他给予这个国家的谷物和羊毛比今天的许多国有农场都要多，而且，他劳作的辛勤程度丝毫不比国有农场的管理者差。至于他的雇工，他对他们很好，以至于革命后他们会自愿赡养

---

① 同上。

这个老人长达十二年,直到他去世为止。相比而言,让一个被免职的国有农场管理者向他的工人乞求一下,看看结果会是如何!①

在结婚之前,塔伊西娅是谢尔巴克家族中最缺乏信仰的成员。② 她的父母在充满虔诚、献身精神的氛围中养育了她,她的姑姑阿希科拉娅则是修女,但是,这些并不能阻止小塔伊西娅抛弃她童年时的信仰,这主要是因为她在罗斯托夫就读的崇尚进步主义的寄宿学校的世俗化影响。从学校放假回家的时候,家人表现出来的宗教虔诚精神让她觉得很难为情,她带着戏谑的轻蔑对待东正教会的仪式,仅仅把它们看作遭到抛弃的宗教崇拜的迷信活动。对宗教信仰所持的这种轻蔑态度在她莫斯科求学期间得到了强化,在莫斯科,她像同时代人一样以全部的热情追随着无神论和反教权主义的主导潮流。然而,一九一八年的变故将她拉回到了教堂。婚后不久丈夫的悲惨离世,孩子在她腹中的孕育,红色恐怖和国内战争所造成的恐惧与不确定性,所有这一切都共同促使她重新燃起信仰的热情。

流亡作家尼古拉·泽尔诺夫当时住在埃森图基疗养胜地旁边,距离基斯洛沃茨克十二英里远,对于这个地区的人们大规模地重返教堂的情景,他曾这样描述:"高加索胜地的氛围激发了我们的宗教热情……对于我们来说,俄罗斯似乎正处在精神复兴的前夜,被苦难净化的教堂将会向忏悔的人们揭开我们救主那光芒四射的面庞,并教导俄罗斯人如何在兄弟般的友爱中寻找他们的生命。"③

席卷这个地区并掳获塔伊西娅的这波新的宗教热潮,是一种希望与恐惧有力混合的产物。一九一九年夏,邓尼金和弗兰格尔领导的白军使南方摆脱了布尔什维克党人的控制,希望开始占上风。但这是短暂的。一九二〇年三月,白军的抵抗彻底失败。布尔什维克重新统治

---

① 同上,第 511 页。

② 迈克尔·斯卡梅尔(Michael Scammell):《索尔仁尼琴传记》(*Solzhenitsyn: A Biography*, London: Hutchinson, 1985),第 39 页。

③ 尼古拉·泽尔诺夫(Nikolai Zernov):《转折点》(*At the Breaking-point*, Paris: YMCA Press, 1970),第 322 页。

高加索地区,并在接下来的几个月中,掀起了一场报复性的屠杀浪潮。一九二〇年冬天,正如这个地区的每一个人,塔伊西娅与家人实际上饱受饥饿的折磨,他们为了购买食物以极其低廉的价格卖掉了家具和其他财产。高加索地区这场让人难以度过的饥荒,在俄罗斯的其他地区则更为严重,尤其是在伏尔加河地区,在这里,饥饿至极的农民开始吃人肉,吃他们的孩子。俄罗斯从未遭遇过如此严重的饥荒,即使是在十七世纪初的动荡时期也没有过。① 在令人绝望的新境况下,希望似乎彻底被击溃了,恐惧占据了优势。

此时的索尔仁尼琴才刚刚两岁,还很幼小,意识不到处境的绝望。相反,早年的一些记忆总是让他充满温暖和安全的感觉。大概是在六十年后,他还回忆起挂在他房间一角的那个令人心安的圣像,这个圣像以一定的角度悬挂在天花板和墙壁之间,向下倾斜着,从而使那神圣的脸庞看起来像是在注视着他。晚上,当他躺在床上睡眼朦胧地向上看时,圣像前的灯光摇曳不定地闪动着。在半睡半醒之间的神奇时刻,闪耀着光芒的圣容似乎离开自己的位置,飘然来到他的床前,就像一个真正的守护神一样。清晨,他在外祖母叶夫多基娅的指导下,跪在圣像前祈祷。

这个时期,塔伊西娅的家人生活在恐惧之中,而且还远不是对失去财产的恐惧,他们大部分的财产已经卖掉或者被没收了。虽然他们现在拥有的财物很少,但是,他们曾经相对富裕的事实使他们成了"阶级敌人",这在新的恐怖统治下是会被判处死刑的。

然而,一九二一年时,不仅仅是富人们在担心着自己性命堪忧。苏维埃俄罗斯在经济上完全崩溃了,布尔什维克党人发现他们正面临着工人起义。自一九〇五年以来,喀琅施塔得海军基地的水兵一直都是布尔什维克党人的坚定支持者,然而,一九二一年二月,他们对日益恶化的经济状况发起了反抗。喀琅施塔得水兵们的起义在圣彼得堡掀起了一场全面的罢工。布尔什维克党人拒绝他们要求谈判的呼吁,无视

---

① 索尔仁尼琴:《古拉格群岛》,第 1 卷(London:Book Club Associates,1974),第 342 页。

喀琅施塔得水兵们之前的忠心效力,对所有抗议者控以叛国罪,残酷地镇压了这场起义。

　　与此同时,列宁主持了第十次共产党代表大会,在这次会议上,他废除了党内的民主讨论,取缔了所有的派别。实际上,政权现在已经从纯粹理论上的"无产阶级专政"完全变成了实际上的书记处专政——书记处是这个新形成的政党官僚体系的管理机构。一九二二年底任命的书记处第一任总书记是一个名叫约瑟夫·斯大林的格鲁吉亚布尔什维克党人。正是在这次会议上,列宁公布了他的新经济政策,这个政策注定是越来越不受欢迎的,尤其是不受城市工人阶级的欢迎,他们给新经济政策冠名为"对无产阶级的新剥削政策"。

　　也正是在一九二二年,布尔什维克党人开始把他们愤怒的目光投向东正教会。

　　早在一九二一年八月,教会成立了救济伏尔加河地区饥民的主教区和全俄委员会。但是,这些委员会遭到取缔,筹集的资金被没收和送交国库。牧首吉洪向教宗和坎特伯雷大主教呼吁,请求提供帮助,但遭到布尔什维克当局的指责,理由是只有苏维埃政权才有权与外国人进行磋商。索尔仁尼琴在《古拉格群岛》第一卷中谈到这件事时,愤怒地指责苏维埃政府将伏尔加河地区的灾难变成他们牟利的机会:

　　　　但是,政治上的天才甚至可以从人民的毁灭中获取成功。一个才华四溢的想法产生了,而且,还可以一箭三雕。因此,**现在要让那些神父给伏尔加河地区的人们提供食物!他们是基督徒。他们是慷慨无私的!** 第一,如果他们拒绝,我们就将整场饥荒都归罪于他们,并且推倒教堂。第二,如果他们同意,我们就将教堂洗劫一空。第三,在以上两种的任何一种情况下,我们都可以补充我们的外汇和贵金属储备。①

　　一九二一年十二月,国家赈灾委员会提议,教会应当捐出贵重物品

---

① 　同上,第343页。

用来帮助饥民。牧首同意了这项提议，一九二二年二月十九日，他签发了一封牧函，允许教区理事会捐赠那些没有礼拜价值和仪式意义的物品。一周后，二月二十六日，全俄中央执行委员会又颁布命令，强行征收教会一切有价值的物品用于赈济饥民。两天后，牧首签发一封新的牧函，指出这样的措施是亵渎圣物，他不同意强行征用那些圣礼所必需的物品。

于是媒体立即发起了一场直指牧首和教会当局的迫害运动，他们宣称：牧首吉洪和教会当局"正在用饥荒这只瘦骨嶙峋的手扼杀着伏尔加河地区"。主教安东尼·格拉诺夫斯基这样向全俄中央执行委员会主席米哈伊尔·加里宁解释教会的忧虑："信徒们担心教会的贵重物品会被用于其他目的——更有限的并且有悖于他们的心灵的用途。"①但这些忧虑被充耳不闻，一九二二年四月二十六日，在莫斯科开始了对十七名从大司祭到信徒的教会人员进行审判。被告人被控以散播牧首公告的罪名，并传唤牧首本人来作证。主要被告大司祭 A. N. 札奥泽尔斯基实际上已经主动上交了他主管的教堂中的所有贵重物品，但他还是受到了指控，这是因为他在原则上遵从了牧首的主张，认为强制征用是亵渎圣物的。他所坚持的原则让他付出了生命的代价。他和其他四名被告一起被判处枪决。"所有这一切都证明，重要的事情不是给饥民提供食物，而是要利用这个有利的机会打垮教会，"索尔仁尼琴在《古拉格群岛》中这样写道。②

在这次审讯提供的证词中，牧首指出，他认为"国家法律只有在不违背崇拜规则的范围内"才是应当遵守的。这引起了一场围绕着教会法的争论。牧首解释说，假如教会主动交出它的贵重物品，那么这不是亵渎圣物。但是，如果在违背教会意志的情况下强行拿走这些贵重物品，那么这就是亵渎圣物。他还强调指出，他不是呼吁完全不要交出贵重物品，他只是公开声明，在违背教会意志的情况下夺取这些物品是要受到谴责的。牧首还徒劳地将一个小的逻辑问题引入案件审理过程

---

① 同上，第 345 页。
② 同上，第 347 页。

中，他谈到了"святотатство"（亵渎圣物）一词的哲学意涵，他解释说，这个词来自"свято"和"тат"，"свято"的意思是"神圣的"，"тат"的意思是"贼"。

控告人大叫道："这就是说，我们，苏维埃政府的代表们，是偷取圣物的贼？那么，您将苏维埃政府、全俄中央执行委员会的代表们都叫做贼？"牧首对此的回答是，他只是在援引教会法。

一周后，牧首被撤除职务，并被逮捕。

两周后，韦尼阿明都主教在彼得堡被捕。他和其他许多人一起被控抗征教会贵重物品的罪名。在这个审判——它从一九二二年六月九日持续到七月五日——达到高潮时，控告人斯米尔诺夫要求"拿下十六颗人头"。控告人克拉西科夫也不甘示弱，他大叫道："整个东正教会就是一个阴谋组织。确切地说，应当将整个教会都送进监狱。"①最终，法庭判处被告中的十个人死刑，但在后来赦免了其中的六个人。包括韦尼阿明都主教在内的其他四人在八月十二日夜里被处死。

苏维埃政府对东正教会的镇压现在已经坚定不移地全面展开。在接下来的数周和数月中，又在各省进行了二十二场教会审判。索尔仁尼琴写道：

> 在各省的中心，甚至在更远的行政管理区，各处的都主教和主教都遭到逮捕，和以往一样，紧接着大人物被捕的是小人物的遭殃，如大司祭、神父和执事。这些被捕者甚至都不会在媒体上通报……宗教界人士是每一年"抓捕行动"中不可避免的一部分，他们的银发闪现在每一间单身牢房中，闪现在每一辆通往索洛维茨基群岛的囚车上。②

这场向宗教界发起的新战争还涉及其他的一些受害者，其中包括"东方的天主教派"，即弗拉基米尔·索洛维约夫的追随者，还包括普通的罗马天主教徒，比如波兰的一些神父，还有大批不同教派的信徒，从

---

① 同上，第351页。
② 同上，第36－37页。

神智论者到唯灵论者。后来,根除基督教的疯狂努力在二三十年代加紧了步伐,苏维埃政权开始大规模地逮捕普通的东正教徒。索尔仁尼琴又一次在《古拉格群岛》中描述了这次由国家组织的迫害活动的加剧:

> 修士和修女——他们的黑色长袍一直都是古老俄罗斯生活的典型特征——遭到了激烈的、严密的搜查和逮捕,并被送去流放。低级别的修士也被逮捕和判刑。圈子越变越大,他们还大批地逮捕普通信徒、老人,尤其是还有妇女——妇女是最为顽固的信徒,在接下来的许多年里面,她们在中转监狱和集中营里还是被称为"修女"。①

这种情况的无情讽刺性在于:从法律上来说,宗教信仰从来都不是一种罪。罪在提及宗教信仰。比如在二十年代,根据刑法典第58-10条,对儿童进行宗教教育被视为一种政治攻击,用另外的词来说,就是进行反革命宣传。所有被控有罪的人都会被判处十年徒刑,这是当时可判处的最长的刑期。这一谬论使信仰成为一个乞丐:一个人可以认为自己拥有灵性真理,这是为法律所允许的;但是,他却需要向所有其他的人,甚至是他自己的孩子,隐瞒这个事实,如若有违,就要受到监禁的惩处。

关于这一点,塔妮亚·霍特克维奇在诗中描述这个状况的一个讽刺性幽默是不可错过的:

> "你可以自由地祈祷,
> 但是,只能单单让上帝听到。"

由于用诗歌这种方式展现了自己的幽默感,塔妮亚·霍特克维奇被判处十年监禁。

---

① 同上,第37页。

当然,乔治·奥维尔将会进一步发展这个"双重思想"的概念:在小说《一九八四》中,思考本身就是一种罪。不过,尽管奥维尔的思想犯罪在这个时期还没有进入苏维埃的刑法典中,但是,这个事实对那些在遍布全苏的战俘集中营里变得日益衰弱的人们来说,只不过是一个无效的安慰。

尽管年幼的索尔仁尼琴还感受不到老一代俄罗斯人正遭受着的这种苦难,但是,重要的是,他早年的记忆涉及了一件和教会受国家迫害有关的事情。这件事发生在一九二二或者一九二三年,这正是在莫斯科和彼得堡公开审判主要教会领导人之后所掀起的攻击教会的新一波浪潮的高潮期。索尔仁尼琴那时只有三四岁,当时他和母亲正在基斯洛沃茨克做弥撒。"有许多的人、蜡烛、礼服……正当那个时候,事情发生了,仪式被粗暴地打断。我想看得更清楚些,于是,我的母亲就用胳膊把我举起来,使我可以从人们的头顶上看过去。我看到,沿着教堂中殿的中央走廊傲慢地站着一排头戴圆锥形'布单尼'帽的苏维埃士兵。这正是政府在全俄罗斯没收教会财产的时期。"士兵们将"被吓呆了的做弥撒的人群分开",强行进入祭坛帐幕后的圣所,阻止了仪式的进行。[①]

对于一个刚会走路、为了看得更清楚些而让母亲把他高高举起的孩子来说,这其中有太多的东西是他无法明白的,有太多的东西远远超出他那远未成熟的理解力。然而,即使是对于教堂中的成年人来说,荷枪实弹的士兵的粗暴闯入一定也是让人无法理解的,仿佛是一场噩梦。对于那些被包围的信徒来说,他们周围的世界似乎是疯了。

不过,生活还是保留着一些正常的所在,因此,在整个二十年代,索尔仁尼琴还能够愉快地度过一个相对来说不受世界大事干扰的童年。甚至在二十年代末当他对政治学产生兴趣的时候,他仍然无忧无虑地毫不知晓在他身边正暗暗发生的可怕事情。

虽然还是一个没有经验的少年,……我还是震惊于那场著名审

---

① 斯卡梅尔:《索尔仁尼琴传记》,第 42 页。

判的欺骗性,但是,我还没能将莫斯科那些详细的审判案件(这在当时似乎是非常多的)和沉重地碾过大地的车轮(受害者的数目不知为何被忽略了)联系在一起。我在排队中度过了童年——买面包,买牛奶,吃饭,都得排队(当时,肉类对于我来说还是一种未知的东西),但是,我还不能将面包的缺乏和乡村的毁灭联系起来,或者不能理解为什么它会发生。我们得到了另一个说法:"暂时匮乏"。每一个夜晚,在我们生活着的那个大城镇中,每一个小时都会有人被拖走,送进监狱——但是,我夜里没有在街上走动过。白天,那些被捕者的家人就不再挂黑旗了,而我的同学也决不会提起他们被带走的父亲。

从报纸上看来,晴空万里。更何况年轻人本来就乐于相信:一切都是美好的。①

---

① 索尔仁尼琴:《古拉格群岛》,第 3 卷(London:Collins & Harvill Press,1978),第21 页。

第二章　懵懂中的幸福

　　尽管在孩提时代受了很多的苦，但是，索尔仁尼琴和他同龄的孩子们相比，还是幸运的。一九二〇年代，对于俄罗斯的数百万孩子来说，生活就是一个真实的梦魇。在一本尚未出版的回忆录中，W. W. 克里斯科教授回忆了一九二〇年春在他十岁时所看到的那个恐怖景象。当积雪在他父亲的工厂外面的田野里融化时，露出了成堆的尸骸。数千具尸体被不加掩埋地抛弃在那里。在人的尸骸中还有动物的尸体，它们的胸腔变成了许许多多野狗、豺狼的窝穴。而最可怕的是，在尸体和狗群中，还生活着许多野孩子，他们都是孤儿和弃儿。①

　　在俄罗斯全境，到处可以看到这些无人照管的孩子，他们是革命和内战留下的多余的副产品。一九二三年，列宁的妻子克鲁普斯卡娅估计，这些孩子的数目大约有八百万。大约在十年后，《卫报》驻莫斯科通讯社记者马尔科姆·马格瑞奇曾亲眼看到，这些孩子"在公园里走来走去，几乎不能清楚地发音，或者完全不能被辨识出是人，他们有着扭曲的动物般的脸、蓬乱的头发和空洞的眼神。我在莫斯科和彼得格勒都看到过他们，有的挤在桥底下，有的藏身在火车站，他们会像一群野猴

---

　　① 转引自托马斯（D. M. Thomas）：《亚历山大·索尔仁尼琴生命中的一个世纪》（*Alexander Solzhenitsyn: A Century in His Life*, London: Little, Brown and Co. , 1998），第 38 页。

子一样突然出现,然后又散开,消失无踪"。① 一些流浪儿只有三岁大,靠偷窃和行乞存活下来,还有许多男孩和女孩成为妓女和男娼。在意识到这群街头儿童是一件社会的尴尬事之后,尤其是在被敏锐的、感到极度震惊的西方媒体记者观察到这一点之后,政府开始尽力地聚拢他们,把他们抓起来安排到所谓的"儿童共和国"中,后来,当他们从这个共和国出来时,就成了在《古拉格群岛》的劳改营中负责维护秩序的那些残酷的、没有道德感的卑鄙之人。正像索尔仁尼琴的朋友德米特里·帕尼所写的那样:

> 一个基本上都是基督徒的庞大国家,已经被改造成在大规模恐怖和无神论氛围下培养新人种的托儿所。一个被原始人管制的新社会开始初具规模。不管农民或者其他人是否同意,党的领袖们为了达到自己的目的,都会将他们的暴徒撒向我们广袤的大地,把它禁锢在奴隶制中。年轻的共产主义国家继续破坏和压制反抗它的一切,不管是世俗的还是宗教的,将人们的生命抛在暴行下。②

年幼的索尔仁尼琴完全没有经历过这一切。一九二五年,当他来到罗斯托夫时,他还是一个六岁的天真男孩,这个城市中的生活似乎已经完全摆脱了那个十岁男孩克里斯科五年前在同一个地方所看到的那种噩梦般的现实,至少从表现上看来是如此,未加掩埋的尸体所造成的恐怖景象已不复存在;甚至是那些流浪儿童,似乎也像潮水一样地退去了。与此相反,索尔仁尼琴对他身边发生的事仍然无忧无虑,懵懂无知,直到二十年后,当他和他之前的千百万人一样被吞噬掉的时候,他才明白了这些事情。在这期间,这个孩子将会成为他的班级中一个智力上最成熟的学生。

一九二六年,索尔仁尼琴开始在昔日的波克罗夫斯基学院上学,这

---

① 马尔科姆·马格瑞奇(Malcolm Muggeridge):《流年纪事》(*Chronicles of Wasted Time*),第 1 卷《绿棒》(*The Green Stick*,London:Fontana,1975),第 243 页。

② 德米特里·帕尼(Dimitri Panin):《索罗格金的笔记》(*The Notebooks of Sologdin*,London:Hutchinson,1976),第 11 页。

是市中心一个非常有名望的学校,内战结束后,这个学校以苏维埃的一位部长季诺维耶夫的名字被重新命名。然而,当地人还是根据那个广受欢迎又颇富才华的校长弗拉基米尔·马里维奇的名字,称它为"马里维奇学校"。它通常被认为是罗斯托夫最好的学校。

从革命前开始,马里维奇就一直是这所学校的校长,因此他被看作政治上不可靠的人。虽然索尔仁尼琴入学时他仍然掌管着学校,但是,一九三〇年他就被排挤走了,而在此之前,其他大部分革命前的教师都已经被辞退。马里维奇最终是在一九三七或者一九三八年被捕的,并被送到劳改营。据推测,索尔仁尼琴在为《古拉格群岛》收集资料时,可能会找过他,并且采访过他。

在索尔仁尼琴刚入学时,后来针对他的老师们所做的清除工作,当时还只是一个遥远的、充满恶意的威胁。他的第一个老师伊琳娜·贝尔格罗德采娃是一个虔诚的女人,大家都知道,她家里挂有圣像。她对挂在她的这个新学生脖子上的十字架——索尔仁尼琴从婴儿时期就戴着这个十字架——丝毫不会反对。然而,国家教育实际上正日益无神论化,这个小男孩的家庭生活中的基督教特征和他在学校中被教导的那些基本原则,开始越来越尖锐地发生着冲突。

从家庭方面来说,他们在学校放假的时候会去拜访他的舅舅罗曼和舅母伊琳娜,这使得他母亲的宗教信仰对他的影响进一步加强了。尤其是舅母的虔诚精神给他造成了恒久的影响。他的传记作者迈克尔·斯卡梅尔这样写道:"索尔仁尼琴似乎被他勇敢的、浪漫的舅母深深地吸引住了。"[①]从许多方面来看,她都是一个真正的神秘主义者,她从福音书的奥秘和东正教礼仪的华美中汲取直觉和精神营养。东正教仪式的富丽堂皇点燃了她的想像力,这种想像力正是由这样一种信念获得滋养的:美的呈现就是真理本身的呈现,美与真理是不可分割的。在这种礼敬方面,她和她虔诚的婆婆叶夫多基娅——即索尔仁尼琴的外祖母,索尔仁尼琴在假期时还会和外祖母一起生活——有很多的共同之处。两个女人几乎在家中每一个房间里挂上圣像,严格地遵守东

---

① 斯卡梅尔:《索尔仁尼琴传记》,第55页。

正教修行所要求的日祷、斋戒和敬拜活动。

在当地的教会中,伊琳娜是一个热心的教友,当索尔仁尼琴和她同住时,他通常会和她一起去参加这个仪式。迈克尔·斯卡梅尔突出强调了她对索尔仁尼琴的恒久影响:

> 她教他领略俄罗斯东正教会圣礼真正的美和意义,强调它的古老传统和连续性。她向他说明它对俄罗斯历史的重要作用,证明教会的历史是如何与民族的历史无法分开地交织在一起,她慢慢地将对祖国历史的爱、对俄罗斯人民的伟大与神圣使命所持的坚定信仰,灌输给了这个男孩。伊琳娜由此帮助他树立起对传统、家庭和根基的意识。①

伊琳娜还是一个狂热的艺术爱好者,她逐渐使她的这个外甥开始对文学怀有一种初始的、永久的爱。她有一个巨大的藏书室,并且鼓励索尔仁尼琴用这个藏书室来满足他日益增长的、贪婪的阅读渴望。他似乎也完全不需要鼓励。在他和舅母同住的日子中,他熟识了普希金、果戈理、托尔斯泰、陀思妥耶夫斯基、屠格涅夫和大部分俄罗斯名著。十岁时,他初次阅读《战争与和平》,随后,在接下来的几个暑假中,他又多次重读它。正是在这段成长时期中,他开始将托尔斯泰看成一个典型的俄罗斯作家、一个值得崇敬的俗世中的偶像、一个应当效仿的榜样。伊琳娜还送给他一本弗拉基米尔·达尔的《俄罗斯名言警句集》的复印本,他在自己的晚年作品中,还重点谈到过这本书。

舅母伊琳娜的藏书室并不局限于俄罗斯文学。莎士比亚、席勒、尤其是狄更斯,都对他产生了影响。他最喜欢的另一个作家是杰克·伦敦,杰克·伦敦在十月革命前和十月革命后的俄罗斯都极受欢迎。多年以后,在第一次去美国期间,索尔仁尼琴在加利福尼亚找到了他童年时代的英雄的家,进行了一次简短的朝觐,由此表达了他对这位作家的仰慕之情。

---

① 同上。

除了宗教信仰,使索尔仁尼琴少年时的家庭生活和外在世界形成鲜明对比的主题还有政治。多年以后,他回忆道:"当然,在我的成长环境中,每一个人都是反布尔什维克主义者。"他母亲和舅母不断讲述内战的恐怖情景及其给家人带来的灾难。没有人向他掩饰刚刚发生的暴行,当家人激烈地、坦率地批判苏维埃政权时,他通常都是在场的。在他还是一个小男孩的时候,他就知道他家人那些被捕或者被杀的朋友们的所有事情,他知道他舅舅被判处死刑时遭受的短期拘留,也知道他外祖父的财产被没收。但是,在学校里,布尔什维克却受到赞美,他记得,他和他的朋友是如何"瞪大眼睛听讲红军的丰功伟绩,挥舞着旗帜,敲着鼓,吹着喇叭"。①

家庭和国家间相冲突的主张颇令索尔仁尼琴纠结,这给他的少年时代留下深远影响,在一定程度上他需要奥维尔式的双重思想——这种双重思想会导致心理上的分裂,几乎就是一种人格的分裂:

> 他们常常在家里说出一切,从不向我隐瞒任何东西,这一事实决定了我的命运。一般来说……如果你想了解我生命中的转折点,你就必须理解,我在童年时期曾经体验过如此紧张的社会张力,以至于它将其他的一切都推到一边,并且毁灭了它们……我内心中承受着这种社会张力,一方面,在家里,他们常常告诉我一切;另一方面,在学校,他们又常常影响着我的思维。那是一个战争的年代,不像今天……因此,两个世界的冲突……在某种程度上划定了我今后生活将要遵循的道路。②

这个问题是以国家对家庭的胜利得到解决的,至少是暂时性的解决。索尔仁尼琴屈服在同龄人的压力和苏维埃政府的宣传所共同形成的力量之下,他拒绝家人的"反动"说教,接受了马克思主义的信条。对于苏维埃教育体系的设计者来说,这是一个巨大的胜利。作为其教化

---

① 同上,第 59 页。
② 同上,第 58 - 59 页。

策略的一个部分,这种教育体系仅仅教授精心挑选过的和遭到歪曲的历史,这实际上是废除了历史教育,用宣传资料和意识形态训练替代了历史。面对如此居心叵测的创造,俄罗斯青年很快就向围绕着革命所编造的神话屈服了。布尔什维克革命的英雄们,就像一群当代的罗宾汉式的绿林好汉,推倒了俄罗斯人民的残酷压迫者。他们的精神正在向着一个公正美好的未来推进,将富人以不正当手段获得的财富交给世界上的穷人。这一切是如此简单、如此美好、如此势不可挡:共产主义者的公正必将战胜资本主义者的贪婪。就这样,索尔仁尼琴和他的同学们学会了"摇旗、打鼓、吹喇叭",站在了那些有责任"完成革命"的人的行列中。

一九三〇年,当十一岁的索尔仁尼琴加入少先队时,他迈出了抛弃家庭信仰、投向国家教育的决定性的第一步。这是共产党青年运动的先锋力量,即成立于一九一八年的共产主义青年团的先锋力量。虽然少先队成立的年头并不比索尔仁尼琴本人的年纪大,但是,一九三〇年初,它在俄罗斯少年的生活中实际上却是无所不在的。事实上,成为一个队员比不成为一个队员要更容易。每一个人都加入了少先队,互相成为朋友,一起去露营,学着系红领巾,唱鼓舞人心的革命歌曲,戴着少先队员的红领巾和红徽章(红徽章上有代表着在世界革命的火焰中燃烧着的五大洲的五条杠)列队游行。这是一个自然的、令人期盼的进步过程:从少先队到共产主义青年团,然后,在达到一定年龄的时候,最终成为一个共产党员。共产党用这种方式在不知不觉间紧紧地控制着人民的生活,它也用这种方法更加牢固地控制着亚历山大·索尔仁尼琴少年时代的生活。

最初,索尔仁尼琴不愿意加入少先队。十岁时,他从婴儿时期就戴着的那个十字架,被嘲笑他的少先队员从脖子上强行扯掉了,这件事所引起的愤恨,还有他从家人那里继承来的对布尔什维克主义的矛盾情感的残余,使他在大部分的朋友都加入了少先队后仍然拒绝加入少先队。整整一年,他都成为学校会议上被嘲笑和被施压的对象,他的朋友们也一再极力地怂恿他加入。最终,保持步调一致的需要超越了残余的保留条件,索尔仁尼琴遵从了惯例。

一九三〇年冬天,大约在索尔仁尼琴加入共产党先锋队的几个月后,外祖父的到来给了这个小男孩一个提醒:顺从学校的步调不能解决他的家庭和国家间存在的持续不断的冲突。外祖父扎克哈尔刚一到来就情绪低落地坐在角落里,快速地翻看着他随身携带的《圣经》,然后开始为因可憎的革命而落到这个家中的厄运痛哭。老人不仅遭受了财产被没收的痛苦,而且还面临着苏维埃当局对他的一再折磨和审问。像他的许多同时代人一样,他仍然坚守信仰,抱着无望的希望,希望共产主义者会被打倒,生活恢复正常。如果这一切会发生,那么,他所要考虑的就是合理地照料他的财产,并将它交给小索尔仁尼琴、他唯一的孙子。索尔仁尼琴天真地、欢欣鼓舞地安慰着他的外祖父,他让外祖父相信完全没有必要担心:"不要为此忧虑,外公。无论如何我都不想要你的财产。我本来就是要彻底弃绝它的。"①人们可以想一想这个无效的安慰,想一想当这个十一岁的孩子表现出他的共产主义情感和他关于财产是罪恶的看法时,老人所感受到的那种痛苦。

索尔仁尼琴和他的妈妈住的地方非常狭小,这意味着,任何一个来到他们简陋小房间的客人都不得不睡在地板上。次日早晨,这个七十二岁的老人在度过一个不舒服的、辗转反侧的夜晚后,悄悄地爬起来去了教堂,此时妈妈和孩子还在睡觉。他离开后不久,他们就被皮鞋踹门的声音惊醒了。两个苏维埃秘密警察粗暴地闯进屋里,要见扎克哈尔,因为他涉嫌非法藏匿黄金,因此需要审问他。这些密探是从老人在格奥尔吉耶夫斯克的家跟踪他到了这里,而在格奥尔吉耶夫斯克,老人已经因同一个问题被拘留两次,也受过审问。他们发现他不在那里,感到很吃惊,于是转向索尔仁尼琴的母亲,辱骂她是"阶级敌人",要求她交出所有的钱、黄金或者其他值钱的东西。塔伊西娅告诉他们她一无所有,于是他们就用监禁来威胁她。密探们命令她签署一个声明,发誓说她家里没有黄金,还警告她说:如果他们的搜查证明她撒了谎,那么,她立即就会被逮捕。她惊恐不已,问道:这项声明是否包括结婚戒指。密探们点点头,于是她不安地交出了她本人和她已故丈夫的结婚

戒指。

在这个时候，扎克哈尔从教堂回来了，密探们对他进行了一连串的辱骂，要他交出黄金。他不理会他们，在角落里的圣像前双膝跪下，开始祈祷。密探们把他拉起来，对他进行了一次彻底的搜身，但什么都没有发现。他们咒骂着，怒气冲冲地离去了，威胁说将来一有机会就逮捕他。

扎克哈尔回家了；两个月后，一九三一年二月，他的妻子叶夫多基娅去世了。由于不能去格奥尔吉耶夫斯克参加葬礼，塔伊西娅在罗斯托夫的大教堂为她的母亲做了一个追思弥撒。这样做需要很大的勇气，会给她带来相当大的风险。现在经常做弥撒的人都受到了监视，如果有人向当局举报，他们就会失去工作。由于这个原因，塔伊西娅不再定期去教堂了，但是，她觉得参加这个弥撒却是义不容辞的，就按时和儿子一起去了。虽然母亲很幸运地躲过了惩罚，但是，一群小学生向校长举报了索尔仁尼琴，他因其行为不符合少先队员的身份而受到申斥。

妻子去世后，扎克哈尔极度忧伤，他信步回到他被没收的地产的所在地区，即阿尔马维尔附近，那个仍然相信他偷偷地藏有黄金的秘密警察一直不停地跟踪着他。据说，悲伤和持续不断的折磨已经使扎克哈尔处在半疯狂的状态中，他脖子上挂着一个木质的十字架，径直走到阿尔马维尔的秘密警察指挥部，说道："既然你们已经偷走了我所有的钱和财产，那么，你们现在就把我送到你们的监狱中拘留我吧。"最终，他是真的被关押起来了，还是当时倒下并死去了，这仍然还是一个谜。过了一段时间，他去世——他在妻子去世一年后离世——的消息才传到塔伊西娅那里，塔伊西娅再次尽心地在罗斯托夫大教堂安排了一场追思弥撒。

一九三二年三月，大约是在索尔仁尼琴伤心欲绝、贫困潦倒的外祖父神秘死去的那个时候，十三岁的索尔仁尼琴第一次目睹了逮捕。当时，地上还残留着冬雪融化后的泥泞，索尔仁尼琴顺道去费多罗夫斯基家，费多罗夫斯基是他们一家人的亲密朋友。当他快到那里时，他停了下来，他震惊地看到，弗拉基米尔·费多罗夫斯基，这个在他的生命中像父亲一样亲近的人，正在被两个陌生人押送到一辆早已等在那里的汽车上。

他看到费多罗夫斯基进了汽车并被带走了。索尔仁尼琴走进公寓,迎接他的是一片狼藉。抽屉和碗橱被倒空后扔在地板上,垫子和地毯被撕烂后抛在一边,书和其他饰物则撒得四处都是。这是秘密警察们在这个公寓搜查二十四小时后所造成的景象。

据说费多罗夫斯基的"罪行"是和 L. K. 拉姆辛教授出现在同一张照片上,拉姆辛教授是一个工程师,两年前因涉嫌密谋反抗政府入狱。这张合影是在一次工程师大会期间拍摄的,它成为秘密警察在长达一天的搜查过程中所发现的唯一"证据",但它却足以在法庭上将费多罗夫斯基指证为拉姆辛阴谋的同伙。经过一年的拘留和审问,费多罗夫斯基被释放了,但他的身体和精神却完全垮了,再也没有回到从前的工作岗位上。他又活了十年,基本上是漫无目的地活着,直到一九四三年去世。

虽说这只是索尔仁尼琴生平第一次目睹到真实的逮捕,但是,他每天都会被定时提醒苏维埃监狱制度的存在。每天,在他从学校回家的路上,他都要经过罗斯托夫市中心那座庞大的建筑物,这个建筑物已经被苏维埃当局接管并用作监狱。每天,他都会经过监狱的后门,在那里,可怜的女人们排着长队,等待着问讯和递交食物包裹。还有一列列的犯人,在全副武装的士兵的押送下走过街道,同时伴随着押送军官那让人发抖的咆哮声:"离开队伍一步,我就枪毙你,或者砍死你!"年幼的索尔仁尼琴偶然会看到这些队伍,这提醒着他有一个他无法理解的未知世界的存在。然而,他还太小,无法理解其中的含义。有一次,他听说一个人爬到监狱顶层的窗台上跳下去,摔死在大马路上。他那残缺不全的尸体被快速地移走了,血迹也被水管冲洗得干干净净,然而,自杀的消息还是传遍了整个城镇。

索尔仁尼琴后来知道,罗斯托夫监狱的地牢正是位于这个大马路的下面,靠装置在沥青下的模糊灯光来照明。在他的孩童时代,以及随后在他的少年时期,几乎每一天他都毫不知情地走在这些被关押在他脚下的犯人们的头顶上。

在学校,他是一个出色的学生;他在母亲——他母亲和自己的这个天资聪颖的儿子一样,在孩提时代一直都是班上最优秀的学生——的鼓舞下，文科和理科的成绩都优秀过人。这个智力早熟的小学生和班上另两个有天赋的学生成了亲密的朋友。他和尼古拉·维特凯维奇、基里尔·西蒙伊恩在他们以后的中学时光以及大学时光中一直都保持着友谊。很快，他们就形影不离了，以至于他们戏称自己为“三个火枪手”。他们的另一个亲密朋友是丽迪娅·伊泽列茨，她的朋友都叫她丽达，她被接纳为这个亲密圈子的第四个名誉成员。这四个人主要是因他们对文学的爱好走到一起的。他们写了一些关于莎士比亚、拜伦和普希金的散文，在友好的竞争氛围中尽力地互相追赶着，他们还写了一些“非常糟糕的、模仿痕迹极强的诗”。① 在文学老师阿娜斯塔西娅·格鲁瑙的鼓励下，他们合作写了一部小说，被戏谑地称为“三个疯子的小说”，并创作了一本讽刺性的杂志，在这本杂志上写一些诗作和讽刺短诗，或互相讽刺，或讽刺一些老师。后来，他们迷上了戏剧，组织了一个戏剧俱乐部，排演奥斯特洛夫斯基、契诃夫和罗斯丹的剧作。

除了文学，索尔仁尼琴在那些年中的另一个主要爱好是骑自行车，一九三六年，他以不同寻常的方式得到了一辆自行车。中学的最后一年，他被校长提名为优秀中学生市民奖的候选人。一般来说，一旦受到提名，奖励的授予就仅仅是一个程序，但是，由于索尔仁尼琴的社会背景，他的提名未被批准。校长很愤怒，要求纠正这个不公正的行为。虽然不情愿，但官方还是同意奖给索尔仁尼琴一辆自行车，把它当作一个特别的安慰奖。

索尔仁尼琴对于这个“安慰品”非常满意。在那个年代，自行车是一件稀缺的奢侈品，无论是他还是他妈妈都买不起自行车。他的朋友们也都有自行车，因此，骑车成为他一个最大的爱好。他将接下来的三个暑假都用在了旅行上，第一年，即一九三七年，在索尔仁尼琴十八岁

---

① 娜塔丽娅·列舍托夫斯卡娅(Natalya Reshetovskaya)：《萨尼亚——我与亚历山大·索尔仁尼琴的生活》(*Sanya: My Life with Alexander Solzhenitsyn*, Indianapolis/New York: Bobbs-Merrill, 1975)，第 19 页。(以下简称《萨尼亚》。——编者注)

娜塔丽娅·列舍托夫斯卡娅是索尔仁尼琴的第一任妻子。萨尼亚是索尔仁尼琴名字的爱称。俄罗斯人的名字都有爱称，仅限于家人和关系密切者来称呼，索尔仁尼琴的名字叫亚历山大，爱称是萨尼亚。——译者注

时,他和朋友们(五个男孩和两个女孩)一起去了第比利斯,中途经过了高加索山区一些风景极其优美和壮丽的隘口。

受到骑自行车这个新爱好的激发,索尔仁尼琴把对文学的爱倾注到了所谓的《骑行札记》中。这些札记写于夏天,写于七、八月间他从高加索旅行归来的途中,它由三个练习本组成,用《我的旅行·第四卷·第一、二、三册》作标记。札记虽然是由这个天真的男孩用散文体写成的,但是其中却充满着高尚的精神和颇富感染力的幽默,尤其是对一系列车胎被刺破的经历和这伙人到斯大林出生地哥里途中遭遇滂沱大雨的经历等这些倒霉事的描述。索尔仁尼琴无意间引人发笑地流露出了后青春期的愤愤不平,他对格鲁吉亚男人自高自大的性别歧视进行了大量的描述,同时也对他们风流的南方魅力流露出了嫉妒之意。他抱怨地说道,格鲁吉亚男人对俄罗斯女人表现出一种令人难以忍受的保护人姿态,把她们当作唾手可得的战利品,因此,这些男人显得朝三暮四。

令人较为不安的是《札记》表现出的政治上的幼稚性,这种幼稚性表现出了索尔仁尼琴那代人遭到苏维埃的宣传言论浸透的程度。他们的思想中似乎充满了共产主义者的标语与行话。当提到他们在旅途中偶然遇到的肺结核疗养院时,他流利地宣布道:"两种东西导致了肺结核——贫穷和医学的无能,革命已经消除了贫困。医学,为什么你还这么落后?把这些不幸的人从死亡的魔爪中解救出来吧!"

这种类似的陈腐宣言遍布在整本《札记》中,它们证明了索尔仁尼琴和他的朋友们当时完全相信斯大林主义的正确性。他们到斯大林出生地的朝圣之旅,尽管受到各种恶劣气候和一再抗议的自行车胎的阻挠,还是到达了目的地,这是适合于真正的、值得信任的——同时也是轻信的——革命之子们表达敬意的一个行动。索尔仁尼琴选择了一句格言写在《骑行札记》的一个练习本封面上,这表明了索尔仁尼琴本人对祖国之父的崇敬之情。这句格言是:"我们在工业、农业、交通和军事领域将会有无数的优秀干部——我们的祖国将是战无不胜的(斯大林语)。"似乎只有斯大林不朽的话语才能荣幸地占有索尔仁尼琴的一部文学作品的封面位置。苏联的教育制度确实获得了胜利。

然而，在《札记》中，还有一个值得注意的可以弥补欠缺的段落，这个段落是受对亚历山大·格里鲍耶陀夫之墓的拜访的启发所写的，索尔仁尼琴认为亚历山大·格里鲍耶陀夫是"一个才华横溢的天才、俄罗斯民族的骄傲"。格里鲍耶陀夫的杰作《聪明误》是一部莫里哀风格的诗体喜剧，写于一八二二至一八二三年，是索尔仁尼琴最喜爱的剧作之一，在学生时代进行分角色朗读时，他常常高声朗读其中的章节。在第比利斯时，他趁机拜访了格里鲍耶陀夫的长眠之地，这件事给他的印象非常强烈，促使他产生这样一些想法——这些想法与这个二十年后将胜利地走出"古拉格群岛"的那个无私的、具有深刻内省精神的作家才是相配的：

　　　　我很喜欢墓地！……坐在墓地里，你不由自主地就会回想起你过去的全部生活、过去的活动和你对未来的计划。在这里，你不会像你在日常生活中常常做的那样对自己撒谎，因为你觉得那些静静地睡在你周围的人在某种程度上仍然活着，而你正在和他们交谈。坐在墓地里，你顷刻之间就会超越你日常的野心、忧虑和激情——霎那间，你甚至会超越你自己。随后，当你离开墓地时，你又变成了你自己，陷入了日常琐事的泥潭中，只有那些最不寻常的人才能跳出这个泥潭，来到永恒的坚实地面上。①

　　一九三七年，索尔仁尼琴注定要成为"最不寻常之辈"的初始征兆开始出现。正是在这个时候，他产生了写一部史诗巨著的想法——六十年后，他将会认为它是"我一生中最为重要的著作"。② 它最终以《红轮》这个共同的名字出版了数卷，这是他耕耘一生的成果：

　　　　在我十八岁的时候，我就开始在脑海中构思它，大体上说来，

---

　　① 斯卡梅尔：《索尔仁尼琴传记》，第83页。
　　② 1998年7月20日，作者在莫斯科对亚历山大·索尔仁尼琴的采访（以下简称"作者对索尔仁尼琴的采访"）。

32

包括深入思考、收集资料和动笔写作,我在《红轮》上整整花费了五十四年的时间。在我七十二岁的时候,我写完了《红轮》。它的主题是我们的革命历史。最初,我曾设想,它的中心是一九一七年的十月事件,即布尔什维克革命,但是,在对这些事件的研究过程中,随着自己更为深入地沉浸于那些资料,我开始意识到,主要的事件事实上是一九一七年的二月革命。①

当最初产生这个想法时,十八岁的索尔仁尼琴还不能利用他七十九岁时沉淀下来的那种智慧。然而,当一九三六年十一月十八日他开始下决心"写一部关于革命的小说"时,他是以一种宏大的规模来构想它的,并以托尔斯泰的《战争与和平》为典范。它将不仅仅是一部小说,而且将是一部多卷本、多部分组成的真正史诗。它将是他的杰作。经过半个世纪认真的、缜密的思考,并伴随着超人的努力,年青人那个最疯狂的、自大的、雄心勃勃的梦想变成了现实,这是对索尔仁尼琴的远见、决心、当然还有才华的最好证明。

由于暂时被标名为一九一七年革命,又由于它的主要关注点是一九一七年革命,因此,对于青年索尔仁尼琴来说,这部史诗原本是计划反思正统共产主义者的观点的。"从童年时代起,我就莫名地知道,我的对象是俄罗斯革命的历史,其他的东西都不会吸引我的。为了理解革命,从前我除了研究马克思主义之外一无所求。我切断自己与其他不断涌现出来的事情的联系,不去理会它。"②小说的主人公奥尔霍夫斯基——他将会是《一九一四年八月》中的列那尔托维奇——打算成为一个理想主义的共产主义者;据索尔仁尼琴的第一任妻子娜塔丽娅·列舍托夫斯卡娅说,这部小说的目的是为了"全景式地呈现出革命的全面胜利"。③

然而,索尔仁尼琴很快就意识到,在没有充分地领悟到第一次世界大战的巨大意义的情况下,是不可能理解或者公正地评价革命的。他

---

① 作者对索尔仁尼琴的采访。
② 索尔仁尼琴:《古拉格群岛》,第 1 卷,第 213 页。
③ 斯卡梅尔:《索尔仁尼琴传记》,第 85 页。

开始研究战争中的某些军事战役,并对萨姆索诺夫将军在东普鲁士的坦嫩贝格战役中的失利逐渐产生了浓厚的兴趣。一九三七年的前三个月,索尔仁尼琴在罗斯托夫图书馆花费了许多时间来研究这场特殊的战役,此后,他将在他的诗作《普鲁士之夜》中再现这一历史体验。

一九三七年和一九三八年,他的耕耘有了收获,他以《先锋队中的俄罗斯人》为暂定题目草拟出小说的部分章节。他还给题为"红色上的黑色"的章节粗略地勾勒了一个奥尔霍夫斯基和塞维尔采夫(后来的沃罗腾采夫)之间的场景。当三十年后他写作《一九一四年八月》的时候,他还从这些最初的草稿中汲取了许多东西,不仅获得了原材料,在某些情况下还采用了整个场景,而且几乎不需要任何的修改。

索尔仁尼琴现在已经进入了当地的大学,令人惊奇的是,他在大学中选择攻读的是物理学和数学学位,而不是文学学位。在罗斯托夫大学,文学系并不是一个有综合实力的学院,而是一个培训教师的专科学院,这里培养的学生只是为了在中学教书。索尔仁尼琴不认为这是一个吸引人的前景。

> 我不想成为一名文学老师,因为我自己有许多的复杂想法,我对于在学校里给孩子们讲述粗浅的、简单化的有用信息毫无兴趣。然而,教数学却有意思得多。我在科学领域没有特别的抱负,但是,我发现对我来说它很容易,非常地容易,因此,我决定,我最好成为一个以数学为职业的人,将文学只是当作一种精神慰藉。而这样做是对的。①

那时,学生在被大学接受前,通常都要参加一场入学考试,并提交他们的社会证明用以被审查,但是,索尔仁尼琴中小学时全部是五分的最优成绩,意味着他可以免试入学。这进而避免了对他的阶级出身的审查。不管如何,他现在正变得非常善于回避无穷无尽的调查表——它已经成了苏维埃生活的典型特征——的尴尬部分。在描述他父亲生

---

① 同上,第 87 页。

前的职业时,他总是会写"职员","我不能告诉任何一个人他曾经是俄罗斯军队里的一名军官,因为这被认为是一个耻辱。"①

在大学里,索尔仁尼琴的学习仍旧非常出色,依然在各科考试中取得最高分。同时,他觉得所学课程非常容易,因此,他有时间发展一项新的爱好,而且,这个新爱好很快就开始和文学争夺他的课外时间了。这就是对马克思列宁主义的研究。在十年级时,即在中小学的最后一年,他和朋友们没有经过政审轻易地就从少先队员转成了共青团员。后来,从十七岁开始,他几乎是带着一种宗教般的热情投入到了对党的学说的研究中:"在大学期间,我花了很多时间研究辩证唯物主义,它不仅是我的课程的一部分,而且还占据了我的业余时间。后来……我读了许多这方面的东西,完全被它冲昏了头。在几年的时间中,我是绝对真诚地痴迷于它的。"②

在索尔仁尼琴成年时,他似乎是要下决心千方百计地忘掉自己的童年。他已经断定,他童年时代的怀疑、恐惧和疑惑是他的长辈们的反动错误造成的——长辈们对不光彩的旧信仰的情感依附妨碍了他们。他带着青年人自信的大胆精神,拒绝了旧的传统和迷信,拥护革命所呈现出的勇敢新世界。他通过拒绝俄罗斯东正教的异端邪说和接受共产主义的正统学说,来解决他童年时代的心理分裂问题。一切都变得如此简单:"党是我们的父亲,我们这些孩子要顺从。因此,当我就要离开中学开始我的大学时光时,我做出了一个选择:我清除了我所有的记忆、我童年全部的疑虑。我成了一个共产主义者。世界将会是我们所要改造成的样子。"③

然而,那些笼罩他大学时光的偶然事件会不时地提醒他,使他难以清除记忆。一九三七年,在他大学一年级时,一些高年级的学生被捕和消失了,据说一些教授也消失了。当索尔仁尼琴听到这些事情时,我们很难相信,弗拉基米尔·费多罗夫斯基被捕时的痛苦情景不会在他脑

---

① 同上,第85页。
② 同上,第87页。
③ 同上,第88页。

海中重现。同样,特里福诺夫教授每一次听到有人叫他的名字就紧张地跑过走廊,显得畏畏缩缩的,这个可怜的人也一定会使索尔仁尼琴想起童年时令人不快的疑惑。"我们后来得知,他曾经进过监狱,如果有人在走廊里叫他的名字,他就认为可能是安全局的官员又来找他了。"①当这个信奉共产主义的青年学生看到这个精神失常的可怜人,怎能不想到他的外祖父?——在长期的折磨下,他的外祖父曾经近乎疯狂,脖子上挂着一个木制十字架,走在大街上。

有人猜想,这个获得新生的共产主义者对著名的数学家莫尔杜海伊-波多夫斯科伊教授具有一种暗暗的敬仰之情——尽管这位教授持有反对马克思主义的异端学说,或许他之所以敬仰他,正是因为他持有这种异端学说。据索尔仁尼琴说,有一次,这位年迈的教授正在讲授关于牛顿的课程,一位学生递上一张字条,上面写道:"马克思曾经写过,牛顿是一个唯物主义者,而你却说他是一个唯心主义者。"对此,教授回答道:"我只能告诉你,马克思错了。牛顿相信上帝,正像其他每一个伟大的科学家一样。"还有一次,他的学生告诉他,学校的墙报上有一篇抨击他的文章,他极其冷淡地回答道:"我的保姆曾经告诉过我,千万不要去读墙上所写的东西。"②不出意外,莫尔杜海伊-波多夫斯科伊被清除出大学,但是,由于年迈和作为一位著名数学家的声誉,他被从监狱里救了出来,据说这是由于苏联中央执行委员会主席加里宁——莫尔杜海伊-波多夫斯科伊教授曾向他求助——的亲自介入。最终,他的处境得到缓解,仅仅是被"降了级",被调到教师培训学院。

莫尔杜海伊-波多夫斯科伊教授只是极其幸运地受惠于国家的仁慈行为的那小部分人之一。一九三〇年代,斯大林开始实施新的恐怖统治,主要是为了消灭一切实际的或者潜在的敌人。一九三四年,在第十七次党代表大会上,即"胜利者的大会"上,斯大林宣布共产党已经战胜了一切的反动派,并向党的忠诚信徒们承诺将会有一个辉煌而美好的未来:"同志们,生活会越变越好,生活会越来越快乐。"在当天鼓掌的

---

① 索尔仁尼琴:《古拉格群岛》,第 3 卷,第 447 页。
② 斯卡梅尔:《索尔仁尼琴传记》,第 88-89 页。

两千名代表中,有三分之二的人在接下来的五年中被捕。一九三四年,谢尔盖·基洛夫在列宁格勒被谋杀,紧随其后的是一波公审浪潮:一九三五年,审判加米涅夫和季诺维耶夫,一九三六年,审判一批老布尔什维克主义者,一九三七年,审判皮达可夫和拉德克,一九三八年,审判李柯夫和布哈林,还有对一大批次要人物的审判。一九四〇年,托洛茨基——他在自己缺席的情况下被判处死刑——在流亡途中被谋杀。然而,新的恐怖统治并不局限于苏联政权的高层。它向下漫延着,恐怖的气氛迷漫到社会的每个阶层。仅仅在列宁格勒,一九三五年春季,就有三至四万人被捕。在接下来的三年中,全苏被捕的总人数大致有几百万之多。迈克尔·斯卡梅尔对斯大林凶残的马基雅维里主义的目的简明地作出了概括:"苏维埃社会天翻地覆,根据斯大林的想法被重新改造了一番。"①

在恐怖统治的高潮时期,几乎每一个人随时都有可能被捕。索尔仁尼琴本人生活中的一个极其荒谬的插曲可以用来说明这一点。一九三〇年代中期,有一次,当他在排队领面包时,他差一点被逮捕。排队的人被控犯有"蓄意破坏罪",因为他们通过暗示面包匮乏而在公众中"传播恐慌情绪"。对于这个年轻的、充满热情的共产主义者来说,幸运的是,有人为他说情,因此他没有受到控告而被释放了。

还有一个极具讽刺性的事件是西方的社会学知识分子仍然继续着他们的苏联、尤其是斯大林情结。一九三四年夏天,当威尔士受到斯大林的接见时,他告诉这位苏维埃的领导人,"目前,世界上只有两个人,他的看法、他的每一句话都会有几百万人去倾听,这就是您和罗斯福。"威尔士的这种让人难以置信的轻信态度——在他的一生中,他常常表现出这种轻信态度——是很显然的,他还告诉他的导师说:"我已经看到了健康的百姓们的幸福脸庞,我知道,某些非常重大的事情正在这里发生。现在和一九二〇年相比,反差是令人惊讶的。"②

---

① 同上,第89页。

② 威尔士(H. G. Wells):《斯大林和威尔士之间的对话》(A Conversation between Stalin and Wells),载《新政治家和民族》(The New Statesman and Nation),1934年10月27日。

"如果我们布尔什维克主义者再聪明些的话,还会做得更好。"斯大林以假装的谦虚回答道。然而,威尔士被他的英雄光辉照得不知所措,他完全接受苏维埃制度没有弱点的说法。他解释道,如果说社会主义的乌托邦还没有达到完善的话,那么,应当受到谴责的不是共产党,而是人类。威尔士回答道:"不,如果人类再聪明些的话,如果能够发明出一个改造人类大脑——人类的大脑显然缺乏完美的社会秩序所需要的许多东西——的五年计划就好了。"①这个机敏的回答获得了这位领导人的赞同,威尔士记录道,两个人为他机智的回答而哈哈大笑。

　　在同斯大林的会见即将结束时,威尔士提到了"意见的自由表达,甚至是反对意见的自由表达",并充满歉意地补充道:"我不知道您是否已经为过量的自由做好准备。"斯大林迅速地让他相信:"我们布尔什维克党人称它为'自我批评'。这种方法在苏联广泛地使用着。"②在这里,威尔士没有记录到有任何的笑声,斯大林可能是尽力地板着面孔,但是,鉴于他正在实施的大规模逮捕和谋杀计划,他的回答的机智性远远超过了威尔士所说的一切。

　　威尔士回到英国后,他同苏联领导人谈话的正式文本以"斯大林和威尔士之间的对话"为标题发表在一九三四年十月二十七日的《新政治家和民族》上。正像人们所预料的那样,在接下来的一期中,它遭到了严厉的批评,并不是因为它的幼稚性,而是因为它对斯大林过于不礼貌。萧伯纳不满地说:"斯大林认真地、严肃地倾听着威尔士的话,准确地理解他的辩驳,而且,在他的回答中总是能够一语中的。威尔士没有听斯大林说话,他只是痛苦地忍耐着等斯大林停下来自己可以再次讲话。他不是来听从斯大林的指导的,而是来指导斯大林的。"在威尔士的采访发表后,另一个急于捍卫斯大林的作家是德国表现主义剧作家和诗人恩斯特·托勒尔,他坚持认为,和法西斯主义国家相比,苏联的信息自由正在增长。③

---

　　①　同上。
　　②　同上。
　　③　《新政治家和民族》,1934 年 11 月 3 日。

仅仅几年内,无论是威尔士还是托勒尔都对苏联的情况失望了。一九三九年,托勒尔在纽约自杀,威尔士带着《无能为力》中的绝望思想结束了他的文学生涯。只有萧伯纳仍然幸福地没有意识到他思想深处的诸多矛盾。

也许人们不应当苛责那些被斯大林的宣传机器所迷惑的西方知识分子,尤其是在苏联的许多公民也同样受到欺骗的时候。在公审期间,苏维埃的报纸写满了对被告人悔罪的得意描述,还有对秘密警察"时刻保持警惕"的奉承性夸奖。新闻媒体中充斥着谩骂的言辞,所针对的则是"人民的敌人"和他们不断通过"思想上和经济上的活动"破坏党的正确工作的阴谋。帕夫利克·莫洛佐夫因为向秘密警察告发他的父亲而在一夜之间成了英雄,被当作一个苏维埃青年模仿的榜样而被树立起来。在全国各地,大批党的发言人被动员起来,向全国的学生讲述为什么清洗是有必要的,为他们洗脑,直到他们接受为止。

尽管由于胆敢在公共场所排队领面包而差点被捕,尽管无论是过去还是现在他都知道被捕的存在,但索尔仁尼琴还是认为这种情况只是一个暂时的、但却必要的现象,是一个对革命的成功来说至关重要的现象。清洗活动正是对政党机器的一个全面的清洗,从而使它能够在纯净的精神氛围中继续进行革命斗争。多年后,索尔仁尼琴在自我批评的痛悔中回顾这个时期时,他为"任性的青年时期所具有的这种让人吃惊的卑鄙品质而伤心不已……我们生活在灾难中而毫不自知——人们正在我们的周围堕落,一场瘟疫正在流行。它是极其严重的,但是,我们却意识不到它。"①

一九三八年秋,在大学三年级期间,而且就在他二十岁的生日前不久,索尔仁尼琴遭遇到一次考验、一次诱惑,如果他屈服于这个诱惑,那么,它就可能不可挽回地改变他的生活。他被叫到区共青团委员会,发给他一张申请参加人民内务委员会——这是负责招募和培训秘密警察的政府部门——职业学院的表格。成为秘密警察的前景一定很诱人。难道他不是一个坚定的马克思主义者吗?不是一个忠诚的革命之子

---

① 斯卡梅尔:《索尔仁尼琴传记》,第 90 页。

吗？难道他没有从那些关于历史唯物主义的课程中学到清除是必要的，"反抗内部敌人的斗争是一个残酷的战场，加入它是一项光荣的任务"吗？① 当然，除了这些要加入秘密警察队伍的思想原因外，还有非常优厚的物质待遇可供考虑。难道他所学习的省城大学能够给他提供一份和人民内务委员会的职业相当的机会吗？不，它不能。毕业后他能够希望获得的最好的机会就是某个偏远乡村的一个教职，而且，薪水会少得可怜。相反，人民内务委员会职业学院则提供了两倍或者三倍薪水的前景和特殊配给的诱惑。从表面上来看，未来的教职完全没有竞争力。他应当加入到秘密警察的队伍中，在那里他可以为党服务，并且，他还会相当富裕。然而，由于某些原因，他犹豫了，并在犹豫之后拒绝了："人们会从四面八方向你喊：'你必须！'你自己的大脑也在说着：'你必须！'但是，在你的内心中，却有一种厌恶感和排斥感。我不想。**它让我很不舒服**。做你自己想做的吧，我不想参与其中。"② 这是一个决定性的时刻，在未来的时日中，它还会引起索尔仁尼琴进行痛苦的心灵思索："在战争爆发前，如果我已经戴上了人民内务委员会军官的徽章，那么，我将会变成什么样子？……如果我的生活变得完全不同，我自己是否也会变成这样一个刽子手？"③ 对于像索尔仁尼琴这样残酷地自我反省的人来说，这个问题是不可避免的，结果也将是令人沮丧的："如果一个人诚实地回答它，那么，这将是一个可怕的问题。"④

然而，这些都是一个年老的人在回忆一生的苦难时所想到的问题。年轻的、无忧无虑的索尔仁尼琴并没有这样的洞察力，他很快就从他充满理想主义的头脑中清除了人民内务委员会这段小插曲。白天，他和他年轻的共产主义者朋友拿着旗帜在罗斯托夫大街上游行，赞扬革命，到了夜晚，一辆辆的囚车不引人注意地同样穿过这些大街。无知确实是幸福的。"我们这些二十岁的人走在十月革命之子的队列中，而作为

---

① 索尔仁尼琴：《古拉格群岛》，第 1 卷，第 161 页。
② 同上。
③ 同上，第 160－161 页。
④ 同上，第 160 页。

革命的孩子,我们期望得到一个光彩夺目的未来。"①

　　如今,这位年老的智者却以另一种方式来看待事情:"我在基督教的精神中长大,但是,苏维埃时期的青年时代却使我完全离开了宗教。每当我现在重新阅读我青年时代的一些信件和文学作品,我就会被一种等待着我的某种空虚的恐惧感控制住。"②

---

① 斯卡梅尔:《索尔仁尼琴传记》,第 91 页。
② 作者对索尔仁尼琴的采访。

第三章　结为夫妇

　　索尔仁尼琴一生中流露出来的旺盛精力在他的青年时期就已经很明显了。除了大学课程、文学兴趣、对马克思列宁主义复杂问题的课外突击、和亲密的自行车车友们的娱乐活动之外，他还有时间谈了第一场严肃的恋爱。娜塔丽娅·列舍托夫斯卡娅在她的回忆录中这样记录：一九三六年，她第一次见到索尔仁尼琴，那差不多是在他们大学一年级刚开学的时候。当时是午休时间，她正在大口地吃着三明治，一抬头，看到"一个高瘦的年青人，长着一头厚厚的、浅色的头发……三步并作两步地爬上了楼梯"。[①] 他见到了他的两个朋友，"语速很快地"解释说他要去化学系——列舍托夫斯卡娅是化学系的学生——听讲座。她记得"他的一切似乎都是迅速的、飞快的"，并且补充说，他有着"非常生动的面部特征"。在他到达时，娜塔丽娅正和尼古拉·维特凯维奇、基里尔·西蒙伊恩——在中学时，他们曾和索尔仁尼琴组成"三个火枪手"——一起吃午饭。他的两个朋友都考进了化学系，娜塔丽娅回忆说，索尔仁尼琴的目光"从一个人身上移到另一个人身上，有时会饶有兴趣地盯着我"。当他的目光第一次落在她身上时，她的下半张脸正被一个"很大的苹果"——她在吃三明治的间隙会大口地啃一口苹果——遮挡着。在苹果被移开的时候，他才看到一个嘴唇饱满、栗色头发的女孩，她看起来性格外向、生机勃勃。三个男孩开始热烈地讨论起他们的中

---

　　① 列舍托夫斯卡娅：《萨尼亚》，第1页。

学时代,娜塔丽娅注意到,索尔仁尼琴精力充沛的风格只是活跃的思维能力的一种外在表现:"他们的谈话涉及各种可以想象得到的文学作品中的英雄人物,当然,还有古代的神祇和许多历史人物。他们知道世界上的一切事情,他们三个都是如此,我就是这样看待他们的。"①

在产生这些初步印象的时候,娜塔丽娅并没有意识到,她和这个十七岁的活泼青年在家庭出身和社会背景方面有着许多的相似点。她的父亲是一战时期的哥萨克军官,在随后的内战中,为白军进行战斗。一九一九年十一月,随着布尔什维克胜利的即将到来,他和残余的志愿军部队一起遭到流放。娜塔丽娅那时才十个月,因此,和索尔仁尼琴一样,她从来没有见过她的父亲。另一个和索尔仁尼琴相似的地方是,她实际上也是家中唯一的一个孩子。在她之前曾经还有一对双胞胎,但是,他们是早产儿,还在婴儿时期就死掉了。她妈妈一直住在罗斯托夫,和她被流放的丈夫的三个未婚姐妹住在一起,因此,当索尔仁尼琴第一次看到娜塔丽娅时,她正同四个中年妇女——其中三个是她没有结过婚的姑姑——住在一套公寓里。

索尔仁尼琴第一次接触到娜塔丽娅的家人是在一九三六年十一月七日,当时,受娜塔丽娅母亲的邀请,他和其他两个"火枪手",还有三个女同学,一起去拜访她们。晚上,他们玩罚物游戏自娱自乐,娜塔丽娅是一个出色的钢琴演奏者,她演奏肖邦的《第十四号练习曲》来款待她的客人。她的音乐才能给索尔仁尼琴留下极深的印象,他告诉她,她们所做的晚餐就像她的演奏一样美好。② 十天后,又有另一场晚会,这是生物系的学生们为庆祝柳利娅·奥斯特——这是索尔仁尼琴的另一个中学同学——的生日所组织的。索尔仁尼琴和娜塔丽娅都参加了,这一次,给他留下强烈印象的似乎就不仅仅是她高超的琴艺了。一九五六年十一月十七日,在写给她的一封信中,他这样写道:"从我认为自己彻底地、不可挽回地爱上你的那一天起,到今天恰好二十年了。那是在柳利娅生日晚会上,你穿着一件白色的真丝长裙,而我拜倒在你的面

---

① 同上,第 2 页。
② 同上,第 5 页。

前。第二天是一个节假日，我漫步在普希金大道上，因为对你的爱而发疯。"①

如果这一天确实是索尔仁尼琴爱上了他未来的妻子那一天的话，那么，他随后则小心地将这个事实隐藏了好多个月。实际上，有人怀疑是否可以将他二十年后的这封信看作是对他当时的感情的可靠描述。这封信写于他们被迫分离许多年后他再次追求他妻子的时候；人们不能忽视这样一种可能性：由于心里有近期要求爱的想法，自然会精心挑选措辞，选择性地回忆往事。这个观点似乎也得到娜塔丽娅本人的证实，因为据她观察，在索尔仁尼琴声称由于对她的爱而发疯的"那个晚上"，他初次产生了写一本史诗性历史小说的想法。一个声称正忍受着初恋折磨的年青人，把他夜晚的时间用于琢磨写一部关于革命的文学史诗的想法上，而不是为他新产生的爱情激动不已，这当然是不合情理的。

此外，索尔仁尼琴没有表现出他正在恋爱的外在迹象，这个事实又进一步使这封信的可靠性受到了质疑。也许，这只是因为青年人的害羞，或者是由于他要忠诚于他的朋友尼古拉·维特凯维奇——与索尔仁尼琴相比，他和娜塔丽娅更熟悉一些。娜塔丽娅写道：那一年，她与尼古拉的友谊比和"其他任何人的"友谊都要深。② 在化学系听讲座时，尼古拉和娜塔丽娅坐在一起，和她分享学习笔记。放冬假时，尼古拉教她下象棋，而在夏天，又是尼古拉教她学骑自行车。当索尔仁尼琴、尼古拉和其他几个朋友骑自行车沿格鲁吉亚的高速公路旅行时，给娜塔丽娅写信的是尼古拉，而不是索尔仁尼琴。

当然，也许是索尔仁尼琴掩藏了自己的感情，或者是把它看作一种充满骑士精神的无私行为，或者是一种令人感动的、忠于老朋友的表现。然而，可以确定的是，从外表看来，一九三七年，他是幸福的，他和尼古拉·维特凯维奇的友谊和从前一样亲密，显然没有受到干扰。此外，他还有许多其他占据他的时间与注意力的兴趣，娜塔丽娅显然仍没

---

① 同上，第5-6页。
② 同上，第6页。

有注意到他有任何示爱的感情。

　　下面这个结论是很有说服力的:在他们保持友谊的初期,索尔仁尼琴的感情并没有像他二十年后的信中所表达的那样热烈。他不仅没有因为对她的爱而"发疯",也许,他只是对她怀有一种身体上的吸引力,正像他对他曾认识的其他的年轻女孩子那样。也许,她只是他年轻的目光所神往的几个女孩中的一个。

　　直到一九三七年冬天,在他们初次见面的一年后,他们关系发展的深度才足以使一份成熟的爱情茁壮成长起来。在这一年年底,大学里开设了一门舞蹈课,在他们这个亲密的朋友圈子中,只有娜塔丽娅和索尔仁尼琴上了这门课。完全可以预料到,他们成了舞伴,而且,很快他们相互之间就不仅仅是课堂上的舞伴了。娜塔丽娅回忆道:"我们还开始一起参加大学里的聚会,我们只和对方跳舞。"①不久,他们又一起看戏剧和电影。索尔仁尼琴会去她家接她,在出发前,她会为他演奏钢琴。他们的关系似乎是完美的同学关系,他们享受着大学生活中所有的乐趣和轻松,而不必承担已婚夫妇的牺牲和义务。娜塔丽娅在她的回忆录中这样写道:"我陶醉于当时的情形,我不想它们有任何的改变。"后来,在一九三八年七月二日,当他们一起坐在罗斯托夫的戏剧公园时,索尔仁尼琴表白了对她的爱,他解释说,他总是从一旁偷偷地看她,并问她是否能给他同样的承诺。这是表明求婚,而娜塔丽娅意识到,他在期待回答。她感到慌乱不已。对于这个坐在她身边、殷切地等待着她的回答的活泼的、精力充沛的年青人,她究竟是什么感觉呢?"爱情——难道不是让一个人为了它时刻准备着忘掉一切、一头钻进旋涡吗?那时,这是我能够用以理解真正的爱的意义的唯一方式(当然,我是从书本上得到这一点的)。今天,在我经过一生的体验后,这仍然是我所知道的用以理解真正的爱的唯一方式。"②

　　看着这个旋涡,她发现自己被真爱所造成的恐怖情景吓住了。她正过着如此丰富多彩的生活,还有着许多不同的朋友和兴趣。索尔仁

---

　　①　同上。
　　②　同上,第6-7页。

尼琴完全不能代替一切，即使他对她来说已经意味着许多东西："对我来说，这个世界不仅仅包括他。然而，似乎某些东西必须得作决定，某些东西必须要立即说出来。我转过头，将头靠在公园长椅背上，开始哭起来。"①

　　然而，当索尔仁尼琴向娜塔丽娅求爱时，他是否达到了"真爱"的程度呢？这是令人怀疑的。那时，至少是在不久之前，他还在和另一个绰号叫"小流浪儿"的女孩约会，他给她写过诗，后来还写了一个关于她的短篇故事，也叫做《小流浪儿》。四十年后，他还在他的家庭相册中保留着她的照片。从照片上看，那是一个可爱的女孩，微笑着，头发是深色的，向后梳着，一双沉思的大眼睛。其中一张照片上，他和她在同学的野餐会上随着音乐跳舞，音乐是从放在草丛中的手动唱片机中播放出来的。这是在一九三八年四月，据说正好是他爱上了娜塔丽娅的时候。另一张照片是他们和别人一起照的合影，他用胳膊搂着她。很难分清，索尔仁尼琴和"小流浪儿"的关系究竟有多认真，但是，她能够激发他写诗、写散文的灵感这个事实表明，他们之间存在着一种比单纯的认识更深一些的东西。或者可以说，它确实表明，在他对娜塔丽娅的情感中，有一种矛盾的东西，它还远不是真爱。

　　一九三八年七月五日，在他的求爱没有收到所渴望的答复之后的第三天，他陪娜塔丽娅去看著名歌手塔马拉·策列铁利的音乐演出。令娜塔丽娅不安的是，她觉得他对她的态度开始冷淡了。他的表现是"拘谨的、过于礼貌的、沉默寡言的"。她感到心烦意乱，担心发生最糟糕的事情："这意味着一切都结束了吗？以往丰富的生活突然间失去了它的魅力。要是过去的一切能够永远那样保持着该多好啊！我不能承受放弃之前的情形。我想要一切都保持原先的样子。这就是爱情所带来的一切吗？"在这个天真的十九岁少女面前，出现了许多的复杂情况和问题，但是，却完全没有答案。她认为自己"迄今为止在言行上都是矜持的"，②但是，几天后，她写给索尔仁尼琴一个便条，说她爱他。这

---

　　①　同上，第 7 页。
　　②　同上。

不是她自愿说的,而是不得不如此。

　　娜塔丽娅回忆道,在投降后,"一切确实仍然是我想要的样子,虽然不是完全和以前一样。我们的关系中逐渐注入了强烈的柔情和爱恋。一起共度了一个夜晚之后,我们变得越来越难舍难分;若不向欲望屈服,就感到更加痛苦了。"①再次有人怀疑,写于三十年后的这些回忆给当时的现实抹上了一层玫瑰色的光晕。然而,也许对于娜塔丽娅来说它们确实就是如此,索尔仁尼琴的情感则不太可能也是如此地强烈。一九三八年期间,他仍然在构思那部史诗,在找时间写诗和短篇故事,其间还勤奋地攻读着大学的课程。一九三八年夏天,他同尼古拉一起度过了一个长假,骑自行车穿行乌克兰、克里米亚,一九三九年初,他向尼古拉建议他们一起报名莫斯科哲学、文学、历史研究院的函授生,这是俄罗斯人文学科研究领域的一个一流的机构。尼古拉热情地同意了,于是,除了要学习他们各自的大学课程外,他们开始认真地去研究"老人们"——这是他们给过去那些著名哲学家所起的绰号。索尔仁尼琴选择研究文学,尼古拉选择了哲学,而基里尔,第三个"火枪手",决定研究比较文学。作为外地的学生,他们通过信函接受指导,又通过信函将他们回答问题的答案寄回去,一年两次,在寒假和暑假期间,他们则被要求去莫斯科学习一系列的专业课,并被考查此前六个月的学习情况。这些课程和考试的内容和当地学生相同,他们所取得的文凭也具有同等的学术价值。因此,这三个朋友实际上现在正在同时攻读两个学位的课程,一个是科学的学位,另一个是人文学科的学位。

　　显然,这需要承担相当大的超额工作量,进而还要侵占索尔仁尼琴用来陪伴娜塔丽娅的时间。她回忆道,学习差不多使他着了魔。即使是在等无轨电车的时候,他也会翻阅一套自制的小卡片,他在卡片的一面写上一些历史事件或者人物,在另一面写上相应的日期。通常,在音乐会或电影开始之前,他都要求她"用这些无穷无尽的卡片"来测试他的记忆力:马可·奥勒留何时登基? 卡拉科尔(Karakol)法令是何时颁布的? 在另一套自制的卡片上,整洁地记录着拉丁语单词和短语。当

---

　　①　同上。

这对爱侣不打算看电影或者听音乐会的时候，索尔仁尼琴坚决主张他们直到晚上十点钟阅览室关门时再见面。"为了他的爱人，他更愿意牺牲睡觉的时间而不是学习的时间，"娜塔丽娅抱怨道。①

在这种情况下，娜塔丽娅想要确定她的情人的承诺，这丝毫不会使人感到意外。"要么把我们的生活融为一体，要么就分开，这就是我看待我们的状况的方式。"索尔仁尼琴明显不想将他们的生活融为一体，这让她越来越沮丧，为此她写信给他，建议他二择其一。他和从前一样丝毫都不愿意妥协，他的回答完全不是她所希望的回答。虽然他已将她视作他的妻子，但是，他害怕婚姻会妨碍他根本的生活目标。眼下，他主要的任务是在大学毕业后尽快完成莫斯科哲学、文学、历史研究院的课程。他提醒她也要专心于音乐学院的课程，这对他们的时间提出了更为苛刻的要求。如果他们不小心，那么时间就会耗在家庭生活的琐事上——这些琐事还可能会毁灭他们的希望和雄心。在列举可能会剥夺他们大展宏图时间的其他事情时，他提到了那个令人愉快、也令人不快的最后结果——孩子。②

尽管有这些保留性的条件，尽管他们也许有点轻率地表明了态度，这对情侣还是决定结婚，他们在一九三九年初就做出了这个决定，但是，他们约定将这件事推迟到下一年的春天。迈克尔·斯卡梅尔写道："对于年轻的索尔仁尼琴来说，婚姻似乎就是家庭琐事，是一个不可避免的枷锁——无论如何都需要从容地对待它——在事业有眉目之前，不能让自己太分心。"③

一九三九年夏，索尔仁尼琴二十岁，为了到莫斯科哲学、文学、历史研究院注册，他生平第一次去了莫斯科。他和尼古拉决定利用这趟北上之旅，一路考察地图上没有标明的地方，在完成注册并听过一些介绍性的课程后，他们沿着伏尔加河向喀山进发。他们用二百二十五卢布买了一艘旧的小艇，这是一种有着高高船舷的原始的独木舟，是伏尔加

---

① 同上，第 9 页。
② 同上，第 7 - 8 页。
③ 斯卡梅尔：《索尔仁尼琴传记》，第 101 页。

河和这地区所特有的;他们在这条笨重的小艇上沿着伏尔加河航行了三个星期。他们轻装简行,夜晚睡在船舱中的稻草上,白天或者划行或者顺流而下,偶尔停下来点起篝火做饭,或者去参观名胜古迹。他们大部分的行李都是书,他们的时间或者用于读书,或者陶醉在对共产主义未来前景的热烈讨论中——此时,他们两人都全心全意地致力于共产主义的实现。索尔仁尼琴还对伏尔加河两岸优美的自然风景印象深刻,他带着偏袒的态度将它与他南方故乡那单调、乏味的平原进行对比。这里是俄罗斯的心脏,是真正的俄罗斯,正是莫斯科在俄罗斯的文学和民间传说中引起了共鸣。

乡村的自然之美和他们沿途经过的许多村庄的凋敝景象形成了鲜明对比。在许多经典作品——这两位旅行家非常熟悉这些经典作品——中被浪漫化的俄罗斯乡村已经变得完全认不出来了,它们和屠格涅夫、托尔斯泰、契诃夫所描绘的健康的、自给自足的村落,几乎没有任何共同之处。相反,正像索尔仁尼琴后来在他的自传体长诗《这条路》中所描绘的那样,两个朋友所看到的仅仅是衰退、荒凉和疏忽。高音喇叭中播放着老生常谈的宣传口号,向村民鼓吹着共产主义的生活将会是多么美好,然而,村庄里的消费合作社却只有一排排的空架子。为了补充干粮和马铃薯,他们不得不来到另一个村庄找食物,但是,除了一桶苹果——他们只用几个戈比就买下了这些苹果——他们什么也没有找到。这个村庄,就像俄罗斯成千上万的其他村庄一样,由于集体化而荒芜了,这让两个年轻的共产主义者失望地回到船中,然而,他们太过于天真,以至于不理解他们眼前的事实和他们对马克思主义教条的理想主义的讨论并不相符,不理解他们的乌托邦理论的无用。

当这两个理想主义者顺流而下时,还有其他可怕的事件在提醒他们——苏维埃的生活完全不像所宣传的那样。一天夜里,当他们在一个叫"红色格林卡"的地方靠岸过夜时,他们突然被一群全副武装的警察和警犬包围了。这些警察正在搜寻两个逃犯,显然他们把这两个被吓坏了的学生当成了他们的追捕目标。当警察们意识到自己搞错了之后,狠狠地训斥了他们一顿,命令他们赶快离开,随后,警察急驰而去,继续去搜寻逃犯。还有一次,他们经过一个无篷的小船,上面挤满了双手被拷在一起的犯人。在日古利附近,他们看到一群群衣衫褴褛的人,拿着锄和铲在给一个电站挖地基。索尔仁尼琴后来慢慢地明白了这些见闻的意义,但是,这要等到在他自己成了这种衣衫褴褛的人之后。眼下,这些令人不解的景象被抛在了一边,进而从他那无忧无虑的大脑中被清除了出去。

在古比雪夫,当他们旅程即将结束之际,两位朋友以二百卢布的价格卖掉了他们的独木舟,仅仅比他们买下的价格少了二十五卢布。短暂休息之后,他们乘火车回到罗斯托夫。

一九三九年的整个秋天和冬天,索尔仁尼琴再次进入埋头学习的状态。物理、数学和文学、哲学、历史一同争夺着他的注意力,在这期间,他继续和娜塔丽娅谈恋爱。一九四○年的春天到了,按照预先的安排,他们的婚期即将到来。他们选择举行婚礼的日子是四月二十七日,作为一个仪式,它显然太过于随意了。那是一个和风习习的日子,这对年仅二十一岁的情侣去了结婚登记办公室,按照法律规定登记结婚。在整件单调的事情中,仅有一个戏剧性的情节,而且也不是预先计划的。在登记的签名环节,娜塔丽娅将老式的鹅毛笔插入墨水瓶,因为过于用力,以致当她抽回笔时,笔从她的手中不慎飞了出去,在空中翻了一个筋斗后,落到索尔仁尼琴的前额上,给他涂了一大块的墨渍。"这是一个预兆,"多年后,当索尔仁尼琴描述这件事时,他如是说,而且完全不是开玩笑的。[①]

在这种不吉利的气氛中,这对年轻的情侣注册结成了夫妇。他们的爱情所采取的世俗仪式与他们的父母所熟知的俄罗斯东正教婚礼的圣礼供奉及其庄严氛围没有任何共同之处。时代变了,无论是穷还是富,无论是好还是坏,亚历山大·索尔仁尼琴和娜塔丽娅·列舍托夫斯卡娅已经决定共同面对苏维埃的未来。然而,疑虑还是存在的,当他们离开登记处后,索尔仁尼琴送给他合法的妻子一幅他本人的照片,背面写着这样一个小问题:"在任何情况下,你都爱这个你曾

---

① 斯卡梅尔:《索尔仁尼琴传记》,第102页。

将你的生命与他的生命结合在一起的人吗？"①以此来祈求婚礼未曾给予的誓言。

①　列舍托夫斯卡娅：《萨尼亚》，第 9 页。

第四章　战争勇士

　　结婚没几天,这对新婚夫妇就因娜塔丽娅的莫斯科之行而别离。在这一学年剩下的时间里,她和尼古拉还有化学系的其他同学去了国家科学研究所实习。七月十八日,索尔仁尼琴到莫斯科参加莫斯科哲学、文学、历史研究院的年中考试,这对夫妇在分别七个星期后再次相聚。他刚一到那里,娜塔丽娅就急忙去见他,他们一整天都在文化休闲公园与谐趣园漫步。娜塔丽娅在回忆录中这样写道:"当然,我们不会想到五年后我们会在这里再次相见,而且是在完全不同的情况下。那时,我们被带刺的铁丝网隔开,只能通过手语交流,他站在一座位于卡卢加广场的房子的三楼窗台上——他当时在那里铺拼花地板——而我则站在这个谐趣园中望着他。"①

　　索尔仁尼琴正是从莫斯科写信给他母亲并告诉她自己结婚的消息的。她把这个消息告诉了索尔仁尼琴的舅母伊琳娜和姨母玛丽亚,她们对婚礼的保密性大为震惊,而且,由于婚礼没有在教堂中举行,她们坚决不承认它的合法性。多年后,在一九七一年,年迈的伊琳娜在接受《明星》周刊的采访中,提及娜塔丽娅时还轻蔑地称她为"情妇"。她们的态度一定会使索尔仁尼琴和他的反动亲属们更加疏远。

　　七月底,夫妇俩各自都完成了学业,他们在塔鲁萨地区——这是位于莫斯科南部七十英里处的一个著名的乡村胜地——租了一个简陋的

----

　　① 列舍托夫斯卡娅:《萨尼亚》,第 9－10 页。

小住屋。在这里,在一座森林边上,他们度过了他们的蜜月时光。尽管身处田园诗般的环境,他们却很少花时间探究当地的风貌。相反,他们喜欢舒服地躺在白桦树的树荫下,索尔仁尼琴高声地向他的妻子朗读谢尔盖·叶赛宁的诗或者托尔斯泰的《战争与和平》。当然,他们还有必须要完成的学习任务。有时,他们一起学习,但更经常的是各自分开学习。索尔仁尼琴已经在为莫斯科哲学、文学和历史研究院下一学期的学习内容做准备了,也让他的妻子对她自己的学业进行"查遗补缺"。[①]

当时,索尔仁尼琴最感兴趣的主要内容之一就是历史,尤其是彼得大帝的改革。考虑到他所接受的马克思主义教育,他发现自己激烈地反对彼得大帝的改革所促成的"进步",这也许是令人意外的。在他对这位前沙皇的反对中,索尔仁尼琴意识到自己跟不上党的官方路线了——对于彼得大帝的"进步"政策,党的官方路线是完全赞同的。他在自己的自传体长诗《这条路》中表明了这一点,他坦率地承认,他对彼得大帝的反感意味着"我是异端分子"。[②] 也许,他这种"异端式的"反感只是他虔诚的童年留下来的永恒遗产;那些俄罗斯的古老生活方式和俄罗斯教会的传统形式的热爱者,比如他的母亲和他的舅母伊琳娜,永远都不会原谅彼得大帝对传统主义者的残酷迫害。

除了具有这个小小的异端性之外,索尔仁尼琴还是以他持有正统的马克思主义而感到自豪。正像迈克尔·斯卡梅尔所评说的那样,索尔仁尼琴"一定是有史以来带着《资本论》(并且读了它)去度蜜月的少数新郎之一"。[③] 清晨醒来后,娜塔丽娅发现自己身边已经没有人了,她在阳台上找到了丈夫,他正在埋头阅读一本马克思著作的注释本。在《这条路》中,索尔仁尼琴描绘了他的新娘由于他的忽视所产生的那种可以让人理解的沮丧,但是,他解释道,他没有力量抵抗马克思的进攻。他是一个着了魔的人。他和他的朋友都是"使徒……布尔什维克主义

---

① 同上,第 10 页。
② 斯卡梅尔:《索尔仁尼琴传记》,第 104 页。
③ 同上。

者……而我呢？我从骨子里相信它。我毫不怀疑，毫不犹豫，生命对我来说像水晶一样透明"。①

索尔仁尼琴和娜塔丽娅在塔鲁萨呆的时间比他们原先计划的要长，他们将蜜月延长到了初秋，此时，森林正在改变颜色。他们的度假地所呈现出来的美丽进一步加强了索尔仁尼琴——相较于南部的单调——对中部俄罗斯景色的偏爱，这种好感最初产生于他去年沿伏尔加河的旅行中。他甚至觉得自己出生在了一个错误的地方，但是，好在他很快意识到了这一点。

在乘火车回罗斯托夫的路上，他们碰到一件令人不快的事情，这使他想起去年沿伏尔加河旅行时所遇到的不快。他们的火车停在一条侧轨上，旁边是一辆看起来有点奇怪的火车。它既不像他们乘坐的火车一样是一列客车，也不是一列货车。透过车窗，索尔仁尼琴瞥见车厢里挤满了剃光了头发的原始人，他们好像来自另一个星球。眼窝深陷，面孔扭曲，勉强具有一些人类的特征，那些陌生的人也反过来盯着他看。这个二十一岁的年青人转过头去。大约过了一分钟，火车重新启动了，那些陌生人悄悄地消失了，正如他们悄悄地出现。这对天真的新婚夫妇对此所知甚少，但是，这一列被从一个集中营运到另一个集中营的罪犯，却是他自己未来的一个影像。

他没有意识到，他在旷野的火车上飞快地瞥见的严酷现实也正在笼罩着他的家乡，只要他用眼睛去看。一个名叫塔妮娅的同学——他和她曾在罗斯托夫大学一起学习了五年——当时在自己的生活中就隐瞒着一个这样的悲剧。直至五十年后，当索尔仁尼琴结束流亡岁月重回罗斯托夫时，她才向他吐露了这件事。索尔仁尼琴怀旧地问她，是否记得拍班级集体照的情景，这位老妇人回答道："我怎么能不记得？仅仅过了二十天，我的父亲就被捕了，三天之后，我的叔叔也被捕了。"②

一九四〇年秋季，他的许多大学同学所遭遇到的严酷现实并没有在索尔仁尼琴本人诸事顺利的生活中出现。当他开始大学最后一年的

---

① 同上，第 104 - 105 页。
② 托马斯：《亚历山大·索尔仁尼琴生命中的一个世纪》，第 75 - 76 页。

学习时,他发现自己的生活相比前几年要好很多,而且也比他大部分的同学要成功许多。这是因为他被授予了斯大林奖学金——这是为奖励获得突出成就的学生而新设立的一个奖项。在物理数学系,只有三个人被授予该奖,而在整个大学中,也仅仅只有七个人。这个奖学金要比通常的获学金多两倍半,它的授予标准不仅根据专业成绩,而且还根据在共青团中的社会活动和政治活动。索尔仁尼琴在这两方面都很优秀。他的成绩全都是五分,在学习中一直处于领先位置,而且,他还是一个受重视的、值得信任的共青团员。事实上,他是一个模范的苏维埃公民。

作为一个名副其实的革命之子,在大学的最后一年,索尔仁尼琴最为突出的成就是他在校报当编辑。所谓校报本来是一年只出两次、少有人读的枯燥的宣传单,他却将它变成了一个充满活力、被广泛阅读的周报。新近取得的这个成功使他在当地的共青团中获得了荣耀的地位,还将会保证他顺利地转成正式的党员,并享有与之相伴的所有特殊待遇。从各个方面看,他似乎都面临着一个光明的前程。

得到改善的经济状况意味着,索尔仁尼琴和娜塔丽娅有能力脱离家庭、独立居住了。他们在契诃夫路找到一间房子,娜塔丽娅对它做这样的描述:"它很小,但很舒服,虽然我们不得不忍受着一个坏脾气的房东。"①他们的新家地理位置便利,考虑到了他们的家人,最主要的是,还考虑到了索尔仁尼琴最喜欢的两个阅览室。娜塔丽娅记得,他们婚后共同生活的第一年——这注定也是他们多年来共同生活的最后一年——"忙得不可思议"。他们很早就吃过早餐,随后都到大学里去,如果没有课,索尔仁尼琴就去图书馆,娜塔丽娅则在家学习。三点钟时,他们在娜塔丽娅的一个亲戚家里见面吃午饭。在索尔仁尼琴的坚持下,他们定时开午饭,以便于他不会浪费任何学习时间,但是,如果由于某种原因,午饭被延迟了,那么,他就从口袋里掏出自制卡片,让妻子来测试他。吃过午饭后,他匆忙地返回图书馆,常常在那里呆到晚上十点钟图书馆关门。回家后,他还常常继续学习到凌晨两点钟,直到最后瘫

---

① 列舍托夫斯卡娅:《萨尼亚》,第11页。

倒在床上昏昏睡去。

只有在星期天,这对夫妇才允许自己睡懒觉,可以睡到去索尔仁尼琴母亲家吃午饭之前。娜塔丽娅写道:"她会拿出她全部的才能、她所有的爱,给我们做一顿尽可能美味的饭菜,尽管她有病(她的肺结核病正在恶化),但她做所有事情时的精力、熟练、快速都是令人赞叹的。她讲话飞快,就像她儿子一样,仅仅由于短时间的咳嗽才会被打断,而且,她也有着同样生动的面貌表情。"①

在忙乱的生活进程中,索尔仁尼琴设法继续进行他的写作。在这期间,他写了一篇有着正确的政治导向的小说,题目为《出使国外》,完成于一九四一年二月,它的主人公是一个机智地战胜了西欧的资产阶级政治家的苏联外交家。他仍然继续写诗,这些诗作都保存在那个包含着他的《青春诗篇》的练习本中。他在莫斯科哲学、文学、历史研究院学习的成果则保存在另一个名为《对辩证唯物主义和艺术的评论》的练习本中,而且,他一直都在继续构思着那个描绘十月革命辉煌胜利的史诗。

一九四一年春季,他取得了数学物理学专业的一等学位证书。六月,他去莫斯科参加他在莫斯科哲学、文学、历史研究院第二学年的考试,心里却怀着要永久居住在俄罗斯首都的愿望,他认为他们会在这里得到各种各样的机会。然而,整个世界的大事注定要延迟这个年青人的计划。一九四一年六月二十二日,在他到达莫斯科的那一天,苏联和德国宣战了。希特勒也怀着对俄罗斯首都的渴望,发动第三帝国的强大力量对抗他的共产主义敌人,调动他的国防军跨过苏联国境,战线长达两千英里。

艾伦·克拉克在《巴巴罗萨》一书中写道:"这是一个多么可怕的时刻啊!这是世界上最强大的两支部队、最独裁的两个制度的正面交锋。历史上没有任何战斗可以与之相比。甚至一九一四年八月的第一次重击——虽然当时欧洲所有的火车头都在加速运转——也不能与之相比……根据参战人数、投掷的弹药量、战线的长度、战斗的激烈程度,都

---

① 同上,第 11-12 页。

不会再有哪一天会像一九四一年六月二十二日了。"①

纳粹的猛攻让整个苏联陷入混乱，莫斯科哲学、文学和历史研究院的考试完全被抛诸脑后。和大多数其他学生一样，索尔仁尼琴冲进招兵办公室，当场要自愿参军。他被告知，他的登记卡在罗斯托夫，他必须回到那里去参军。于是他急忙去了火车站，却发现铁路系统也由于宣战而处于混乱之中。过了好几天，他终于成功地搭上一辆开往南方的火车，即使是这样，行程也是极其缓慢。对于一个急切地想要参加战斗的年青人来说，无休止的耽搁一定让他难以忍受。

当他最后到达罗斯托夫时，还有一个更大的失望在等着他。由于一种腹疾，他的军事体检报告显示他"并不完全健康"——这种情况是由婴儿期腹股沟皮下组织紊乱引起的，而且已经在他毫无察觉的情况下康复了。这种疾病是如此地轻微，以至于索尔仁尼琴几乎不记得他曾经患过这种病，但是，这已经足以使他失去服军役的资格。

索尔仁尼琴怒火中烧地回了家，不得不无助地看着他大部分的大学同学参军并受训。他要完全献身于战争的想法一定会加重他的这种挫折感。俄罗斯不仅是受侵略的牺牲品——这一点本身已经使这场战争成了一场正义的战争——而且，它还是共产主义真理反抗法西斯主义谎言与错误的旗手。德国一直都是俄罗斯的敌人，而现在，它在纳粹政党的领导下不仅是俄罗斯的历史宿敌，还是它在意识形态上的敌人。他的马克思主义信仰使他毫不犹豫地对战争的对错、对谁将是最终的胜利者作出判断。苏联作为国际无产阶级的胜利者一直都将战无不胜。

一年前，在度蜜月时，他曾写过一首颂诗，该诗表明，作者向往战争的浪漫，但却没有体验过战争的血腥。这是充满好战思想的青年所写的作品——这个青年面对迫在眉睫的战争之"难以形容的骚乱"想要大胆飞翔。索尔仁尼琴把列宁看作灵感，他骄傲地说，他们这代人是在十月革命的洪流中"获得生命"的，为了使革命可以"向前发展"，他们愿意牺牲生命——如果革命需要踏着"我们的尸体"前进的话。他们这代人

---

① 艾伦·克拉克（Alan Clark）：《巴巴罗萨》（*Barbarossa*，London：Weidenfeld & Nicolson，1995），第46页。

是十月革命的一代人，"一定会做出最大的牺牲的"。①

一九四一年九月，索尔仁尼琴实际上被要求做出的牺牲是极大的，但这只是就其生命之无用到令人厌恶而言。当他的朋友奔赴战场、寻求荣誉的时候，他和娜塔丽娅却被派到莫罗佐夫斯克的哥萨克居民区去当乡村教师。索尔仁尼琴教数学和天文学，他的妻子教化学和基础进化论。莫罗佐夫斯克是一个偏僻的地区，位于罗斯托夫东北一百八十英里处，处在去斯大林格勒的中途。这是一个没有出路的地方，索尔仁尼琴一定也沮丧地想到了这一点。在莫罗佐夫斯克什么事都没有发生过。然而，正像他所回忆的那样，即使在那里，"德国的进攻所产生的焦虑感也悄悄地笼罩着我们，就像看不见的云层悄悄地在乳白色的天空中出现并掠过那轮毫无防备的月亮一样。"②这种情感随着一列列火车的难民——每天，运送难民的列车都会在当地的车站停靠一下，然后再继续向斯大林格勒前进——的到来而加重。这些难民们在旅途的短暂休息中，会在莫罗佐夫斯克镇的公共场所散播关于战争灾难进程的可怕传闻。

索尔仁尼琴夫妇在莫罗佐夫斯克度过的短暂时光相当平静，但却是暴风雨来临前的平静。索尔仁尼琴记得"那些尚未被飞机的隆隆声和炮弹的爆炸声所破坏的安静的、温暖的、明月高照的夜晚"，③他与娜塔丽娅和一对姓布罗涅维茨基的老夫妇租住在同一个院子里。尼古拉·盖拉西莫维奇·布罗涅维茨基是一位六十来岁的工程师，索尔仁尼琴这样描述他："一个有着契诃夫式面孔的知识分子，非常和蔼、安详和聪明。"他的妻子"甚至比他还要安详和温和，她的脸色暗淡，淡黄色的短发覆在额头上，她比她的丈夫小二十五岁，但是，从她的动作来看，她显得一点都不年轻"。这两对夫妇结成了朋友，他们坐在门廊的台阶上消遣漫长的夜晚，一边享受着暮夏的温暖，一边聊着天。索尔仁尼琴夫妇与布罗涅维茨基夫妇在一起感到非常轻松，索尔仁尼琴记得："我

---

① 斯卡梅尔：《索尔仁尼琴传记》，第 109-110 页。

② 索尔仁尼琴：《古拉格群岛》，第 3 卷，第 20 页。

③ 同上。

们心里怎么想，嘴上就怎么说，觉察不出我们之间在看待问题的方式上有什么差异。"然而，索尔仁尼琴确实注意到的一个差异是，布罗涅维茨基不是将那些落到德国人手中的城镇描述为"已经投降"，而是"已经被接管了"。回顾他们的友谊，索尔仁尼琴觉得，这对老夫妇也许会认为他们这对年轻的伙伴是"两个幼稚的、狂热的青年典型代表"。在被问到一九三八和一九三九年给他们留下什么记忆时，这对青年人只能回忆起他们学生时代无忧无虑的日常琐事："大学里的图书馆，考试，户外旅行中的乐趣，跳舞，业余演出，当然还有谈恋爱，我们那时正在谈恋爱。"布罗涅维茨基夫妇难以置信地听着这对夫妇的轻松话语。他们问道：但是，难道那时他们的教授中没有人被带走吗？索尔仁尼琴回答：有两三个人曾被带走。他们的位置随即被高级讲师顶替了。那么学生呢？他们中有人进去吗？这对年轻夫妇确实记起一些高年级的学生被投进了监狱。布罗涅维茨基疑惑地问道：

"那么，你们怎么看待它？"

"没关系，我们继续跳舞。"

"你们周围没有人……嗯……有所触动吗？"

"是啊，没有人。"①

布罗涅维茨基对苏联生活的阴暗面所具有的病态兴趣的原因很快就清楚了。他曾经是三〇年代被捕并被送到新建集中营的几千名工程师中的一员。他蹲过好几个监狱和集中营，说话时带着特别的激动以及对杰兹卡兹甘这个地方的厌恶。他在回忆集中营生活的可怕情形时，完全忽略了他的听众们那尚被保护着的感受能力，他描绘有毒的水、有毒的空气、谋杀、堕落以及向莫斯科递交申诉书的无用性。在他快要说完的时候，"杰兹-卡兹-甘"这些音节使索尔仁尼琴感到心惊肉跳："可是……这个杰兹卡兹甘是否多少改变了我们看待世界的方式呢？当然没有，它离我们很远。它不是发生在我们身上的事……最好不要去想它。最好忘掉它。"②

---

① 同上，第 20 - 21 页。

② 同上。

在索尔仁尼琴夫妇离开莫罗佐夫斯克后,他们和布罗涅维茨基夫妇的短暂友谊就结束了。后来,娜塔丽娅得知,当德国人在接下来的一年占领这个城镇时,布罗涅维茨基曾与德国人合作。她在给丈夫的信中写道:"你能够想到吗,听说在德国人占领莫罗佐夫斯克时,布罗涅维茨基担任了德国人的伪镇长。多让人厌恶啊!"对于昔日的朋友背叛祖国的行为,索尔仁尼琴和他妻子一样震惊,认为这是"一件丑恶的事情"。多年后,他自身的境况促使他对此改变了看法:

> 当我回忆往事时,我又想起了布罗涅维茨基。我不再学生气地自以为是了。他们无理地剥夺了他的工作,给了他一份与他的能力不相配的工作,又将他逮捕入狱,折磨他,拷打他,使他忍饥挨饿,打他的脸——他该怎么做呢?他还应当相信所有的这一切都是进步的代价,应当相信他自己的生活——无论是物质生活还是精神生活——他所珍爱的那些人的生活,我们整个民族的痛苦生活,都是无所谓的吗?[1]

在谈到俄罗斯人对斯大林的苏维埃必须怀有的爱国主义责任感时,索尔仁尼琴也表达了类似的观点。他问道:"如果我们的母亲把我们卖给了吉普赛人,或者,更糟糕的是,她将我们扔给了狗,那么,她还是我们的母亲吗?如果妻子成了妓女,我们还要忠贞不渝地和她在一起吗?如果祖国背叛了她的老战士,那么,她还真的是祖国吗?"[2]

一九四一年,这些由辛酸的经历所产生的看法还没有在索尔仁尼琴的头脑中形成。相反,他仍然渴望有参战的机会,如果需要,就为苏维埃祖国而死。十月中旬,战争局势进一步恶化。莫斯科受到威胁,德国人的进攻似乎是锐不可挡的。在这种紧急情况下,苏联当局大量地招募新兵,所有的健康分级都被抛到了一边。在莫罗佐夫斯克地区,事实上,每一个强壮的男人都被召集到了当地的招募中心。终于,索尔仁

---

[1] 同上,第22页。
[2] 索尔仁尼琴:《古拉格群岛》,第1卷,第219—220页。

尼琴的机会来了。多年后,在写信给娜塔丽娅时他这样说:"在那一天离开家是多么困难,但是,仅仅从那一天,我的生命才开始。我们那时还不知道,在我们身上将会发生什么。"[①]再后来,当他作为一个老人追忆往昔时,他认为,他在苏维埃军队中的那段时间是他生命中"最重要和最具有决定意义的时刻"之一。最有意思的是,他用"逃脱"来形容它:"我父亲在我出生前就去世了,因此,我缺少男人所给予的教养。我在部队里逃脱了这一点。"[②]他正在逃脱的究竟是什么呢?他只是简单地逃避女性吗?是他那日渐病重的母亲?是他那些傲慢的舅母、姨母、姑姑们(即和娜塔丽娅结婚后增添的三个姑姑)和岳母?还是娜塔丽娅本人?难道他连她也要逃避吗?

　　"索尔仁尼琴的军事生涯以闹剧开始,却以悲剧结束。"迈克尔·斯卡梅尔写道。[③] 当然,公平地说,它是以不幸的方式开始的。过了很长时间,他才终于去了前线,在当兵的前几个月,他常常成为老兵们残酷迫害的对象——他们不喜欢这个新来的外省中学教师。他在《古拉格群岛》中写道:"我没有从一个苦苦钻研数学的大学生直接变成军官。在成为军官前,我度过了半年受压迫的士兵生活。也许有人可以想象得到,我要绞尽脑汁地准备着去服从那些不值得服从的人,并且还是在饥肠辘辘的时候这样做。"[④]

　　在他进入军官培训学校后,他的感受并没有好转。他不喜欢严格的军事训练,他不满地写道:"他们把我们当作没有经验的牲口来训练,这不断地激怒着我们,使我们想把怒气发泄到别人身上。"[⑤]不过,虽然他极为痛恨他在那里度过的时光,但是,他和一起参加训练的同伴们的最大恐惧是不能坚持住,直到毕业和获得军官徽章。不能坚持到底的代价是立即被送到斯大林格勒战场上——那里的死亡率奇高,被派到那里几乎就是被判处了死刑。斯大林格勒的威胁是在一九四二年十月被解除

---

① 列舍托夫斯卡娅:《萨尼亚》,第 21 页。
② 作者对索尔仁尼琴的采访。
③ 斯卡梅尔:《索尔仁尼琴传记》,第 112 页。
④ 索尔仁尼琴:《古拉格群岛》,第 1 卷,第 162 页。
⑤ 同上。

的,那时索尔仁尼琴已获得了中尉军衔。后来,一九四四年七月,他还将获得上尉军衔。他的经历本应当使他永远记住"作为一个普通士兵服役的艰辛"。然而,很快,"他们在我的肩章上钉上了两颗小星星,然后是第三颗、第四颗。于是,我将过去所有的一切都忘记了!"[①]他从普通士兵变成了军官,从被压迫者变成了压迫者,仅仅是在多年以后,他才意识到,他已经因这段经历而变得冷酷无情。

既然索尔仁尼琴是一个军官,那么,他就希望可以很快被送往前线。然而,情况会让他更加失望,因为他在十一月初被送到了俄罗斯中部的萨兰斯克,他这样向娜塔丽娅描述这个城镇:这是"一块平地上的三个小房子"。[②] 直到一九四三年二月十三日,他所在的营队才终于被调动。索尔仁尼琴相信他们这次是要开向南方的战线;然而,他们却去了相反的方向,向着遥远的北方进发,大约过了一两个星期,他们到了奥斯达斯科夫——它处在尔热夫和诺夫哥罗德之间的位置。然后,他们慢慢向西移动,驻扎在一个森林里,等待前进的命令。六周过去了,什么都没有发生。终于,在四月份时,他们接到了新命令,乘坐火车向东南方向转移四百英里。在奥廖尔正东方向的一个地方,他们沿着涅鲁奇河挖掘战壕。

这是索尔仁尼琴从不知道的一个俄罗斯地区,这地区是一片低洼的沼泽地,其间穿插着一些小树林,不是一个风景优美的地方。如今,在经历了最近几个月的两次战争之后——一次是在德国人进攻期间,另一次是在他们撤退期间——它完全变成了一片饱经摧残的沼泽地。房屋、树木、整个村庄和所有的一切都被炸弹夷平了。道路和田地被几千名行军的士兵、爆炸的炮弹、无数辆坦克的车辙,搅成了一团团糊状的东西。在远处,双方炮兵部队还在不断地向对方发起攻击。然而,索尔仁尼琴仍然感觉得到那片处在废墟之下的祖国的土地。虽然它是"被抛弃的、荒芜的,没有长出庄稼和蔬菜,甚至没有一粒麦子",但是,它仍然是"屠格涅夫的乡村",凝视着这片被战争摧毁的荒野,这个年轻的战士

---

① 同上。
② 斯卡梅尔:《索尔仁尼琴传记》,第 119 页。

"终于理解了一个词——故乡"。①

五月底,索尔仁尼琴收到了他母亲的信,数月以来的第一封。她的字写得比以前差很多,字迹很弱,像蜘蛛爬行一般,以至于他几乎辨认不出来。一月十二日,当他还在萨兰斯克时,刚一得知德国人从高加索地区撤军了,他就给母亲发了一封电报,但是,直到现在,四个月过后,他才终于获知她的状况。当德国人到达了格鲁吉夫斯克——她之前一直都和她的亲戚住在那里——塔伊西娅就回到了罗斯托夫。到了罗斯托夫,她发现自己的房子已经成了废墟,家具也被毁了。由于无家可归,她不得不寻找容身之处,她找了一个处在四层楼上的房间,那里既没有自来水也没有暖气,因此,她不得不费力地用水桶往四楼提水和搬木柴。在这座被德国人占领过的城市的废墟中,没有什么可以吃的东西,而且,还被冬季的严寒冻得浑身发抖,她又身患严重的肺结核,于是不得不再次回到格鲁吉夫斯克她姐姐那里。她母亲信上所写的具体内容与她潦草的字迹所暗示的正相呼应。她的身体已经极度虚弱。我们可以想象一下索尔仁尼琴如何反思事件的反讽性。他在军队里十八个多月了,身上甚至连一个能够显示他的勇敢精神的抓伤都没有;然而,战争却不知不觉间从后方打了起来,而且在悄悄地扼杀着他的母亲。

当他驻扎在涅鲁奇河畔时,索尔仁尼琴再次遇到了他的老朋友尼古拉·维特凯维奇——他已是一个步兵军官,幸运的是,他所在的团队驻扎在临近前线的地区。两位好朋友曾经暂时彼此失去了联系,但是,他们一旦重聚在一起,就发现他们之间仍和从前一样有着许多的共同点,无论是在政治上还是在情感上。他们就像"一个核桃被分成的两半"。② 在接下来的日子里,他们继续辩论和思考——这曾是他们青春岁月中极其幸福的一部分,为他们增添了不少快乐时光。似乎一切都没有改变。两个人仍然认为,他们是忠诚的共产主义者,而且,尼古拉已经是一名真正的共产党员了,但相比他们早年的思考活动,他们现在的思考已经产生重要的、根本上致命的差异。现在,他们已经学会了批

---

① 同上,第 121 页。
② 同上,第 122 页。

判地看待苏维埃的制度,虽然只是从列宁主义者的视角。他们轻率地草拟出了一个政治宣言,名为《一号决议》,其中把斯大林统治的某些方面比作封建主义。幸运的是,这两个尚未成熟的持不同政见者没有采取自杀式的决定,即没有将他们的"决议"给其他人看,而仅仅是庄严地承诺在整个战争过程中各自随身携带一份。他们短暂而甜蜜的重聚由于战斗打响而匆忙结束了。

七月四日,索尔仁尼琴记录道,德国人轰炸了他们的堑壕,不是用烈性炸药,而是用规劝他们投降还为时不晚的传单。这些传单警告说:"你们已经不止一次地经历过德国轰炸的摧毁性力量了。"[1]这是德国人对库尔斯克阵地发起大进攻的序曲,这次进攻的失败实际上促成了纳粹在东线的最终溃败。确实,斯大林格勒一役失败之后,第三帝国的军队几乎一路溃败。他们被赶出了高加索,索尔仁尼琴的家乡罗斯托夫在二月份已经获得了解放。在希特勒发起这次拼死的进攻之前,他的军队已经被推后到这样一条线上:沿南方顿河的正东方向至北方的奥廖尔和库尔斯克。然而,他们还远没有被战败,而是布置了不少于十七个装甲师和十八个步兵师的兵力来进攻库尔斯克。握有这些武装力量,让希特勒有足够的理由确信,他的部队会再一次粉碎苏维埃的反攻。索尔仁尼琴中尉终于开始品尝到战争的苦楚了。

紧随着德国人轰炸之后的战斗是残酷的、激烈的,但是,俄罗斯人已经在这个地区集结了强大的力量,他们的防御工事绵延有六十英里长。第一场坦克战持续了三个星期,最后陷入僵局。尽管双方损失都很惨重,但是,德国人已经无法实现他们的主要目标了,即无法占领库尔斯克,他们几乎已经不能再向前推进战线了。德国人在东线的最后一次大进攻已告失败,但是,这场战斗无论如何都还没有结束。纳粹仍然控制着奥廖尔。索尔仁尼琴记得苏联军队向奥廖尔发起反攻的那个早晨,当时有"不计其数的呼啸声划破了我们头顶的天空"。[2]

争夺奥廖尔的战争又持续了三周,期间一直在接连不断进行战斗,

---

[1]　索尔仁尼琴:《古拉格群岛》,第 2 卷,第 290 页。
[2]　同上,第 291 页。

索尔仁尼琴所在的部队属于茹科夫斯基将军指挥的中部战线。八月五日,索尔仁尼琴随着胜利的俄国军队进入奥廖尔,十天后,他被授予爱国战争二级勋章,以表彰他在这次战斗中所起的作用。尤其是,他由于"快速成功地训练炮兵小队和娴熟地指挥部属阻击敌人的炮兵大队"——他的这些行动有利于一九四三年七月二十三日夺回利沃夫——而被点名表扬。这项命令发布于一九四三年八月十日,由波申钦科上尉、阿伊拉别托夫上校、谢苗诺夫少将签名。①

一九四四年五月,索尔仁尼琴得知了母亲的死讯。在给娜塔丽娅的一封信中,他写道:"她离开了,带着她给我的一切好处和我给她的所有坏处。没有人写信告诉我她的死讯。一张汇票被打了回来,上面注明收件人已经死亡。很显然,她死于三月。"②不久之后,当他发现她事实上是死于一九四四年一月十七日的时候,他的负罪感一定会再次加重。由于没有钱请挖墓人,她被葬在两星期前刚去世的索尔仁尼琴的舅舅罗曼的同一个墓穴。

然而,几乎没有时间悲伤。一个月内,索尔仁尼琴被提升为上尉,而且,他马上又去参加东部战线一个最血腥的战役。七月,苏联军队开始向白俄罗斯发起进攻,索尔仁尼琴排里的六十个人处在战斗最激烈的地方。一九四四年七月十二日,他获得"红星勋章",这个勋章授予那些"在保卫苏联的过程中做出杰出贡献"的人。他由于在六月二十四日的战斗中表现出"优秀的组织能力和指挥才能",尤其是他"在震耳欲聋的炮声中准确定位两个敌兵排的位置"——这不仅使这两个敌兵排立即被消灭,而且随后还使苏联的步兵团跨过德鲁特河夺回了罗加切夫——而再次被点名表扬。这项命令是由波申钦科上尉、科拉维茨中校和特拉夫金上校签名的。③

苏联军队从北部的明斯克,向西穿过白俄罗斯,不屈不挠地继续向前推进,直到胜利地穿过波兰的边境。在战乱之中,索尔仁尼琴仍旧

---

① 柳德米拉·萨拉斯金娜(Lyudmila Saraskina):《亚历山大·索尔仁尼琴》(*Aleksandr Solzhenitsyn*,Moscow:Molodaya Gvardia,2008),第 234 - 235 页。

② 列舍托夫斯卡娅:《萨尼亚》,第 50 页。

③ 萨拉斯金娜:《亚历山大·索尔仁尼琴》,第 253 页。

抽时间在他一直随身携带的那个笔记本上勾勒着一部关于战争的小说。特别是,他被他们的政委阿尔谢尼·普希金少校的形象吸引住了,普希金少校总是和他周围的战士一样勇敢地并肩战斗,总是服从于最紧迫的军事活动的需要。索尔仁尼琴近距离地观察着这个人的活动,准备把他列入他的小说构思中。在给娜塔丽娅的一封信中,他激动地写道:"我勾勒出越来越多的关于普希金的具体细节。哦,我什么时候才能坐下来写《第六条路线》?我会把它写得气势恢宏!尤其是现在,在奥廖尔-库尔斯克战役仍然历历在目的时候,在通过一九四四年的多棱镜能够如此鲜明地看清它的时候。"[1]

他的另一个灵感来源是远处的布罗涅维茨基的形象,在索尔仁尼琴看来,他在莫罗佐夫斯克与德国人的合作具有一种病态的吸引力,根源于情感的张力。他发自内心地喜欢这个老人和他年轻的妻子,对他们抱有强烈的好感,然而,他们对德国侵略者的支持却是完全不可理解和不可原谅的。是什么促使这位老人做了这件事?这是索尔仁尼琴决心要解决的一个难题。在一篇描述布罗涅维茨基的题为《M镇》的故事中,他打算认真地解决这整个问题。为了促进这个故事的写作,当苏联军队继续向西推进时,他尽可能多地走访一些小镇,以了解德国占领区的生活是怎样的。他对被占领现象以及对它的心理反应越来越有兴趣。他尽力地理解占领区的人民的情感,尤其是他们中间与德军合作的人的感情。他们的背叛行为仍然使他厌恶,但是,这种厌恶本身就成了一种吸引力。也许,他感受到了许多人在理解谋杀犯或者杀人犯的思想时所感受到的那种充满厌恶感的吸引力。他本人并没有丝毫想做出背叛行为的想法,但是,他仍然需要知道人们为什么会背叛。

那些与德军并肩作战的俄罗斯人又是为了什么呢?是什么促使他们拿起武器对抗祖国并杀死他们的同胞呢?这样的叛逆行为是完全让人不能理解的。当索尔仁尼琴第一次看到德国人声称组建了"俄罗斯解放军"的传单时,他真的不能相信,认为这是敌人的谎言而予以否认。后来,奥廖尔战斗打响了,他也猛然醒悟了:

---

① 列舍托夫斯卡娅:《萨尼亚》,第55页。

我们很快就发现,真的有与我们进行战争的俄罗斯人,他们比一切纳粹的党卫军都更为勇猛地战斗着。比如,一九四三年七月,在奥廖尔附近,有一个身穿德军制服的俄罗斯排防守着索巴金新村。他们殊死战斗,就好像是他们建造了这个地方一样。其中的一个人被赶入地窖。他们朝里向他扔手榴弹,他一声不响。但是,只要他们钻进地窖朝里走,他就用自动手枪朝他们扫射。直到他们向地窖里扔了一个反坦克手榴弹,他们才发现,他在地窖中还有一个隐身坑,可以让他躲避步兵手榴弹的攻击。只要试着想象一下就知道了,他是在什么样的气浪冲击中、震耳欲聋的响声中、没有希望的处境下进行战斗的。[①]

　　关于这些俄罗斯叛徒的勇敢故事还有很多。他们勇猛地保卫着图尔斯克南部的第聂伯河桥头堡,索尔仁尼琴所在的苏联军队尽管连续不断地进攻了两个星期,也几乎没有取得任何进展。一九四三年十二月,在小科兹洛维奇附近爆发过激烈的战斗,关于这场战斗,索尔仁尼琴讲述了一个充满悲喜剧色彩的故事。

　　许多个漫长的日子过去了,我们和他们都经受着冬天的严酷考验,穿着盖住外衣和帽子的伪装服进行战斗……当士兵们在松林中左右冲锋时,情况变得混乱了。有两个士兵并排爬着,他们不再能精确地定位,只是朝着某个人、某个地方射击。两人用的都是苏式自动手枪。他们共享子弹,相互称赞,都为他们自动手枪上的润滑剂的冻结而咒骂。最后,他们的手枪一起停止了射击,他们决定休息一下,抽支烟。他们把白色风帽向后拉下来,在同一时间,每一个人都看到了对方的帽子……鹰和红星。他们跳了起来! 他们的自动手枪已经没有子弹了! 他们抓着枪管,将它们当作棍棒挥舞起来,开始扑向对方。这与政治无关,与祖国无关,只不过是纯

[①]　索尔仁尼琴:《古拉格群岛》,第 1 卷,第 254 页。

粹的原始人的不信任:如果我同情他,那么他就会杀了我。①

　　这些俄罗斯叛徒不愿意投降的原因是很清楚的。如果落到斯大林的秘密警察手中,等待他们的将是比死还要可怕的境遇。死亡比投降要好。在白俄罗斯的进攻战初期,索尔仁尼琴到达波勃鲁依斯克时,他看到了这个残酷的现实。他正在沿着大路行走,在战争的一片狼藉中,他突然听到一个俄罗斯同胞发出绝望的呼救声。"上尉先生! 上尉先生!"循着声音的方向望去,他看到一个俄罗斯人,光着上半个身子,但却穿着德国人的军裤。他的脸上、胸部、肩膀和后背上全是血,正在被一个骑马的安全部门的军士驱赶着,这个军士不停地抽打他,骑着马猛烈地冲撞他。"他一直用鞭子抽打着那个裸露的后背,不让他回身,也不让他呼救。他来回驱赶着他,打了又打,在他身上添加一道道深红的伤痕。"②

　　索尔仁尼琴带着羞耻、自责和悔恨心理回忆起这件事,他悲伤地说道:"世界上任何一支军队中握有权力的军官,都应当停止这种毫无意义的折磨。"然而,苏联军队与世界上其他的军队不同,索尔仁尼琴上尉已经学乖了,他害怕就目睹的残酷行为提出质疑所引起的后果。"我害怕……我说不出什么……我也做不了什么。我经过他身边,就好像我没有听见他,没有看见他。"③正是由于他在自己周围看到的这些苦难,一种变化在不断地悄悄发生着。他由于太害怕而不敢声张出来的问题以更加强烈的形式在他内心中表达了出来。慢慢地,几乎是无法察觉地,那个幼稚的年轻的共产主义战士消失了,被其经历消磨而去,从而为某个更加强大的人让路。

_____

　　① 同上,第 254－255 页。
　　② 同上,第 256 页。
　　③ 同上。

第五章　发展受阻

一九四四年末,苏联部队跨过边境线进入波兰,对纳粹敌人的最后胜利近在眼前。

索尔仁尼琴和他的炮兵连驻扎在比亚韦斯托克东南的纳雷夫河畔,满怀期盼地等待着向德国本土进发的命令。一九四五年二月的第二个星期,命令下达了;当时,索尔仁尼琴上尉收到一大捆传单,要求分发给他属下的士兵。这些传单上写着马歇尔·罗科索夫斯基的名言:"士兵们、军官们和将领们! 今天凌晨五点钟,我们发起最后的大总攻。德国就在我们面前! 再有一次打击,敌人就会崩溃,不朽的胜利将由我们的部队来完成!"斯大林本人所发出的一个更为不祥的信息同时也发布给了部队。他声称,只要苏联军队进入德国,"一切都是被允许的"。在一篇充满恨意的演说中,他庄重地要求即将被派到德国土地上的无数军队为俄罗斯在这场战争中所遭受的一切苦难复仇。以眼还眼,以牙还牙。强奸、掠夺、抢劫,没有什么是被禁止的。[①]

索尔仁尼琴极其反感这种赤裸裸地刺激贪欲和血腥的方式,他告诫他的属下要保持适度和克制。在回顾这个时刻时,他为他属下的士兵写了一篇虚构的演说——他将这篇演说收录入《这条路》——号召俄罗斯士兵保持冷静,采取负责任的态度,"做一个宽宏大量的国家所拥

---

① 斯卡梅尔:《索尔仁尼琴传记》,第138页。

有的一个令人骄傲的儿子。"①

当苏联军队进入德国时,他们并没有想起宽宏大量的精神。索尔仁尼琴的告诫不仅被充耳不闻,而且还遭到了严重的挑战。当红军突袭第三帝国垂死的余部时,是斯大林的设想,而不是索尔仁尼琴的设想,成为了现实。

由于在一九四五年二月二十七日的战斗中表现英勇,索尔仁尼琴被授予红旗勋章,它在苏联勋章的级别中排名第二,用来表彰"战争中的英雄主义行为或者作战过程中其他体现军人勇气的突出成就"。具体说来,是由于在一月二十六至二十七日夜间索尔仁尼琴带领他的士兵(和重价装备)突出重围——当时,他们几乎是被完全包围了,而且是在与总部完全失去联系的情况下——的英勇行为而被授予的。②

在穿过波兰时,索尔仁尼琴所在团部很少或者说完全没有遭遇到撤退德军的抵抗,没有多少日子,团部就从北方进入到东普鲁士。让索尔仁尼琴感到高兴的是,他发现自己是在沿着萨姆索诺夫将军的足迹前行——萨姆索诺夫将军在第一次世界大战中所领导的损失惨重的战役,曾经促使年轻的索尔仁尼琴在阅览室中认真地钻研地图,并研究他的壮丽事迹。这些地图在他眼前慢慢地活了起来,他发现自己正处在萨姆索诺夫三十年前战败的那个地区,正在经过一九三六年他在自己所构思的系列小说中试图描绘的那些城镇和村庄。在得知这里也是他父亲在一战中到过的地方时,这种辛酸感也因此而加重了。像萨姆索诺夫一样,索尔仁尼琴进入了奈登堡镇,这里正在燃烧,被狂暴不已的俄国士兵点着了。他在给娜塔丽娅的信中写道:"第二天我就要践踏东普鲁士了,产生了许多令人无法忍受的印象。"③

这些印象不仅生动地体现于《一九一四年八月》里的战争场景,而且还在他的叙事长诗《普鲁士之夜》中得到更为有力的表达。一月二十

---

① 同上。
② 萨拉斯金娜:《亚历山大·索尔仁尼琴》,第259-261页,由伊格纳特·索尔仁尼琴为作者翻译。
③ 列舍托夫斯卡娅:《萨尼亚》,第63页。

日，他所在的部队到达奈登堡，即现在的尼济察；一月二十二日到达奥尔什丁；最终在一月二十六日到达波罗的海，切断了德国军队向东进发的路线。虽然这首诗不是严格意义上的自传文学，但是，叙事性的诗句却比干巴巴的事实描述更加生动地表达出索尔仁尼琴在这些不幸日子中的感受和体验。

在《普鲁士之夜》的开头部分，当寻求复仇的"愤怒之爪"在德国这个"邪恶的女巫"身上爬过之时，对俄罗斯辉煌进军的高度赞扬也随之黯然失色。叙述者像喝醉了一般摇摇晃晃地走过，索尔仁尼琴描述了村庄、教堂、农场和农场上的动物所遭到的可怕毁坏。这是一场"充满狂喜的大混乱"。在火焰中，叙述者几乎是不由自主地感受到在他周围的这个人间地狱有着某种超验的恶魔般的东西。这是"一个恶魔所做出的可怕的、邪恶的、具有诱惑性的活动"。① 当斯大林的命令由衷地得到贯彻的时候，叙述者孤独地站在一边。他心中没有复仇的愿望，但是，"他像彼拉多一样袖手旁观"，没有为扑灭这场火做任何事情。

《普鲁士之夜》还描述了一个非人道的场景——它在精确性上大大地超过了欧文和萨松在他们关于第一次世界大战的诗作中所呈现出来的一切。叙述者走过一座房子，"它没有被烧毁，仅仅是遭到了抢劫和掠夺"，他听到了"呻吟声，是被墙减弱了的呻吟声"。走进之后，他看到一个母亲和她的小女儿。母亲受了伤，但还活着。女儿在遭受到比死还痛苦的厄运后死去了。她没有知觉地躺在一个床垫上，成为集体强奸的受害者。叙述者想知道，在她死去之前，有多少个俄国士兵糟蹋过这个女孩备受折磨的身体。"一个排，一个连，也许？""女孩变成了女人，女人变成了尸体。"② 母亲的眼睛是"模糊的和红肿的"，在拯救自己和女儿的徒然挣扎中失明了。她已经没有了活下去的指望，恳求叙述者——一个她能听见却不能看见的士兵——杀了她。这并不是诗作中唯一令人作呕的对集体强奸的描写。稍后，这群无政府主义的侵略者

---

① 索尔仁尼琴：《普鲁士之夜》(*Prussian Nights*, London: Collins & Harvill Press, 1977)，第 23 页。

② 同上，第 41 页。

们来到"一个气派的房子前,里面都是德国的女孩子",他们完全不理会女孩们说她们不是德国人而是波兰人的绝望恳求。① 还有一段描述所讲的是一个年老妇女和她卧床不起的丈夫所遭到的残酷杀害。这首诗以叙述者最终屈服于他周围的诱惑而告终。他强奸了一个因恐惧而顺从他的女人,当凌辱结束后,她请求他不要杀她。由于极度的自责,由于他知道改正他所犯下的错误已为时太晚,他感到另一种灵魂的重负压到他的身上。他所犯下的滔天罪恶使他毫无成就感、满足感。最后留下来的一切只是令人扫兴的罪恶感,一切都变得毫无意义。当然,我们无法辨识出这个长诗中哪些部分是自传性的,哪些是他和那些老兵们——比如他在集中营里的朋友列夫·科佩列夫——交流的结果,哪些只不过是诗歌创作。然而,它们作为对一九四五年一月的那些可怕日子的描述,极具感染力,同时也栩栩如生地展现出了索尔仁尼琴对他在那些破坏性和地狱般的日子里所扮演的角色怀有巨大的罪恶感。也许,他的这种情感最为准确地由格列布·涅尔仁——在他的小说《第一圈》的所有人物中,这是最富有自传性特征的一个人物——表达出来。

> 我不认为自己是一个好人。事实上,我很坏,——每当我想起我在德国的战争中所做的一切,我们所做的一切……但是,我是在一个败坏的世界中得到这一切的。错误的东西不是作为错误向我显示出来,而是作为某种正常的东西,甚至是值得赞扬的东西。然而,我在那个缺乏人性的无情世界中陷得越深,奇怪的是,我就越加清晰地听到那些谴责(即使是在那时)我的良知的少数人所说的话。②

除了看到自己这方的俄罗斯人所犯下的暴行,索尔仁尼琴还继续遇到为德国人效力的俄罗斯人。他和这些敌方的同胞的最后一次接触是一

---

① 同上,第 51-57 页。

② 索尔仁尼琴:《第一圈》(*The First Circle*, London: Collins & Harvill Press, 1968),第 518-519 页。

月末在东普鲁士的腹地,这一次差一点就要了他的命。这些敌方的俄罗斯人发现他们自己被前进的苏联人从四面包围后,试图从索尔仁尼琴所在部队占据的地方突围出来。他们在夜幕的掩盖下悄悄地行进,没有携带炮火。由于苏军没有布置连续的防线,他们成功地突入到了苏军的领地。就在黎明之前,索尔仁尼琴看到他们"突然从已挖好沟壕的雪地里跃身而起,身穿冬季的伪装服,大声呼喊着猛地冲向"使用 152 毫米口径炮弹的炮兵排,抢在十二门重炮开始射击之前用手榴弹将它们炸毁。在他们的曳光弹的追击下,索尔仁尼琴所在部队的余部在积雪中跑了差不多有两英里,飞奔着逃命,直到他们来到巴萨格河的桥上。在那里,由于寡不敌众,这些侥幸逃出的为敌方服务的俄罗斯人才被迫投降。① 索尔仁尼琴写道:"他们知道他们是不可能得到怜悯的。当我们逮住他们的时候,在他们的嘴巴里发出第一个俄语单词之前,我们就射杀了他们。"不管这是否符合惯例,但它并不是经常发生的。有时,穿敌军制服的俄罗斯人会被接受投降,从而可以等待着他们在苏联的命运。对许多人来说,这被看作是比死还难的遭遇。索尔仁尼琴记录了这样的一件事:三个被捕的俄罗斯叛徒被押解着正沿离他几步路远的公路行驶。突然,其中的一个人挣脱出来,滚进了 T-34 坦克车下。坦克车闪了一下,试图避开他,但坦克的边缘还是压住了他。"这个被碾压的人躺在那里扭动着,血沫从他的嘴里流出来。当然,人们是可以理解他的! 他宁愿像士兵一样死去,而不愿意在刑讯室里被绞死。"②

即使是在俄罗斯军队穿过溃败的德国时的一片混乱中,索尔仁尼琴依然能够给他的朋友和娜塔丽娅写信。然而,他们现在的情况已经不是丈夫和妻子那种单纯的关系了。似乎将他们分开的不仅仅是横在他们之间数百英里的距离,也不仅仅是彼此未能相见的数百个日子。许多的东西都已经改变,也许,主要是索尔仁尼琴本人的变化。他作为一个前线士兵的经历——这已经超过了十八个月,并在这些普鲁士之夜的可怕景象中达到了顶点——已经杀死了那个无忧无虑的、五年前

① 索尔仁尼琴:《古拉格群岛》,第 1 卷,第 260 页。
② 同上,第 255 页。

就和学生时代的女朋友结婚的青年。这个男孩已变成一个男人,这个男人正在用与那个男孩完全不同的方式看待问题。他还与那个他已经与之结婚的女人有着不同的看待问题的方式,她不能理解丈夫对她态度的变化。"我的丈夫从前线写给我的最后那封信,再次给我带来巨大的痛苦。他的一只手似乎要把我远远地推开,而另一只手又要把我拉得离他更近些,也更紧些。"[1]

娜塔丽娅称这封信是"一篇充满恼怒情绪的说教",也许它是这样的,但是,从娜塔丽娅本人的反应来看,很显然,对她来说,她认为它不仅饱含着恼怒的情绪,而且还是令她气恼、让她烦心的东西。事实是,当她的丈夫恼怒她的时候,她也恼怒着她的丈夫。这封信实质上谴责了娜塔丽娅的爱所具有的"自私"本质:

> 你是这样想象我们的生活的:不受打扰地生活在一起,不断地添置家具,有一个舒适的公寓,定期有客人来访,晚上去剧院……所有的这一切很可能都不会发生。我们的生活可能无法安定下来。从一个公寓搬到另一个公寓。不断增添着的东西,它们也很容易被丢弃掉。
>
> 一切都取决于你。我爱你,我不爱其他的任何人。但是,就像火车没有发生碰撞的情况下不能离开铁轨一毫米一样,我也是如此,无论如何我都不能偏离我的道路。眼下,你爱的仅仅是我,这意味着,分析到底,你仅仅是为了你自己,为了你自己的需求的满足而爱我。

这封信以他对妻子的一个请求而告终,他请求妻子为了他们的将来而舍弃她那"完全可以理解的、完全人性化的但却是自私的"计划。如果她能做到这一点,他认为,他们之间真正的和谐将会重新开始。[2]

当娜塔丽娅读到她丈夫的信时,产生的仅仅是一种因无法理解而

---

① 列舍托夫斯卡娅:《萨尼亚》,第 63-64 页。

② 同上。

造成的混乱感。这使她"担心、恐惧、失望,最终产生了一种绝望感"。①

也许,索尔仁尼琴的话语不能为他的妻子所理解,这并不令人意外。它们是一个猜不透的难题,但却是理解这个男人的关键,至少是在一九四五年一月的时候。从最简单的层面来看,这封信似乎是不讲道理的。似乎是索尔仁尼琴的爱,而不是娜塔丽娅的爱,才是自私的。是他,而不是她,要求婚姻应当按照预先设定的标准进行;是他,而不是她,无论如何"都不"偏离轨道;是他,而不是她,绝不准备妥协。然而,从更深的层面来看,这种不讲道理对这个正在成熟的士兵来说,却表达出某种更重要的东西。他开始认为牺牲精神是婚姻和生活的核心,而自私地追求那些没必要产生的欲求,则是实现真正幸福的障碍。只有当追求物质财富的欲望服从于更高的目标时,真正的和谐才会出现。对于索尔仁尼琴来说,更高的目标是他的艺术,这是他"绝不会偏离的"。同他的文学抱负相比,即使是他同娜塔丽娅的婚姻也是次要的。他需要从她那里得到的,他要求于她的,是一种认同,是她必须时刻准备着为这个更高的目标做出牺牲。她必须爱他,不是因为她想要他,或者是因为她需要他,或者是因为她要尽力地拥有他,而是要将她自己的心和灵魂交给他,无私地将自己放在他的艺术祭坛上。另一方面,不要指望他会为她,或者为其他的任何东西而牺牲他的艺术。要么是她必须为他们的婚姻牺牲她自己,要么是他为了他的艺术而牺牲他们的婚姻。这是最后通牒。

多年后,索尔仁尼琴努力地解释着这些情感:"我完全被束缚住了,我的道路就像气缸中的活塞的道路一样……每一种东西都是重要的,是的,生活的每一个方面都有它的重要之处,但是,在这同时我就会失掉我的冲劲和活力。"②

战争年代邮政系统的延误意味着索尔仁尼琴写给妻子的信通常总是需要一个月才能到达。她在三月初才收到他这封包含着令人迷惑不解的最后通牒的信。一个星期后,她不是收到了他的另一封信,而是她

---

① 同上。
② 斯卡梅尔:《索尔仁尼琴传记》,第142页。

自己寄给他的明信片被退回了。这给出了一个信息："收信人已经离开了部队。"娜塔丽娅惊慌失措，给任何一个可能会知道她丈夫下落的人写信询问。

当娜塔丽娅在回忆录中回忆这段不安的日子时，她选择了一段摘自她丈夫的小说中的话，让这本小说中的自传元素替她说话：

> 等待丈夫从战争中回家一直都是困难的。但是，在战争结束之前的最后一个月则是最困难的：榴弹和子弹不会考虑一个人已经战斗多长时间了。
>
> 恰好在这个时候，不再收到格列布的信了。
>
> 娜佳跑出去寻找邮差。她写信给她的丈夫，给他的朋友，她写信给他的领导。每一个人都沉默着，好像被施了魔法。
>
> 那是在一九四五年春，几乎每个夜晚都在礼炮的轰鸣声中度过。一个又一个城市被占领！占领！占领！哥尼斯堡、法兰克福、柏林、布拉格。
>
> 但是，仍然没有来信。世界黯淡了。冷漠出现了。但是，她一定不会独立活下去的。要是他还活着又回来了，那该怎么办呢？……白天，她用超负荷的工作折磨自己，夜晚则独自饮泣。①

娜塔丽娅不知道，当她在家里担心哭泣的时候，她的丈夫正在苏维埃的监狱里憔悴。是命运的无情捉弄，或者是出于对等性的神意调整，索尔仁尼琴发现要为"更高的目标"做出牺牲的正是他自己。由于他曾经试图要娜塔丽娅为艺术做出牺牲，因此，他现在成了斯大林极权国家祭坛上的祭品。

他曾写信给妻子，自信满满地坚持他的生活不能偏离他设定的轨道一毫米，然而，就在几天后，苏维埃国家的暴力机关使他所有的计划、安排、抱负和他的生活本身都戛然而止了。他无助地被拉离了他的轨道，处在一个完全陌生的环境中，在这里，他看不到前方的道路——如

---

① 索尔仁尼琴：《第一圈》，转引自列舍托夫斯卡娅：《萨尼亚》，第64-65页。

果说确实还有道路的话。

他命运中的这个灾难性的转折,始于一九四五年二月九日来自旅指挥部的一个电话,要求他立即向特拉夫金准将汇报。当他进入准将办公室的时候,他注意到一小队军官站在房间的一个角落,他仅仅认识他们中的一个人,就是旅队的政委。特拉夫金命令索尔仁尼琴走到近前,交出他的手枪。他感到疑惑不解,但是,他服从了命令,将武器交给了特拉夫金,特拉夫金在将皮带一圈又一圈地缠到枪托上后,将它放进他的抽屉。然后,特拉夫金低声说道:"好了,你现在必须离开了。"

索尔仁尼琴不理解这一切,仍然尴尬地站在原地。

"是的,是的,"在紧张的安静中,特拉夫金重复道,"你该到某个地方去了。"

立即,有两个军官从角落里的那群人中走上来,告诉索尔仁尼琴他被捕了。"我?"他气喘吁吁地问,"为什么?"

两个军官没有费心对他做进一步的解释,他们从他的肩上扯下肩章,从他的帽子上取下红星,解了他的皮带,从他手中夺去地图箱。具有讽刺意味的是,这次对他的职位和尊严的粗暴剥夺,仅仅发生在他应当被授予红旗勋章——他因在不到两星期前的战斗中的英雄主义表现而被授予此项奖励——颁奖仪式的前几天。这两名军官不再费周折,直接就押着他离开这个房间。

"等一下!"特拉夫金命令道。

这两个反间谍机构的军官立即松开了他们紧抓着他的手,索尔仁尼琴将脸转向这位准将。

特拉夫金意味深长地问道:"您……有个朋友在乌克兰第一方面军?"

"这是违反规定的!"两个军官生气地叫道,"你没有这个权利!"①

特拉夫金不再说话,但是,索尔仁尼琴立即知道,这涉及到他的老朋友尼古拉·维特凯维奇,这是对他的一个提醒。显然,他的被捕和他

---

① 斯卡梅尔:《索尔仁尼琴传记》,第 142-143 页;列舍托夫斯卡娅:《萨尼亚》,第 70-71 页。

与尼古拉的通信有关,或者说与他们的《一号决议》有关。后来,他认为,无论是这种通信,还是这个决议,都是"孩子气的愚蠢"。[1] 他和尼古拉都知道检查机构的存在,他们的信将会被看到,但是,这并没有阻止他们在通信中对斯大林说一些批评性的评论。事后他们才明白,这是极其愚蠢的。索尔仁尼琴写道,当他和他的狱友们讨论他们的案子时,他们的幼稚"所引起的仅仅是嘲笑和惊愕"。"其他的犯人告诉我,再也找不到比你们两个更愚蠢的傻瓜了。我慢慢也相信了这一点。"[2]

他作为犯人的第一天是孤独的、茫然的,他一定还抓着最后一根希望稻草。这一定是个错误。是的,一定是这样的。人们弄错了,很快就会有人向他道歉。他将会被释放,一切都会好起来。然而,当他在前线总部的反间谍部门的监狱里度过了随后的三天后,他听到了同牢房的狱友们令人不安的话。他们说到了审讯人员所施的诡计、他们的威胁和毒打。他们告诉他,一个人一旦被捕,就永远不会被释放。没有人被释放过。尽管他希望这是一个错误,但是,错误并不存在。权力机构没有犯错误。他的狱友告诉他,他可能会被判十年徒刑。事实上,他们所有的人都将被判十年的徒刑。每一个人都会被判十年的徒刑。当他听到这些话时,他的希望就像地平线上最后的一线光明,消失了。未来是黑色的,太黑了,以至于什么都看不到。一个深渊。一个恶梦。但却没有梦想。现实。

眼下,监狱生活的残酷现实将成为他知道的唯一现实,并使他此前的记忆失色。两年之后,他在军队中的生活将被他看作属于一个完全不同的、遥远世界的东西。"这场战争占去我四年的时光。我不再相信它完全真实地发生过,我不想再记起它。在这里的两年,在群岛的两年,战场的所有场景都在我的脑海里模糊了,而前线所有的战友情谊也完全都黯淡了。"[3]

许多年后,在经受过监狱机关的折磨后,他将会看到,被捕和监禁

---

① 索尔仁尼琴:《古拉格群岛》,第 1 卷,第 134 页。
② 同上。
③ 同上,第 594 页。

对他此后的生命和个性的发展是多么重要。他甚至学会了感谢古拉格，还坦承道，除了他的军旅生活，最重要的事件"就是这次被捕"。他甚至称它是他生命中的第二次"决定性时刻"，是至关重要的，"因为它使我全面地理解了苏维埃的现实，而不仅仅是理解了在被捕前我所了解的单方面的情况。"①然后，他又说道，在苏联度过的青年时代，从他身上带走的东西，主要是他童年时代的"基督教精神"。如果他没有被捕，他现在只能"恐惧地想象一下……会有什么样的空虚生活在等待着我。而监狱将所有这一切都归还给了我"。②

正如斯卡梅尔所写的那样，索尔仁尼琴的军事生涯以喜剧开始，却以悲剧收场。然而，这个悲剧的结束仅仅只是一个开始。它是复活之前的苦难，是出生之前的阵痛。被捕是索尔仁尼琴生命受难记的真正开始，在这里，他此前的自我骄傲和自私，就像是一件多余的外套，脱掉了。

---

① 作者对索尔仁尼琴的采访。
② 同上。

第六章　从地狱到炼狱

我活在世上时绝不会如此礼让，
因为我一心所追求的
就是出类拔萃的伟大理想。
正是由于这种妄自尊大，
我才在这里受到应得的惩罚；
我若不是在仍可犯罪时求告上帝，
我甚至不会来到这里。

——但丁,《炼狱》第十一章

　　在苏联军队中享受过军官的特权之后，监狱的生活对索尔仁尼琴来说一定是难以忍受的。在反间谍机关的监狱里所度过的最初几天，他睡在马桶旁边腐烂的稻草上，亲眼目睹了那些被毒打之后无法入眠之人的可怜境况，忍着恶心吃下监狱里的稀粥，恐惧地听着他的狱友们详细地描绘等待着他的可怕的、令人绝望的未来。他那似乎已经以确定的、不可改变的轨道铺展在他面前的所有抱负都停顿了。他预先谨慎地计划和设计的那个世界已经土崩瓦解。

　　然而，虽然从法律上来说，索尔仁尼琴现在已经不再是一个士兵了，更不用说是一个军官了，但是，他仍然觉得自己高于他周围那些职位低下的人。他在军官训练学校学会的傲慢和势利已经根深蒂固，每当没有军衔的军士向他发布命令，他都怒不可遏。在他和其他七个犯人被从前线奥斯特罗德向四十五英里外的反间谍机关司令部所在地布罗德尼察押解过程中,他的这种优越感最为突出地表现了出来。除了一个德国平民,所有其他的犯人都是俄罗斯人,那个德国平民穿着黑色的三件套,黑外衣,黑帽子,站在那里显得出类拔萃,有着一张"靠精致食物滋养得很好"①的白皙的脸。这个德国人不懂俄语,然而,即使是他的俄语很流利,这些俄罗斯人是否会和这个该死的敌人说话,也是令人怀疑的。

在他们起程去布罗德尼察之前——在寒冷多变的天气中,这要花费两天的时间——一个军士,即押送队的负责人,命令索尔仁尼琴扛上他那个上了封条的箱子,箱子里装着他的军官用品和他被捕时作为逮捕他的证据的那些文件。索尔仁尼琴被激怒了。一个普通的军士竟然命令一个军官去扛一个又大又重的箱子,这真是太无礼了!况且,与他们同行的不是还有六个空着手的普通士兵吗?还有一个德国人呢!"我是一个军官,"索尔仁尼琴生气地回答道,"让那个德国人去扛它吧。"后来在回忆到这件事时,索尔仁尼琴羞愧地记起了他旁边那个俄罗斯犯人看他时的诧异表情,好在德国人听不懂他所说的话。那个德国人服从命令扛起了箱子,直到他累得差点倒下为止。在这个时候,走在他旁边的那个俄罗斯人,一个从前的战俘,主动拿起箱子,开始扛着它走。在这之后,所有其他的俄罗斯犯人轮流地扛着索尔仁尼琴的箱子,完全不需要人去命令,只是当再次轮到索尔仁尼琴时,箱子又被交给了德国人。除了箱子的主人,所有的人都扛过它——它的主人此时正走在小队的后面,看着他的同伴们的无私行为,逐渐滋生出一种羞愧感。

在布罗德尼察呆了三天后,他被押送到火车站,并被告知,此行的目的地是莫斯科。第一段旅程——即到比亚韦斯托克和苏联边境的旅程——乘坐的是平板货车,他们完全暴露在二月的寒风与大雪中。这列火车的四分之三部分都是类似的货车,上面紧紧地挤着俄罗斯的女人和女孩,她们是在敌占区被捕的,因为她们有与敌人合作的嫌疑。穿过苏联边境时,索尔仁尼琴在三个反间谍军官的押送下转乘一列开往

---

① 索尔仁尼琴:《古拉格群岛》,第 1 卷,第 165 页。

明斯克的客车,并在明斯克赶上了一列开往莫斯科的快车。一九四五年二月二十日,在到达俄罗斯的首都后,他被通过地下铁道带到著名的、令人恐惧的卢比扬卡监狱。他到达卢比扬卡时的经历被记录在《第一圈》的结束章节中。他曾告诉他的传记作者迈克尔·斯卡梅尔,《第一圈》中的结束章节是对他本人所受折磨的精确描述。就这样,在英诺肯基·沃罗金被捕和到达卢比扬卡监狱时的虚构场景中,索尔仁尼琴在俄罗斯监狱中第一时间里所体会到的野蛮和非人道得以重现。它从进入到一个没有窗户的小牢房开始,这个房间是如此狭小,以至于不可能在里面躺下来。一张桌子和凳子几乎占据了地板的全部空间。坐在凳子上时,无法将腿伸直。每隔一段时间,枯燥的静寂就会被监视孔上的铁窗向后拉开的声音所打破。铁窗被拉开后,外面的人可以用一只眼睛向里看到他。

终于,门开了,他被带到另一个房间。在这里他接受了净身检查。在脱去所有的衣服后,索尔仁尼琴被动地站着,一个穿灰色外套的男人仔细地察看他身上的每个洞口。他将手指探入这个犯人的口中和耳中,扒开他的下眼睑,还把索尔仁尼琴的头使劲向后拉,以便观察他的鼻孔。然后,又要求这个受辱的犯人抓住自己的阴茎,翻开包皮,把它向左拉,向右拉。最后,又要求他尽可能远地叉开腿,弯下腰,用手把屁股扳开,从而让最后剩下的一个出口也可以被检查到。

净身检查结束后,索尔仁尼琴被要求赤身坐在一张凳子上,他被冻得牙齿格格地响,穿灰外套的男人开始仔细地检查他所有的衣服。从内衣、汗衫和袜子开始,他检查了每一个缝合处和褶皱处,然后将它们扔到犯人的脚下,让他穿上。这个人又拿出一把粗糙的刀,用它刺入索尔仁尼琴的鞋底,又用一把锥子戳进他的鞋跟。接下来是索尔仁尼琴最钟爱的上尉制服。这个昔日的军官惊恐地看到,这个人小心翼翼地拆下所有的金穗带和镶边,割下纽扣和纽扣圈,然后撕破衬里摸一下里面。他还同样仔细地检查了他的裤子和大衣。大衣的扣子被拆掉了,又一次用刀割开了衬里。

最后,大约在他到那里一个小时后,穿灰色外套的人收拾起被拆下来的穗带和镶边,一句话不说地离开了。只留下索尔仁尼琴和他昔日的制服，只是已经破烂不堪了，此时，索尔仁尼琴开始意识到，他已不再是苏联军队里的一名军官了。虽然当时他还不完全明白这一点，但是，他已经进入到另一支不幸的、衣衫褴褛的军队中，而且，这个军队在胜利的苏联大地上有数百万之众。他成了斯大林的一个奴隶。

这支军队的这次新兵招募的第一项折磨刚一结束，另一项折磨就开始了。这次是一个穿白色外衣的看守，再次命令他脱掉所有的衣服，赤身坐在凳子上。索尔仁尼琴觉得脖子被粗暴地抓着，这名看守先是给他剃头，然后给他剃腋毛，最后是阴毛。在这个看守离开不久，又来了一个看守。这次的目的是要做一次体检，犯人不得不再次脱光衣服。"检查"基本上就是针对犯人是否患有性病、梅毒、麻风病和其他传染病而问一连串的问题。

对犯人的"处理程序"继续进行着，他再次被要求脱光衣服，这一次是为了洗澡，之后，他被押送到另一个房间，在那里给他拍了照，并取了指纹。

在这些程序全部完成的时候，已经是深夜了。索尔仁尼琴重新被关进他之前曾呆过的——在一次又一次的受辱事件后不断地被送进去的——那个没有窗户的小牢房里。他已经筋疲力尽，尽管是在极其狭窄的空间里，他还是试图蜷缩在地板上睡一觉。这时，监视孔上的窗子打开了，一只眼睛窥了进来，然后门开了，一个看守命令他保持清醒。睡觉是违反规定的。随后，索尔仁尼琴又一次忘记规定，试图背靠着桌子睡一会儿。再一次，看守按照规定，将门打开，要求犯人保持清醒。睡觉是不可能的。

最后，他被要求穿好衣服，再一次被带出牢房。有人领着他穿过走廊，进入到一个院子中，下了几级台阶，来到了监狱的另一边。乘电梯上到四楼后，他被安置在另一个牢房中，和之前的那个牢房完全一样。他猜想，这应是他的新"家"。不久，他再一次搬家，这次是搬到一个稍微大一些的牢房中，长约十英尺，宽约五英尺，靠墙有一个木制长椅，还有照例都有的桌子和凳子。与他之前的"家"相比，这个新牢房是奢侈的。他完全是不由自主地、下意识地涌现出了感激之情。毕竟，长椅的长度足够让他全身伸展开来，可以用来睡觉。索尔仁尼琴已经使自己很快适应了长期被监禁的犯人的生存主义心理。下意识地涌上来的感激之情几刻钟后再次被加强了，门开了，不是把他叫出去再进行一次羞辱，而是给他递来了床垫、被单、枕头、枕套和毯子。他现在被允许睡觉了！他刚一合上眼，门突然又开了，一个看守闯了进来。他应当把双手放在毯子外面睡觉。这是规定。然而，说起来容易做起来难。夜慢慢地变深，他的胳膊开始变冷，而他又不能拉起毯子盖住肩膀。在这个不自然的姿势中，同时在头顶上一个二百瓦的强光灯炮的照耀下，他度过了一个不安宁的夜晚，只是断断续续地睡了一下。

在被"处理"过之后，索尔仁尼琴现在马上就要接受审问了。他被带到伊热波夫上尉的办公室中，办公室的墙上挂了一幅高达十三英尺的斯大林的全身照，他正威严十足地从墙上看下来，用他那具有传奇色彩的眼睛审视着这个被提审者。他被告知，他被指控违反了五十八号法令第十条，即那条适用于犯了反苏宣传罪的法规，还违反了第十一条，即那条适用于建立敌对组织的法规。索尔仁尼琴很快就得知，审讯者拿到了索尔仁尼琴和尼古拉、娜塔丽娅、基里尔和丽迪娅从一九四四年四月到一九四五年二月期间的全部通信的副本。他们还拿到了《一号决议》——索尔仁尼琴将它保存在他的地图箱中——的副本。这些信件包含着大量对斯大林含沙射影的攻击，而那个决议则明确地表明了尼古拉和索尔仁尼琴要组建一个新政党的意图。对于这个经验丰富的审讯者来说，已经有足够的证据来判定索尔仁尼琴参与推翻苏维埃政权的邪恶阴谋了。

经过四天的审讯后，伊热波夫上尉对取得证据非常有信心，他命令将索尔仁尼琴从单独囚禁转到正常的审讯牢房中。在这里，他将和其他三个犯人分享一切，因为其他三个人处在与他相同的可怜境地中。他将会有人可以说话，有一个他可以与之分享经历的人说话。在数天恶梦般的单独囚禁和不确定状态之后，他现在将会有人类的相互交流、有支持的同伴。他四天前初次踏入那个"奢侈的"牢房时所涌现出的那种不由自主的感激之情将会再度涌现。在《古拉格群岛》中，索尔仁尼琴这样写道，当牢门打开时，他看到"三张没有刮胡子的、憔悴不堪的、苍白的脸……它们是多么地富有人的特征，多么地可爱"，此时，他是如此地幸福，以至于他抱着床垫站在那里幸福地笑了起来。索尔仁尼琴回忆道："在你蹲过的所有牢房里，你第一次蹲的那间牢房将是非常特殊的一个，在那里，你第一次碰到像你一样的、注定有着相同命运的其他人。你一生中都会怀着一种特殊的感情——这是一种你只有在回忆起初恋时才能体会到的感情——来回忆它。"①

还有一个和初恋相似的地方。在他和这三个犯人交流的过程中，他将会领略到看待生活的新视野、新观点和新角度，这在他此前狭隘的生存状态中都是不可能看到的。在他的眼前，打开了一个全新的世界。

第一个是阿纳托利·伊里奇·法斯坚科，他是四个犯人中年纪最长的人。法斯坚科是一个老布尔什维克，是革命前就加入布尔什维克党的一个令人尊敬的、坚定的革命者。在这个时期，索尔仁尼琴依然自认为是一个优秀的、忠诚的马克思主义者。他唯一不满的对象是斯大林，而不是马克思列宁主义，在这个年轻的共产主义者眼中，这个老布尔什维克是一个值得尊敬的对象。索尔仁尼琴瞪大眼睛听法斯坚科讲述他的人生经历。早在一九〇四年，他在沙皇统治时就曾经被捕，还参加过一九〇五年的革命。国内流放结束后，他服了八年的苦役，后又逃到加拿大和美国，十月革命后才回到俄罗斯。在索尔仁尼琴看来，最有趣的事情是这个老布尔什维克竟然私下里认识列宁。当索尔仁尼琴催促着法斯坚科讲一讲关于这个伟大人物的轶闻趣事和印象时——此时，列宁还是索尔仁尼琴的崇拜对象——他吃惊地发现，这个老布尔什维克马上像批评斯大林一样地批评着列宁。对索尔仁尼琴而言，这就等同于亵渎。斯大林也许确实背叛了革命，但是列宁却没有做错。由于索尔仁尼琴坚决主张列宁的绝对正确，这个老人和这个年轻的马克思主义者之间出现了一丝的冷淡。"你不应该给自己制造任何偶像！"法斯坚科回答道。

这个审讯牢房中的第二个犯人是一位中年的爱沙尼亚律师，名叫阿尔诺德·苏济。虽然索尔仁尼琴对老布尔什维克的人生传奇很容易

---

① 索尔仁尼琴：《古拉格群岛》，第 1 卷，第 180 页。

产生共鸣，一下子就沉浸到了革命的传统中——这种革命传统已经作为索尔仁尼琴所受的苏维埃教育不可分割的一部分被灌输到了他身上——但是，这个爱沙尼亚人对他来说却是一个全新的类型。苏济不仅是一个有教养的欧洲人，能够流利地说俄语、德语、英语，还有他的母语爱沙尼亚语，而且，从政治上来说，他还是一个爱沙尼亚的民族主义者和民主主义者。"虽然我从来都没有想过要对爱沙尼亚产生兴趣，更别说资产阶级的民主了，"索尔仁尼琴写道，但是，他发现自己被苏济所讲的关于他的国家为民族的独立自主而斗争的"爱情故事"吸引住了。随着他的倾听，他慢慢地爱上了"那个谦虚的、勤劳的、有着大男人的小国家"，对爱沙尼亚宪法的民主原则也产生了兴趣，"它从欧洲的经验中汲取了最好的东西……虽然对其中的原因还弄不清楚，但是，我开始喜欢起有关它的一切，并将它全部储存到了我的经验中。"①

第三个狱友是乔治·克拉马林科，索尔仁尼琴立即就对他产生了一种憎恶感。在他身上有着"某种格格不入的东西"，某种非常不对劲的东西。不久，索尔仁尼琴就明白了他最初的怀疑是正确的。他当时还不知道"耳目"这个词，但是，他很快就意识到，克拉马林科正把他们的私人谈话内容透露给监狱的长官。

从这三个犯人中，并且通过对人物性格的敏锐把握——这一点是他的著作的典型特征——索尔仁尼琴更加清楚地看清了整件事情。一个批判列宁的老布尔什维克党人；一个热爱民主和他自己的小国家的、有教养的爱沙尼亚人；还有一个出卖灵魂、背叛同伴、将自己卖给监狱制度的"耳目"，三个完全不同的人住在同一个小牢房里。但是，这个牢房中的第四个犯人，索尔仁尼琴本人呢？阿尔诺德·苏济后来回忆说，在他们进行关于爱沙尼亚和民主的谈话时，索尔仁尼琴是以"一个马克思主义者和民主主义者的混合体"的姿态出现的，索尔仁尼琴认为这个观察结果是准确的，"是的，那时，在我身上确实存在着奇怪的混合。"②

---

① 同上，第 213 页。
② 同上。

随着他的世俗抱负的崩溃，他的意识形态和政治构想也一并崩溃了。透过他此前思想的碎片，他正慢慢地、小心翼翼地通过一种全新的、没有偏见的眼光观察这个世界。"我有生以来第一次正学着通过放大镜来观察事物。"①

此时，索尔仁尼琴仍然在接受审讯，他尽己所能力求不在这个过程中牵连到其他的人。毕竟，审讯者手上有他妻子的信和他大学同学的信。在卢比扬卡的高墙及其围起的这个幽暗世界之外，一些重大事件仍然在这个世界蓬勃地发展着。

四月末，牢房窗户上的遮光布被取了下来，犯人们唯一可觉察出来的信号是战争基本上就要结束了。五月一日那天，卢比扬卡要比平常更为安静。所有的审讯人员都前往莫斯科进行庆祝了，没有人被审讯。一个一边抗议着一边穿过走廊的犯人打破了这种宁静。那个不知名的、看不到的犯人被拉进一个没有窗户——就是十周前索尔仁尼琴刚到卢比扬卡时所见识到的那种牢房——的小牢房里。小牢房的门开着，看守们在长时间地殴打那个犯人。索尔仁尼琴写道："在停滞的安静中，对他柔软的、喘不过气的嘴巴的每一次击打，都被听得清清楚楚。"②

在随后的一天中，三十响的礼炮响彻了莫斯科。听到这些炮声，犯人们猜想，这意味着又占领了欧洲的一个首都。当时只有两个首都——柏林和布拉格——还没有陷落，这个牢房的房客们试图猜出，究竟是德国的首都还是捷克的首都投降了。事实上，是柏林投降了，在柏林的废墟中，希特勒的自杀标志着第三帝国的覆灭。一个星期后，在五月九日，又一次放了三十响的礼炮。布拉格陷落了。同一天，又跟着放了一次四十响的礼炮，以此宣告战争在欧洲的结束和苏维埃军队的最后胜利。看守们和审讯者们都加入到了聚集在莫斯科大街上的狂欢队伍中，卢比扬卡也因他们的离开再次陷入死一般的寂静中。

在宣布胜利的这一天，一位西方的观察者目之所及的仅仅是俄罗

---

① 同上。
② 同上，第 235 页。

斯首都的欢乐气氛,乐而忘忧地忽视了封存在卢比扬卡大墙后的黑暗秘密。

> 五月九日是莫斯科无法忘记的一天。有两三百万人在那天夜里聚集到红场,还有莫斯科河两岸、高尔基大街、通往白俄罗斯车站的所有道路上,在这么多人自发地表达着欢乐,这种性质和深度是此前我在莫斯科从未见过的。他们在街上跳舞、唱歌;每一个士兵和军官都受到拥抱和亲吻;在美国大使馆外面,人群高呼:"罗斯福万岁!"(虽然他一个月前就已经去世了)……像这样的事情在莫斯科从未发生过。这一次,莫斯科让所有的保守和拘谨都随风而去了。那晚的焰火表演是我见过的最美的风景。①

牢房里的寂静和大街上的欢庆气氛的反差真是强烈。索尔仁尼琴和他不幸的同伴们通过他们秘密牢房的窗户看到了照亮着整个天空的焰火。"通过我们的窗户,通过卢比扬卡的所有其他牢房的窗户,通过莫斯科所有监狱的所有窗户,我们这些昔日的战俘和昔日的前线战士,也看着焰火纷飞、探照灯的光束不断穿过的莫斯科的天空。"在这些牢房里没有欢乐,也没有送给往昔这些士兵们的拥抱和亲吻。"这个胜利不属于我们。"②

六月,他的审讯官告诉他,对他的调查现在已经结束了,之后,索尔仁尼琴被转到莫斯科的另一座监狱,即布蒂尔卡监狱,在那里等待他的判决。在到达他的新牢房后,他能够通过窗户更清晰地听到那些提醒高墙之外的世界的声音。每一个清晨和傍晚,犯人们站在窗户边,听着军乐队在下面的大街上演奏进行曲。这似乎证实了那个甚至已经传到了犯人们这里的谣言:六月二十二日,即苏德开战四周年纪念日,准备在红场上举行一场盛大的胜利游行。有人或许会好奇,在纪念日到来

---

① 亚历山大·沃斯(Alexander Werth):《战争中的俄罗斯:1941－1945》(*Russia at War: 1941-1945*, New York:Dutton, 1964),第 969 页;转引自斯卡梅尔:《索尔仁尼琴传记》,第 169 页。

② 索尔仁尼琴:《古拉格群岛》,第 1 卷,第 235 页。

之际,索尔仁尼琴的大脑里会想些什么呢? 四年前,他刚刚大学毕业,来到莫斯科,对未来充满希望和梦想,世界似乎深深地吸引住了他。而现在,那个世界已经在他身下陷落,从他的视野中消失了,因此,逝去的不是四年,而是永远。

索尔仁尼琴已经凭借着坚强的韧性——在随后的数年中,这种适应能力还将会更好地为他所用——适应了他的新世界,即古拉格的世界。他在布蒂尔卡的牢房中继续完成他的教育,在那里,他从一个在纳粹死亡集中营幸存下来的遣返战俘口中听到一些可怕的故事。在遭受过那一切之后,他们回到了祖国,然而,迎接他们的不是下面大街上正在排演的英雄欢迎仪式,而是"祖国的叛徒们"所要面临的判决。在忍受过希特勒的集中营后,他们现在要体验斯大林的集中营。索尔仁尼琴总结道,这就是苏维埃正义的本质。

一九四五年夏天,索尔仁尼琴只有二十六岁,他即将从俄罗斯更年轻一代的持不同政见者那里获得一些宝贵的教训,其中主要是鲍里斯·加麦罗夫。索尔仁尼琴对这个比他小四岁的年青人的第一印象是极其生动的。他是"一个苍白的、有着浅黄色头发的年青人,脸上带着犹太人的温和,尽管是在夏天,他还裹着一件满是破洞的旧军大衣:看来他冷得很"。然而,尽管加麦罗夫很虚弱并看起来贫血,但是,在他虚弱的身体下面,竟然藏有极大的精神力量。他曾经是前线反坦克部队中的一名军士,因肺部被榴弹所伤而退伍。那个伤口还没有完全愈合,这导致了他衰弱的身体状况。几乎是刚一见面,索尔仁尼琴和加麦罗夫就开始长谈了,主要是谈政治。有一次,在谈话的过程中,索尔仁尼琴提起了已故总统罗斯福最喜欢的一段祷词——两个月前在罗斯福逝世后,这段祷词曾被刊登在一份苏维埃报纸上。引用过这段祷词后,索尔仁尼琴说了一个他自认为是不言而喻的评价,"嗯,当然,这是虚伪的。"令他吃惊的是,加麦罗夫皱起了眉头,明显地表示出不同意见来。"为什么?"这个年青人直截了当地问道,"为什么您不承认这样一种可能性:一个政治领导人会真诚地相信上帝?"①

---

① 同上,第 611 页。

加麦罗夫的答复之纯真令索尔仁尼琴大吃一惊。如果这些话是由他的父辈中的某个人说出来,他可能会将它们当作迷信的废话加以否定。毕竟,这是在一九四五年,苏维埃的社会已经进步到不再非理性地信仰上帝了。然而,现在尖锐地反驳他那种自信的无神论的,不是来自迷恋于老信徒传统的俄罗斯老人,而是来自一个二十二岁的新信徒,在革命横扫一切宗教——它宣称要永远地消除宗教——的时候,这位年轻信徒甚至还没有出生呢。索尔仁尼琴不得不重新评价他本人确信的事实,他突然意识到,他对罗斯福的祷词的谴责不是出于确信,而是因苏维埃的教育灌输而形成的条件反射。这一次,他失语了,他发现自己不能回答加麦罗夫的问题。相反,他只是温和地问加麦罗夫是否信仰上帝。"当然信仰",这个年青人简单而又冷静地回答道。索尔仁尼琴又一次目瞪口呆了。

　　虽然加麦罗夫的话给索尔仁尼琴提供了深思的契机——正像他从监禁生活开始以来听到其他许多话时那样——但是,他还远没有达到信仰上帝存在的程度。然而,在一些更加切实的事物上,比如普遍的大赦,他确实和大多数其他犯人怀着相同的信仰。将这些人成千上万地长期投放到监狱里完全是不可能的,尤其是,很多人似乎没有犯什么罪,他们不过是被德国人抓去坐了牢。索尔仁尼琴在解释犯人们当时的希望时,这样写道:"在取得了世界上最伟大的这场胜利后,不可能再让这么多人仍然留在监狱里了。他们眼下关着我们仅仅是为了吓唬吓唬我们,为了使我们记住教训,要小心谨慎些。当然,很快就会有一个全面的大赦,我们所有的人都会被释放。"①他们的希望被当时普遍传播着的各种流言所增强。有人甚至发誓说,他在报纸上看到斯大林回答某个美国记者时承诺说要在战后实施大赦,而且还是世界上前所未有的大赦。犯人们不顾一切地相信在恐惧和痛苦的隧道尽头任何会为他们带来一线光明的东西,他们让自己相信,有问题的不是是否会有大赦,而是大赦何时开始。他们把所有的信仰和希望都寄托在斯大林同志的仁慈上。

---

　　① 同上,第 270－271 页。

随着这些流言的传播,对这场即将到来的大赦的信仰已经变得让人十分痴迷。每一个新犯人在踏入牢房的那一刻,都会被问道,关于大赦他都听到些什么。如果有两三个犯人连同他们的东西一同被带出牢房,立即就会有人认为,他们之所以被带出去是要被释放的。可能大赦已经开始了!每一个犯人都留神观察着讯号,七月初的一天,一个讯号被释放了出来。有人在布蒂尔卡澡堂那上了釉的紫色墙壁上,清晰地写下这样一些预言性的文字:"乌拉!七月十七日大赦!"于是,庆祝活动在整个监狱里传开来了,同监狱的犯人们兴高采烈地为他们即将到来的获释做着准备。

七月十七日什么也没发生,但是,人们的希望仍然很高。也许发生了一个小小的误差,但是,用肥皂写下的讯息的确切性仍然没有受到怀疑。然后,在七月二十七日的早晨过后,索尔仁尼琴和另一个囚犯被从他们的牢房里唤了出来。狱友们看着他们离开,纷纷送出祝福,确信他们即将获得自由。大赦总算到来了。也许是他们误读了澡堂里的讯息。可能它要说的是"七月二十七",而不是"七月十七"。毕竟,要想清楚地用肥皂写出来并不容易。

索尔仁尼琴很快就发现,从整个监狱各个牢房中被唤出来的犯人总共有二十个,他只是其中之一。他们等待了三个小时,深切地希望澡堂上的预言是真的。他们将要获得自由了吗?似乎是过了一辈子那么久,门终于开了,他们中的一个人被唤走了。紧张的气氛让人难以忍受。门又开了,另一个被唤走了,第一个人回来了。他已面目全非。脸上已经没有了生机,他呆滞的表情使他的同伴们心中充满恐惧。"怎么样?"他们问他,已经预感到了最坏的结果。"五年",他极其沮丧地回答道。在这个时候,第二个人回来了,第三个人又被唤走了。"怎么样?"他们问道,并围到这个刚回来的人身边,怀着一种毫无希望的希望:希望第一个人的结果是非正常的。"十五年",他给出了一个让希望完全破灭的答案。

自从被捕以来,索尔仁尼琴对未来的希望从来没有崩溃得这么彻底过,它正在冲向新的绝望边缘。他等待着,极度害怕轮到自己。

当他最终被领去听他的判决时,他已经习惯了这个不可避免的结果。他被带到一个无趣的、黑头发的内务部少校面前,这个少校告诉他,他被判了八年徒刑。他干脆利落地给了索尔仁尼琴相关的文件让他签字,以便可以将他带走,从而给下一个犯人让路。"这太平常了,也太程序化了,"索尔仁尼琴回忆道。"难道这真的就是对我的判决,是我生命的转折点?"他拒绝在文件上立刻签字,直至他读完它,在读完后,他期待地看着少校,希望得到一些进一步的解释。接下来,什么都没有发生。相反,少校向看守示意,让下一个犯人准备。"但是,真的,这太可怕了,"索尔仁尼琴疑惑地、徒劳地请求着,反对着。"八年!为什么?"

"签在这里。"上校指点着犯人应当签字的地方。

索尔仁尼琴又沮丧又泄气地签了字,喃喃地说着判决的不公正和他申诉的权利。

"走吧",看守命令道,领他离开了房间。①

他的判决生效了。

即使是在判决被宣布后,索尔仁尼琴和其他大多数犯人一样,仍然对大赦怀有希望。在他从监狱里给娜塔丽娅所写的第一封信中——娜塔丽娅收到这封信时,距她收到他在前线所写的最后一封信,已经相隔六个月之久了——他表示,他相信自己不必服满这八年的刑期。他告诉娜塔丽娅,他仍然寄希望于大赦,关于这场大赦,此时仍有许多的传言。在这封信中,他还写道,即使是大赦不会发生,那么,他觉得自己也有责任使她在他整个服刑期中享有"完全的个人自由"。他让她相信,他对他"美丽的妻子"怀着深深的爱——她的青春都耗费在徒劳地等待一个被承诺已久的未来上。这是一个较为温柔、较为和顺的索尔仁尼琴,与他入狱之前的那个"我"相比,此时的他对未来的计划似乎更为温和,不再那么雄心勃勃。在部队里时,他和娜塔丽娅曾经梦想在拥挤喧闹的莫斯科或者列宁格勒安家。而现在,他完全以一种不同的方式看待问题。他告诉她,在重获自由后,他希望他们生活在一个"遥远的、但却繁荣的、供应充足而且风景如画的乡村"。这个理想的村庄要远离最

---

① 索尔仁尼琴:《古拉格群岛》,第 1 卷,第 277－278 页。

近的铁路线,或者在西伯利亚,或者在库班,或者在伏尔加河沿岸,甚至或者在顿河沿岸。他们两个可以当中学老师,可以在暑假里旅行。他们共同的新生活将是惬意的、平静的、接近大自然的,并且要远离一九四五年二月九日加诸他身上的那种"事故"。然而,他对未来的构想再一次与娜塔丽娅的愿望产生了分歧。现在,她的心思与抱负都在"未来的教授职务"上,她并不喜欢在遥远的乡村中学教书的前途。① 丈夫和妻子不仅仅被距离、时间和监狱的高墙所隔开,这已经不是第一次了。

在写给妻子的所有信件中,索尔仁尼琴都继续表达着他对大赦的希望。一九四五年八月,在他被转到新耶路撒冷监狱后,他在信中写到"他对……根据五十八号法令被定罪的人将会被大赦所怀的极大希望",并补充道,"我仍然认为这是会发生的。"这个希望就是大赦将会在十一月份进行,但是,当它再一次落空时,索尔仁尼琴的信心开始动摇了。一九四六年三月,这个希望再次复苏,他写信给娜塔丽娅说:"我百分之百地相信,并且毫不质疑地相信,大赦早就准备好了,在一九四五年秋就准备好了,它实际上已经被我们的政府批准了。但是,在那个时候,它由于某种原因被推迟了。"②一个月又一个月过去了,几乎在每一封信中他都表达着新的希望。在对德胜利一周年纪念日时,他所抱的希望尤其高:"今天,我们都在极其艰难地等待着。虽然对九号大赦的传言存在着分歧,然而,从九号算起,我们又给出了一到两个星期的时间。我们所有的人都不耐烦地消磨着时日,好像报纸上已经承诺说这一天,就是今天会大赦。"③直到他入狱八个月后,他才终于听天由命地向娜塔丽娅说道:"无论何时他们开始讨论大赦,我都会偷笑,并走到一边去。"④

一个月又一个月过去了,精神上的分歧开始使娜塔丽娅和她的丈夫日益疏远,她无法认识到他正在经受的那些变化的全部意义。索尔仁尼琴彻底放弃了对臆想中的大赦所怀有的错误希望和信心,这成了

---

① 列舍托夫斯卡娅:《萨尼亚》,第 93 页。
② 同上,第 100 页。
③ 同上,第 101 页。
④ 同上。

他自身最本质的一个精神变化。它的意义在《古拉格群岛》第三卷中获得了表达："我那长得令人绝望的刑期使我沮丧,与古拉格世界的初步接触也让我受到了重重的一击,在我的刑期刚开始时,我根本不会相信,我的精神还会逐渐地从沮丧中恢复过来:一年又一年地过去,我向上攀登着,因此,慢慢地就完全意识不到它了。"①

穿过地狱的核心,索尔仁尼琴进入了炼狱。

① 索尔仁尼琴:《古拉格群岛》,第 3 卷,第 37 页。

第七章　损中获益

在被判刑的那一天,索尔仁尼琴对于将在苏维埃的劳改营中度过八年的前途茫然无措,他盲目地凝视着面前的深渊。和他一起被判刑的那个狱友试图接受自己的命运,也许是想安慰他自己和索尔仁尼琴,他尽力地保持着乐观。他坚定地说,他们都还年轻,他们还要活很长时间。最重要的事情是不要再惹怒当局。他们要作为模范犯人服满他们的刑期,努力工作,不再乱讲话。他们将奉公守法,不再说一句有异议的话。

在狱友讲话的时候,索尔仁尼琴默默地听着,但是,表达异议的话语却已经在他内心中产生:"有人也许会同意他的话,顺利地服满刑期,然后将他所经历的这一切从大脑中全都清除掉。但是,我内心中却开始冒出这样的大实话:如果为了生存,需要死去,那么,这一切又是为了什么呢?"①

生还是死,这就是问题的所在。索尔仁尼琴对真理积极的、艰难的探索正是由此开始,在整个漫长的岁月和劳改营的辛苦劳作中,他都将全神贯注地投向这种探索中。甚至在他刑期的这个最初阶段,他就开始洞悉到,一个人的精神不是由他的物质境况所决定的,而是能够超越它们。在更后来的刑期中,也就是在他第四次要进入这个布蒂尔卡监狱时,他似乎是第一千次地听到了那个无穷无尽地被重复的古拉格用

---

① 索尔仁尼琴:《古拉格群岛》,第 1 卷,第 280 页。

语："姓什么？本名和父称？出生日期？"他嘴巴上虽然咕哝出老一套的相同答案，但是，在他心里却给出了一个完全不同的回答："我的名字？我是星际旅行家！他们紧紧地束缚住了我的身体，但却控制不了我的灵魂。"①

八月初，判决下来还没有几天，索尔仁尼琴就被转到莫斯科另一个地方，红色普列斯尼亚中转监狱。这座监狱靠近地处俄罗斯首都中心位置的新霍罗舍沃公路，它也是苏联监狱系统的中心。这是一个拥挤、忙碌、喧闹的场所，总是忙着接待前去这个或那个劳改营的犯人。正像苏联的整个铁路系统在莫斯科会合一样，这个监狱系统在红色普列斯尼亚这个中转站汇合。它的主要任务是作为古拉格联络站。

在最好的季节，这个监狱的过度拥挤已经是让人难以承受了，在八月的酷暑中，它更是让人无法忍受。索尔仁尼琴说，当囚犯们"光着身子、汗水淋漓地躺在炽烈的灯光下"时，臭虫和蚊子整夜地叮咬他们。白天，狱友们每动一下，就会流汗，在吃饭的时候，"简直就是汗流如注"。一个牢房中住了一百个人，而这些牢房并不比通常的房间大，因此，犯人们只能紧紧地挤在一起，以至于地上根本没有下脚的地方。在一面墙上有两个小窗户，它们都被由铁皮做成的"笼头"封得死死的，它不仅妨碍空气流通，而且还吸收太阳光的热量，散发出足以将牢房变成烤炉的高温。②

在红色普列斯尼亚，由于人员太多、过于拥挤和犯人们的高速流转，使它变成了一个工厂化的农场，一个对人进行处理的工厂。定量供应的面包高高地摆在手推车上，热气腾腾的稀粥用大桶送来。

和索尔仁尼琴刚刚离开的布蒂尔卡监狱相比，红色普列斯尼亚还有一个重要的不同之处。在布蒂尔卡，所有的犯人都是政治犯，而现在，索尔仁尼琴第一次发现自己处在一群完全不懂得文明的流民惯犯当中。他将要再经受一次残酷的考验。

他手里拿着娜塔丽娅寄给他的宝贵的食物包裹，来到红色普列斯

---

① 同上，第594－595页。
② 同上，第537－538页。

尼亚他的第一间牢房。除了过度的拥挤、高温、恶臭之外，他首先注意到，已经没有空余的铺位了。上面的一排铺位被刑事犯们占据着。他们的头头们，即贼头儿们，占据着靠窗的铺位。下面一排被"中立的灰色人群"占据，他们主要是昔日的战俘。然而，在这些下层铺位下面，还有许多空地方。在没有选择的情况下，索尔仁尼琴只能在沥青地面上爬行，慢慢爬到一个铺位的下面。过了一会儿，在半黑暗中，他听到"一种无言的窸窣声"，看到一些少年正四脚着地向他爬过来，像"大老鼠"一样，其中有的年纪大概只有十二岁。他们从四面冲向他，不说一句话。"只是粗重地喘着气"，他感到有好几双手在搜索他装有腊肉、糖和面包的宝贵包裹。他完全无力反抗，被包围在铺位下，不能站起来，也不能动弹。随后，就像他们轻快地、静静地来到一样，他们散开了。索尔仁尼琴留在那里，开始感到愚蠢和屈辱。他笨拙地往外爬，先抬起屁股，再从铺位下钻出来。他站起来，看到这个牢房里的贼头儿正坐在他的王位上，即上铺靠窗的位置上。他面前摆着索尔仁尼琴包裹里的东西，像是当作战利品在展览。这个贼头儿的脸"歪斜、松弛、下垂，低额头，有着野蛮人的伤疤，门牙上镶着现代的铁王冠。他的小眼睛足以使他看清楚所有熟悉的物体，却无法欣赏世上的美"。他看着索尔仁尼琴，"就像一头野猪注视着一头小鹿，他知道，他随时都能把我打翻在地。"①

就在这个时候，索尔仁尼琴做出了一个此后多年都将会折磨他良知的举动。他表现出卑劣的自私心理，就是那种与他刚被捕时扛箱子事件相类似的自私心理，他愤怒地抱怨说，既然领头儿的拿走了他的食物，至少他应该有一个上面的铺位。贼头儿同意了，让一个昔日的战俘腾出他靠窗的位置。这个战俘无声地顺从了，慢慢爬到一个铺位下面的位置。直到傍晚时，索尔仁尼琴才听到周围人责备的低语声。他怎么能央求这些贼把自己人赶到铺位下面的地方去呢？这低语声可谓一针见血。是的，他们是他的自己人，是按照五十八号决议被关押的人，是战俘。他们是他的患难兄弟，他背叛了他们。"直到那时，对自己的

---

① 同上，第 547－548 页。

卑鄙心理的意识才刺痛了我的良知,使我脸红(而且,许多年之后,每当我回忆起此事,我都会感到脸红)。"①

自己人责备的目光使索尔仁尼琴产生了强烈的自省,他觉得那种内疚的情感流遍了全身。他是一个什么样的人?一个叛徒?一个犹大?一个懦夫?当然,他不是懦夫。他不是曾在毫无遮挡的大草原上冲进爆炸所引起的大火中吗?他不是曾勇敢地驱车通过雷区吗?他不是曾在东普鲁士冷静地带领他的连队冲出包围圈吗?他不是曾返回最危险的地区去抢救一辆遭到毁坏的指挥车吗?不,他绝不是一个懦夫。那么,为什么他如此胆怯地屈服于抢他食物的这个贼呢?为什么他不把他的拳头打到贼头儿那丑恶的脸上呢?也许,他终究还是一个懦夫。当然,在监狱里令人恶心的炎热中表现出勇敢精神似乎要比在血淋淋的火热战场上更为艰难。无论如何,即使他不是懦夫,他也是一个叛徒,一个犹大,只是他对朋友的背叛不是通过一个吻,而是通过向一个卑鄙的无赖作出一个卑鄙的请求。而所有这一切,都是因为那一点点腊肉。

这种自省让一些想法在这个囚犯的良知中团团打转,最终它集中到了关于食物包裹的想法上。它们不是让你得不偿失吗?它们耗费掉的东西不是比它们带来的东西更多吗?它们不是已经吞噬了贼头儿的灵魂吗?它们不是一种非常残酷的诱惑吗?

> 糊涂的亲人啊!他们四处奔走借钱……送给你一些食物和东西,也许这是寡妇最后的一文钱,但这却是一个有害的礼物,因为它使你从一个非常饥饿但却自由的人,变成了一个充满忧虑、胆怯的人,它夺走你刚刚萌芽的觉悟和正在变得坚韧的决心——而这些正是你坠入深渊之际所需要的一切。哦,福音书上关于骆驼和针眼的睿智喻言啊!这些物质上的东西将会阻止你进入充满自由精神的天国。②

---

① 同上,第548-549页。
② 同上,第546页。

这种自省慢慢抚平了他纷乱的思绪。他逐渐接受了失去食物包裹的现实，正是在他这样做的时候，他从这种损失中获得了收益。在损失中获益——一个赎罪式的悖论，它指向天堂。在红色普列斯尼亚，他已经学到了一个有价值的教训："我们就这样像猪一样用背、用嘴一次次地冲撞着，为的是至少有朝一日我们会变成人，是的，变成人。"①

在得到这个教训后不久，索尔仁尼琴不必再长久地忍受红色普列斯尼亚那拥挤的、罪恶的环境了。一九四五年八月十四日，他和其他六名政治犯被转送到新耶路撒冷，对于一个劳改营来说，在某种程度上，这并不是一个确切的名字。这个劳改营坐落在莫斯科以西三十公里处，由此前一个有着相同名字的修道院建筑改建而来。他们被两个无篷卡车运了过去，但是，他们被要求蹲下，以免被莫斯科大街上好奇的旁观者看到，而大街上正旗帜飞扬。这一天是对日战争胜利纪念日。第二次世界大战——四年前，当苏维埃祖国宣布进入战争时，索尔仁尼琴曾经带着好战分子那种兴奋之情热烈地欢迎这场战争——终于结束了。对索尔仁尼琴脑海中的这些回忆具有讽刺意义的是，在他第一次到达新耶路撒冷时，迎接他的却是"法西斯主义者到了！"的呼喊声，或许有人想知道，此时，他的心中会作何感想。当时和他一起到达那里的大部分犯人都曾在纳粹的死亡集中营当过战俘，受过可怕的折磨，这种具有嘲笑意味的呼声更在他们所受的伤害上增添了污辱。只是在支配着整个苏联的那种粗糙的程序化中，所有的这一切都是无关紧要的。所有的政治犯都是"法西斯主义者"，都被认为是比他们中的"刑事犯"更坏的人。

正是在新耶路撒冷，索尔仁尼琴第一次品尝到强制劳动的艰辛。他在粘土坑中的挖掘队里干活，第一次感受到身体极限的不可突破性。他在写给娜塔丽娅的信中说道："一个小工的工作量就超出了我的体力，我痛恨我的身体不够发达。"②事实上，他只告诉了娜塔丽娅事情的一半，甚至还不到一半。

① 同上，第549页。
② 列舍托夫斯卡娅：《萨尼亚》，第95页。

总算有了一次大赦，但是，用索尔仁尼琴的话说，它只适用于那些"惯犯和非政治犯"。① 那些政治犯、法西斯主义者，不仅被排除在大赦之外，而且由于大赦，他们还被要求干更多的活。集中营到处都是巨大的宣传标语："让我们用双倍的生产力感谢我们的党和政府所给予的这次大规模的大赦。"粘土坑里的每一个犯人的生产目标被提高到每班装满六辆大车粘土，这大大地超过了任何一个尚不习惯于体力劳动的人的能力，索尔仁尼琴拼尽全力才完成了一半的任务。在《古拉格群岛》中，这些在新耶路撒冷粘土坑的灰暗日子的压抑和悲惨状况得到了形象的描绘：

> 第二天，濛濛细雨还是下个不停。粘土坑湿透了，我们完全陷在里面。无论我们用铁锹铲起多少粘土，也无论我们在车帮上如何用力地磕打，粘土都不往下落。每次我们都得用手把粘土从铁锹上推到车里。我们终于意识到这样做太费事。于是，我们丢下铁锹，用手捧起我们脚下嘎吱作响的粘土，直接扔进车里。②

在粘土坑的这些日子中，索尔仁尼琴的劳动伙伴是鲍里斯·加麦罗夫，正是他在布蒂尔卡监狱中对宗教信仰的坦率承认，迫使索尔仁尼琴勇敢地正视自己曾经毫不怀疑的无神论的浅薄。这两个人试图通过讨论俄罗斯诗人、哲学家和基督教神秘主义者弗拉基米尔·索洛维约夫的重要意义来提振他们的精神，或者通过讲笑话，尽力地减轻他们的劳累。当他们筋疲力尽到不能说话的时候，加麦罗夫就通过在头脑中作诗来获得安慰。索尔仁尼琴带着一种既钦佩又担心的混合情感看着他这位年仅二十二岁的朋友。他钦佩他的灵性力量和顽强的乐观精神，但却担心他的身体健康。德国弹壳的碎片仍然还一动不动地停在他的肺里面，他看起来越来越虚弱，显得瘦骨嶙峋。

这个年轻的诗人没有撑过他在劳改营的第一个冬天，几个月后，他

---

① 索尔仁尼琴：《古拉格群岛》，第 2 卷，第 190 页。
② 同上，第 194 页。

就因肺结核和过度劳累而死去。索尔仁尼琴写道："我把他当作一个从来不被允许发声的诗人来尊重。他的灵性形象是崇高的,他的诗作当时对我来说似乎是非常有力的。但是,我一首都没有记下来,我从任何地方都找不到只言片语,甚至于想用那些小石块为他建一座墓碑都做不到。"①

一九四五年九月九日,索尔仁尼琴出乎意料地摆脱了令人筋疲力尽的烂泥坑和单调的灰红色。新耶路撒冷成了专门为德国战俘设立的劳改营,为了给他们腾出地方,这个劳改营中所有的现役犯都将被转移到另外的地方。索尔仁尼琴回到了莫斯科,这次是回到莫斯科市南的卡卢加关卡劳改营。在这次回莫斯科的途中,他的精神异常振奋。这次狱外之行是他生命中"最重要的时刻之一",而且也没有理由认为当他脱离了新耶路撒冷的地狱之坑时会有丝毫的不悦。他当时似乎是第一次看到生活的美。曾几何时,只要他愿意就可以自由地享有它们,但是他偏偏对它们视而不见;现在,他失去了它们,只有在更换劳改营的路途中的这些时刻,全部的造物才会重获勃勃生机。当那辆监狱的运输车穿过俄罗斯的乡村向着莫斯科行进时,"新割下来的干草的香味和傍晚前草场上的新鲜空气,吹拂着我们被剃光的头。还有草场上的清风——有谁会比犯人们更加贪婪地呼吸着它呢?真实的绿色迷乱了我们的眼睛,迷乱了我们那习惯于灰色、更深的灰色的眼睛……所有的空气、速度、色彩,都是我们的。哦,被忘却掉的世上的光明啊!"②他第一次享受到切斯特顿所说的"感官的美丽禀赋和感觉的奇妙体验"。③ 他尽情地体会着这一切。当监狱的运输车驶进莫斯科时,他想知道拥挤在城市街道上的千千万万的人,是否和他一样在尽情地体会着这一切。"有轨电车是红色的,无轨电车是蓝色的,人们穿着白色和彩色的衣服。当他们挤进这些公共汽车时,他们是否看到了这些色彩?"④他们能够看

---

① 同上,第 195 页。
② 同上,第 168 页。
③ 切斯特顿(G. K. Chesterton):《自传》(*Autobiography*, London: Hutchinson, 1936),第343 页。
④ 索尔仁尼琴:《古拉格群岛》,第 2 卷,第 168 页。

到，但他们是否还是无视他们周围的美，就像他们无视集中营里他们的同胞的苦难一样？

索尔仁尼琴在卡卢加关卡劳改营度过了十个月的时间，一九四六年七月十八日午后，他被短距离地运送到布蒂尔卡监狱，去年夏天，他曾在这里呆过一个月。从他上次来过后的这一年中，这个监狱已经变得愈加忙碌，也愈加拥挤。再次对索尔仁尼琴进行了那一套熟悉的处理流程，花费了十一个小时的时间：彻底的搜身——在没有窗户的狱室中独自等待无数分钟——洗澡——又在没有窗户的狱室中独自等待无数分钟——消毒——又在没有窗户的狱室中独自等待无数分钟……每隔一段时间，中间就夹杂着对同一套问题的无休止的重复：名字，出生日期，出生地，罪名，刑期。

直到第二天凌晨三点钟，索尔仁尼琴才终于来到他的新家——75号牢房。在七月份炎热的空气中，过度拥挤、密不透风的环境，不知疲倦地在入睡的人中间飞来飞去的蚊子，都让他们经常抽搐，这一定使他想起了红色普列斯尼亚那间滋生刑事犯的牢房。这一次，八十个人被塞进一个原计划只住进二十五个人的小牢房，索尔仁尼琴在最下层的铺位下面找到了一小块空地，紧挨着马桶。在夜里，需要使用马桶的犯人都要跨过索尔仁尼琴那时断时续睡着的身体。马桶在高温中发酵得特别快，散发出刺鼻的臭味，就像那两个明亮的白炽灯泡所发出的刺目的光一样，蚊子连续不断地叮咬着他的皮肤。然而，劳改营中这样恐怖的生活情景比较来说已经算是奢侈的了。

> 我感到幸福！在铺位下面的这块沥青地面上，在这个尘土和碎屑不断从铺板落入我们眼睛的狗洞中，我绝对地、无条件地感到幸福。伊壁鸠鲁说得好：在经历过各种不满足之后，各种的匮乏都会被感觉为一种满足。经历过似乎是没有尽头的劳改营，经历过每天十个小时的工作日，经历过寒冷、雨淋和腰酸背痛之后，哦，如今整天躺在那里、睡觉，而且还照样领取一天六百五十克的面包和两顿热饭——都是用牲口饲料或者海豚肉做的——这是何等

地幸福啊！①

在经受过新耶路撒冷和卡卢加关卡的强制劳动折磨后,睡眠尤其受到欢迎。他在这个牢房的两个月中,足足睡够了"过去一年和前年的觉"。然而,他第二次在布蒂尔卡呆的期间并不全是在睡觉中度过的,他还与许多同牢的犯人发展了友谊。有小组讨论、象棋游戏,还可以阅读数量有限的书籍,旁人对他的教育也一直都在继续着。当流亡者讲到他们在世界各地的经历时,他耐心地听着,从他人就各种主题——从果戈理和列·柯布西耶到蜜蜂的习性——所作的发言中汲取营养。

当有机会出现时,他也不害怕参与其中。当一个东正教神父叶甫盖尼·基甫尼奇从神学讨论转移到对马克思主义的谴责时,索尔仁尼琴觉得有责任站起来为它辩护。毕竟,他还是一个马克思主义者,难道不是吗?于是,辩论在这个东正教徒和这个忠诚的革命之子中间展开了。基甫尼奇谴责马克思主义,声称它作为一种政治哲学已是强弩之末,在欧洲,已经很长时间都没有人严肃地对待它了。索尔仁尼琴尽力地用一切背熟了的、陈腐的答案驳斥着这种论断,但是,无论如何,他的回应都显得比过去要空洞和没有说服力。"要是在一年前,我还能自信满满地通过引经据典驳斥他,我还会何等蔑视地嘲笑他啊!"②然而现在,监狱里的一年在他身上留下了印迹,他不再这么相信他此前的信仰的正确性了。他犹豫着,笨拙地支吾着,承认了那些他之前绝不会承认的观点。几乎是在不知不觉间,他在过去的十二个月中发生了改变,而且仅仅是在他不得不在公开场合中捍卫他的旧观点时,他才意识到所发生的这个改变。"我全部的推理链条开始松弛,因此,他们在辩论中不费吹灰之力就驳倒了我。"③

一九四六年夏季,在索尔仁尼琴短暂地停留在布蒂尔卡期间,他过

---

① 索尔仁尼琴:《古拉格群岛》,第 1 卷,第 601 页。
② 同上,第 602 页。
③ 同上。

去生活中的另一个幽灵比他青年时代的马克思主义还要更加真实地再次萦绕在他身边。令他尴尬的是,他撞见了那个年老的德国人,就是十八个月前在去布罗德尼察的长途跋涉中他曾迫使他扛着他的箱子的那个德国人。索尔仁尼琴想起自己不光彩的行为,羞愧地涨红了脸,但是,这个德国人似乎已完全原谅了他,并因他们的再次相见而由衷地高兴。德国人表现出了宽仁之心,并在这个过程中驱散了索尔仁尼琴心中罪恶感的幽灵,之后还告诉这位昔日的被压迫者,他被判了十年的苦役。看到这个德国老人憔悴又疲倦的面容,索尔仁尼琴知道他不会活着回到德国了。

索尔仁尼琴之所以得以免除劳改营里的艰苦生活,是由于他被重新分配了工作,他成了"承担特殊任务"的犯人,要被派往一个从事科学研究的监狱研究所,那里常被称为"沙拉斯卡",即特殊监狱。这些机构全都配备有实验室、研究仪器和工作间;有时,整个工厂都由能够在专业领域中取得成就的犯人掌管着。索尔仁尼琴在罗斯托夫大学取得过数学物理学位,因此,他终于脱离了劳改营的艰辛和苦难,也许还脱离了死亡本身。

一九四六年九月,索尔仁尼琴被派到第一个沙拉斯卡,它位于伏尔加河上游的鲁宾斯坦,这里是设计和建造喷气式飞机的地方。五个月后,他被转送到另一个位于扎戈尔斯克的沙拉斯卡,但是,却被告知他只是那里中转一下,他最终的目的地是另一个不久之后才会开放的沙拉斯卡。这就是马尔费诺,它的另一个称号是"16号特殊监狱",位于莫斯科北郊,索尔仁尼琴是一九四七年七月九日被送到这里的。这里几乎成为他的小说《第一圈》的全部灵感和背景,在这部小说中,马尔费诺被更名为"马维里诺",特殊监狱里的生活显得比劳改营中的生活要好。"晚餐有肉,早餐有黄油。你不必干活干到双手脱皮,手指冻僵。你不必在夜里还穿着污秽不堪的草鞋,半死不活地扑通一声躺倒在铺板上睡觉。在马维里诺,你可以盖着干净又整洁的床单甜蜜地睡去。"①

---

① 索尔仁尼琴:《第一圈》,第 47 页。

在索尔仁尼琴到达马尔费诺的三个月后,这个沙拉斯卡来了一个新犯人。他就是德米特里·帕尼。

在帕尼的回忆录中,他描述了一九四七年十月在他到达后的那个早晨他同索尔仁尼琴的第一次见面。帕尼记得他看到"一个穿着军大衣、给人留下深刻印象的人"正在下楼梯,他立即喜欢上了"这张率真的脸,明亮的蓝眼睛,漂亮的浅棕色头发,还有那个鹰钩鼻子"。[①] 就索尔仁尼琴来说,帕尼也同样吸引了他。《第一圈》中的德米特里·索罗格金的形象,就是完全在帕尼的基础上创作的,帕尼将这个人物称为"我在文学上的翻版"。帕尼还认为《第一圈》中对他们在马尔费诺的日子做了生动的、诚实的记载,对其中的狱友都给予了精彩的描写,在小说的主人公格列布·涅尔仁身上,索尔仁尼琴"对他本人作出了一个极其真实的、准确的刻画"。[②] 情况既然如此,那么,大量地从《第一圈》中取材来阐述索尔仁尼琴和帕尼的友谊,似乎就是非常合理的了。

从身材上来说,索罗格金/帕尼在小说中被描述成一个基督教世界中的理想化的骑士形象。他有着高而平整的前额,匀称的外貌,具有穿透力的蓝眼睛,金色的唇髭和胡须,强壮的体魄和挺拔的身材。这个出众的身体形象和他在科学与哲学方面同样高大、坚实的头脑相得益彰。他如果不是尼采式的超人典范,也一定是中世纪骑士精神的一个代表。

帕尼比索尔仁尼琴年长六岁,能够记得革命和内战的情景,而索尔仁尼琴则由于年龄太小而没有直接的体验。从童年起,帕尼就对共产主义制度怀有敌意。当他还是一个孩子的时候,帕尼就记住了他父母的朋友和熟人圈子中那些反苏知识分子,他们对种种事件的公正、准确的评价也深深影响了他。对于苏维埃在学校所作的思想灌输,他和索尔仁尼琴有着同样的经历,只是由于年纪大些,他基本上可以抵制:"他们向我们灌输政治宣传和其他令人恶心的垃圾,所有这一切都是在相互谴责和不断告发的氛围中进行的。"他对苏维埃教育的反基督教本质同样具有免疫力:"接下来,他们要将宗教残酷地连根拔

① 帕尼:《索罗格金的笔记》,第 262 页。
② 同上,第 262－263 页。

起。他们开始对教会发起残酷的迫害。当局通过各种手段促使许多信徒放弃信仰。然后，积极的无神论宣传开始了。宗教文学以及不合政权心意的哲学著作都遭到大规模的破坏。全部的藏书都被付之一炬。"①

帕尼一九二八年毕业于一个技术学校，处身革命和无神论的世界，他虽是一个坚定的基督徒，却也安静地认命。他记得他毕业时"那可怕的一年"，他看到莫斯科上百座教堂遭到有步骤的摧毁。一九三一年，壮丽的基督救世主大教堂被推倒了——这座教堂是为了纪念俄罗斯一八一二年击退拿破仑而建造的。"俄罗斯人民在独裁政府的重压下变得畸形，正在陷入可怜的顺从。"②只有这一次，他在苏联社会看似平静的外表下，亲眼目睹了这种迫害所造成的痛苦。怀着暗暗的钦佩感，他看到一位年老的妇女双膝跪在被推倒的大教堂的碎石中，热烈地祈祷着，划着十字，显然忘记了她正为自己招致的危险。有人告诉他，她的丈夫是一位虔诚的信徒，已经死在监狱中。

虽然帕尼憎恨共产主义制度，心中暗暗地怀念着革命前的俄罗斯，同情内战中的白军将士，认为他们"曾经试图使俄罗斯以及世界的其他地方摆脱即将到来的灾难"。③但是，他本人仍然在威胁中服从着他所鄙视的制度。一九三〇年，在全苏的工厂中掀起了一场促使所有的工人都加入共产党的大规模运动。帕尼在里面当工程师的工厂就位于莫斯科郊外，当然也被包括在这次运动之列，这个暗地里的反共产主义者极不情愿地加入了共青团，"只在名义上"是一个团员。他马上就后悔了他入团的决定，但是他发现自己已陷入到共产主义的网罗中，"我不能退出，公开的决裂将会带来牢狱之灾。我不得不焦躁地忍耐着，直到他们认为我年纪太大，将我正式除名。我是团员，但我一直怀有共谋的羞耻感。"④

帕尼发现自己过着一种不安全的生活，他大部分时间都处于双重

---

① 同上，第6页。
② 同上。
③ 同上。
④ 同上，第12页。

思维。在工作时，他要发出正确的声音，因为发出错误的声音是危险的；然而在家里，在和信任的朋友在一起时，在他进行个人思考时，他仍旧对苏维埃制度持有一种坚定的憎恶感。他将这一时期比作"在一个可怕的、散发着邪恶气息的、变化不定的沼泽地上走钢丝"。[1] 他不顾一切地试图保持平衡，他知道，一个滑脚就意味着灾难临头。

不幸的是，这种朝不保夕的状况给帕尼带来了在各种丑恶伪装下的盟友。几乎任何一个人都是朋友，只要他是斯大林的敌人，甚至"接触不到的"希特勒和墨索里尼也是朋友。在他的自传中，他尽力地解释他青年时代的这个错误，他认为这是由于对基督精神的理解不足所造成的真空："无神论的专制制度不仅会玷污一个人，还会令一个人变得丑陋。只有深刻的宗教信仰才能给他提供一个有力的保护层。当教会遭到摧毁，信众得不到牧养，他们很容易就落入罪恶的网罗。"[2]

一九三二年以来，抨击纳粹的文章开始在苏维埃的报纸上出现。苏联的宣传资料就像一个基督徒描绘敌基督分子一样地描绘着德国的纳粹主义者和意大利的法西斯主义者。希特勒和墨索里尼都是邪恶的终极化身。当然，与此同时，在德国和意大利正在进行着与此相反的宣传。据他们宣称，国家社会主义和法西斯主义将会把世界从共产主义的恐怖中拯救出来，只有像希特勒和墨索里尼这样的强人才能阻止即将到来的世界革命。据法西斯主义者的宣传资料来说，敌基督分子就是斯大林。

也许帕尼的分析是正确的，如果没有宗教信仰所提供的有力的保护层，所有的人都很容易陷入罪恶的网罗。在整个世界，反共产主义者都变成了法西斯主义的同情者，而反法西斯主义者则发现自己是共产主义者的同路人。世界似乎正在走向末日的善恶决战场，在这场决战之后，要么是这一个极端，要么是另一个极端，将会获得胜利。在这种疯狂的局面中，天主教会作为理智的卫士出现了，在天主教的历史上，它并不是第一次担当这样的角色。天主教会继续同时谴责共产主义者

---

① 同上。
② 同上。

的无神论和纳粹的异教信仰，认为这两种信仰不过是同一枚邪恶硬币相反的两面。教宗庇护十二世写道："极权主义使政治权力超出了它应用的限制，无论是在本质上还是在形式上，它都决定和确定着每一个活动领域，并因此将所有合法的生命形式——包括个人的、地方的、专业的——都压缩到一个以民族、种族或者阶级为标签的机械统一的集体中。"①此前，这位教宗还指出所有唯物主义教条的无用性："无论通过哪一种体系，只要这种体系本身从原则上是唯物主义的，在实践上是机械的，那么，我们个人主义和唯物主义社会的创伤就得不到医治，深刻的分歧也得不到消弭。"②

后来将被帕尼和索尔仁尼琴所充分理解的这一教导，在第二次世界大战即将爆发的那个年代却非他们所能领悟。索尔仁尼琴确信马克思列宁主义的正确性，憎恨法西斯主义，把它看作"人民的敌人"；而帕尼则持相反的观点——尽管很显然他是私下里持相反的观点——他认为纳粹在德国的兴起为俄罗斯从共产主义中解放出来提供了前景。一九三三年，在听到纳粹掌权的时候，帕尼的心中跳跃着希望——如果不是喜悦的话。他在自传中写道："纳粹的种族优越理论及由它所产生的挑衅行为自然会引起我们的强烈反对。在苏联，我从来没有看到有人为它们辩护。然而，希特勒要发起一场反抗斯大林的战争的承诺，给了我们希望、力量和耐心；在我们等待我们的机会的时候，我们需要这些品格来忍受一种可怕的生存状况。处在各种生活道路上的俄罗斯人都盼望着会有一场解放战争，对他们来说，无论是谁发起这场战争，都是无关紧要的。我们坚持不懈的梦想就是这场战争会很快到来。"③

一九三六年，随着西班牙内战的爆发，战争似乎一触即发，而西班牙内战也像是未来在共产主义和法西斯主义之间的世界冲突的一次彩排。苏联公开支持西班牙的共产主义力量，提供武器、装备甚至是飞行员。世界各地的共产党则通过提供国际纵队中的志愿者来帮助他们的

---

① 罗伯特·C. 波洛克（Robert C. Pollock）编：《庇护十二世的思想》（*The Mind of Pius XII*，London：Fireside Press/W Foulsham & Co.，1955），第 52 页。

② 同上，第 33 页。

③ 帕尼：《索罗格金的笔记》，第 12 - 13 页。

西班牙同志。与此同时,德国人和意大利人则支持佛朗哥的法西斯主义者。就这样,在双方都被捐助了大规模杀伤性武器的情况下,并且在使战斗者对立起来的意识形态仇恨的煽动下,西班牙内战激烈地持续了三年,直到佛朗哥最终获得胜利。

西班牙内战正好与苏联最严重的共产主义恐怖政策同时发生,充分讨论西班牙内战的对与错是不可能的,至少在公开场所是不可能的。然而,在私下里,帕尼完全支持佛朗哥,只要有一次宣传反共产主义异端邪说的活动被发现,就足以使他被捕。他写道:"那时,我们对佛朗哥政权和西方民主制之间究竟存在着什么差别完全不感兴趣,作为专制制度下的奴隶,我们不具有精细的辨别力这种奢侈品,因此,我们对西班牙那些坚定的反共产主义者予以赞同和支持。"①

在斯大林主义俄国的严格审查气氛中,像德米特里·帕尼这样排斥共产主义正统学说的人,必然不能长久地、自由地生活。终于,由于他说话太过自由,一个与他持不同意见的同事向当局告发了他。一九四〇年七月,他被判五年劳改。一九四三年,当他还在北极地区的各个劳改营为他的第一个刑期服役时,他又被判了一次刑,这次是十年,这是因为在服刑期间他进行"失败主义的宣传"。这样,当索尔仁尼琴在马尔费诺初次见到帕尼时,他已经服刑七年,遭受过许多让人难以想象的艰苦,这也因而进一步加剧了他对共产主义制度的憎恨。

在帕尼到达马尔费诺的一个月后,另一个犯人出场了,他在许多方面都是帕尼直接的或者辩论中的对立方。这就是列夫·科佩列夫,作为一个绝对忠诚的马克思主义者、共产党员、苏联制度的坚定支持者,他似乎表现出了帕尼所鄙视的一切。然而,令人惊奇的是,这两个人不仅是最对立的敌人,也是最好的朋友,他们之前在布蒂尔卡见过面,后来,他们分别都被转送到这座沙拉斯卡,因而得以再次相遇。

尽管他们之间存在着极大的分歧,但是,帕尼在布蒂尔卡时就已经和科佩列夫很要好了。和帕尼不同,科佩列夫当时还是集中营里的一个新手,他仍然从家人那里接收食物包裹。让帕尼感到非常意外的是,

---

① 同上,第13页。

科佩列夫居然将一块白面包掰成两半,递给了他半个。在北极地区的劳改营中呆过七年之后,帕尼已经忘记了白面包是什么滋味了。"如果列夫仅仅给我极小的一块,那我也会非常高兴的。但是,他给了我半个!他崇高的气度打动了我……一种慷慨的本性和高贵的精神将列夫和其他普遍的人区别开来。"①

　　事实上,正是科佩列夫的慷慨本性和高贵精神——这两者在共产主义的俄国都是危险的品德——为他招来了牢狱之灾。在战争后期,他已经获得少校军衔,并且,由于他流利的德语,他负责在占领区的后方组织反纳粹宣传。他反对先头苏军在"血债血偿,以命抵命"的口号下所进行的掠夺、强奸和恐怖活动,此时,他的毁灭之路即已开始。他被以"对德国人太软弱"的罪名受到控诉,随后在普鲁士前线地区——即索尔仁尼琴被捕的同一个地区——被捕,还差点受到叛国罪的指控。

　　索尔仁尼琴同科佩列夫的友谊,和他同帕尼的友谊一样,给他带来巨大的影响力,这也在《第一圈》中被永恒地记录下来。在这部小说中,科佩列夫是列夫·鲁宾这个人物的灵感之源。索尔仁尼琴、帕尼和科佩列夫在《第一圈》中改头换面,分别成了涅尔仁、索罗格金和鲁宾,他们组成一个探索真理的三人小组,而且,他们无休止的争论从来都没有变成争吵。对于索尔仁尼琴来说,他处在两个对立的辩论对手的中间位置上,这种经历对于他的发展来说至关重要,可以使他认真地考虑每一个命题和反命题,然后再从观点的交锋中形成他自己的新的综合命题。日积月累的探索所获得的益处是不可忽视的,这在他最好的一部小说中结出了创造性的硕果,从最高的层面来说,这部小说是对在苦难中进行哲学真理探索的赞美。索罗格金对涅尔仁说:"时间会使你恢复正常,会使你理解人类生活中的善恶。关于这一点,你在哪里能比在监狱里做得更好呢?"涅尔仁叹了口气,在令他不安的怀疑主义和超出他能力的信仰之间不知所措。"我们所知道的,就是我们一无所知,"他沮丧地回答道。然而,当面对自己时,涅尔仁充满感激地想到,他同这位虔诚的基督徒的友谊,已经使他获得这样的洞见:"正是索罗格金使他第一次

① 同上,第259页。

思考：监狱不仅是咒诅，而且也是祝福。"①

　　还有一次，涅尔仁向鲁宾大声说道："感谢上帝让我入狱！它给了我这个把事情想清楚的机会。要理解幸福的本质，我们必须首先知道吃饱肚子意味着什么。"他提醒鲁宾想一想他们在卢比扬卡接受审讯期间提供给他们的粗劣的牢饭：

　　　　你能说你"吃"了它吗？不，你得把它当作圣餐，把它当作圣物，当作瑜伽修行者的能量。你慢慢地吃，从木勺的顶端开始，完全沉浸在"吃"的过程中，沉浸在对"吃"的思考中，它就像美酒一样流遍你的全身。看着那些泡胀了的小颗粒浮在浑浊的粥中，你会产生一种高尚的感情，并因此而颤抖起来……你能将它和人们狼吞虎咽一块牛排相提并论吗？……像我们一样如此不幸的人，真的需要从不幸的经历中知道吃饱肚子意味着什么。这不是你吃多少的问题，而是你如何吃的问题。幸福也是如此，它不取决于你能够从生活中攫取到的恩赐实际上有多少，而是取决于我们对待它们的态度。

　　"所有这些确实都是你自己想出来的？"鲁宾不确信地问道，继而又怀疑这番话是否是索罗格金有意地教给涅尔仁的。②

　　"也许是，"涅尔仁承认道，"对你来说，我想它只是唯心主义和形而上学。但是，听着！那些从轻而易举的胜利、欲望的完全满足、成功以及狼吞虎咽的饱餐中所得来的幸福，实际上是痛苦！这是一种灵性的死亡，一种永久的道德上的消化不良……人们不知道他们所追求的是什么。他们在对物质财富的麻木追求中疲惫不堪，到死都没有意识到他们的精神财富。"③

　　回顾他从第一次接受这些启示开始的半个世纪中所积累的这笔精

---

① 索尔仁尼琴：《第一圈》，第139-140页。
② 同上，第38-39页。
③ 同上，第39页。

神财富,索尔仁尼琴明确地说道:"我深深地相信,上帝参与了我所有的生活。"①与此相似,在他的自传《牛犊顶橡树》中,他暗示了上帝的护佑在他的生命与工作中的作用。然而,一九四八年时,索尔仁尼琴还没有汲取到这笔精神财富。他不知道,上帝的护佑还将继续给予他在物质损失中获得精神收益的机会。

---

① 作者对索尔仁尼琴的采访。

第八章　生 与 死

　　索尔仁尼琴、帕尼和科佩列夫在马尔费诺所进行的灵性和理智讨论的深度，与监狱图书馆中图书的空洞形成鲜明的对比。借助于《第一圈》中霍罗布罗夫这个人物，索尔仁尼琴表达了他对一九四八年的苏联文学状况的蔑视。他尤其鄙视其中的一本书，即由瓦西里·阿扎耶夫所写的《远离莫斯科的地方》，这是一本庸俗小说，但这本书却居于一九四八年畅销书榜单之首。它用极富浪漫色彩的词汇描述了在西伯利亚建造一条输油管道的英雄主义热情，却根本没有提及这种艰苦繁重的劳动是由犯人们承担的。相反，阿扎耶夫的小说还将工人们描绘成"幸福的、年轻的共青团员，吃得好，穿得好，充满工作热情"，完全无视处在半饥饿状态、累得要死的那些骨瘦如柴的人。霍罗布罗夫试着读一下这本小说，但却发现它"令他作呕"。他能够感觉得到，作者是知道真相的。也许他甚至曾经是西伯利亚某个死亡劳改营中的安全人员。他知道真相，但是，他"却能无情地撒谎"。①

　　随后，霍罗布罗夫想阅读一卷加拉霍夫的选集——此时，他的文学声誉达到了顶峰。但他再次感到失望，没有读完就将书放下。"即使是能够如此优美地抒写爱情的加拉霍夫，也患上了精神麻痹症，随同那个日益扩大的作家群体——这些作家不是为儿童写作，就是为那些既没有见识过生活，也不了解生活，而仅仅是兴高采烈地以垃圾自娱的蠢人

---

　　①　索尔仁尼琴：《第一圈》，第 168 页。

们写作——一起白白地浪费才华。"苏维埃的文学真是处在一个糟糕的状况,霍罗布罗夫心中想道。"并不存在一部能真正打动人心的作品……没有什么可读的东西。"①

当索尔仁尼琴在马尔费诺监狱床上的闲暇时光中思考苏联文学的状况时,他自己的文学使命也开始逐渐地形成了。他带着一种坚定的决心准备讲出斯大林的劳改营中那些生活真相——全部的、毫无删改的真相。如果有必要,他将单枪匹马,打破这种沉默的共谋。

就在他在监牢里沮丧地沉思时,有几位重要的英国文学家,他们已经在用索尔仁尼琴后来将会使用的那种坦率的话语,公开地反抗共产主义的罪恶了。一九四八年七月初,在BBC的一个广播节目中,马尔科姆·马格瑞奇批评费边派社会主义者中的一对活跃的艺人组合,即比阿特丽斯和西德尼·韦布夫妻,对苏维埃政权的天真颂扬。马格瑞奇把这样一句话归给了比阿特丽斯·韦布:"老年人喜欢照料宠物,我的宠物就是苏联。"他还用他著名的讽刺性幽默补充说,一个小母猫或者狮子狗"可能更容易照料,当然最好是驯养好的"。在节目结束的时候,他将比阿特丽斯比作堂吉诃德:"她完全陷入到她的自我欺骗中,奉承一个与费边的美好生活没有一点关系的政权,就像把达西妮亚·德·陶波梭当作堂吉诃德的梦中情人一样。"②

马格瑞奇战前曾是驻莫斯科记者,他亲眼看到过共产主义的恐怖,他为西方知识分子继续轻易地受骗而惊恐不已。他不能理解萧伯纳和韦布夫妇对斯大林的坚定支持;他也惊讶地看到,"坎特伯雷的红衣主教"休利特·约翰逊这样重要的基督徒也在布道中支持"苏联正在进行的壮丽的社会主义实验"。马格瑞奇写道:"从共产主义者的角度来看,作为一个象征,这位大主教实在是再好不过了。他们对基督教的一切嘲笑,他们对它终将灭亡的全部自信心,似乎都在这个人身上实现了。莫斯科的报纸在它们的漫画版中正是用这样的外观来刻画基督教的教

① 同上,第168-169页。
② 转引自格里高利·乌尔夫(Gregory Wolfe):《马尔科姆·马格瑞奇传记》(*Malcolm Muggeridge：A Biography*, London：Hodder & Stoughton, 1995),第243页。

会:长统靴,十字架,白头发,表面上让人肃然起敬,实则荒谬愚蠢。"①

马格瑞奇亲眼看到铁幕在整个欧洲拉开,他不安地思忖着克莱门特·艾德礼政府的苏联政策。英国工党的对苏政策基于这一信念:英国将会获得好处,因为"左派将会和左派对话"。马格瑞奇指出,这种观点是自我欺骗的典型表现:"对斯大林来说,艾德礼先生及其同僚的左派主张之惬意,就如生姜啤酒对天生的酒鬼胃口。"②

当索尔仁尼琴躺在马尔费诺哀叹自己国家的处境时,假如他能够读到这些评论,那么,它们一定会给他的心灵带来温暖。同样毫无疑问的是,如果他知道乔治·奥维尔正在写作《一九八四》的话——在防止人们走向极权主义方面,这可能是一本最为重要的小说——他的心将会激烈地跳动,他的失望也将在某种程度上被驱散。他更不会料想到,他注定是一个在反抗政治独裁方面要比奥维尔更有影响的作家。奥维尔的经典之作在接下来的一年中出版了,即出版于一九四九年,这本书是对他此前批判共产主义的讽刺寓言《兽园》(出版于一九四五年)的补充之作。

在多年以后,对于马格瑞奇和奥维尔在增强西方对共产主义的危险意识方面所起到的重要作用,索尔仁尼琴予以承认。他认为,奥维尔的著作对于一些知识分子来说就像是一记重拳:"当然,在西方,有很多人顽固地抵制它,不想了解它。了解和理解往往要先投入情感,因此,一些人不想了解它。比如,萧伯纳就不想了解它,于是,对于奥维尔的接受就很困难。"③另一方面,在苏联,虽然"很难得到这本书",但是,一些人还是可以通过非法手段得到复印本,他们"带着钦佩的心情"来迎接《一九八四》,因为它"极为精准"。④ 同时,马格瑞奇也是很值得尊重的,因为"他能够走过那条远离社会主义谎言并达到灵性高峰的道路"。⑤

---

① 《每日电讯报》,1951 年 9 月 9 日。
② 同上。
③ 作者对索尔仁尼琴的采访。
④ 同上。
⑤ 同上。

当然，索尔仁尼琴和马格瑞奇一样走过了这条道路，但一路上更为艰险。他的一个特殊困难即是他的婚姻状况，当他身处马尔费诺的时候，这个问题达到了危机的触发点。再一次，《第一圈》中的自传内容可以阐明，在感觉到他同娜塔丽娅不稳定的关系中的紧张气息时，他心中的那种感情。在这本小说中，格列布·涅尔仁琢磨着妻子娜佳的一些话，在写给他的信中，她这样写道："当你回来的时候……"。"但是，可怕的是他不会再回来了。回来是不可能的。军队四年，再加上十年的监狱服刑，他身体里的每一个细胞都已不再相同了。虽然这个男人回来了，她和她丈夫使用同一个姓名，但是，他已变成了一个完全不同的人，她孤苦零丁等待了十四年之久的那个人，根本不是这个人，他已经不在了。"①

具有讽刺意味的是，索尔仁尼琴灵性发展的结果，即他同帕尼和科佩列夫无休止地讨论的结果是：他越来越远离他曾怀有的抱负，而他的妻子则在他不在时继续怀有这些抱负。他被环境所困。如果其他的已婚夫妇即使在一起生活数年，有时也会分手的话，那么，他和娜塔丽娅被迫分离这些年后，还会有什么希望呢？不过，虽然情况似乎是毫无希望的，但他仍然抱有这样的想法：也许，尽管存在着这一切的可能，但是，他们也许能够挺过这次经历。索尔仁尼琴又一次通过格列布·涅尔仁表达了他在一九四八年时的情感：

> 他不明白，娜佳怎么能够等待他如此长的时间。在时刻感到有男人的目光追逐着她的时候，她如何能够穿过那些喧闹的、贪得无厌的人群？格列布设想，如果事情是另一种情况，如果她入狱了，而他是自由的，那么，他至多也不能坚持到一年。之前，他从不相信他那脆弱的娇妻能够如此忠贞不渝，在很长的时间中，他都怀疑她，但是，现在，他感到娜佳并没有觉得等待很困难。②

后来，一九四八年十二月十九日，在难得的一次探监中，娜塔丽娅告诉

---

① 索尔仁尼琴：《第一圈》，第 200－201 页。
② 同上，第 201 页。

索尔仁尼琴,她将不得不和他正式离婚,否则她就会失去工作。她说,她所工作的实验室正在加紧安全检查,如果她在被要求填写的表格上写明她和一个政治犯的婚姻,那么,她一定会被解雇。从外表上看,索尔仁尼琴表现出一副勇敢的样子,认为在这种情况下,娜塔丽娅除了和他离婚外别无选择。两周后,在给娜塔丽娅母亲的一封信中,他写道,她的决定是"正确的,所做的事情是清醒的,三年前就应该这样做了"。[①] 然而,在他内心深处,他被击溃了,他的心受到很大的震动,他后来坦承,这次探访后,他处在最为黑暗的绝望中。[②] 事实上,娜塔丽娅在告诉丈夫这个事实的前两个月,就已经向当局法庭递交了宣布解除他们婚姻的文件。因此,在她为保住工作而不得不填写的那张表格中,她可以声称他是她的前夫。八年前在他们结婚时,娜塔丽娅决定保留她自己的姓,而不是使用索尔仁尼琴的姓,她的这个决定使得这整件事情很容易操作。

虽然探访时娜塔丽娅向他保证说,离婚只是一个形式,她将继续等待他,但是,他却发现自己陷入了疑虑之中。如果这次离婚不是他们婚姻的结束,那么,它一定也是结束的开始:

> 真遗憾,他没有下定决心在探访刚一开始时就吻她。现在,那个吻已经永远不可能实现了。他妻子的双唇看起来不再一样了,它们似乎已经衰弱,忘记了如何亲吻。她是多么地疲倦啊,当她谈起离婚时,她的眼神如此惊恐……她要离婚,为的是避免遭受迫害——这种迫害常常与作为或曾经作为政治犯妻子的人形影不离;而在离婚后,她自然会再次结婚。不知为何,当他看到她脱下戒指的手向他挥别时,他突然有一种强烈的预感:他们正在最后一次彼此说再见。[③]

---

① 列舍托夫斯卡娅:《萨尼亚》,第 132 页。
② 同上,第 136 页。
③ 索尔仁尼琴:《第一圈》,第 253 页。

一九四九年期间，索尔仁尼琴和娜塔丽娅之间在慢慢地、但却可以感觉得到地疏远着，他们彼此的联系逐渐停滞了。这一年的年底，索尔仁尼琴写信给娜塔丽娅，要求结束他们之间的关系，请她不要再给他写信了。对他来说，她本人的幸福要比"这种早就不存在的家庭关系的幻影"重要得多。[①] 他知道，她越来越沉浸在她忙碌的大学讲师的新生活中，夜晚，她则忙于在各种音乐会上演奏钢琴。一方面，他比以往更加清楚地看到，他正给她的生活投下不快的阴影，另一方面，关于他自己的命运，他正形成一种斯多葛式的冷静。他还开始怀疑，在他的刑期结束后，随之而来的将会是"永久的流放"，这实际上终结了他和娜塔丽娅将会再度复合的一切希望。娜塔丽娅不理睬索尔仁尼琴的提议，他们继续保持着通信，虽然和以前的通信频率不同。与此同时，娜塔丽娅的执教事业蒸蒸日上，一九五〇年三月，她被任命为她所在研究所的化学教研室主任。同一个月，她再一次难得地探访了索尔仁尼琴。他们的见面虽然很克制，但却洋溢着真正的温暖。娜塔丽娅告诉索尔仁尼琴，她仍然爱着他，不打算离开他。就索尔仁尼琴来说，他承认，他之所以要她结束他们的关系是出于他的理智，但是，他的感情却由于害怕结束会真的变成现实而"退避"。[②] 索尔仁尼琴还承认他现在很后悔他们没有孩子，这和他从前的看法正好相反：从前他认为，孩子只会妨碍他的文学抱负。而在那个时候，强烈地想要孩子的却是娜塔丽娅，而不是索尔仁尼琴；但是，现在，她不这么认为了。她告诉他，无论如何，现在想这样的事情可能都太晚了。

　　据娜塔丽娅说，在整个会面过程中，索尔仁尼琴都忧心忡忡。他忧虑许多的东西。他们的关系似乎悬于一线，岌岌可危。

　　两个月后，一九五〇年五月十九日，索尔仁尼琴和其他几个犯人一起被从比较"奢侈"的马尔费诺劳改营送到一个未知的地方。在《第一圈》的结尾处，他对他和他的狱友们当时的情感进行了刻画：

---

① 列舍托夫斯卡娅：《萨尼亚》，第 148 页。
② 同上。

他们都非常清楚，等待他们的将是无法与马维里诺相比的糟糕状况。他们都知道，当他们到达他们的劳改营时，他们将会无限怀念地想起马维里诺，就像是想起一个黄金时代。然而，眼下，为了提振他们的精神，他们觉得需要咒骂马维里诺，以便于他们任何人都不会为离开它而感到遗憾，或者不会责怪自己做了什么错事而导致了这次转移……等待着他们的风景是西伯利亚的针叶林、冻土地带、奥伊-米亚康的极寒地区和杰兹卡兹甘的铜矿，等待着他们的是丁字镐和手推车、填不饱肚子的口粮、浸过水的面包、医院和死亡。也许还会更糟。然而，他们却对自己心安理得。他们一无所惧，就像那些失去了曾经拥有的一切的人们一样无所畏惧——获得这种无所畏惧的心理很难，但是，一旦获得就会永远保持。①

在布蒂尔卡再次短暂停留后，索尔仁尼琴开始了一个跨越整个苏联的漫长的、难以忍受的行程，用了让人筋疲力尽的两个月时间才完成这趟行程。他终于在八月份的第三个星期到达了目的地，这就是埃基巴斯图兹劳改营，它地处苏联中亚地区的哈萨克斯坦半干旱的大草原腹地。看到他的新"家"的第一眼，索尔仁尼琴就确信，他现在比以往任何时候都被更加牢固地钳制于苏联的监狱体系。他发现自己被关闭于其中的这座"特殊集中营"围着双层的带刺铁丝网，在铁丝网之间，阿尔萨斯狼犬虎视眈眈地在四处巡游，而全副武装的警卫则从高处监视着他们。为了能够暴露出所有试图逃跑的人的脚印，四周覆着一圈翻松的泥土，还将削尖的树桩以四十五度角埋在土里面，目的是要使那些试图逃跑的人有机会在翻松的土地上留下脚印前就被刺穿双脚。存有逃跑的幻想是徒然的，在这圈翻松的土地之外，还有绵延几百英里的荒野，将这个新来者和他曾经熟悉的那个世界隔离开来。索尔仁尼琴和娜塔丽娅之间那根纤细的线——这是他和他已往的生活之间还仅存的唯一联系——即将断裂。

和丈夫分离近十年来，娜塔丽娅一直都勇敢地生活着，对她来说，

① 索尔仁尼琴：《第一圈》，第581页。

已经承受了太多的东西。在他被转送到这个劳改营之前,她还坚守着最后一丝渺茫的希望,希望有朝一日她和索尔仁尼琴可以再次自由地拥抱在一起。"但是,当来自遥远的埃基巴斯图兹的第一封信寄达时,我明白了,从现在起,我们根本不可能再见到彼此了。从现在开始,我们不会再见面了,信也一年才有两次。现在将我们分开的不仅仅是时间,还有距离。"①

将他们分开的距离还不仅仅是地理上的距离。慢慢地,让她沮丧的是——如果她正在寻求逃避借口的话,也许令她欣慰的是——她觉得还存在着另一种距离。在他难得写来的信中,他"表达出一种我完全不了解的心情"。它们似乎是由一个她从未见过的索尔仁尼琴所写的信。在他身上,冲动的、急躁的态度以及他尘世的抱负都不见了,现在存在的是一种"消极的等待……对命运的顺从、服从"。在他难得被允许邮寄出来的一封信中,他写道:"也许,对命运的信仰是笃信宗教的开始?我不知道。对我来说,似乎还远远没有达到信仰上帝的程度。"对"上帝"的这种讨论本身就是一个疏远的例证,它使娜塔丽娅非常反感。他们都不曾严肃地对待过宗教,都曾完全接受苏联教育体系的无神论,因此,娜塔丽娅警惕地看待着他这种正在兴起的宗教虔诚精神。她写道:"虽然'上帝'这个词还没有大写,但是,它开始越来越频繁地出现了。"她随后又引用了一九五○年十二月份的一封信,在这封信中,他确实是越来越频繁地提到上帝:"我在这里还没有生过病,感谢上帝,也许以后上帝也不会让疾病降临到我身上。"在娜塔丽娅的回忆录中,她对索尔仁尼琴这个"做作思想"的进一步例证,继续表示出恼怒。②

一九五一年,娜塔丽娅已不再将索尔仁尼琴看作"一个有血有肉的活人了。他是一个幽灵"。③ 他们之间的彻底结束也为时不远了,娜塔丽娅生活中出现了新的爱慕者也加紧了这一过程,她需要这个有血有肉的活人来驱逐索尔仁尼琴的阴魂。这就是她学界的同事弗谢沃罗

---

① 列舍托夫斯卡娅:《萨尼亚》,第 152 页。
② 同上。
③ 同上,第 162 页。

德·索莫夫,在娜塔丽娅母亲——可以理解,她为女儿不确定的未来焦虑着——的鼓励下,他在这年的春天开始热烈地追求娜塔丽娅。

虽然娜塔丽娅仍然走过场似的与索尔仁尼琴保持着通信,但是,七月份时,他从她写信的口吻中察觉到有些不对劲。他写道:"你似乎是不得不强迫自己开始写这封信。一种勉强的感觉在阻碍着你讲话,你写了几行,就停止了。"①很快,她就完全不再写信了,除了在十二月份时送来一个孤零零的生日祝福,祝他生活幸福。

一九五二年春天,娜塔丽娅决定全面调整她的生活。她和弗谢沃罗德·索莫夫在没有举行任何婚姻仪式的情况下同居了,同时她向她的朋友们宣布,他们现在成为了夫妻。在她的回忆录中,娜塔丽娅写道:"我既不为自己辩护,也不责备自己。在经受这么多年的折磨后,我不能再保持我的'纯洁'了。我开始过一种真正的生活。"②

娜塔丽娅承认她没有勇气写信给她的前夫;索尔仁尼琴被迫再三地给娜塔丽娅的姑姑尼娜写信,请求她澄清疑虑。而她觉得,在没有征得侄女同意的情况下,她什么都不能说,因此,她一直没有回信,直到后来,在娜塔丽娅的请求下,她在一九五二年十二月写了一个短笺:"娜塔丽娅让我告诉你,你可以在她之外安排你自己的生活了。"③无疑,索尔仁尼琴因这个短笺的含糊性和简短性而比此前更加迷惑了,他直接给娜塔丽娅写信,要她充分地解释一下"这个无意义的、谜一般的句子"。

> 你在过去的两年中无论做了什么,在我面前都不必有内疚感。无论是在内心里,还是在言辞上,我都既不会批评你,也不会责备你。无论是由于我过去的行为,还是由于我当下不幸的生活——这种生活毁掉了你的青春,使你的青春失去色彩——我都不配享有你那珍贵的、伟大的爱;我知道,你曾经对我怀着这种爱,我不相信它现在已经耗尽了。唯一感到内疚的人应当是我。我给你带来如此

---

① 同上。
② 同上,第169页。
③ 同上。

少的快乐,我永远都欠你的。①

娜塔丽娅回信了,告诉他,她已经和另一个人"结婚了",以此结束了他们长达十六年饱受折磨的关系,这也证实了索尔仁尼琴的担忧。

然而,在这段狐疑不定的时期中,索尔仁尼琴还有要应对的其他担忧。一九五一年十二月,大约是在娜塔丽娅给他寄生日贺卡祝他生活幸福的那个时候,他的右腹股沟处被发现有一个小的肿块,他不幸的生活因此变得更加让他忧虑。一开始,他试着不理会它,但是,它慢慢地长大,长到和柠檬一样大,还变得越来越痛。一九五二年一月三十日,他被诊断得了癌症,被容许送进劳改营医院。在熬过埃基巴斯图兹第一个严酷的冬天后——这其中的苦难成了他写作《伊凡·杰尼索维奇的一天》的灵感——他被一种潜在的致命疾病打倒了。他挺过了所有的残酷行为和欺凌、不足裹腹的口粮分配、在冷风——在零下四十度的时候,这种寒冷的风会像刀子一样刮过这个没有任何阻碍的平草——中的体力劳动,却不得不死于某种更可怕的东西。从劳改营的绝望心情到临终病榻前的凄凉,从在死亡边缘的挣扎到最终战胜死亡,他都一一地经过了。在索尔仁尼琴于劳改营医院等待做手术——医生们曾建议要立即为他做手术——的两周中,这些想法一直不停地在他大脑中打转。二月十二日,终于给他动了手术,当时实施的是局部麻醉。手术后不久,他就开始发高烧,而且非常疼痛。

但是,他很快就完全康复了。他再次证明他逃过了一劫,他也将再次从死亡的威胁中获得益处。在面对死亡时,他得到了一种对生命无比深刻的理解。这就是一个处在生与死核心深处的永恒悖论,在福音书中它是这样被描述的:那失丧生命的,将要得着生命。②

随着他的身体在劳改营医院中康复,他的精神也同时得到医治。这种精神的痊愈过程不像他右腹股沟上的伤疤那样容易看到,但是,它却同样真实——实际上,它更加真实。这个从前的无神论者不再根据

① 斯卡梅尔:《索尔仁尼琴传记》,第309页。
② 参见《马太福音》10章39节,《马可福音》8章35节,《路加福音》9章24节。

辩证唯物主义的观点来看待生命了,他正开始依据宗教神秘主义来理解它。正是他到达埃基巴斯图兹后得以加速的这种改变,曾经使他的妻子极其反感。在他写给她的一封信中,他描述过这个在他生命最深处所发生的改变:"许多年过去了,是的,但是,如果心灵由于所遭受的不幸而变得更加热情,如果它在不幸中可以得到洁净,那么,这些年就没有白白地过去。"[1]对于索尔仁尼琴来说,这是他内在力量的源泉,而对于娜塔丽娅来说,这却是一个外在软弱的标志。对于她——而不是对于他——来说,听从命运只是坚定性的缺乏,是意志的失败。对于她——而不是对于他——来说,内在的平静实际上仅仅是对环境可怜的屈服。他们已不再有共同语言。

然而,此时,索尔仁尼琴从苦难中获得力量的经历,还没有用专门的基督教语言来作出理解。苦行的道路未必就是十字架之路;或者可以重新回到他给娜塔丽娅写信时的状态中,那时上帝还是小写的上帝,而不是大写的上帝。在手术后的几天中,当他躺在劳改营医院的外科病房时,所有的这一切都将会改变。他高烧不退,无法行动,但是,他的思想却异常活跃,并不由自主地陷入到极度的兴奋中。在他丧失行动能力的状况下,他有幸得到鲍里斯·尼古拉耶维奇·科恩费尔德大夫的陪伴,他坐在他的床边,陪他说话。整个晚上,科恩费尔德大夫独自和他呆在病房里,他熄了灯,以免灯光刺激病人的眼睛,他告诉索尔仁尼琴他从犹太教改信基督教的漫长经历。当索尔仁尼琴听到这一切的时候,他对这个新入教者的信心和他话语中的热情非常吃惊:"您知道,总的说来,我相信,没有什么在尘世生活中临到我们身上的惩罚是不应得的。表面上看来,它和我们实际犯下的罪没有关系,但是,如果您仔细地审视您的生命,深入地思考它,您总能够找出使您今天遭受这种打击的罪恶。"[2]就这样,科恩费尔德结束了对他的皈依经历的叙述,而索尔仁尼琴则为他声音中的神秘见解战栗不已。第二天早晨,当索尔仁尼琴被走廊里的奔跑声和沉重的脚步声惊醒时,他一定会再一次战栗

① 列舍托夫斯卡娅:《萨尼亚》,第115页。
② 索尔仁尼琴:《古拉格群岛》,第2卷,第612页。

不已。卫生员们正抬着科恩费尔德进入手术室。他在睡觉时被人用泥灰匠的锤子在头盖骨上砸了八锤,他死在了手术台上,没有再醒过来。"科恩费尔德先知般的话语竟然成了他留在人间的绝响。它们是对我说的,因此,它们也作为一种遗产留给了我。你不能耸耸肩就把这种遗产丢掉。"①

许多评论者已经指出,与死亡前夜的科恩费尔德的这次令人记忆深刻的会面,对索尔仁尼琴最终接受基督教是至关重要的。也许是这样的,但是,不应当高估它的重要性。战争、集中营、癌症,都在此前为它打下了基础。到了一九五二年二月,索尔仁尼琴的皈依已经水到渠成。毕竟,他不是直接与死亡打了个照面又活了下来吗?科恩费尔德的皈依经历也许是最后的催化剂,但是,当这束光照耀在索尔仁尼琴本人走向大马士革的道路上时,催化的条件已经具备。关于他同科恩费尔德这次决定性的会面,正如索尔仁尼琴所评述的那样:"在那时,我自己已经成熟到可以产生类似的思想了。"②

事实上,他已经成熟到足以理解并超越科恩费尔德的"普遍的生命律"了。索尔仁尼琴论述的真理比科恩费尔德认识到的更加深刻。一个人如果从字面上接受科恩费尔德的论题,就不得不承认,那些遭受苦难最多的人在某种程度上比那些相对来说未遭受痛苦的人更邪恶。这难道意味着他和斯大林集中营里的其他几百万犯人要比那些避免了他们这种悲惨命运的人更邪恶?这难道意味着那些遭受了更悲惨命运的人——比如慢慢被折磨至死的人——是所有人中最邪恶的人?更为糟糕的是,这难道意味着那些折磨人的人没有他们的受害者邪恶?那些成功的、没有受过苦的人呢?这些年他在各个劳改营中曾经见过的那些罪恶深重的刑事犯呢?集中营的守卫呢?最糟糕的是,斯大林本人呢?难道这意味着斯大林没有他所屠杀的上百万人邪恶吗?当然不是。那些折磨人的人又怎样呢?索尔仁尼琴问道:

---

① 同上,第 613 页。
② 同上。

为什么命运不惩罚他们？为什么他们在享福？……对此，唯一的答案就是尘世生活的意义不在于享福，而在于……灵魂的发展。从这个观点来看，折磨我们的人已经受到了最可怕的惩罚：他们正在变成卑劣的人，他们正在脱离人性向下堕落。从这个观点来看，遭受惩罚的人则是发展着的人……握有希望的人。①

在超越了科恩费尔德的理论之后，索尔仁尼琴就可以从另一个侧面回顾它了。从这个新的角度，他看到，对于个人来说，在他们同造物主之间一对一的关系中，这个理论确实是正确的："但是，科恩费尔德最后的话中仍有一些东西触动了一根敏感的心弦，就我个人来说，我是完全接受它的。而且，许多人也同样会接受它的。"②

当独自呆在劳改营医院那间——科恩费尔德由此离开后就走向了死亡——康复诊室中时，索尔仁尼琴度过了一个又一个的不眠之夜，他怀着惊异的心情思考着自己的生命和它发生的这个转折。似乎是第一次，他完全领悟到、完全感受到以他的个人经历为基础的这个崇高的现实。最后，所有的怀疑、所有的阴影似乎都消失了，一切似乎都解决了，清澈透明。当这段漫长的时间缓缓过去时，他把自己的思想写成了押韵的诗句：

究竟何时我如此彻底地、完全地，
将善的种子当作草芥抛到风中？
还避开你的圣殿，而正是在那里
我整个的少年时代曾被你灿烂的赞歌所抚慰。

书中耀眼的智慧言之凿凿，
我高傲的大脑难以自持，
世界的奥秘铺陈在我面前，
命运就像蜡块一样由我掌握。

---

① 同上。
② 同上。

血,在我体内奔腾,
它每一次掀起的浪涛都熠熠发光,吸引着我,
此时,我心中的信仰,就像一座遭到遗弃的大厦,
倒塌了,无声地,成为废墟。

在生与死之间谨慎地游走,
跌倒了,向后攀爬,
回顾曾经走过的日子,
我因感激而战栗不已。

照亮我道路上每一处转弯角的,
既不是我的理智,也不是我的欲望,
而是一束有着更高设计的平静的光,
这是随着时间的流逝,我能把握住的唯一。

而现在,当我用新发现的节制,
品抿赐予生命的水,我才发现,
哦,创造万物的主啊,我的信仰复原了!
我曾背弃你,但你却与我同在。①

---

① 这首诗是由迈克尔·A.尼科尔森(Michael A. Nicholson)从俄文版《古拉格群岛》第 2 卷中翻译过来的。

第九章　美好的流放

　　索尔仁尼琴一直都认为，他在埃基巴斯图兹劳改营与死亡的亲密接触，是他生命中第三次、也是最后一次"最为重要的和决定性的时刻"，前两次分别是在前线当战士的经历和随后被捕的经历。"在刑期快要结束的时候，最为重要的是，我得了癌症，随后我被充分洁净，重新深深地意识到了上帝的存在，并对生命产生一种深刻的理解。从那时开始，我基本上就已经变成现在这个样子了。从那以后，我至多是成长而已，不再有突然转折，也不再有断裂性的方向改变。"①一九七六年，在乔治·萨弗对索尔仁尼琴的采访中，索尔仁尼琴简洁地概括了他在皈依宗教中达到顶峰的过程："最初是为活下来而斗争，进而是对生命的发现，最后是对上帝的发现。"②

　　索尔仁尼琴的经历与他伟大的文学前辈费奥多尔·陀思妥耶夫斯基的经历极其相似，陀思妥耶夫斯基也认为他的生命被他在西伯利亚服刑时的苦难所转变。陀思妥耶夫斯基写道："苦难是一所好学校。它加强了我的信仰，唤醒了我对那些耐心地承受苦难的人的爱。它还增

---

　　①　作者对索尔仁尼琴的采访。

　　②　1976 年 4 月发表在《文汇》（Encounter）杂志上的对亚历山大·索尔仁尼琴的一篇采访；转引自《流亡中的索尔仁尼琴：批判文章和文件资料》（Solzhenitsyn in Exile：Critical Essays and Documentary Materials），由约翰·B. 邓洛普（John B. Dunlop）、里查德·S. 霍夫（Richard S. Haugh）和迈克尔·尼科尔森（Michael Nicholson）编（Stanford：Hoover Institute Press，1985），第 262 页。

强了我对俄罗斯的爱,打开我的眼睛,让我看到俄罗斯人民的伟大品质。"陀思妥耶夫斯基作为一个作家的发展,苦难起着重要作用,他这样评价道:"我已经有了许多的经历,还将会看到和体验到更多的东西,你将会看到我还有多少东西不得不写出来。"①陀思妥耶夫斯基的这一评价,也进一步体现出了二人的相似性。

　　皈依基督教后,索尔仁尼琴比以往更加同情那些因宗教信仰而遭受逼迫的人。在埃基巴斯图兹,他与许多因信仰而坐牢的虔诚的人朝夕相处,并开始对他们产生了一种深深的亲切感。对于索尔仁尼琴来说,这些旧教徒,即遵循东正教会传统的那些反抗者,已不再是怪异的、不符合时代的人——这是他作为马克思主义者时的看法。现在,他们是"永远遭受迫害的、永远被流放的"人,他们三百年前就已经看穿了"当局的残酷本质"。② 听闻这些旧教徒们在斯大林俄国的敌对环境中为保持他们的信仰和生活方式所进行的斗争,他越来越敬佩他们。在《古拉格群岛》中,他详细地讲述了雅鲁耶沃的旧教徒逃避苏维埃集体化的故事。整个村庄实际上被连根拔起,然后消失在茫茫的俄罗斯旷野深处。二十年来,这些绝不妥协的基督徒在波德卡缅纳亚-通古斯流域的广大盆地中,过着自给自足的生活,他们躲开外部世界的窥探,生活在与世隔绝的状态中。直到一九五〇年,这种隔绝的生活被迫结束了,这个此前不为人所知的居住点被人从飞机上发现了,并将它的位置报告给了政府。当苏联的部队到达时,他们发现了一个小型但繁荣的村社。这个村社中的人"度过了二十年虽与野兽为伍但却自由自在的生活,而不是二十年的悲惨生活"。他们都穿着自制的外衣和长靴,他们还都"特别强壮"。③ 整个村庄的人都被逮捕了,他们的罪名是"进行反苏宣传"和"建立敌对组织",他们和索尔仁尼琴在同一个劳改营中。

　　一九四六年,在雅鲁耶沃旧教徒被发现四年之前,另一伙旧教徒在

---

　　① 转引自托马斯:《亚历山大·索尔仁尼琴生命中的一个世纪》,第194页。
　　② 索尔仁尼琴:《古拉格群岛》,第3卷,第366页。
　　③ 同上,第366-367页。

偏远森林地带某个被人遗忘的修道院中被逮捕。然后,他们被押解着在木筏上沿着叶尼塞河向劳改营漂流。"这些斯大林治下的犯人们和彼得大帝治下的犯人们一样地坚贞不屈,他们跳出木筏,投进叶尼塞河,于是,我们的冲锋枪手们就把他们消灭在了波涛中。"①

索尔仁尼琴听到了这些故事,小心地把它们储存在记忆里。他决心有朝一日要让全世界知道全部真相,让全世界知道埋藏在苏维埃社会黑暗深处的这个肮脏的秘密。为了做到这一点,他就有了需要保存的秘密。他现在写东西比以前写得更多,他会在废纸片上随便写几行诗句,一旦他记下了这些句子,他就尽快把它们烧掉。如果他写在纸上的思想被发现的话,那么,他必定会被延长刑期,他决心不再犯七年前曾导致他被捕的那种幼稚错误。在埃基巴斯图兹,他沉迷于写作,写作时时刻刻都占据着他的意识。"在两次抬石灰浆的间隙,我把一小片纸铺在砖上(不能让我旁边的人看见我正在做什么),用一支铅笔头记下在上一次抬石灰时出现在我脑海中的诗句。"关于一九五二年在埃基巴斯图兹进行紧张写作的这个时期,他本人有过描述,他大部分的时间都像是活在梦中,当他坐在嘈杂的食堂中吃那神圣的稀粥时,"我听不见周围人的说话声,而是谨慎地思考着我的诗句,修饰着它们,就像修整墙上的一块块砖。"②

> 我意识到,我不是唯一的一个人,我加入了一个伟大的秘密中。在古拉格分散的群岛上,在其他同我一样孤独的胸膛中,一个秘密正在成熟起来,从而为了在未来的年代中,也许是在我们死后,显示出它自己,为了融入到未来的俄罗斯文学中……
>
> 在那里有多少像我们这样的人?我想,要比在这些年中浮出水面的多得多。他们中并不是所有的人都活了下来。有些人把手稿放在瓶子里埋了起来,没有告诉别人它的埋藏地点。有些人把他们的作品交给了一些粗心的人,或者相反,把它们交给了一些过于

---

① 同上,第 367 页。
② 同上,第 104 页。

谨慎的人。有些人没有来得及写出他们的作品。

　　即使在埃基巴斯图兹这个小岛上，难道我们真的彼此了解吗？相互鼓励、相互支持吗？我们就像狼群一样躲避着每一个人，这意味着，我们也相互躲避。然而，即便是这样，我还是在埃基巴斯图兹发现了其他几个这样的人。[①]

　　在埃基巴斯图兹，与索尔仁尼琴一同悄悄地从事文学创作的人当中，最为重要的是宗教诗人阿那托里·瓦西里耶维奇·西林。索尔仁尼琴最初见到他，是因为他们都是劳改营中浸信会信徒的朋友。西林已经四十多岁了，约长索尔仁尼琴十岁，索尔仁尼琴这么描述他："他对每一个人都很谦让、温和，但缄默寡言。"当他们在休息的星期天沿着营区漫步时，他们会长时间地谈话，在这些谈话中，索尔仁尼琴在这位年长的人身上发现了一种相似的精神。西林曾是无家可归的孩子，由一个无神论者在保育院中养大，但他在德国的一个战俘营中接触过一些宗教书籍，他被完全吸引住了。从那时起，他不仅变成了一个热心的信徒，还变成了一个有才华的哲学家和神学家。因他自皈依起一直都在这个或那个监狱中度过，他也就无法获益于进一步的灵性阅读。相反，他通过自己的洞察力探寻真理，并用诗句将它们表达出来。按照索尔仁尼琴的说法，当他们见面时，西林大约记住了两万行诗句，还将它们中的许多句子背诵给他这位年轻的诗友听。像索尔仁尼琴一样，西林将他的诗看作"记忆思想和传达思想的一种方式"。[②]

　　在《古拉格群岛》中，索尔仁尼琴零零星星地记述了一些他们在劳改营一起度过的珍贵时光。他记得，西林俯身看着荒芜的营地上长出来的小草那稀疏的叶片，他赞叹道："这地上的青草是多么美啊。但是，造物主甚至把它们送给人当作脚下的毯子。那么，我们一定是比它们还要美的！"很显然，西林的宗教神秘主义不是清教徒式的，他坚定地对索尔仁尼琴说，"即使是尘世的肉体之爱，也是追求与上帝合一的崇高

---

　　① 同上，第104－105页。
　　② 同上，第106页。

渴望的表现。"又有一次,针对无神论者拒绝相信精神会产生物质,他这样回答道:"为什么他们不问问自己,粗糙的物质怎么会产生精神?如果这是真的,那才是一个奇迹。是的,是一个更大的奇迹!"不过,他也相信受苦的必要性,这一点与索尔仁尼琴最为投缘。西林坚持认为,灵魂必须遭受痛苦,才能认识到"天堂的完美幸福","只有经过悲伤,爱才能够完美"。这个规则虽然严酷,但却是软弱的人们能够"获得永恒安息"的唯一道路。[①]

关于西林,索尔仁尼琴写道:"这个充满厄运、疲惫不堪的奴隶,衣服上缝着四位数因号,他心中有许多话值得活着的人们倾听。相比之下,那些牢牢占据着杂志、出版、无线电台的所有人真该闭嘴——他们除了对他们自己有用外,对谁都没有用处。"[②]

如果说西林记下来的两万行诗句是一个巨大的成就的话,那么,索尔仁尼琴本人的记忆力也毫不逊色。在他被释放之前,他已经记下了他所写的一万两千行的作品。在这方面,他得益于使用念珠。那些念珠是由一些信仰天主教的立陶宛犯人为他做的,珠子是由小片的湿面包做成的,每一颗珠子代表一行诗句,人们常常可以看到索尔仁尼琴在数这些珠子,从表面上看,他是在祈祷,实际上,他是在记诵他的诗作。

索尔仁尼琴在埃基巴斯图兹所写的大部分诗作被统一命名为《这条路》,基本上都是自传性的。后来,他认为这些诗作中的大部分都不值得出版,但是,以他一九四五年一月在普鲁士的体验为基础的史诗《普鲁士之夜》,却是一个例外,它虽然脱胎于《这条路》,但却具有自身完整的、鲜活的生命。他在埃基巴斯图兹创作的作品还有《胜利者的欢宴》,一九八一年,这部诗作以《胜利赞歌》为题用英语出版,是一部全部用押韵诗写成的剧本;此外还有一个题为《囚犯》的更长一些的剧本。

许多批评家曾经强调指出过这些剧本的缺陷,索尔仁尼琴本人也承认,"我曾将它们当作表达思想的方式,也许我没有满足戏剧创作的

---

① 同上,第 106－107 页。
② 同上,第 107 页。

要求，从这个意义上说，它们不如我其他的作品。"①

在《胜利者的欢宴》中，索尔仁尼琴传达观点的方法是，塑造格里德涅夫和加里那这两个对比鲜明的人物。在许多方面，这两个人物都是索尔仁尼琴所有艺术作品中精神争战的体现。格里德涅夫选择了几乎不做抵抗的道路，他完全被寻找最舒服的生活方式的欲望所腐蚀；另一方面，加里那则选择了一条充满牺牲精神的道路，面对灾难，他表现出来的永远都是高贵品格和英雄主义精神，他选择的是十字架的道路。此外，这两个人物身上体现出来的永恒真实根植于特定的历史背景。《胜利者的欢宴》以东普鲁士的一个乡村住宅为背景，描述的场景类似于索尔仁尼琴在一九四五年一月苏联进攻期间所亲身经历的。像《普鲁士之夜》一样，它也充满着自传性的细节。为此，索尔仁尼琴坚决认为，应当在几个不同的层面上来看待格里德涅夫和加里那的冲突，既要在物质的层面上，也要在形而上的层面上：

> 这个冲突所展现的甚至不是他们个人的悲剧，而是所有处在共产主义者、布尔什维克党人压迫下的俄罗斯人的悲剧。人们想要自由，但这在战前是不可能的。他们相信德国人将要给我们带来自由，他们期盼着德国人，相信他们会提供帮助，或者至少不会阻碍我们从共产主义中解放出来。但是，世界的强国已经以这样的方式结盟：作为盟国的美国和英国，不想容忍更多针对共产主义政权的斗争，因为共产主义政权现在是同盟。于是，这些人就被困在了苏联人、德国人、美国人和英国人之间，这些人都认为这些受压迫的俄罗斯人是叛徒。这影响了几百万人。几百万人。好几百万人都同德国人一起撤退了。②

《囚犯》和《胜利者的欢宴》中的许多重要主题是相同的。那些在反共产主义的俄罗斯解放军中战斗的人，陷入道德上进退两难的境地。

---

① 作者对索尔仁尼琴的采访。
② 同上。

在同纳粹恶魔签订了雇佣合同后,这些"解放者"被苏维埃军队的红色海洋吞噬了。《囚犯》与《胜利者的欢宴》相互呼应的另一个主题是:不可战胜的精神战胜了身体遭遇的苦难。在这两个剧本中,都不断表现出对苏维埃制度深处的非正义性的愤怒,这种愤怒也成了隐藏在索尔仁尼琴未来作品后面的能量和动力。这个在埃基巴斯图兹用粗糙的念珠静静地念着他的"祷词"的犯人,正在制备一个文学上的定时炸弹,预备着要在未来的某个日子将它引爆。

一九五二年,随着一个月又一个月慢慢过去,另一个未来的日子越来越急迫地催促着索尔仁尼琴的大脑,这就是他被释放的日子。正式地说来,他的刑满日子是一九五三年二月九日,随着这个金色之日的临近,他渴望着即将到来的流放。他知道,他将不会被允许回归正常的生活,永远的流放是他所能够期待的最可能的结局。然而,在经历过劳改营的折磨之后,对于他渴望自由的心灵来说,即使是"流放",听起来也像是伊甸园或者天堂。索尔仁尼琴写道:"流放的梦想幽幽地闪着光,在犯人的脑海中燃烧着,像一抹彩虹色的海市蜃楼,躺在黑暗的铺板上的犯人们那消瘦的胸膛发出向往的叹息:要是他们能判我去流放就好了!"[1]索尔仁尼琴并不是对这样的渴望无动于衷。早在新耶路撒冷地狱般的粘土坑时——就是这里使他的朋友鲍里斯·加麦罗夫丢了性命——他就曾在附近村庄的公鸡报晓声中,梦想着流放的一天。

一九五三年二月十三日,他的梦想变成了现实;在刑期正式结束后的第四天,他和其他被释放的犯人被带出了劳改营大门,在全副武装的警卫押送下去了火车站。差不多就在一年前,他曾因癌症做过手术;而现在,他非常健康,又最终获得了自由。也许,他不幸的生活终于要有所改观了。照例是一个漫长的旅程,随之而来的是一个未知的目的地和一个未知的未来。几天后,索尔仁尼琴和其他的犯人到了泽罕布尔,这个城市位于哈萨克斯坦的阿拉木图和塔什干的中间,在那里,他们被告知,他们将要被"永久地"流放到科克切列克地区,

---

① 索尔仁尼琴:《古拉格群岛》,第3卷,第406页。

即哈萨克斯坦南部的别特帕克达拉沙漠边缘。一九五三年三月三日，离开埃基巴斯图兹后的第十八天，他终于到了地处哈萨克斯坦干旱的荒漠边缘的新家。在八年的监禁刑期结束后，他终身流放的刑期开始了。

在新生活刚开始的前几天，索尔仁尼琴沉醉在自由之中。第一天夜里，他无法入眠，在月光中走来走去。"驴子在歌唱。骆驼也在歌唱。我身上的每根纤维都在歌唱：我自由了！我自由了！"最后，极度的疲倦袭来，他就躺在牲畜棚干草铺就的床上，听着几码远处马儿们站在马槽边嚼干草的声音。在他获得自由的第一个夜晚，他想象不到比这"更甜蜜、更友好"的声音了："大声地咀嚼吧，你们这些温顺的、毫无恶意的动物！"第二天，他在一间小屋里找到了自己的容身之所，这屋子只有一扇小窗户，屋顶很低，几乎无法站直。地面是泥地。他设法搞到两个木箱子，将它们临时拼成一张床。他不是小屋的主人，甚至这两个箱子也是借的，但是，他觉得他一生中从来没有这样富裕过。"我还渴求什么呢？"①

随后，三月六日，在获得自由的第三个清晨，他一觉醒来，就听到了那个令他不敢期盼的消息。他的老房东——她本人也是从诺夫哥罗德流放过来的——小声地叫他到镇上的广场去听听收音机里的播报。她不敢重复她刚刚听到的那个消息。他带着强烈的好奇心来到广场上，大约有两百多人围着喇叭聚集在那里。很显然，大部分人都极度悲伤。甚至是在他听到收音机里广播员播报的那个消息之前，他就已经猜到发生了什么事。斯大林去世了。

可以真切地感受到的悲伤，在整个苏联境内四处弥漫。在接下来的日子中，将有无数的悼念者拥挤在工会大厦外，因为此处是"全体人民睿智的父亲"的尸体停放处，而正是在这个柱式大厅中，一九三〇年代他曾下令进行了臭名昭著的公审，将他成千上万的同胞送进了劳改营。

在《第一圈》中，索尔仁尼琴让自己自由地想象斯大林最后的日子：

---

① 同上，第420页。

他将自己锁在房间里，不相信他认识的任何一个人，害怕被暗杀。斯大林，这个将几百万俄罗斯人流放到苏联帝国各个遥远角落中去的大独裁者，他也是自己的宫殿中的一个流放者，他是自己的多疑症的流放者。虽然处在科克切列克的幸福流放中，索尔仁尼琴的讽刺作派依然不减。

> 他们都是这样，各个部门都如此，每一个人都千方百计地欺骗他们的领导。他怎么可能信任他们。他别无选择地在夜间工作。
>
> 他突然踉跄着倒进了椅子……他觉得好像有某种重物压住了他的左半边头，并将他向下拉。他无法扼住思绪的列车，用混浊的目光环视着房间，分不清墙壁是近还是远。
>
> 他是一个没有任何朋友的老人。没有人爱他，他不相信任何东西，也不需要任何东西。他甚至不再需要他的女儿了——她曾经是他最爱的人，但是，现在只在少有的节日里他才允许她和自己见面。当他感到记忆力衰退、思维退化时，无助的恐惧感笼罩着他。孤独感像麻痹症一样在他身上蔓延开来。
>
> 死亡已经将手伸向了他，但是，他绝不愿意相信死亡。[①]

不用说，当索尔仁尼琴听到斯大林去世的消息时，他绝不会悲伤：

> 这是我的朋友和我曾经盼望的时刻……这是在古拉格的每一个犯人都祈求的时刻！他死了！亚洲的独裁者死了！这个恶人蜷缩着死去了！啊，在那个特殊劳改营中，将会发出怎样的毫不掩饰的欢呼声啊！可是，在我所在的这个地方，俄罗斯的女孩子们、学校的教师们却在大声痛哭……他们失去了一个挚爱的父亲……我真想用扩音器在那里幸福地大叫，我甚至还想跳一支狂热的快舞！但是，唉！历史长河的水流缓慢地流淌着。我的脸已经练就了应付各种场合的本领，它立即装出一副悲哀的表情。眼

---

① 索尔仁尼琴：《第一圈》，第120页。

下我必须装假，就像以前一样继续装假。①

他回到小屋，在那天余下的时间写出了一首诗《三月五日》，用以纪念这个事件。当然，他的流放生活已经有了了不起的开始。

四月，索尔仁尼琴终于被当地的一所学校接纳为数学和物理老师，而在一个月前他最初申请时，却曾被拒绝过。因此，他非常高兴。"我可以走进教室、拿起粉笔了，我不该描绘一下这给我带来的幸福吗？这一天我真正地得到了释放，真正地恢复了公民权。"②

似乎，索尔仁尼琴终于过上了乡村教师的生活，他可以乐观地面对未来了。与集中营的苦难相比，他的境遇已经得到极大改善，而且，还只会变得更好。他还只有三十四岁。他的前面还有许多的好年华。然而，他的癌症又复发了，就像是死亡钟声跨过荒芜的草原来宣告他的劫数。这一年慢慢地过去，这个致命的疾病越来越严重地折磨着他，"它就像在与看守过我的狱卒们密谋一样"。③ 每隔一定的时间，他的腹部就剧烈地疼痛起来，而且疼痛出现的频率越来越高。白天，他几乎无法在学生们面前站稳；夜晚，他难以入睡。他没有食欲，接连几周过后，他明显地虚弱下来。起初，他不愿意相信，他有病的原因是在埃基巴斯图兹几乎让他丧命的那个癌症的复发。科克切列克医学界的权威不能诊断出他的病，这又错误地增强了他的希望。他们认为可能是溃疡，也可能是胃炎。然而，临近年底，索尔仁尼琴开始担心最坏的情况。也许他自己的生命也正在走向终结。匆忙间，他将他此前在劳改营中写下并记住的一切，还有释放后在流放中所创作的一切，都写了出来，并把它们埋藏在地下，他心中抱着这样一个无望的希望：有朝一日，会有人碰巧把它挖出来并读到它。

由于当地的医生仍然不能确诊他的病情，因此，他们认为他需要得到专家的诊疗。他获得允许前去当地的行政中心泽罕布尔，对他的腹

---

① 索尔仁尼琴：《古拉格群岛》，第3卷，第421－422页。
② 同上，第428页。
③ 同上，第440页。

部做进一步的检查。X光检查结果正好是索尔仁尼琴曾经担心的结果。他疼痛的原因不是溃疡,而是一个从腹腔后面长出来的拳头大小的肿瘤。"很有可能,"他被告知说,"这个肿瘤是恶性的。"

十二月初,索尔仁尼琴返回到科克切列克,他知道几个星期后必须去塔什干的肿瘤健康中心报到。又一次,他与死亡面对面,他只能从"死亡不是生命的终点"这个信念中汲取一丁点的安慰。然而,即使是这一信念也不能完全遮盖他内心的苦涩,即对他的生命之无用所感到的痛苦。"我清楚地记得我去塔什干前的那一夜,也就是一九五三年的最后一夜:对于我来说,生命和文学似乎就要在那里结束了。我觉得被骗了。"①

一九五四年一月四日,索尔仁尼琴住进塔什干医学研究院的 13 号病房。第二天,医生在他的腹部画了几个图形,用四个正方形将他的腹部分成四个区,轮流照射每一个区。在一个半月当中,给他做了五十五次放疗,用一万二千伦琴的射线辐射肿瘤。

索尔仁尼琴一九五四年一月和二月间在塔什干医学研究院的经历成了他的小说《癌病房》的背景和灵感。和《第一圈》以及他其他的许多作品一样,这部小说通篇都包含着自传性的段落。科斯托格洛托夫是《癌病房》的所有人物中最具自传性的人,在这个人物身上,融入了索尔仁尼琴本人作为癌症病人时的情感。科斯托格洛托夫告诉病房的一个护士卓娅,在过去的一个月中,他不能躺,不能坐,也不能站,无论如何都不能止痛,每天只能睡几分钟。因此,他思考了许多:

> 这个秋天,我切身地体会到,一个人甚至在他的肉体还没有死亡时,就能跨进死亡。你的血还在流动,你的胃还在消化,而你本人却已经在心理上做好了死亡的一切准备——经历到了死亡本身。你好像是从坟墓中来看待你周围的一切。虽然你从不认为自己是一个基督徒,有时恰好还是基督徒的反对者,突然间你发现你已经宽恕了欺侮过你的每一个人,甚至是对那些逼迫过你的人,也毫无

---

① 同上。

恨意了。①

这是超验地靠近生命的终极实在,与小说中那些终于接受晚期癌症的人形成鲜明对比。对于那些被生活中暂时的物质享受所腐蚀的人们来说,死亡之预期不可想,不可提。另有一个人谨慎地说道:"面对死亡时,现代人是无助的,他没有对付死亡的武器。"②现代人最根本的焦虑在小说中也得到分析,那就是察看各种癌症患者的相互关系,不仅察看他们的相互关系,还要看他们在面对前面的深渊时与自己的关系。当科斯托格洛托夫正在进行一个关于马克思主义合法性的争论时,他突然感觉到政治在更高真理面前的微不足道和没有意义。"他之所以打哈欠是由于疲倦还是由于疾病? 抑或是因为这些争论、反争论、专业术语和激烈的、怒视的目光,似乎一下子变成了泥地中的咯吱声? 所有这一切都不能同折磨着他们的疾病或者同他们所面临的死亡相比。他所渴望抓住的是某种完全不同的东西,某种纯洁的、不可动摇的东西。但是,奥列格不知道他可以去哪里找到这些东西。"③

　　选自《癌病房》的这段话浓缩了索尔仁尼琴对现代世界的许多核心观点:政治最终存在于更高的道德真理和终极的宗教真理中;痛苦与死亡的超验本质;与暂时的、偶然的物质享受相比,二者都堪称无限高的;也许,最重要的是,一个不可知论者对神学真理的崇高深度有着说不清楚的渴望;回归宗教信仰。在评论这段特殊的话时,索尔仁尼琴承认,他是在试图把握人们在宗教缺席的情况下如何挣扎着摸索永恒真理:"我在描述缺乏信仰的苏联人。因此,对某种其他的形式、某种替代品存在着好感。他们正在摸索,他们正尽力地向上攀登。"④

　　然而,在《癌病房》的写作背后,还存在着其他的动机。其中的一个愿望就是探索"肉体之爱和精神之爱的关系"。

---

① 索尔仁尼琴:《癌病房》(*Cancer Ward*,London:Book Club Associates by arrangement with The Bodley Head,1975),第37-38页。

② 同上,第522页。

③ 同上,第478页。

④ 作者对索尔仁尼琴的采访。

于是，我们就有了生命与死亡的主题。培根的四偶像说的再三复兴不是偶然的，这表明几个世纪以来人们总是崇拜着同一些偶像。当然，还有一九五五年春天时事政治热点的潜在影响。我描写了它们。离开在那些日子、在那几个星期正在发生的事情，我不可能做到这一点。当时，出现了摆脱斯大林控制的一些最初的端倪、暗示。这个政治主题还与这本书结尾处那个被伤害的猴子的形象联系在一起：人们把烟末撒进猴子的眼睛里，这是对人民所遭受的一切的隐喻。[①]

三月中旬，索尔仁尼琴离开塔什干的癌症病房。两个月前，在他来到这里的时候，他还只有三分之一的生还机会。他的治疗效果非常好，康复得也很好。肿瘤已经萎缩到只有之前的一半大。但是，他仍然没有脱离危险，他被告知，六月份时他还得来做另一个疗程。

在回到流放地科克切列克之前，索尔仁尼琴趁机在这个城市里逛了逛，他惊讶地发现了一个居然还开放着的教堂。自从小时候和母亲一起参加过安魂弥撒以来，这是他第一次进入一个真正的、仍在使用中的教堂，他感谢上帝让他活下来，能够再次看到春天。

六月，他返回塔什干继续进行放疗。当他再次躺进癌症病房时，脑海中浮现着关于这本未来的小说的想法。他离开古拉格至少已经一年半了，然而，在他离开后，古拉格的恐怖依然如影随形。同年六月，在哈萨克斯坦的肯吉尔劳改营里，八千名政治犯发起了一场暴动，并接管了劳改营。他们举行了宗教仪式，此前在各自的监牢中进行着秘密通信的男女们相互见了面，他们的爱得以成全。后来，七月二十五日，苏联的坦克开了进来，将每个人都碾在了脚下。一个犯人记得，工棚的一角倒塌了，"就像恶梦一样"，坦克从废墟中、从活人身上轧过。犯人们被无情地刺死；女人们不顾一切地试图保护他们的男人，于是被先刺死了。一对刚刚重逢不久的年轻夫妇不想再次分离，他们拥抱着冲到一辆坦克下，宁愿一同死去，也不愿再次分开。直到暴动被镇压下去时，

---

① 同上。

约有三百名囚犯被杀。①

几乎就在同时，让·保罗·萨特显露出一种固执的无知——令人想起了威尔士、萧伯纳、韦布夫妇在三十年代时所显露出的那种无知——他在《自由报》上大力地赞扬苏维埃政权。刚刚访问过苏联之后，他向他的采访者断然地说："苏维埃公民对他们政府的批判比我们更加有力。在苏联，有着绝对的批判自由。"②进而，萨特让《自由报》的读者们相信，苏联公民不到国外旅游的唯一原因，不是他们绝不被允许这样做，而是他们不想离开他们神奇的祖国。

就在这个时候，在他奇特的祖国，索尔仁尼琴出院了，他的癌症完全被治愈了，他回到了他那个处在沙漠边缘的小村庄，他被勒令要终身住在那里，甚至不允许他到苏联其他地区旅行，更不用提去国外了。

回到科克切列克后，索尔仁尼琴全身心地投入写作。他又写了一个剧本，最初起名为《劳动共和国》，但是，最终以《爱情女与无辜人》为名出版，在接下来的一年中，即在一九五五年，他开始创作他的第一本小说。这就是以他在马尔费诺特殊监狱的经历为基础所作的《第一圈》。他与德米特里·帕尼和列夫·科佩列夫之间的联系的恢复，一定使他在写这本书时获得了帮助。当然，他们不可能直接见面，帕尼和索尔仁尼琴一样，仍在流放中，科佩列夫则住在莫斯科，但是，帕尼的妻子成功地找到了她丈夫的朋友们，于是，他们开始定期通信。

从许多方面来看，索尔仁尼琴后来都认为来到科克切列克的这几个月是他一生中最幸福的日子。在《古拉格群岛》中，他将这段时期称为"我十分美好的两年流放生活"，他极其喜悦地回想起洋溢在他内心中的满足感："我所有的日子都在一种日益增强的幸福的意识状态中度过，我没有觉得对我的自由有任何的限制。在学校，我愿意教多少课就

---

① 索尔仁尼琴：《古拉格群岛》，第3卷，第328页。

② 保罗·约翰逊（Paul Johnson）：《知识分子》（*Intellectuals*, London: Weidenfeld, 1988），第244页。

教多少课,课程分成两部分,每一节课都给我带来极大的幸福感,我绝不会感到疲倦或厌烦。我每天只有很少的时间留下来用于写作,而且,我绝不需要酝酿我的思绪:只要我一坐下来,一行行的句子就争先恐后地自我的笔端流淌。"①在他正式受聘为一名教师后,他的经济状况得到了改善。他买了一间小土屋,添置了一张结实的桌子用来写作,但是,他仍然避开其他的物质享受,继续睡在那两个光秃秃的木箱子上。然而,他买了一台短波收音机,偷偷收听西方的电台新闻,他把耳朵贴在扩音器上,尽力透过"刺啦刺啦"的干扰声分辨要听的内容。尽管他一直都在努力收听,但很少听到使他深受鼓舞的东西:"我们都被几十年的说谎生活害惨了,渴望获得哪怕是支离破碎的真相——这项工作不值得我为之浪费时间:尚处在幼儿时期的西方没有足够的智慧和勇气来赠予我们这些被古拉格哺育起来的人们。"②

当索尔仁尼琴还在古拉格的时候,他就"充分意识到流放是一种幸福",珍惜它所给予的"更纯净的灵见"。他非常愿意并且完全顺从地生活在科克切列克,即使不是永久地,至少也是二十年左右。苏联的时局正在变动之中,然而,即使是这个与世隔绝的流放者,也完全没有意识到变化就要发生了。很快,比他所预想的要快很多,他就被卷到了这场风暴的中心。

斯大林去世后,苏联领导层中很快就发生了一场权力斗争,斗争各方要争夺的是最高领导权。第一个牺牲品是可恶的秘密警察头子拉夫连季·贝里亚,一九五三年七月,他被逮捕和处决。格奥尔基·马林科夫一九五三年成为斯大林的继任者;一九五五年二月又被迫离职;一九五七年七月,他又和莫洛托夫与卡冈诺维奇一起被指控犯有建立"反党集团"罪。在苏联这段扭曲的历史中,许多事情都像是命运的嘲弄,其中的一件事是这样的:马林科夫在被解除党内所有高级职务后,被流放到哈萨克斯坦去当一个水力发电厂的经理。同时,莫洛托夫被流放到外蒙古当大使,直到一九六○年。卡冈诺维奇很快就悄无声息地消失

---

① 索尔仁尼琴:《古拉格群岛》,第 3 卷,第 440 页。
② 同上。

了,但是,人们关于他所知道的最后的事情发生在一九五七年八月,当时他正在西伯利亚的一个水泥厂担任"一个相当重要的岗位"。无法肯定的是,苏联的这些昔日的英雄是否会赞同索尔仁尼琴的这一看法:流放是一种幸福。

从这场互相残杀的斗争和流血冲突中胜出的人是尼基塔·赫鲁晓夫。一九五六年,赫鲁晓夫打破禁忌,在第二十次党代表大会上发表了一篇"秘密讲话",在这次会议上,斯大林首次公开受到批判。赫鲁晓夫公开暗示这位"所有人民的睿智的父亲"与基洛夫被谋杀有关,认为他应当为恐怖时期几百万人所遭受的苦难负责。不能言说的东西一下被说了出来,据说参加这次大会的许多代表都因他所揭露的事实真相而在精神上受到了伤害——但赫鲁晓夫本人也并不是无可指责的。在恐怖时期,他曾经非常无情地执行着斯大林的命令,以至于他赢得了这样一个绰号:"乌克兰的刽子手"。事实上,在他发表秘密讲话的那一年,他又赢得了另一个绰号:"布达佩斯的刽子手",他命令苏联坦克开进匈牙利,残酷地镇压了那里的反共产主义起义。后来,在他的督促下建立了柏林墙,在古巴导弹危机时期他又把世界带到核战争的边缘。然而,对于几百万受迫害的苏联公民来说,赫鲁晓夫的去斯大林主义政策却是一个巨大的安慰。一九五六年,成千上万的政治犯得到平反,从劳改营或者流放地回来,在那个回归的海洋中,索尔仁尼琴注定是微小的、但绝不是微不足道的一滴水。

一九五六年二月六日,在苏联最高法庭军事管理执行委员会开庭审判后,索尔仁尼琴得以平反。军方的大检察官在开庭时要求撤销针对索尔仁尼琴的一切指控,因为"缺乏犯罪证据"。他们所给出的理由如下:

> 从这个案件的证据中,很显然可以看出,尽管索尔仁尼琴在他的日记和写给朋友尼古拉·维特凯维奇的信中,谈到了马克思列宁主义的正确性、我们国家中社会主义革命的进步性和它在全世界取得最终胜利的必然性,但是,他对斯大林的人格进行了攻击,也写到了许多苏维埃作家的作品的艺术缺陷和思想缺陷,还写到

了在这些作品中渗透着的不切实际的氛围。他还这样写道：我们的艺术作品没有就苏维埃的军队和人民获得胜利的必然性给资产阶级世界的读者们一个充分全面的和多方面的解释；还写道：和资产阶级世界诽谤我们国家的熟练的、时尚的方式相比，我们的文学作品显得不是对手。

这位军方的大检察官宣布："索尔仁尼琴的这些陈述构不成犯罪的证据。"①

执行管理委员会随后还传训了许多人，包括娜塔丽娅（据说索尔仁尼琴向她发表过反共产主义的言辞）在内，他们认为"索尔仁尼琴是一个苏维埃的爱国主义者，否认他进行过反苏联的谈话"。执行管理委员会还审查了索尔仁尼琴的军事记录和与他一同服役的麦尔尼科夫上尉所提交的一份报告。据此，执行管理委员会得出结论，索尔仁尼琴"曾经勇敢地为他的祖国战斗过，不止一次地表现出了个人英雄主义，并且激起了他所领导的连队的献身热情"。进一步来说，"索尔仁尼琴所领导的连队在纪律和战斗积极性方面都是他所在部队中最好的。"在审查过所有的证据后，执行管理委员会做出裁决："索尔仁尼琴的行为构不成犯罪，由于缺乏证据，他的案子应当被撤销。"②

这份撤销所有指控的决议来迟了十年，在这个如今被宣布为无辜的人在监狱里服刑了八年、又在流放地度过三年之后，它姗姗来迟。有人很好奇，当索尔仁尼琴读到最高法院的这份决议时，他是否会尽力地挤出一丝苦笑。几乎是在一夜之间，他从一个人民憎恨的敌人、贱民，变成了一个战争英雄和对斯大林的不足之处加以批判的明智之人。现在，他大概可以安静地回家了，像一个良好的、忠诚的苏维埃公民一样，绝口不提他所看到的和所经历的恐怖事情。

军方的大检察官不知道这一点：他已经将这个定时炸弹从哈萨克

---

① 苏联最高法院，决议号 4n-083/56，选自《索尔仁尼琴：档案记录》（*Solzhenitsyn：A Documentary Record*），利奥波德·拉贝茨（Leopold Labedz）编，第二版（Harmondsworth, Middlesex：Penguin Books, 1974），第 26 页。

② 同上。

斯坦的一个相对安全的小村庄里取了出来，并小心地将它放在苏维埃社会的中心地带。经过监狱和流放的岁月，索尔仁尼琴变得强大了，也得到了净化；他已装备好，时刻准备着在一个完全预料不到的文学世界中引爆它。

第十章　伊凡雷帝

　　一九五六年四月，在得知他被平反的几个星期后，索尔仁尼琴写信给娜塔丽娅，告知他已经被免除流放了，他从前的罪名也正式从档案中撤除。他现在希望定居在某个相对偏远的地区，希望娜塔丽娅在她当时所住的梁赞地区打听一下，看看是否有物理或数学教师职位。同时，他试图使她相信，即使是他住在梁赞，他也不会再给她的生活投下阴影了。在回信中，娜塔丽娅告诉他，在梁赞地区，懂数学和物理的人已经过剩了，他应当尽可能在大城市定居。[①]

　　此时，索尔仁尼琴仍然在科克切列克，直至他履行完教师的职责。这一学年末，在他批改完期终考试试卷后，他才最终离开。一九五六年六月二十日，他搭上一辆开往莫斯科的火车，开始了一趟为时四天的旅程。在前两天，这列火车穿过了中亚严热、干燥的大草原——这里曾是他此前六年的服刑地和流放地。第三天，火车经过伏尔加河流域，在这个时候，索尔仁尼琴十分强烈地感到，他要回到中部俄罗斯心脏地带。他沿着列车过道向前走，直到他看到了一个平台，通往平台的那扇门的上半部分是开着的，那仿佛代表着一种永恒，向外凝视着俄罗斯乡村。风刮了进来，吹到他的脸上，他泪如泉涌。[②] 他正在回家的路上。

---

① 列舍托夫斯卡娅：《萨尼亚》，第185－186页。
② 斯卡梅尔：《索尔仁尼琴传记》，第355页。

六月二十四日，帕尼和科佩列夫在莫斯科的喀山火车站接到了索尔仁尼琴，帕尼在一月份时已被免除流放。荒谬的是，索尔仁尼琴回到家后，却发现自己没有地方可以住，于是他搬去和科佩列夫夫妇同住了一段时间。不久，他又和一些从孩提时代后就再没有见过面的表兄弟们住了一段时间，在找到暂时的容身处之前还和帕尼夫妇同住过。

　　正是在和帕尼夫妇同住的日子，索尔仁尼琴与娜塔丽娅不期而遇。她到莫斯科旅行，决定拜访一下帕尼的妻子。当她到达这里时，却发现索尔仁尼琴和帕尼正坐在桌边喝茶。帕尼夫妇故意留下索尔仁尼琴和娜塔丽娅，让他们单独相处，索尔仁尼琴给她讲他对未来的计划。他讨厌城市里的熙攘、喧闹、匆忙、拥挤，决定躲到乡间某个安静的地方。他希望住在离莫斯科一百英里远的弗拉基米尔地区。

　　最终，他们提到了他们之间的复杂关系，索尔仁尼琴诚恳地询问她，试图理解娜塔丽娅为何最后决定离开他。她回答道："我注定只会爱你一个人，但是，命运却有别的决定。"在他们分别时，索尔仁尼琴递给她一札诗，都是他在分别的这些年中写给她或者写她的诗。那天夜里，她读了这些诗，觉得它们"揭开了我心灵上的旧伤疤"。[①] 娜塔丽娅回到梁赞后，发现自己无法停止不去读这些诗句，她在脑海中反复地思考它们，像是在旧伤口上插了一把刀。不久，她的第二任"丈夫"索莫夫开始察觉到某些地方不太对劲。虽然娜塔丽娅告诉过他同索尔仁尼琴见面的事，并向他保证"什么事情都没有发生，一切都还像以前一样"。但是，他能够看出，一切已不同于从前，他竭尽全力，以求将她从她过往生活中这个幽灵的身边拉回来。八月份，他带着她乘坐他们自己的摩托艇沿奥卡河旅行，和她一起去索洛特萨村度假。这是一段困难的、痛苦的日子，索莫夫沮丧地发现，他所做的这一切都不能取悦他的"妻子"，或者转移她对另一个男人的思念。后来，那个男人又给她寄了一封信："如果你愿意，并且有可能，你可以给我写信。从八月二十一日

---

　　① 列舍托夫斯卡娅：《萨尼亚》，第 187 页。

起,我的地址是……弗拉基米尔地区。"①

　　他们开始通信了。索尔仁尼琴写道,他相信他们新的幸福生活是可能的。他提议会面,娜塔丽娅同意了,等待着从她"丈夫"那里逃开的机会。十月份,这个机会出现了,索莫夫要去奥德萨参加一个学界同事的庆祝会。当他离开后,娜塔丽娅就告诉她母亲,她因与索尔仁尼琴平反的事情有关要被传唤到莫斯科。实际上,她并不打算去莫斯科,而是在十月十九日买了一张去弗拉基米尔地区托尔夫普拉杜科特的车票。

　　随后的三天就像是他们的第二次蜜月,这驱散了娜塔丽娅残存的怀疑,明白了自己的未来在哪里。索尔仁尼琴觉得,从自己这方面来说,他必须告诉她,他仍然深患重病,而且注定短寿,也许只能再活一两年。娜塔丽娅回答道:"无论如何,我都需要你,不管你是活着还是即将死去。"②

　　娜塔丽娅写道:"我们讨论到我们共同的计划,……即使在那时,我也清楚地意识到,我正在给一个好人带来巨大的悲伤;但是,只有在现在,当回过头来看时,我才能明白这个悲伤之巨大。有什么事情可以阻止我吗?也许没有。"在她的朋友和同事中,还有她第二任丈夫的朋友中,"有许许多多的人在责备我。"③

　　十一月份,娜塔丽娅和索莫夫分手了。

　　一九五六年十一月三十日,索尔仁尼琴第一次去了梁赞,第二天,他们去登记处第二次登记他们的婚姻。娜塔丽娅此前与索莫夫的"婚姻"没有造成任何麻烦,因为他们从来没有正式结婚,只是作为夫妻同居罢了,但是,由于索尔仁尼琴护照上没有离婚的记录,因此,再次登记受阻。这使得他们必须去一趟莫斯科,从市法庭的档案中将索尔仁尼琴的离婚通知取出来。几天后,这对夫妇去了莫斯科。既然他们能够向那些官僚们证明,他们已经遵照法律离了婚,那他们就可以

①　同上,第188页。
②　同上,第191页。
③　同上,第192页。

复婚。

　　在接下来的数月中,渐渐显露出来的是,他们之间存在的那个裂痕并没有因为他们身体的复合而得以弥合。索尔仁尼琴现在主张自我限制的原则,试图尽量过简单的生活,远离多姿多彩的现代娱乐。他坚决认为,他们看电影的次数每个月不应超过两次,听音乐会或看戏剧的次数每两个月不应超过一次。这种有意识的、定量制的生活,和修士的生活相差无几,但是,这些约束让娜塔丽娅十分厌烦,她和她的第二任丈夫在一起时已经习惯于过一种比较富足的生活了。对于索尔仁尼琴来说,他们的生活方式有着自愿贫穷的色彩,它可以提高生活质量,免于被无需产生的欲求所束缚;但对于娜塔丽娅来说,这等同于被迫的、不自愿的贫穷,是对她合法娱乐权利的否定——即是对她"是否去看电影、是否买书、是否买彩票"的权利的否定。①

　　我们可以从如下事实来衡量索尔仁尼琴本人当时所持观点所具有的强度和深度:在这一时期,他正在全力投入《第一圈》的写作。一九五七年夏季至一九五八年秋季,他和娜塔丽娅的生活是在特殊监狱的阴影中度过的,因为他重新体验着在马尔费诺劳改营时与帕尼和科佩列夫的长篇谈话,刻画它们对他本人灵性和智力发展的重要作用。涅尔仁告诉鲁宾:"这不是你吃多少的问题,而是你如何吃的问题。幸福也是如此,它不取决于你能够从生活中攫取到的恩赐实际上有多少,而是取决于我们对待它们的态度。"人们可以想象,每当妻子向他抗议他们较为节俭的生活时,索尔仁尼琴都会反复地给她讲这些说教:"听着! 那些从轻而易举的胜利、欲望的完全满足、成功以及狼吞虎咽的饱餐中得来的幸福,实际上是痛苦! 这是一种灵性的死亡,一种永久的道德上的消化不良……"②

　　不幸的是,索尔仁尼琴在劳改营的苦难与折磨中所获得的这种关于物质生活与精神生活永恒冲突的认识,对于娜塔丽娅来说,似乎高不可及,她依旧对丈夫的严厉和约束愤恨不已。他们的婚姻正在变成索

　　① 同上,第 200 页。
　　② 索尔仁尼琴:《第一圈》,第 38 – 39 页。

尔仁尼琴在《第一圈》中所努力探究的形而上斗争的具体化身。这也反映在娜塔丽娅常常领悟不了她丈夫的话。索尔仁尼琴在监狱中曾这样给她写信:"如果心灵由于所遭受的不幸而变得更加热情,如果它在不幸中可以得到洁净,那么,这些年就没有白白地过去。"在她的回忆录中,娜塔丽娅在引用完这段话后,紧接着又从她丈夫的信中引用了另一段话:"也许,如果有一天我开始生活得快乐了,我是否会再次变得无情?尽管这很难相信,但并非没有可能。"她随后加上了她本人的评论:"我多么希望索尔仁尼琴的担心永远都没有被证实啊!要是他没有将他灵魂中高尚的、崇高的冲动,连同他的囚衣一起烧掉,该有多好啊!"①姑且不论娜塔丽娅本人关于这些事的看法是对是错,索尔仁尼琴显然希望,不能忽视他在劳改营所获得的真理,不要让舒适的生活腐蚀掉他那纯净的灵魂——他认为他已经在劳改营中获得了纯净的灵魂。他觉得他在监狱中所发现的正是"灵魂中高尚的、崇高的冲动",他下决心不让物质生活的快乐所遮蔽住的,就是这些冲动。娜塔丽娅不理解她丈夫灵魂中这个最核心的方面,这表明在他们的关系中缺乏属灵的共鸣。

类似的冲突在德米特里·帕尼的婚姻中也是显而易见的。帕尼觉得,坐牢的经历加强了他的基督教信仰,因此,在被释放后,他发现他很难面对妻子缺乏信仰的问题。反过来,她也觉得丈夫那种强烈的基督教精神是一个无法克服的障碍,阻碍他们走向令人满意的和好。一九五八年初,在帕尼前来与索尔仁尼琴夫妇同住之前,他和妻子就已经分手了。娜塔丽娅觉得自己与帕尼妻子的看法完全一致,也许是她已经感受到了两者处境的相似:"一个有罪的丈夫回到一个无辜的妻子身边。但是,他弥补过错的方式却是成为一个信徒。现在,她和她的儿子也被期望成为信徒。随后是劝说,尽力地说服,要求,最后是通牒。"②

在帕尼作客期间,他读了《第一圈》的手稿。他告诉索尔仁尼琴,

---

① 列舍托夫斯卡娅:《萨尼亚》,第115页。
② 同上,第206页。

他对这本小说非常满意，这两位朋友还讨论了如何更好地在小说中表达哲学深度。

春天，娜塔丽娅要到莫斯科去几天，参加一个有关催化作用方面的学术会议，她欣喜地发现她的研究成果并没有被她昔日的同事忘记。参加这次会议的几位优秀学者都参考了她的成果，她还高兴地看到，她的博士学位论文的标题页被醒目地展示在科波泽夫实验室中。"也许，生活原本可以是另一番样子"，她陷入沉思，也许有点一厢情愿。① 大约就在同时，她丈夫旧病复发，被送进医院接受一个疗程的化疗。娜塔丽娅和索尔仁尼琴都极为担心。还在去年时，他就曾让她到列宁图书馆去查阅与癌症和恶性肿瘤有关的一切资料，结果，他们都相信，他大约只能再活四年。当索尔仁尼琴进入医院时，他们的脑海中一定都闪现出这样的想法：他们的估计有误，这个结果或许会来得更早一些。然而，化疗很成功，仅仅两个星期，他就出院了，但还需要在门诊继续治疗。当治疗快要结束时，肿瘤消退了，也不再引起不适。他感到自己比此前数年都更加健康，于是就带着格外的热忱投身于创作。

四十年后，索尔仁尼琴说道："你最喜欢的作品总是你当时正在写的那一部。当我写作富于情节又具有哲学深度的《第一圈》时，我完全沉浸于其中。"② 这一年的余下时间他主要用来完成这部小说的第三稿，只有当他自己感到满意，至少当时是满意的，他才能把心思投向其他写作计划。

下一个重大的写作计划产生于一九五九年五月十八日，他要写一部关于一个犯人在埃基巴斯图兹劳改营中生活的小说。就它对整个世界的社会政治影响来说，这将是他所写的最有影响的著作之一。就它对苏维埃制度根基的破坏力来说，伊凡·杰尼索维奇将会成为一个文坛上的伊凡雷帝。③

---

① 同上，第 207 页。

② 作者对索尔仁尼琴的采访。

③ 伊凡雷帝（Ivan the Terrible，1530 – 1584），即伊凡四世·瓦西里耶维奇，是俄国历史上第一位沙皇。——编者注

虽然一九五九年五月产生灵感的那一刻才预示着这本书的诞生，但是，它在索尔仁尼琴头脑中的酝酿时间却可以追溯到七年前。当他一九五二年在埃基巴斯图兹劳改营当砌砖工人的时候，这个想法就开始出现了：

> 这是劳改营中普通的一天，我和平常一样在辛苦地工作着。当我正在帮助运送满满一推车的石灰时，我想到，这是描绘整个劳改营世界的一种方式。当然，我本来可以描绘我在那里生活的全部十年，可以用另一种方式描绘出劳改营的整个历史，但是，将所有的、完全不同的部分都汇集到一天之中……仅仅用于描绘一个普通人——无论如何，他都不是一个惹人注意的囚犯——从早到晚一天的生活，这已经足够了。①

一旦索尔仁尼琴找到了把这个长期酝酿的思想付诸实践的灵感，那么，这就可能是他数量众多的作品中写得最得心应手的作品之一。回顾它的创作过程时，他的话语不时地被他有感染力的笑声所打断，他的眼中闪耀着回忆的喜悦，索尔仁尼琴愉快地想起了这个较为轻松的创造过程：

> 我在苏联和美国出名，主要是因为这本书，即《伊凡·杰尼索维奇的一天》，是我一气呵成之作。我写了四十天。事实上，我被如此多的材料包围着，我无法站在作家的立场来考虑材料的取舍。有这么多的材料，我一直在说我不需要这个，我不需要那个，我真的不需要这个，我真的不需要那个。这就好比把整个劳改营的生活塞入到一个囚犯一天的生活当中。②

促使他的创造力迸发的一个主要原因是对主题的选择。要把劳改营生

---

① 索尔仁尼琴：《对西方世界的警告》（*Warning to the Western World*），1976 年 3 月 1 日，BBC 电视台《全景》（*Panorama*）栏目采访手稿（London：The Bodley Head & BBC，1976），第 5 页。

② 作者对索尔仁尼琴的采访。

活中所有的恐怖真相告诉全世界,这个强烈的愿望是索尔仁尼琴的文学使命中最核心的激情冲动。最重要的是,他急切地想要把这个真相告诉任何一个愿意倾听的人。在《伊凡·杰尼索维奇的一天》中,他以一种精简的、浓缩的方式实现了这一点,并造成了爆炸性的后果。"对我来说,似乎最有趣、最重要的事情,就是描绘俄罗斯的命运。在俄罗斯经历的所有悲剧中,最深刻的悲剧是伊凡·杰尼索维奇的悲剧。关于劳改营,有许多错误谣言,而我要揭示真相。"①

与索尔仁尼琴后来在这个主题上所写的卷帙浩繁的作品相比,《伊凡·杰尼索维奇的一天》较为简短,但贯穿他全部作品的主旨,大多已经呈现。在三卷本的《古拉格群岛》所详述的劳改营生活之所有痛苦特征,已经在《伊凡·杰尼索维奇的一天》中得到高度集中的表达:人的尊严的失落与重获;苏维埃"公正"核心的不义;高贵与堕落的对立;自我限制与自私的对立;对神性护佑的暗示;饥饿和把进餐当作宗教仪式所进行的描绘;最后的、但并非不重要的一点是基督徒对囚犯那种绝望意识和绝望诱惑的回应。

除了伊凡·杰尼索维奇外,在《伊凡·杰尼索维奇的一天》中出现的另一个主要人物是浸信会教徒阿廖沙。他之所以是一个主要的人物,是因为他是一个有原则的人,他以信仰战胜不幸,从而超越了劳改营日常生活的恐怖。在小说的结尾处,索尔仁尼琴用阿廖沙的话扼要地表达出他对自我限制的信念:"伊凡·杰尼索维奇,你不应该祈求得到包裹,或者多得一份粥,别求那些。人所看重的,在我们上主的眼中是微不足道的。我们必须祈求灵性之事,让主耶稣除去我们心中的怒气。"②

一九五九年五月和六月,索尔仁尼琴在汩汩而来的灵感中完成了《伊凡·杰尼索维奇的一天》,然后把它放到他那堆日渐增多的未发表的手稿中,且怀疑它们是否能够得见天日。他后来写道,他曾深信,他不会在他有生之年看到自己任何作品的出版。他害怕苏维埃的逼迫,

---

① 斯卡梅尔:《索尔仁尼琴传记》,第382页。
② 索尔仁尼琴:《伊凡·杰尼索维奇的一天》,第139页。

不敢让任何一个熟人读他所写的东西,生怕被传出去。①

一九五九年夏季,索尔仁尼琴去了趟罗斯托夫,趁机和一些老朋友见面,特别是尼古拉·维特凯维奇,这是他中学和大学时期最亲密的朋友,也是他战时犯下批判斯大林罪行的同伴。和索尔仁尼琴一样,尼古拉也因为参与通信和起草《一号决议》而被判劳改。但和索尔仁尼琴不同的是,这段经历已经从情感上和精神上摧毁了他。在他们被关押期间,他们曾在马尔费诺有过短暂的见面,在那里时,索尔仁尼琴就已经失望地发现,他的朋友在精神上崩溃了,而且对哲学或思想争论不再有兴趣。当索尔仁尼琴和帕尼、科佩列夫兴致勃勃地、激动而又友好地进行讨论时,尼古拉却无意参与,他只想忘记过去,从此以后过上平静的生活。他对劳改营中的生存斗争的反应是心理上的屈服。

索尔仁尼琴曾希望他的朋友在获得自由的同时会重拾斗争精神,但是,他所抱的一切希望很快就破灭了。一九五九年夏天之前,尼古拉结婚了,且忙于完成他的博士学位论文。此时,他只关心自己的个人生活和职业生涯,对更广泛的问题了无兴趣。当索尔仁尼琴试图讨论一下帕斯捷尔纳克事件时,这一点就变得更为明显了。前一年的十月,鲍里斯·帕斯捷尔纳克因《日瓦戈医生》被授予诺贝尔文学奖,这在苏联掀起了一场暴风雨般的争议。索尔仁尼琴想知道尼古拉的看法,但却惊讶地发现,他对此完全不关心,而是非常关心他当时的工作单位罗斯托夫大学化学系内部的权力斗争和他的晋升前景。这两个在青年时代曾形影不离的朋友,如今已形同陌路。

与尼古拉不置可否的冷淡与漠然相反,索尔仁尼琴分享着帕斯捷尔纳克对更高生活目标和文学目标的热情追求。在前一年会见一个瑞士评论家时,帕斯捷尔纳克曾如此破解《日瓦戈医生》的意义:它是一部隐喻小说,关注人类灵魂的需要,即追求精神财富的更高源泉。帕斯捷尔纳克解释道:"在这个世界的短暂一生中,我们不得不去理解我们对存在、对我们在宇宙中的地位所持的看法。否则,生命就毫无意义。按照我的理解,这意味着拒绝十九世纪唯物主义世界观,意味着内心生命

---

① 转引自拉贝茨编:《索尔仁尼琴:档案记录》,第31页。

的复活,意味着宗教的复兴。"①索尔仁尼琴完全赞同这种观点,而且,这也是隐藏在他自己许多文学创作中的一个主要推动力量。

　　一九六〇年秋季,索尔仁尼琴重新回到他之前就已经开始写作的一个故事上来,它讲的是一位名叫玛特廖娜·瓦西里耶夫娜的老太太的故事,四年前,在刚获自由的几个星期后,他在弗拉基米尔地区的托尔夫普拉杜科特时曾租住在她的家中。索尔仁尼琴回忆道:"《玛特廖娜的房子》是某种非常容易使我动情的作品,它是为了纪念一位圣洁的俄罗斯妇女。"②

　　　　她是个贫穷的主妇。或者说,她不愿意花心思添置财物,然后又小心谨慎地看守它们,把它们看得比自己的生命都重要。

　　　　她从来都不追求漂亮的衣服,不追求那种用于装点和掩饰不足的外衣。

　　　　尽管她很热心,性格也随和,但是,她的丈夫——他已经是一个与她的家庭毫无关系的人——却不理解她,抛弃了她;她看起来很可笑,傻里傻气地给别人干活而不收取报酬,这个女人……没有积累下任何属世的财产。除了一只脏兮兮的白山羊、一只瘸腿猫、一排无花果树,她什么都没有留下。

　　　　我们这些亲密地接触过她的人却没有认识到,她就是那种义人——正如谚语所说,没有这种义人,城市就无法存在。

　　　　世界也无法存在。③

在《玛特廖娜的房子》写完几周后,索尔仁尼琴开始创作《风中之烛》,它被认为是他最好的剧本。这个剧本还以《你心中的光》这个题目而著

　　① 转引自列昂尼德·雷赫斯基(Leonid Rzhevsky):《索尔仁尼琴:创作者及其英勇事迹》(*Solzhenitsyn: Creator and Heroic Deed*, Tuscaloosa, Ala.: University of Alabama Press, 1978),第 17 页。

　　② 作者对索尔仁尼琴的采访。

　　③ 索尔仁尼琴:《玛特廖娜的房子》(*Matryona's House*),选自《故事和散文诗》(*Stories and Prose Poems*, London: The Bodley Head, 1971),第 54 页。

称,正如这两个标题所暗示的那样,它的中心主旨是要保护一个人的灵魂,保护每一个人心中燃烧着的生命之光,免得尘世中的风将它吹熄。随着剧情的展开,逐一考察了剧中各个人物在拯救心中之光时不同程度上所获得的成功或遭到的失败。

在克里斯廷大婶这个人物身上,玛特廖娜的灵魂复活了,剧中的其他人物均陷入道德崩溃,而她是唯一的一个义人。在她极端的贫穷处境和欣然的淡泊名利中,蕴涵着禁欲主义和灵性之间的深刻关系。虽然她的肉体存在,在剧情戏剧性的发展中并不起主要的作用,但是,她的灵性存在却是至关重要的。在一个关键的时刻,这个被意味深长地叫做克里斯廷的女人,似乎仅仅是在神秘直觉的驱使下,手捧一支蜡烛出现在莫里斯临终的床前,揭示出了这个来自基督教的教训,也即是索尔仁尼琴的中心主题:"所以,你要省察,恐怕你里头的光或者黑暗了。"①

索尔仁尼琴在将这个主题当成他写作《风中之烛》的动机的同时,还考察了它与剧中主要人物的关联性。和以往一样,在刻画克里斯廷大婶这个人物的同时,索尔仁尼琴也从个人经历中大量地汲取素材。毫无疑问,菲利普这个人物是对尼古拉·维特凯维奇的粗略勾画。就像剧中与索尔仁尼琴本人最为接近的人物亚历克斯一样,菲利普也被误判十年监禁。然而,现在他隐瞒他的过去,他成了一个受人尊重的科学家,也成了一个谋求发迹的机会主义者,决意要在他所选择的生物控制论领域获得成功。也许这种类比有点不公平,甚至有点不厚道,但是,菲利普作为对尼古拉的讽刺性刻画,这个事实却是无可置疑的。娜塔丽娅曾证实,在她的丈夫塑造菲利普这个人物时,"他头脑中所想的是尼古拉",但是,她着重指出,这个人物形象是"极为夸张的"。他们夫妇间缺乏认同的另一个事例是,娜塔丽娅似乎更喜欢菲利普这个人物,而不是亚历克斯,或者说更喜欢维特凯维奇,而不是索尔仁尼琴。娜塔丽娅不满地说,如果说菲利普的生活目的是误入歧途的,那么,"他的对立者亚历克斯这个'正面的主人公'的生活目的,则完全是否定性的。

---

① 《路加福音》11章35节。

我否定这一个，我也不想要另一个！"①

在对《风中之烛》的分析中，娜塔丽娅进一步暴露出她对丈夫缺乏理解，这一次所表现出的是她不能领会他写作这个剧本的一个次要意图。她不满地说："我认为唯一不可信的、多余的东西，就是作者的代言人亚历克斯要终止科学发展的愿望。"②索尔仁尼琴本人对科学原理有坚实的把握，他并没有希望科学停止发展的愿望。这个剧本的目的之一是要指出，科学和人类活动的其他每一个领域一样，要服从于伦理思考。如果科学拒绝接受道德的约束，那么就会出现技术的滥用——在该小说中，是生物控制论的滥用——而且，这确实也是难以避免的。

在《风中之烛》中，滥用科学的本质集中体现在一个可爱的、但却过于敏感、神经质的女人阿尔达身上，她在"神经稳定性"实验中被用作试验品。"脑干扰"的结果是阿尔达从非常敏感变得迟钝，从敏于痛苦到易于麻木。她只是靠着不再那么敏感才逃避受苦，正如索尔仁尼琴所迫切强调的那样，"这是对人类复杂的心理状态进行技术干涉的最终结果。这几乎是对一个世界性进程的讨论，而不仅仅是对针对她所做的一个试验的讨论。技术的突飞猛进摧毁了人类的灵魂。"这难道不是意味着，阿尔达可以被视为现代世界自身的原型吗？"是的，是的，"索尔仁尼琴着重地强调说，"是作为牺牲品的现代世界，这也是现代性和现代世界最易受到谴责的部分。"③

那么，治疗阿尔达和这个世界的神经症的办法是什么呢？阿尔达需要的是爱而不是机械装置，是这样吗？"是的，"索尔仁尼琴回答道，"解决的方法将一直是灵性的。"④

这是一个灵性的解决办法。无论人们如何看待索尔仁尼琴替代介入性技术的灵性方案，与娜塔丽娅的看法相反，这个方案都不是"完全否定性的"。

如果娜塔丽娅对《风中之烛》的看法反映出她本人的志向和她丈夫

---

① 列舍托夫斯卡娅：《萨尼亚》，第 214、215 页。
② 同上，第 214 页。
③ 作者对索尔仁尼琴的采访。
④ 同上。

的志向之间存在着一条鸿沟的话,那么,索尔仁尼琴在这个剧本中对他"虚构的"妻子的描述则更容易使人联想到他们在婚姻中的疏离感。当他的妻子在舞台上出现之前,亚历克斯告诉阿尔达,他对自己微薄的财物和小小的土屋心满意足。"她完全是一个不知疲倦的人,她为我们的寒舍感到羞耻。她还野心勃勃,要我建一座有着石板屋顶的豪华住宅!她还要我多挣些钱,带她到大城市和大商场去。"他感到非常遗憾,他的妻子正是典型的这种人,"只考虑如何好好购置物品,考虑如何给邻居留下好印象",他尽力去解释他为什么不能那样生活,"不得不取悦某人,不得不为某人挂虑,不得不让这一切决定我的哲学。我只活一次,我想按照绝对真理来行动。"他承认,作为一个丈夫,他从来没有实现物质主义者的期许,并补充说:"我的妻子做了一件明智的事情:她很快找了另一个能挣钱的丈夫。"①

姑且不谈这种暗中的矛盾,索尔仁尼琴写作这个剧本的目的始终是帕斯捷尔纳克两年前所推崇的那个更高目标。它的主要关切是生命本身的意义,是内在之光的存护,因为这种内在之光正在被享乐至上的物质主义、虚无主义所损毁,而这种生活享受其实是虽生犹死。与这种肆无忌惮的通往地狱的道路相对立的是苦难——这被亚历克斯描绘为"灵魂成长的手段"——和贫困:"这不是你挣多少钱的问题,而是你要如何少花钱的问题。"②

《风中之烛》的英译者基思·阿麦斯在英文版前言简洁地概括了这部剧作的主题:"索尔仁尼琴试图让依依不舍的世人相信,唯物主义和科学崇拜充满了危险。在这样做的时候,他宣告了他的基督教信仰,正是这种信仰给了他写作《复活节的十字架游行》和《四旬期书信》的灵感。"③

尽管帕斯捷尔纳克的《日瓦戈医生》遭到了压制,但是,赫鲁晓夫掌权之后苏联出现了文化解冻征兆,索尔仁尼琴由此希望,他最终可以走

---

① 索尔仁尼琴:《风中之烛》(*Candle in the Wind*)。
② 同上,第119、133页。
③ 同上,第17页。

出阴影，他的文学也可以得见天日。他写道："终于，在我四十二岁的时候，秘密写作开始令我厌烦。但我所要忍受的最难之事是，我怎能让我的作品听凭受到职业培训的人来评判。一九六一年，在苏共二十二大和特瓦尔多夫斯基的二十二大发言之后，我决定走出来，并抛出《伊凡·杰尼索维奇的一天》。"①

文学杂志《新世界》的主编特瓦尔多夫斯基在大会发言中谈到，"有必要以一种完全忠实于生活的方式来表现我国人民的辛劳与磨难"，②赫鲁晓夫本人甚至在对斯大林的一次批评中承诺，要在莫斯科树立一个纪念碑，"以纪念那些在独裁统治中牺牲的同志们"。赫鲁晓夫曾经恳切地说道："同志们！我们的职责是认真调查他们在各方面的权力滥用。时间不断流逝，我们都将会死去，因为我们所有的人都是要死的，但是，只要我们有力量工作，我们就必须澄清许多事情，把真相告诉党和我们的人民。"③

索尔仁尼琴不相信赫鲁晓夫，他依然认为自己浮出水面会是非常冒险的事，"也许还会失去手稿，并带来自身的毁灭"，④但是，特瓦尔多夫斯基的话给他带来了希望，他决定把《伊凡·杰尼索维奇的一天》的手稿送到特瓦尔多夫斯基那里，看看是否有可能在《新世界》发表。

一九六一年十二月十一日，在他四十三岁生日这天，索尔仁尼琴收到一封电报，电报上说特瓦尔多夫斯基邀请他去莫斯科，费用由《新世界》负担。电报的简洁性遮蔽了特瓦尔多夫斯基读到他的手稿时的欣喜之情。他通宵阅读手稿，第二天就向几位朋友宣布，一位伟大的作家诞生了。一个朋友回忆说，他从来没有见过《新世界》的主编像那天那样，如此激情澎湃，还看到他坚决地说，他将会尽他的一切努力，确保索尔仁尼琴的小说得以发表："他们说，俄罗斯的文学已经被扼杀了。见鬼去吧！它正躺在这个用带子系着的文件夹中。但是，他是谁呢？还没有人见过他。我们已经发了一封电报……我们将会保护他，帮助他，

---

① 转引自拉贝茨编：《索尔仁尼琴：档案记录》，第31页。
② 斯卡梅尔：《索尔仁尼琴传记》，第408页。
③ 同上，第406－407页。
④ 拉贝茨编：《索尔仁尼琴：档案记录》，第31页。

促成他的书出版。"他告诉小说家薇拉·潘诺娃:"不管你信不信,我从一个新的果戈理那里收到了一份手稿。"①

一年后,索尔仁尼琴如此表达了他对特瓦尔多夫斯基的感激之情:"去年十二月,当你觉得《伊凡·杰尼索维奇的一天》值得花上一个不眠之夜来阅读时,我体验到'认可'带给我的最大幸福。我后来所得到的任何赞扬都比不上它。"②

在他们的莫斯科会面临近结束之际,特瓦尔多夫斯基坚持要起草一份合同,承诺要向这位作者预付三百卢布稿酬,这比他当教师全年工资的两倍还要多。索尔仁尼琴取得了他作为一个作家的第一个重大突破。

当娜塔丽娅看到合同条款时,简直不能相信自己的眼睛,她突然泪如雨下。与此同时,索尔仁尼琴却在兴高采烈地给朋友写信,说他的手稿能被接受,"大大出乎我的预料","这整件事情使我完全惊呆了。"③

对于他身处微妙处境中的一个让人不快的提醒,出现在一九六二年初。当时,他再次到《新世界》的办公室,前来听取对《玛特廖娜的房子》的意见。虽然特瓦尔多夫斯基喜欢这部小说,但是,他担心它对于一份苏维埃杂志来说,似乎"太基督教化了",太有颠覆性了,他不敢发表。即便如此,他还是向索尔仁尼琴保证他**想**发表它,并强调说他不希望他新发现的这个文学天才,会在威胁之下走向政治上的屈服。在即将分别时,他俏皮地说:"希望你不要在思想上变成可靠的那一类人。你不要写那些我的下属不需要拿给我看就可以发表的东西。"④显然,特瓦尔多夫斯基和索尔仁尼琴都处在危险的境地,两个人都意识到,他们信念中的勇气将要经受考验。好像正是为了强调这一点,特瓦尔多夫斯基向索尔仁尼琴保证,他决心要发表《伊凡·杰尼索维奇的一天》,并将尽他的一切努力,克服他在这条路上会遇到的所有反对意见。

---

① 斯卡梅尔:《索尔仁尼琴传记》,第 414 页。
② 同上,第 415 页。
③ 同上,第 418 页。
④ 同上,第 421 页。

特瓦尔多夫斯基寻求出版的努力,其中包括对通常渠道的完全回避——如果按照通常的渠道,将会导致手稿被拒。相反,他寻求文学界重要人物的支持,从他们那里得到对手稿优点的有利评价。然后,他把这些评价呈送给一些政界的朋友,希望使他们相信,《伊凡·杰尼索维奇的一天》可以被用来支持赫鲁晓夫揭露斯大林主义的政策。索尔仁尼琴成了危险的强权政治游戏的参与者。

一九六二年七月二十三日,由于索尔仁尼琴不同意为了使这本书在政治上更容易被接纳而做的各种删除,又增加了这种紧张和风险。这其中当然包括许多对苏联艺术的所谓侮辱和集中体现在浸信会教徒阿廖沙身上的有关宗教的讨论。

索尔仁尼琴的手稿在苏联社会高层掀起很大波澜,甚至九月份之前就已引起了赫鲁晓夫本人的注意。让所有人感到高兴的是,他要求看看这部手稿,并且还表示喜欢它。他看不出有什么理由不发表《伊凡·杰尼索维奇的一天》。《新世界》编辑部接到这个消息时简直是欣喜若狂,九月十六日,这个好消息通过信件传送到索尔仁尼琴那里:"现在,我们可以说,《伊凡·杰尼索维奇的一天》就要出版了。我们每天都在等着消息。"[①]有了赫鲁晓夫的赞同,剩下的无疑就是一个纯粹的手续问题了,中央委员会无需审查就会直接通过这个决定。然而,一天天过去了,仍然没有官方的准许讯号。特瓦尔多夫斯基焦虑不安,据说他还扬言,如果不予以准许他就辞职。九月二十一日中午,他们终于收到那个等待已久的电话。然而,这既不是特瓦尔多夫斯所希望的电话,也不是他所担心的电话。申请既没有被准许也没有被拒绝,只是要被延迟了。取而代之的是,赫鲁晓夫要求第二天早晨送二十三份副本过去。

特瓦尔多夫斯基陷入恐慌之中。他手上没有二十三份副本,要在一夜之间打印出来这么多副本也是不可能的。唯一的选择是小批量地印刷这些副本。他打电话给国家第一大报《消息报》的印刷部负责人,说明了情况的紧急性,和他们协商后决定将那天夜里印刷《消息

---

① 同上,第434页。

报》的机器抽调出来四台,用来印刷二十五份《伊凡·杰尼索维奇的一天》。

这些副本在第二天早晨准时送达了,赫鲁晓夫命令将它们分发给苏共中央主席团会议的委员。在这次主席团会议上委员们都表达出一些什么样的观点,我们无法确切地知道,只能通过传闻而有所了解。然而,清楚的是,赫鲁晓夫在会议上遇到了政府中强硬派分子的坚决阻挠,他们强烈反对这部小说的发表。据说,赫鲁晓夫曾说:"如果这种类型的斯大林主义者还在我们中间存在着,我们又怎么能够对抗个人崇拜的余孽呢?"[1]据另一个消息称,赫鲁晓夫说:"你们每个人身上都有一个斯大林主义者;甚至我身上也有某种斯大林主义者的成分。我们必须根除这种罪恶。"[2]事实上,这次会议上的斯大林主义者,比赫鲁晓夫愿意或者敢于承认的人数还要多,他们每一个人都在寻找机会扳倒他。赫鲁晓夫让控制着苏联政界的强大利益集团一个接一个地疏远了他。对于所有强硬派共产主义者来说,尤其是对克格勃来说,他的去斯大林政策是不受欢迎的;他对核武器的重视超过对传统武器的重视,这使他失去了军队的支持,他的行政改革又冲击到了政党机构的官僚核心。对于苏联统治阶层中的许多党派利益集团来说,变化太多而且太快了,他们对这位主导变革的人的反击只是一个时间问题。像索尔仁尼琴一样,赫鲁晓夫也正处在极其微妙的处境中。两年后,一九六四年十月,他将会在一场不流血的政变中倒台,并且递交他"因健康原因"而请辞的辞职书。然而,现在,他仍然牢牢地掌握着权力,并提交了他本人亲自授权的决议,强行发表《伊凡·杰尼索维奇的一天》。

虽然赫鲁晓夫在本国赢得了这次虽然小、但却很重要的胜利,然而,他在世界舞台上却面临着肯尼迪总统的压制,肯尼迪总统要求把苏

---

① 迈克尔·塔图(Michel Tatu):《克里姆林宫的权力》(*Power in the Kremlin*,New York:Viking Press,1967),第 248 页。

② 马克斯·海沃德(Max Hayward)和爱德华·L. 克劳利(Edward L. Crowley)编:《六十年代的苏联文学》(*Soviet Literature in the Sixties*,London:Methuen,1965),第 191 页。

联的导弹从古巴移走，一九六二年十月，这个国际性的危机达到了顶峰，使整个世界都处在核战争的边缘。与此同时，索尔仁尼琴作为尚未发表一部作品的作者，却已经在苏联领导层为自己树立了许多劲敌，然而，他却得到了一个苏维埃总书记的支持——虽然这个总书记的位置也是岌岌可危的。他在这种危险的境况中开始登上文学舞台。

第十一章　烫手山芋

一九六二年十月二十一日,星期天,共产党的日报《真理报》不加任何按语,就直接发表了叶甫盖尼·叶夫图申科的反对斯大林主义者的诗作《斯大林的继承人》,在这首诗中,作者对那些身处要职、且想倒行逆施的斯大林主义者提出了警告。这是一个及时的讯号,它表明:虽然风向本身是反复无常的,但是,《真理报》选择发表叶夫图申科的诗作这个事实说明,至少在眼下,风正朝着有利于改革者的方向在吹。

在去斯大林化的有利氛围中,《伊凡·杰尼索维奇的一天》第一次公开出版了。它立即就获得了成功。特瓦尔多夫斯基告诉索尔仁尼琴,发表有索尔仁尼琴小说的几千册的《新世界》(第十一期),已经送到了克里姆林宫为中央委员会全体会议代表们所设立的报摊上。赫鲁晓夫已经公开宣布,《伊凡·杰尼索维奇的一天》是一部极其重要的作品,每一位代表都应该阅读它。代表们都顺从地涌向报摊各买了一本。在莫斯科其他的地方,这一期的《新世界》也全部脱销了,尽管又另外加印了几千份;它已经成为收藏家们想要收集的藏品了。

与索尔仁尼琴的大获成功相伴而来的是评论界的赞扬声。这或者是因为苏维埃的媒体真正认同公众对《伊凡·杰尼索维奇的一天》的热情,或者是因为评论家们决心要跟随党当前的路线。无论是哪个原因,评论都是积极的。康斯坦定·西蒙诺夫在一九六二年十一月十八日的《消息报》上撰文宣称:"《伊凡·杰尼索维奇的一天》出自一位成熟的、独一无二的、可靠的大师之手。一个极有影响力的天才已经进入了我们的文学中。我个人对此毫不怀疑。"尽管索尔仁尼琴无疑会因这种溢美之辞感到开心，但是，他在西蒙诺夫的评论中一定也发现了某些让他难以接受的东西。其中最糟糕的就是，西蒙诺夫声称，索尔仁尼琴"已经表明，他本人是党的一个忠诚助手"。诚然，西蒙诺夫指明了《伊凡·杰尼索维奇的一天》在"反抗个人崇拜及其后果的斗争中"所发挥的作用，[①]但是，抛开这个上下文，索尔仁尼琴一定会坚决拒绝这个说法：认为他正在帮助那个他日益鄙视的政党基业长存。

五天后，这种将索尔仁尼琴看作党的忠诚助手的不相宜的声音更加强烈地回响在苏联境内。《真理报》上发表了一篇关于他的小说的评论文章，这篇评论文章出自弗拉基米尔·叶尔米洛夫，这个人是共产主义的趋炎附势者，在他身上集中体现了索尔仁尼琴所憎恶的一切。在斯大林的大清洗时期，叶尔米洛夫是秘密警察的告密者，曾揭发过许多作家和知识分子，将他们投入索尔仁尼琴正在描绘的劳改营。现在，既然潮流已经开始转而敌视斯大林，叶尔米洛夫也就随潮流而变，以维持他继续受宠的地位。斯大林现在是"人民的敌人"，索尔仁尼琴则是一个新发现的英雄，"一位有着稀世之才的作家，作为一个真正的艺术家，他还告诉了我们一个不能被忘记、也一定不会被忘记的真理，告诉了我们一个显而易见的真理。"[②]

无论索尔仁尼琴如何对待官方对他作品的评价，他一定是从昔日的囚犯们写给他的那些信件中得到了真正的安慰。

> 你恰好刻画了这一天……我在读你的故事时，将它和劳改营相对比，似乎无法将二者区分开来。它们简直是毫无二致——集中营的安排、惩罚措施和对囚犯的态度。

> 我无法平静地坐着。我不停地站起来，四处走来走去，回想起我在劳改营时所经历的所有场景。

---

① 《消息报》，1962 年 11 月 18 日。
② 《真理报》，1962 年 11 月 23 日。

当我阅读它的时候，我真的感到一阵阵的寒意，犹如当时离开囚室去接受各种检查。①

另一个昔日的囚犯在声称小说精确地描绘了他本人的生活后，还叙述了他对"一个穿着俗艳、戴金戒指的女人"的机智回答。这个女人说她不喜欢索尔仁尼琴的小说，因为它太让人沮丧，他回答道："苦涩的真理胜过甜蜜的谎言。"②

一位丈夫在劳改营中死去的女人写道："在读完它之后，接下来想要做的一件事情就是在墙上钉个钉子，系个绳套，将自己吊死。"另一位祖父和外祖父都在劳改营中死去的年轻女学生甚至不忍细读这本书，她写信给索尔仁尼琴说，在不得不放下它之前，已经将它全部浏览了一遍。还有一位死了丈夫的女人更加感人地表达了她的悲伤：

> 我看到并听到了这群饥寒交迫的造物，他们一半是人，一半是动物，在他们当中，有我的丈夫……继续写吧，写出真相来，即使他们现在不会出版它！我们如泉的泪水不会白流，在这条眼泪之河中，真相将会浮出水面……我的丈夫从泰舍特写信给我说，他的一位难友有一天会来找我，告诉我关于他的一切，并转交给我他在那个备受折磨的地方为我做的一枚戒指。但是，没有人来找我，现在永远也不会再有人来了。③

还有其他一些没有寄给索尔仁尼琴本人而是直接在报刊上发表的信件。它们不是来自此前的政治犯，而是由那些从来没有体验过《伊凡·杰尼索维奇的一天》的人们所写的。他们中的许多人，要么是对索尔仁尼琴小说中所描述的现实无忧无虑地一无所知的人，要么是那些曾轻蔑地对待囚犯的昔日的看守。

---

① 对《伊凡·杰尼索维奇的一天》发表的反应，发表在拉贝茨编：《索尔仁尼琴：档案记录》，第48-53页。
② 同上。
③ 同上。

法庭对这些有着卑鄙、渺小灵魂的下等人，处置得太过仁慈了。

为什么要给那些不劳动的人许多食物？他们的精力无处耗费……我认为，对这个犯罪群体的处置太过温和了。

那里的口粮问题引起了关注，然而，我们不应当忘记一件事情——他们不是在度假胜地。他们必须通过诚实的苦干去赎他们的罪。

索尔仁尼琴的小说应当立即从各个图书馆和阅览室中撤除。

这本书本就不应当被出版，原稿应当交给克格勃的机关来处理。①

还有一封信显明写信的人对圣经内容缺乏最基本的了解，让索尔仁尼琴觉得极其好笑。"我之前从来没有读过如此拙劣的东西……而且这不仅仅是我自己的看法。我们许多人都有同样的感受，我们的名字是'群'（Legion）。"索尔仁尼琴回答道："非常正确，他们的名字是'群'。只是他们太过匆忙而没有去查对一下福音书。他们当然是一群魔鬼。"②

很明显，《伊凡·杰尼索维奇的一天》碰触到一根敏感的神经。它的影响力传遍了整个苏联，从壮丽的克里姆林宫到昔日囚犯的简陋小屋，索尔仁尼琴认真思考着他的小说所释放出的力量。"如果真相海洋中的第一个小水滴就已经像一颗心理炸弹一样爆炸开了，那么，当真相像瀑布一样喷涌而出时，在我们的国家将会出现什么样的情形呢？"③

---

① 索尔仁尼琴：《古拉格群岛》，第3卷，第473—474页。

② 同上，第474页。（"群"本是古罗马军团的名称。《马可福音》5章9节记载格拉森地方一个附在人身上的污鬼自称"我的名字叫群"，表明有很多的污鬼。——编者注）

③ 索尔仁尼琴：《古拉格群岛》，第1卷，第298页。

索尔仁尼琴绝不是唯一一个要问这个问题的人。那些通过掩盖真相而获得既得利益的人、那些持强硬路线的共产主义者,已经准备好了他们的反击措施。

然而,正是赫鲁晓夫本人在苏维埃最高层引爆了这颗心理炸弹,并给它开了绿灯。受此鼓励,特瓦尔多夫斯基觉得信心满满,从而让他克服了当初的顾虑,在一九六三年第一期的《新世界》上发表了《玛特廖娜的房子》,还发表了索尔仁尼琴的另一篇题为《克列切托夫卡车站的故事》的短篇小说。从许多方面来说,《玛特廖娜的房子》都是索尔仁尼琴最重要作品之一,相比《伊凡·杰尼索维奇的一天》是一颗心理炸弹而言,它更是一颗灵性炸弹。按照持有异见的历史学家格里高利·波密兰兹的说法,有一百万的俄罗斯人是从阅读《玛特廖娜的房子》开始了解基督教的:"有一百万的人(如果不比这个数字更多的话),随着索尔仁尼琴迈出了走向光的第一步。"①

然而,一些人在这里看到了光,另一人在这里却只看到黑暗。在三月份莫斯科的一次作家会议上,《玛特廖娜的房子》受到严厉批判,认为它不能通过树立正面的榜样来教育青年,而引领青年走向"光明的未来、走向共产主义",才是苏联作家的任务,"当你读这篇小说时,你会产生这样一种印象:农民的心理仍然和六十年前一样。但这是不真实的!我们需要的是这样的作品:它忠实于历史,讲述苏维埃农庄中所发生的革命性巨变。"②

几天后,共青团第一秘书谢尔盖·巴甫洛夫开始抨击索尔仁尼琴和《新世界》的其他作者,因为他们"在反对个人崇拜和教条主义的后果的掩饰下,不再谈及崇高思想、共产主义……"。《玛特廖娜的房子》陷入到一个充满庸俗问题的狭小世界中,散发着"非常悲观的、陈腐的、令人绝望的气息"。③

与这种不满之声日渐增长的势头相反,赫鲁晓夫大约在一个星期

---

① 斯卡梅尔:《索尔仁尼琴传记》,第 930 页。
② 《文学报》,1963 年 3 月 19 日。
③ 《共产主义真理报》,1963 年 3 月 22 日。

之前所说的话,却有一种不祥的孤立感:"党支持那些真正说实话的艺术创作,无论它们会涉及哪些负面的生活,只要它们有助于人民努力地建造一个新社会。"①

这些共产主义者最终渴望实现的是一个新社会,而且,这个新社会不可避免地要伴随着一切令人不快的变化。在感觉到风向再次成为顺风时,他们不再退守,而是开始转向攻势。

索尔仁尼琴的《为了事业的利益》发表在一九六三年第七期的《新世界》上,它揭开了两个主要的思想流派争夺在苏联的优势地位的大争论。《为了事业的利益》正像这个带有讽刺意味的题目所表明的那样,是索尔仁尼琴对共产主义体制中的腐败和不公正的激烈抨击。因此,它注定会挑起敌意的反应。

第一批子弹是由尤利·巴拉巴什射出去的。巴拉巴什是一个著名的文学批评家和保守势力的拥护者,他认为,索尔仁尼琴所描绘的作为苏维埃生活本质的官僚腐败是作者杜撰的一个幻想:"他所呈现给我们的是一个人为构造的、想象的世界,在这个世界中,诚实、正派但却意志薄弱的正义拥护者,在面对着某种可以在许多匿名机构的匿名代表们身上感受到的冷漠无情的力量时,显得很无助……在索尔仁尼琴的小说观中存在着严重的缺陷,这些缺陷又给他的小说的文学品质带来了有害的影响,使它成了失败的作品。"②

巴拉巴什还嘲弄索尔仁尼琴作品中的道德感,他用嘲笑的语气驳斥了《玛特廖娜的房子》中有关正直女人的概念,还驳斥了他用未受辩证唯物主义指导的术语去讨论对与错的徒劳努力。此外,索尔仁尼琴对如此落后的道德观的坚持还表明:"他的生命观和他对待生命的态度仍然可以被看作是未能现代化的,在许多方面还是过时的,就像《玛特廖娜的房子》中的人物一样。"③

列宁格勒的小说家达尼埃尔·格拉宁对此进行了辩护,他在作为

---

① 《文学报》,1963 年 3 月 12 日。
② 《文学报》,1963 年 8 月 31 日。
③ 同上。

第一文学大报的《文学报》上回击了巴拉巴什的这篇文章。格拉宁写道,索尔仁尼琴在《为了事业的利益》中强烈地要求正义,提出了在苏维埃社会中有关生活的许多非常重要的问题。① 对此,一位名叫 R. N. 塞里佛尔斯托夫的读者恼怒不已,他对格拉宁的"苏维埃制度是不公正的"这一提法非常生气:"党和我们全体人民为之奋斗并且所赢取的真正的公正——不是'抽象的公正'——在今天贯穿于我们的全部生活中,它获得了胜利! 一个决意要处理当代重要主题的作家不能不考虑到所有的这一切。"与塞里佛尔斯托夫的评论一同发表的是《文学报》编辑们的一份声明:"本报编辑认为,R. N. 塞里佛尔斯托夫似乎对索尔仁尼琴的小说和格拉宁的文章做出了有根据的评论。"进而,他们又强调指出,巴拉巴什此前对《为了事业的利益》的批评是理由充分的。编辑们严厉地批评了索尔仁尼琴,说他用普遍的方法而不是阶级的方法来处理正义概念,同时提醒他:"一个社会主义-现实主义的艺术家,要从共产主义世界观的立场来展开主题。"②

在这一阶段,《新世界》的编辑们被卷入到和《文学报》的对手们的激烈争吵中,围绕《为了事业的利益》的争论,在这一年双方刊物的重要版面不断交锋。

临近年终时,《新世界》的编辑们引人争议地提名索尔仁尼琴作为竞争激烈的列宁文学奖的候选人,提名作品是《伊凡·杰尼索维奇的一天》。这是一种大胆的姿态,却不可能真正获奖。因为此奖评委会中守旧势力占有优势,这些人根本不会考虑把这项荣誉授予索尔仁尼琴这样的异见分子。一九六四年四月十一日,《真理报》的一篇文章摘录了一些信件的片断,据编辑们声称,这些信件都是由许多未留地址的读者所写。文章指出:"他们都得出了同样的结论。索尔仁尼琴的短篇小说应当得到一个否定性的评价,它不该置身于有资格获得列宁文学奖的杰出作品之列。"③

---

① 《文学报》,1963 年 10 月 15 日。
② 《文学报》,1963 年 10 月 19 日。
③ 《真理报》,1964 年 4 月 11 日。

当围绕着他的作品所展开的这场争论正在苏维埃的报纸上铺天盖地进行着的时候，索尔仁尼琴正在最后一遍润色他的下一部作品。这就是以他在马尔费诺特殊监狱中的经历和讨论为基础的小说《第一圈》。这不仅是他迄今最具雄心的一部作品，而且也是他最为大胆的一部作品，它在对苏维埃看法的根本性质疑方面远远超过他的其他作品。在看到他的作品所招致的那些抨击后，他一定对此作品是否能被接受颇为关切，更准确地说就是，他严重怀疑它是否有出版的机会。

评论家列昂尼德·雷赫斯基曾经将《第一圈》描绘为"对斯大林主义的无情拒斥"。[①] 在一九六四年初，对斯大林主义的这种无情拒斥并不像两年前那样安全。在不断变化的政治氛围中，现在的情形似乎是，对斯大林主义的拒绝越是无情，后果也就越是无情。

然而，索尔仁尼琴把他的怀疑和恐惧都置之一边，一九六四年五月二日，他邀请特瓦尔多夫斯基到他在梁赞的家中，阅读《第一圈》的终稿。特瓦尔多夫斯基曾经提名《伊凡·杰尼索维奇的一天》候选列宁文学奖，如今，他依旧是索尔仁尼琴最宝贵的、最有影响力的支持者。如果有人会欣赏《第一圈》的文学长处的话，那么，这个人就是特瓦尔多夫斯基；如果有人能够让它出版的话，那么，这个人也一定是他。

娜塔丽娅陪同丈夫到火车站迎接他们最尊贵的客人。令人奇怪的是，这是她第一次见到特瓦尔多夫斯基，即使她的丈夫已经与他密切合作了近两年半的时间，这也表明，在索尔仁尼琴声名雀起之际，她处于十分边缘的位置。第二天，当特瓦尔多夫斯基沉醉于娜塔丽娅的钢琴演奏时，他却发现索尔仁尼琴对收音机中的 BBC 广播更感兴趣。多年前，在恋爱时期，索尔仁尼琴也曾沉醉于她的演奏，然而，从那时起，这对夫妻就已经渐行渐远。

特瓦尔多夫斯基坐下来阅读《第一圈》，他越读越充满激情："太棒了！……到目前为止——我不做任何承诺！"他越来越沉醉于书中，也沉醉于边读边啜饮的白兰地，他变得对这本书会给所有相关的人带来的危险都满不在乎："这真是太好了，像托尔斯泰和陀思妥耶夫斯基的作

---

① 雷赫斯基：《索尔仁尼琴：创作者及其英勇事迹》，第 68 页。

品一样好。到目前为止,到目前为止! 当你坐牢时,我会给你寄包裹! 你甚至会得到一瓶珍贵的白兰地。"在醉意朦胧中,他还是尽力地说了一句谨慎的话,要索尔仁尼琴缓合一下描写斯大林的章节,但是,最终还是由高度的评价和高度的酒精混合而成的一种强烈情感占据了主导地位:"真是太好了,亚历山大·伊撒耶维奇,写得一行都不多余! ……我将会因为发表它而坐牢! 即使从根本上来说它是乐观主义的。"①

到了七月十一日,主持编辑会议讨论《第一圈》手稿的特瓦尔多夫斯基则更加严肃和清醒很多。他开始说道:"按照通常的标准,这部小说应当被销毁,作者也应该被逮捕。但是,我们是些什么人呢?"于是,这些参加《新世界》编辑会议的特瓦尔多夫斯基的同事们陷入混乱。有人举棋不定,概括来说就是:出版它是不行的;但是,不出版它在道德上也是不行的。又有人要推迟一下,要求再阅读一遍;还有人显然为小说中所提出的问题感到不安,他说,这部小说篇幅巨大,"它使我们陷入到怀疑与沮丧当中"。② 只有那个最年轻的编辑,即评论部那个长着明亮眼睛的负责人,热情地、明确地表示支持。他显然会走得很远,也许终究会走在通往西伯利亚的路上。

尽管他们最初不情愿,但还是在几天内签订了出版合同。然而,作为最大障碍的国家审查机构依然存在着。特瓦尔多夫斯基决定采取与他在《伊凡·杰尼索维奇的一天》上曾采取过的避开审查官员相类似的那种作法。他把手稿的前四分之一部分送给赫鲁晓夫的私人秘书弗拉基米尔·列别捷夫,列别捷夫对于索尔仁尼琴前一部小说的成功发表是至关重要的人物。然而,自一九六二年的激进日子过后,许多东西都已经改变了。他给出的回答和建议是生硬的:"把它埋了!"

"但是,赫鲁晓夫……"

"(赫鲁晓夫)……已经不再迷恋《伊凡·杰尼索维奇》了;他认为,《伊凡·杰尼索维奇》给他带来了许多的麻烦。"③

----

① 索尔仁尼琴:《牛犊顶橡树》,第 73 - 76 页。
② 同上。
③ 同上。

特瓦尔多夫斯基沮丧地明白了这个让人沉重的真相。如果赫鲁晓夫认为索尔仁尼琴是一个烫手山芋的话,那么,《新世界》还会有什么希望呢?《伊凡·杰尼索维奇的一天》的作者曾经从人民的敌人变成人民的英雄,现在又要变回人民的敌人,所有这一切仅仅发生在两年的时间中。去斯大林化政策的意外受益者已经变成了再次斯大林化的受害者。

没过几个月,赫鲁晓夫自己也成了一个受害者,发生在十月份的一场没有流血的政变使他下台了。从那以后,他本人在某种程度上也成了一个持不同政见者,他收听 BBC 的全球服务频道和美国之音,批评对异见者的迫害,反对苏联一九六八年入侵捷克斯洛伐克。赫鲁晓夫倒台不久,他忠诚的秘书列别捷夫就去世了。除了特瓦尔多夫斯基,高层中没有一个人参加他的葬礼;孤独的特瓦尔多夫斯基一定明白了,他对未来的希望与那个棺木一起被埋葬了。索尔仁尼琴写道:"我能够想象得到那个悲伤地俯在列别捷夫小小棺木前的强健的、背膀宽阔的人。"①

索尔仁尼琴预感到,勃列日涅夫的上台标志着他同苏维埃政权短暂蜜月期的结束。他再次成了一个贱民,他的作品将永远都不能通过国家的审查体系。他放弃了在官方刊物表达自我的一切愿望,开始越来越频繁地让自己的作品以地下文学的方式出版,也就是由"私人出版社"出版。这些秘密出版物通过将打印稿复制,在读者群中秘密流传由持不同政见者所写的文学作品。一份打印稿总是被复印许多次,就像是一封连锁信,结果总是会造成新的流传量。在整个六十年代,地下出版物变得越来越组织化,到一九六八年时,已经有了一个定期的秘密期刊,名叫《时事报导》,专门记录国家的迫害事件和对"民主反对派"的精神抵制。慢慢地,地下出版物变成了地下文学的前沿阵地,也成为索尔仁尼琴以及其他持不同政见的作家们的声音能够被人们听到的途径。

甚至是在赫鲁晓夫下台之前,索尔仁尼琴就已经开始在地下出版物上发表他的散文诗了,这些诗作在那里得到广泛的传播。在勃列日涅夫得以上台的政变发生的那个月,这些诗作又通过侨民杂志《边界》

---

① 同上,第 87 页。

少年人。
罗斯托夫，1933 年。

军官培训学校的学生。
科斯特罗马，1942 年。

在前线的防空洞中修改手稿，1944
年 2 月。

索尔仁尼琴中尉（左）与普切申科上
尉在西北前线，1943 年初。

马尔费诺（监狱），《第一圈》的背景。
1947 年至 1950 年索尔仁尼琴在此监
狱服刑。

国内流放。
科克切列克，1954 年。

从癌症中康复，和马驹在一起。塔什干，1954 年。

带领学生去草原上土地测量课。科克切列克，1955 年。

与基洛夫中学十年级学生合影。科克切列克，1955 年。

Miltsevo 村玛特廖娜的房子。1956 年 8 月至 1957 年 6 月索尔仁尼琴在 Miltsevo 村生活和教书。

院里自制的桌子,《伊凡·杰尼索维奇的一天》即在此桌上写就。梁赞,1958 年。

索尔仁尼琴与娜塔丽娅,1962 年夏。

《新世界》编辑部，特瓦尔多夫斯基在前排左起第三，1970 年 2 月。

在韦尔科拉村附近的教堂，1969 年 7 月。

在特瓦尔多夫斯基葬礼上与其遗孀在一起，1971 年 12 月。

下图：与儿子叶尔莫莱在一起，那是他流亡前的最后一个夏季。Firsanovka，1973年。

右图：与儿子们在一起，卡文迪什，佛蒙特州，1976年。

上图：妻子娜塔丽娅·德米特里耶夫娜·索尔仁尼琴。

右图：与儿子们坐在自制的长凳上（从左到右）：伊格纳特，叶尔莫莱，斯捷潘。卡文迪什，1978年。

上图：与妻子、儿子（叶尔莫莱和伊格纳特）在一起。卡文迪什，1988 年。

中图：在佛蒙特州的家，与妻子和三个儿子在一起，1990 年。

左图：索尔仁尼琴夫妇。特维尔，1996 年。

最后的合影，索尔仁尼琴夫妇在
Troitse-Lykovo，2007 年。

右上图：俄罗斯总统在索尔仁尼琴墓前
献花，2008 年 8 月 6 日。

中图：索尔仁尼琴墓，2011 年 1 月。

索尔仁尼琴葬礼。孙辈：伊
万、德米特里、伊卡特里娜、安
娜。2008 年 8 月 6 日。

在西方发表了。索尔仁尼琴的声音终于还是被听到了，他决心不再沉默。

环境的变化要求他采取一个更加周密、更加谨慎的写作方式。他开始离开家到别处去写作，之所以做出这个选择，不仅仅是由于更大的安全的需要，也许还由于他的婚姻中逐渐增加的疏离感。他常常把娜塔丽娅撇在家里，自己到远处去写作，或者是住到朋友的家中，或者是住到阿格菲娅的家中——阿格菲娅是一个年老的农村妇女，她住在索洛特萨，是距离梁赞三十英里左右的一个村庄。他之所以采取这种谨慎的方式，还因为他的作品是对苏维埃监狱制度的一种详细描述，一旦被发现，就会非常危险。当然，在多年后它将会以《古拉格群岛》的名字出版。他对这部著作的写作主要就集中在一九六五年，那正是勃列日涅夫高压统治时期，因此，他不得不在最为秘密的情况下进行创作。他将原始资料分别存放在不同的地方，尽可能地不让监视者发现它们。"在我写作这本书的时候，我甚至不得不伪装着在做其他事情。"任务的艰巨和与之相伴的巨大风险，一度使他怀疑自己是否有完成它的毅力，并有过放弃它的念头。"但是，除了我所收集的资料外，当囚犯们的信件从全国各地汇集到我这里时，我意识到，既然所有的这一切都交给了我，我就有这个责任完成它。"

索尔仁尼琴补充道："我必须说明，这整本书的各个部分从来没有同时在同一张桌子上出现过。"[1]这种预先加以防范的先见之明在一九六五年九月得到了体现，索尔仁尼琴得知，克格勃搜查了他的一个朋友的家，查抄了《第一圈》的三份副本。他又极其愚蠢地将仅有的另外一份副本寄给了《真理报》的一位文学评论家，他曾天真地希望，即使是在勃列日涅夫当政的新斯大林主义氛围中，它也会得到公正的对待。随后还有更糟糕的消息。克格勃还发现并没收了一份保存文件，其中除了他的其他一些作品外，还包括他的诗体剧本《胜利者的欢宴》——与他的所有其他作品相比，这个剧本具有更加强烈的反苏性质。他只敢让自己最信任的朋友们阅读它；他知道它太具有煽动性，政治上也非常

---

① 索尔仁尼琴：《古拉格群岛》，第3卷，第526页。

不合时宜,因此认为它不会有公开出版的那一天。现在,它却在克格勃的手上。他担心最坏的情况将会出现,古拉格的情景像死神之舞一样在他脑海中飞来飞去。也许,他将会作为人民的敌人再次成为人民的囚犯。

他的担心是有充分根据的。在他的资料遭到没收前三天,文学批评家安德烈·西尼亚夫斯基因偷偷地把小说送到西方而被克格勃逮捕。这看起来很像是一个要对文学上的异己分子进行大清洗的讯号,在这种情况下,索尔仁尼琴作为其中最突出的一个异见分子,肯定要面临最可怕的灾难。

然而,在作品被查抄后的几天中,这种恐惧感还不是最主要的。一种巨大的损失感盖过了所有的恐惧感,他为自己几个月的创造性劳动而心痛不已,它们似乎消失了,在苏维埃毁灭性的镇压机器中消失了。在"一九六五年九月的灾难"发生后几个月中,索尔仁尼琴都能感受到这个损失,它就"像是一个身体上真实的、不曾愈合的伤口,而且还是一个被镖枪正中胸膛的伤口,枪尖依然牢牢地扎在那里,无法拔出来,以至于我内心中最为轻微的波动(也许是回忆起被没收的保存文件中的某一行作品)都会引起剧烈的刺痛"。①

克格勃搜查后大约有三个月的时间,他一直处在绝望中,最严重的时候,近乎崩溃的边缘。正是在这个时期,这个也许是他生命中最为不幸的时期,他生平第一次、也是最后一次想到了自杀。他每天醒来都想着,这可能是他最后一天的自由日子了。他想,被捕是不可避免的,而且,它随时都会到来。索尔仁尼琴绝望且匆忙地把他的笔记和《古拉格群岛》未完成的草稿分散开来,送到秘密的地方,并写信给《真理报》的编辑,要求退还《第一圈》的副本——这是唯一一个没有落在克格勃手中的副本了。令他感到安慰的是,他的小说退还给了他;但是,他同时失望地得知,特瓦尔多夫斯基不准备在《新世界》上发表它了。现在,索尔仁尼琴的作品是不宜发表的,和他的任何联系都会带来被捕的危险。甚至是他最亲密的盟友特瓦尔多夫斯基,也开始小心地

---

① 索尔仁尼琴:《牛犊顶橡树》,第103页。

与他保持着距离。

这种迫害的压力还给索尔仁尼琴的婚姻带来损害，他们的婚姻再次处在破裂的边缘。一段时间以来，娜塔丽娅为索尔仁尼琴长期呆在各个躲藏地——他在那里秘密地写作，时刻都处在被发现的恐惧中——而恼怒不已。索尔仁尼琴写道，他的妻子已经开始憎恨《古拉格群岛》了，认为它是他们之间问题的原因，是他们婚姻毁灭的根源。"如果她和我在一起，她是不会害怕打印它的，但是，如果我因它的缘故而离开，甚至不能在家里写作，那么，让这个《群岛》见鬼去吧！"①娜塔丽娅沮丧到了极点，在这种极度痛苦的境况中，她告诉丈夫，她宁愿看到他被捕，也不愿看到他四处躲藏，并有意地疏远她。索尔仁尼琴写道："从那个时刻起，我知道我不能再信任她了。更糟糕的是，我不得不继续维持着她曾参与其中的那些安排，同时又必须再建立一整套新的秘密系统，不得不像瞒着含有敌意的外人一样瞒着她。"②

在维持了将近三十年后，他们这段危机四伏的浪漫悲剧走向了一个不光彩的结局。在接下来的几年中，这段婚姻磕磕碰碰，直到终止，随后还就"谁该为婚姻的失败承担最后的责任"吵个不停。一九七四年，索尔仁尼琴写道："我想象不到离婚会把我妻子推到谁的掌控之下，也没有想到对我来说她正变得——也许她已经是一个密探了——比一个密探还要危险，这既是因为她准备与任何反对我的人合作，也是因为她知道我诸多的秘密盟友。"③

这个谴责似乎是不尽合理的。除了索尔仁尼琴本人，没有谁会比他妻子为他的艺术所受的苦更多。然而，她既不能意识到她丈夫的工作对这个世界的重要意义，也不能意识到它对索尔仁尼琴本人的重要意义，她无法分享激励着他的使命感。尤其是在他们婚姻后期，她被迫为丈夫的艺术所做出的每一项牺牲，都使她觉得十分厌恶，都使她内心滋生着怨恨。索尔仁尼琴不准备妥协。他以一种充满使命感的狂热精

---

① 索尔仁尼琴：《看不见的盟友》(*Invisible Allies*, Washington, D. C. : Counterpoint, 1995)，第 59 页。

② 同上，第 116 页。

③ 同上，第 20 - 21 页。

神去从事他的创作——与这种狂热精神相比,他本人的生活,还有他妻子的生活,都是微不足道的。他是一个疯狂的人,因此,他不能、也不会被他妻子所拥有。

然而,索尔仁尼琴的谴责并不像它表面看起来那样不合理。娜塔丽娅就他们在一起的生活所写的回忆录于一九七五年在西方出版,其中包含着许多使人痛苦的对真相的歪曲,显然旨在尽可能多地给她的前夫带来名誉损失和伤害。索尔仁尼琴开始相信,她正在与苏联当局合作,与克格勃本身合作。这种看法很容易被视为不可信,这似乎太像冷战时期间谍小说的老套场景了。那个被抛弃的女人受到不道德的秘密警察的操纵——《这个间谍是我的旧爱》中的情节。

娜塔丽娅尽她最大的力量驳斥索尔仁尼琴对她背叛行为的公开指责。一九八〇年,她给他写了一封公开信,否认她与克格勃合作过,声明她的回忆录的原始文本被删掉了四分之一,还遭到了严重歪曲,这也使她感到非常恼怒。直到一九九六年她生重病的时候,整个秘密真相才浮出水面。当她从一个医院被转到另一个医院时,她被告知,新医院要求她出示身份登记卡。她让一位女性亲戚去为她取来,这个女人惊讶地发现,这个卡片将娜塔丽娅登记为康斯坦定·西蒙诺夫的遗孀,西蒙诺夫就是那个受出版社委派编辑她第一本回忆录的新闻记者。从一九七四年起,她就和他结婚了,这段婚姻一直持续到一九八一年他去世时为止。既然西蒙诺夫是克格勃密探,那么,发现她在写这封公开信的时候正与他保持着婚姻关系,显然令人吃惊。可以理解,娜塔丽娅曾经尽她一切所能保持这段婚姻的隐密性,当她意识到她的秘密已被泄露时,她大吃了一惊:"人们已经知道了吗?那是我的秘密,我秘密的婚姻。"她对于索尔仁尼琴发现这个真相的前景非常害怕,她镇静地进行自我辩护,指出在索尔仁尼琴被流放国外后,正是与西蒙诺夫的婚姻挽救了她。"我失去了工作,一无所有。和他结婚可以让我生活在莫斯科。他是我最亲密的朋友……我们一直都隐瞒着我们的婚姻。我从来都不是克格勃的密探,我发誓!"[①]

---

① 托马斯:《亚历山大·索尔仁尼琴生命中的一个世纪》,第533页。

以下这个坦率的告白是娜塔丽娅最后一次对她和索尔仁尼琴漫长的婚姻悲剧所公开进行的评论。这是这个复杂故事中最后一个痛苦的意外转折。也许，结语应该由索尔仁尼琴来说：

> 通常，每一个家庭的故事都让人难以置信地复杂和困惑。每一方都能够列出一千个为自己辩护的理由，每个人都难免是有亏欠的——它总是这样。这就是为什么不能把一个简单的解决办法或简单的措辞适用于这类事情。当你从高处来看待这件事时，可以最为概括地说出的一切就是……我们的婚姻是一个错误，尤其是第二次的婚姻；我们不应当犯两次同样的错误……但是，在每一次共同的生活中，当然都投入了许多的感情，也留下了许多的回忆。于是，在分手的时候，就感到极其痛苦。[①]

---

① 斯卡梅尔：《索尔仁尼琴传记》，第 990－991 页。

第十二章　宿敌与新友

　　一九六六年春天，索尔仁尼琴离家到他的朋友柯尔内·楚科夫斯基在别列捷尔金诺的乡下住宅中写作。别列捷尔金诺是一个地处莫斯科郊外的作家聚集地，索尔仁尼琴正是在这里对他的小说《癌病房》进行最后的加工。在圣周六的晚上，即在四月九日的晚上，他漫步到教区的主显圣容大教堂去看午夜时分举行的复活节十字架游行。他到那里后所看到的一切为他写作那篇令人回味悠长的散文提供了灵感。在教堂外，映入他眼帘的不是一群群虔诚的信徒，而是一些穿着时尚、吵闹不休的年青人，他们根本意识不到自己正身处圣地，他们高声尖叫着，伴随着晶体管收音机里飘出的流行音乐嬉闹不休。"大约有四分之一的人喝过酒，十分之一的人已经醉了，一半的人在抽烟——烟在下嘴唇上耷拉着，这让人觉得极其讨厌。香火还没有点燃，但一缕缕浓重的灰蓝色的香烟烟雾正向复活节的天空升腾起来，在教堂院子的灯光下，凝聚成一团团浓厚的、悬浮着的烟云。"索尔仁尼琴极其厌恶地看到，这些年青人向水泥地面吐痰，大声地吹口哨，互骂着脏话。男孩子们亲吻着他们的女伴，女孩子们随后则被从一个男孩子那里推到另一个男孩子那里。

　　这些年青人没有破坏法律，虽然他们实施着暴行，但是，这是不流血的暴行。他们匪徒一般扭曲的嘴脸，无耻的话语，放肆的大笑声，打情骂俏，讲着粗鄙的笑话，吸烟吐痰，这一切都意味着对他们不远处正在为人们所纪念着的基督受难故事的侮辱。当这群卑鄙的混蛋来到这里观看父辈们如何举行他们的先祖留传下来的仪式时，他们的脸上流露出一副傲慢的、嘲弄的表情。①

这群年青人的行为和参加游行的人们的行为形成鲜明的对比。一些人明显地被这些旁观者的亵渎态度吓坏了，他们聚在一起相互安慰，但是，有十个妇女，她们两个一组地走在一起，举着粗粗的、明亮的蜡烛，呈现出一幅英勇的画面："年长的妇女表情超脱，时刻准备着在她们遭到攻击时走向死亡。"

> 其中十分之二的人是年轻的女孩子，她们的年龄和那些与男孩子们厮混在一起的女孩子相仿，然而，这些女孩子的面庞是多么纯洁和明亮啊！这十个女人排成整齐的队列，她们一边唱歌一边庄重地观看着，就好像她们周围的人正在画十字一样，她们祈祷着，跪下来进行忏悔。她们没有吸入香烟的烟气，她们的耳朵听不见猥亵的话语，她们的脚底也觉察不到这座教堂的院子已经变成了跳舞场。②

索尔仁尼琴强烈地体验到这个时刻的痛苦之处，他以预言的方式改造了这个小故事，使这些人物成为未来的原型，将别列捷尔金诺的复活节十字架游行变成一个隐喻："我们所生养的这几千万的人，他们将会变成什么样子呢？那些伟大思想家们进行启蒙的努力和鼓舞人心的愿景将会把我们带向何方呢？我们能从我们的后代这里期盼到什么好的东西呢？真实的情况将是，有一天，他们会回过头来把我们都统统踩死。对于那些鼓励他们这样做的人，也同样会被他们踩死。"③索尔仁尼琴在返回到他进行创作的隐蔽处所后，就写下了这篇描述他刚刚亲眼看到的情景的散文。做完这件事后，他又回过头来写作《癌病房》的最后一

---

① 索尔仁尼琴：《复活节的十字架游行》(Easter Procession)，选自《故事和散文诗》，第121-126页。
② 同上。
③ 同上。

章,几周之后,他完成了初稿。这部小说刚一写完,他就立即把它送到了《新世界》;在六月十八日的编辑会议上,《新世界》编辑部讨论了这部小说。像此前讨论《第一圈》时一样,意见仍然是不统一的,一些人强烈支持它出版,另一些人则强烈反对它。起初,特瓦尔多夫斯基热烈地为这部小说辩护,声称:"在这个世界上,艺术并不是作为阶级斗争的武器而存在的","它代表着一个新觉醒的民族所进行的道德反思,从这个方面来说,它是反映时事的。"他让索尔仁尼琴相信,他想发表它,"我们将会做这件事,尽我们所有的力量为它斗争。"①

虽然索尔仁尼琴最初被这个积极的回答所鼓舞,但是,他很快就被特瓦尔多夫斯基心思和想法的变化不定激怒了。《新世界》的主编显得不那么热情了,要求进行多处删除和修改,并开始对他的出版计划含糊其辞。索尔仁尼琴对审查制度这件"紧身衣"很恼火,而特瓦尔多夫斯基正试图以此来限制他,同时,出版前景的不确定性也让他沮丧不已,他决定让《癌病房》在地下出版物中进行流传。他依然带着痛苦和心酸的心情回忆《新世界》出版《第一圈》时所遇到的愚蠢的失败,他决心不让同样的命运落到他这次提交的作品上。当特瓦尔多夫斯基得知这部小说的副本正在地下出版物中流传时,他非常生气,接下来发生的争执导致索尔仁尼琴和《新世界》暂时分道扬镳。

索尔仁尼琴竭尽全力要使《癌病房》得以出版,一九六六年十一月十七日,他成功地在莫斯科中心作家俱乐部的一次会议上为他的小说安排了一个讨论会。讨论会的消息在文学圈子中迅速地传播,很快就难以拿到参会门票了。有五十二位作家前来参加,比通常参加俱乐部会议的出席人数都要多。讨论基本上是持同情态度的、具有建设性的,虽然在佐娅·卡特里娜站起来发言时,讨论氛围中充满了愤怒。卡特里娜已是臭名昭著,因为她在最近所进行的对异见作家安德烈·西尼亚夫斯基和尤里·达尼埃尔的公开审判中担任了代表苏维埃迫害者的"社会的原告方"。在她发言期间,她被人们愤怒地诘问着,还有一些听众退席以示抗议。然而,总的来说,索尔仁尼琴的小说得到了同行的赞

---

① 索尔仁尼琴:《牛犊顶橡树》,第 135 页。

扬，人们赞许地将它与俄罗斯文学史上的几部重要作品相比较，其中最著名的是托尔斯泰的《伊万·伊里奇之死》。在会议的总结发言中，索尔仁尼琴为有这次听取意见的机会表达感激之情；而且，他一定还为俱乐部通过了要设法使《癌病房》出版的决议而高兴。列夫·科佩列夫提议，第一步，先把他们的讨论记录抄一份送到《星火》和《辽阔大地》——索尔仁尼琴在收到《新世界》正式的退稿信后，他把《癌病房》的手稿投给了这两份评论杂志。对于索尔仁尼琴来说，这次会议是一次个人性的、实质性的胜利，它是在一种合宜的、乐观的基调中结束的，当时诗人贝拉·阿赫玛杜琳娜冲上讲台，对索尔仁尼琴大声喊道："好样的！让我们向上帝祈祷，求他赐予亚历山大·索尔仁尼琴健康。"①

在这次会议所取得的成功的鼓舞下，索尔仁尼琴开始与苏维埃官方展开有策略的斗争。一九六六年十一月，他不顾所有的规定接受了一个日本记者的采访，在采访的过程中，他提到了《第一圈》的存在，并说它的出版受到阻碍，还提及他的两个未发表的剧本《爱情女与无辜人》和《风中之烛》。当世界正处在冷战的紧要关头时，采访者通常会让作家们表达一下他们对"作家保护和平的职责"的看法。然而，索尔仁尼琴没有给这个日本记者一个通常的陈腐回答：

> 我要扩展这个问题的范围。争取和平的斗争只是作家的社会责任的一个部分。更为重要的是为社会正义、为他的同时代人的灵性价值的增强而斗争。这就是说，在所有的地方，对和平的积极捍卫都必须从对每一个人灵魂中的灵性价值的捍卫开始。我是在俄罗斯文学传统中成长起来的，我不能想象自己成为一个不具有这种目标的作家。②

在他擅自接受日本记者采访的几天中，他还受邀去莫斯科的科恰托夫

---

① 拉贝茨编：《索尔仁尼琴：档案记录》，第 87 - 109 页。
② 索尔仁尼琴：《牛犊顶橡树》，第 458 页。

物理研究所发表演说。有六百人去听讲,他朗读了《癌病房》、《风中之烛》和被公开禁止的《第一圈》的片断,受到人们热烈的欢迎。他公开露面的消息快速地传播着,他被从莫斯科各个地方发来的类似邀请淹没了。他尽可能地接受邀请,一共接受了九个,但是,在最后的时刻,所有的讲座都被神秘地取消了。在卡波夫研究所,当索尔仁尼琴实际上已经乘坐着接送他的车抵达时,却发现门口贴着一个通知说:"由于作家小有不适,演讲取消。"①这些演讲被取消的原因很快就清楚了。莫斯科市党委给所有的会议组织者打电话,威胁说如果他们继续举办讲座就要受到惩罚。尽管如此,十一月三十日,索尔仁尼琴还是受邀在拉扎列夫东方学研究所发表了演说,至于这是对党的禁令的公然违抗,还是无所不知的党没有侦察到这个特别的会议,则无法说清楚。

索尔仁尼琴在朗读取自《癌病房》的两个章节时,有五百个听众在认真地聆听着,但是,他们却没有对随后的公然挑战做好准备。在回答一个听众的问题时,索尔仁尼琴公开地向党的权力部门宣战,大胆地考验它所谓的无限权威。"我过去通常不接受记者的采访,或者不愿意在公共场所露面,因此,我必须说明,我现在为什么开始接受采访,并站在了你们的面前。"在解释说形势已经迫使他必须捍卫自己之后,他对克格勃发起了一场直率的攻击:

> 有这样一个组织:它根本没有明确声称监视艺术,你们可能还会认为它也完全不涉足监视文学,但是,它做了这些事情……这个组织拿走了我的小说和保存文件……即使如此,我什么都没有说,而是继续静静地工作着。但是,他们随后利用我的作品的片断,断章取义,对我进行诽谤……对此,我能做什么呢?只能进行自我捍卫!于是,我来到了这里!②

---

① 同上,第142-145页。
② 同上,第144-145页。

听众最初被他们面前这个演讲者所表现出的明显的自杀式勇气惊呆了。在苏联，没有人听到过有人在公开的讲台上用这样的话语攻击克格勃，没有人这么做过。这种勇气超出了职责的要求，超出了安全的范围，怯懦的人会将这种勇气称为鲁莽。然而，索尔仁尼琴在那些不敢相信这些话的听众面前说出了这些话。当索尔仁尼琴开始朗读已被克格勃查抄的"禁书"《第一圈》时，听众变得越来越兴奋。这一次，他不像在科恰托夫研究所朗读的时候那样温和，他有意阅读那些最具挑衅性的章节，即政治性最强的章节。索尔仁尼琴沉醉于言论的自由中，"台下的五百名听众也同样沉醉于自由之中，他一直都将会愉快地回忆起这个自由地表达言论的时刻。"①

几天之内，这五百个人就在莫斯科建立了一个传播流言的链条，将索尔仁尼琴大胆对抗克格勃的消息传遍了这座城市。一个关于索尔仁尼琴的传奇故事就要诞生了。

然而，十二月初，正当他的越轨行为在俄罗斯首都千家万户中被议论之际，索尔仁尼琴剃掉了他的胡子，以使自己不那么容易被认出来，从而可以悄悄溜出城到他的一个隐藏地继续创作《古拉格群岛》。迈克尔·斯卡梅尔在评论这些开始围绕着索尔仁尼琴的传奇故事时，这样写道：与其说他是"一个火枪手，不如说他是一棵海绿②，他正要过的生活，其刺激性和危险性远远大于他小说中的主人公所过的生活"。③

一九六六年十二月至一九六七年二月间，索尔仁尼琴在修改《古拉格群岛》前六部分的第二稿，在仅仅两个半月的时间中，他修订并重新打印了一万五千多页的内容。为了完成这个超人的任务，他每天工作十六个小时，每八个小时休息一次，于二月二十二日完成了这项工作。在那一天，他写了一篇后记，这篇后记编在这部已经出版的三卷本著作的最后，在这篇后记中，他对自己能够安全地完成这部书表示出了意

---

① 同上。

② 海绿，别名蓝繁缕，它是海边或荒地植物中的小矮个儿，但却能以鲜明的花色和成群的聚落吸引人的注意力。——编者注

③ 斯卡梅尔：《索尔仁尼琴传记》，第575页。

外："有很多次，我都在想，他们不会让我写完的。"确实，如果共产主义的权力机构意识到他正在对苏维埃的监狱制度进行着如此毁灭性的揭露，那么，他们一定不会让他写完的。事实上，他能够安全地完成这本书，得益于他本人小心的、秘密的努力，也得益于那一小部分帮助过他的人。索尔仁尼琴写道："我在一个具有双重纪念意义的日子（这两种意义相互关联）中完成了这本书：这一天是创造了古拉格的那场革命获得胜利的五十周年纪念日，还是铁丝网被发明（一八六七年）一百周年的纪念日。第二个纪念日毫无疑问是没有人会注意的。"①

完成了《古拉格群岛》后，索尔仁尼琴在他反抗苏联压迫的斗争中继续采取进攻的策略。五月十六日，他给第四届苏联作家代表大会写了一封公开信，随后把信的复印件交给了各文学报纸和文学杂志的编辑。让他愤怒的是"令人无法再忍受的压迫，这种压迫以审查制度的形式存在，我们的文学已经忍受这种审查制度几十年了"。这种审查制度"束缚了我们的文学，让不懂文学的人武断地控制着作家们……对于那些能够表达出人民的成熟思想的作品，对于那些能够对灵性领域或者社会良知的发展产生及时、有益影响的作品，审查机关却从国家的观点出发，将它们看作卑鄙的、短视的和自我中心主义的，禁止它们，曲解它们"。②

在从原则上充分阐述了反对审查制度的道理后，索尔仁尼琴考察了此前几十年中不同的作家在苏维埃政权控制下所遭受过的审查和压迫的例子。他以对自身情况的分析而告终，详细说明了他的每一部作品所遭遇的困境——这些作品都曾在审查者的控制下"被窒息、压制和诽谤"。"我受到了如此可耻的侵害……第四届代表大会将会保护我吗？会还是不会？我认为，对于一些代表的文学前途来说，这个选择是非常重要的。"在结束处，他的话颇有挑战性："当然，我有信心在任何情况下都履行我的作家职责……没有人能够阻挡通向真理的道路，为了推进真理的事业，我甚至准备迎接死亡。但是，那些再三被重复的教训不是

---

① 索尔仁尼琴：《古拉格群岛》，第 3 卷，第 527 页。
② 拉贝茨编：《索尔仁尼琴：档案记录》，第 107 页。

教导我们不要让作家在活着的时候停下手中的笔吗？可这从来都没有让我们的历史变得高尚。"①

索尔仁尼琴将他对作家协会的抗议书公之于众，这种有计划的孤注一掷行为似乎取得了好的结果。几天之中，一封由八十位作协成员签名的支持信送到了第四届全苏作家代表大会常务委员会那里。信上说，索尔仁尼琴的信给作家协会和它的每一位成员提出了一些至关重要的问题。不可能假装这封信不存在，不可能只是在沉默中选择逃避。保持沉默"必将给我们文学的权威性和我们社会的尊严造成严重的损害"。② 这八十位作家坚决认为，只有对索尔仁尼琴的信进行充分的、公开的讨论，才能保证文学有一个健康的未来，而文学历来被要求成为人民的良知。这并不是支持索尔仁尼琴公开信的唯一表现。还有许多其他的作家寄信或发电报给作家代表大会常务委员会，要求充分讨论他所提出的问题。

常务委员会毫不理会这些作协成员的愿望，他们继续开会，甚至都不提及索尔仁尼琴的信，只有一名代表有勇气挑战领导层对这个问题明显的沉默。一位名叫薇拉·凯特林斯卡娅的作家不满地说，完全忽视一个人并假装他不存在——就像在会议上发言的人对索尔仁尼琴所采取的做法那样——是让人无法忍受的。她的话被报以热烈的掌声，但是，除了这一个令他们尴尬的时刻外，权力部门成功地操纵着整场大会，再没有对这封公开信有任何的提及。

六月十二日，索尔仁尼琴收到了特瓦尔多夫斯基的信（特瓦尔多夫斯基显然是屈服于作协领导层而写的这封信），他受邀与特瓦尔多夫斯基一起去和作协书记处的四位成员见面。索尔仁尼琴吃惊地发现，他昔日的对手们都变得既客气，又有和解之意。这些书记处的成员们都很关心秘密流传的《癌病房》副本的数量；有传言说，可能已有副本被送到了西方。索尔仁尼琴只是声明道，即便是这样，他也不应当受到指责。在这个时候，特瓦尔多夫斯基抓住这一机会力图促成妥协。"这就

---

① 同上，第 112 页。
② 同上。

是我为什么说《癌病房》要立即出版的原因。这会终止西方所有的喧闹声，并阻止它在那里出版。我们必须在两天内在《文学报》上发表一些选段，并附上简短的说明，说这本小说即将全部出版。"①令索尔仁尼琴吃惊的是，这些书记处的成员们居然同意了，他兴高采烈地离开了会场，觉得他终于打败了这个加在他作品上的禁令。

他高兴得还是太早了。《文学报》上并没有发表作协的声明，也没有发表所承诺的《癌病房》的选段。这个提议遭到中央委员会文化部门的否决。

三个月后，一九六七年九月十二日，索尔仁尼琴重新发起攻击，给作协书记处的所有成员写了一封信。他愤怒地说，他的公开信虽然得到了一百多位作家的支持，但是，他的作品既没有被发表，也没有得到回应。然而，他的主要目的是要控诉不断被用于阻止《癌病房》出版的拖延策略。自从一九六六年夏起，一年多来，他的小说一直都处在模棱两可的状态中，既没有直接被禁止，也没有得到直接的允许。他重申了《新世界》出版这部小说的愿望——虽然它还没有得到出版它的许可。"难道书记处认为，我的小说会由于这些无穷无尽的耽搁而悄悄地消失吗？我也会不复存在吗？……当这种拖延继续发生时，这本书也正在各处被贪婪地阅读着。在读者的要求下，它已经有几百份的副本了。"他提醒这些书记处的成员们想一想他们在六月十二日的讨论，还有他们的担忧：即如果这种审查制度在苏联继续存在的话，《癌病房》可能会在西方出版。然后，作为提高赌注、施加压力的致命一击，他暗示道，若在西方出版，"很显然将会是书记处的错误（或许是愿望？）"，书记处要为苏维埃出版物在获得出版许可方面所遭受的无意义的长期拖延负全责。"我坚决要求，我的小说立即出版。"②

这封信产生了预期的效果。十天后，索尔仁尼琴参加了书记处的一次会议，作协书记处的三十来位成员，还有中央委员会文化部门的一位代表出席了这次会议。

---

① 索尔仁尼琴：《牛犊顶橡树》，第169－174页。
② 拉贝茨编：《索尔仁尼琴：档案记录》，第130－131页。

一开始，会议就受到了严格的控制。会议主席不悦地开始了会议的议程，他说，索尔仁尼琴最近的一封信是对全体在场人员的一个污辱，它包含着某种威胁性的东西。它是一次攻击，就像"打在脸上的一记耳光"；它暗示书记处的成员们"是道德败坏的人，不是有创造力的知识分子的代表"。另一位成员要求知道，索尔仁尼琴第一封信的内容是如何通过广播传到西方去的，并且问道，他为什么不与这种"放肆的资产阶级宣传"划清界限。索尔仁尼琴回答道，他不是一个需要顺从地站起来回答每一个问题的小学生。稍后，就书记处的一些成员将他最近的一封信等同于一个最后通牒——要么出版这部小说，要么它将在西方出版，对此他做出了回应。他回答道："不是**我**向书记处提出这个最后通牒的。是生活把这个最后通牒同时放到了你们和我的面前。"他解释说，几百份《癌病房》的副本正在全俄罗斯流传着，这些副本中的一部分会被传到西方，这只是一个时间的问题。无论他是否喜欢，他都不能做什么来阻止它的发生。还有一些人指责说，这封信没有将书记处的成员看作"写作中和劳动中的兄弟"，这些指责并没有使他受到感动。"然而，事实上正是这些写作中和劳动中的兄弟，在两年半的时间里冷静地看着我被压制、迫害和诽谤……还有报纸的编辑们，也像兄弟一样，不发表我的辩驳之辞，以此来加固在我身上织就的那张谎言之网。"①

随着这次会议的进行，这些"兄弟们"的敌意越来越明显，或者说，回到了老套的保守立场。书记处的一位成员完全不顾苏维埃媒体对待索尔仁尼琴的不义做法，居然要求他公开反对西方的宣传。另一位成员指出，《癌病房》绝不能出版，因为它将会被用来反抗苏维埃的政权："对于我们来说，索尔仁尼琴的作品比帕斯捷尔纳克的作品还要危险：帕斯捷尔纳克只是一个脱离生活的人，而索尔仁尼琴则是一个原则性极强的人，他有着积极的、好战的和思辩的气质。"②

索尔仁尼琴发现，在一群有敌意的听众中间，他是如此孤立，这些

---

① 同上，第 133 页。

② 爱德华·小艾里克逊（Edward Ericson, Jr.）：《索尔仁尼琴的道德观》（*Solzhenitsyn: The Moral Vision*, Grand Rapids, Mich. : Willian B. Eerdmans, 1980），第 89 页。

听众当中有几个人已经要求将他逐出作家协会了，于是，这个原则性极强的危险分子开始进行反击：

> 我绝对无法理解为什么《癌病房》被指责为反人道主义的作品。实际情况恰恰相反，生命战胜了死亡……就我的本性来说，如果情况不是这样的，我也不会去写它。但是，我不认为，文学的任务是向社会或者个人隐瞒真相或者缓和真相……作家的任务是选择……普遍的和永恒的问题，比如人类心灵和良知的秘密，生与死的对抗，对灵里悲伤的战胜，人类历史中的规律——这些法则都是在远古的深处生成的，只有当太阳不再照耀大地时，它们才会停止存在。①

索尔仁尼琴对永恒真理的重申被充耳不闻。他的听众认为，统治着人类历史的那些规律已经在一百年前被一个侨居伦敦的德国人发现了。现在，落到苏联共产党身上的任务则是充当这个绝对真理的可靠的保卫者。对于作协书记处来说，索尔仁尼琴只是一个必须保持沉默的异见分子。这次会议在仇恨的气氛中结束了，书记处要求索尔仁尼琴不要再充当政治反对派的角色，即"在西方人们所赋予您的这种角色"，对此，索尔仁尼琴回答说，他的角色是一名作家，是超越政治的。当索尔仁尼琴离开会场时，他知道，他独自向极权主义发起的战斗已经进入到了一个新的、危险的阶段。

在这次会议快要结束时，索尔仁尼琴挑战性地评论道，虽然他不能回复那些正在传播着的对他的诽谤——如果作协拒绝帮助他驳斥这些错误的指控，就更是如此；但是，令他感到欣慰的是：他知道这些诽谤伤害不了他，因为他在苏联的集中营里已经变得非常坚强了。他痛苦地意识到他缺少盟友，他的敌人正准备着对他发起下一阶段的进攻，他要作好防备，以迎接另一波诽谤袭来。十月五日，《真理报》主编米哈伊尔·齐米亚宁在列宁格勒出版社发表讲话，对索尔仁尼琴进行了恶意的

---

① 同上，第 147 页。

攻击。齐米亚宁说：

> 此刻，索尔仁尼琴在资本主义国家的宣传活动中占据着一个重
> 要的位置。他是一个心理失衡的人，是一个精神分裂者……索尔
> 仁尼琴的作品针对苏维埃制度，他在苏维埃制度中所发现的仅仅
> 是痛苦和癌症肿瘤。他在我们的社会中看不到任何积极的东西
> ……很显然，我们不能出版他的作品。虽然索尔仁尼琴要求我们
> 这样做，但他的要求不能得到满足。如果他创作符合我们的社会
> 利益的小说，那么，他的作品就会被出版。①

就在齐米亚宁对他发起这种不公正的攻击的同一个月份中，索尔
仁尼琴就公正这一主题给此前曾拜访过他的三个学生写了一封信。他
将公正等同于良知，他说，没有什么东西可以与公正相提并论，就像没
有什么东西可以与良知相提并论一样。确实，公正即是良知，但不是个
人的良知，而是整个人类的良知。那些清楚地听到他们自己的良知声
音的人，通常也会听到公正的声音。反过来说也同样是正确的，那些完
全堕落、不再遵循良知命令的人就是对不公正的行为最没有免疫力的
人。"建立在良知基础上的信念和心灵的内在节拍（人们知道，在个人
的生活中，它就是我们常常试图压制的良知声音）一样可靠。"②

在接下来的一年中，索尔仁尼琴的个人生活也将经历重大的改变。
对于一个像他这样认真地聆听良知声音的人来说，在他能够用一种对
他来说绝对算是最好的方法（对娜塔丽娅·列舍托夫斯卡娅来说，也许
就并非如此）来解决这些变化之前，它们将会给他带来痛苦、内省和负
罪感。

一九六八年八月二十六日，他遇见一位正在攻读数学副博士学位
的女研究生，她二十八岁，名叫娜塔丽娅·斯维特洛娃。他立即被"这
个热情的年轻女人迷住了，她黑色的头发优雅地飘在她褐色的眼睛上

---

① 同上，第 152 页。
② 同上，第 151－152 页。

方！她的穿着毫无矫揉造作的痕迹。"①他很快就发现，她思维活跃，对于苏维埃社会和他持有同样的观点。在他与官方的斗争中，她将会成为一个非常能干的助手。

阿莉娅——斯维特洛娃喜欢人们这样叫她——一九三九年出生在莫斯科。像其他的许多人一样，她在古拉格的阴影中长大。她的外祖父在她出生前一年被捕，随后死在劳改营。她的父亲一九四一年十二月在前线被杀。一九五六年，她在莫斯科完成了高中学业，由于学习成绩突出而获得金质奖章（根据伊格纳特·索尔仁尼琴的说法，这表明在她十年的学习生涯中所有的成绩全是 A 或五分）。②她本人非常喜欢历史和文学，但是，她极其厌恶意识形态审查及其在人文科学领域的无处不在，于是，她决定填报莫斯科大学著名的数学力学系，在柯尔莫戈洛夫教授的指导下学习；毕业后，受邀在他的数理统计学实验室中工作。

在中小学以及随后的大学中，阿莉娅一直都积极参加各项体育运动。她两次赢得苏联的赛艇比赛冠军，后来，她又对登山、河上探险、真正的攀岩运动产生了浓厚的兴趣。在大学时，她和数学力学系的一个代数学专业的学生安德烈·秋林结了婚，一九六二年，他们的儿子德米特里出生了。一九六四年，阿莉娅和秋林离婚，然而，她一直和他以及他的第二个家庭保持着良好的关系。

阿莉娅第一次遇见索尔仁尼琴时，她已经积极地参加莫斯科社会文化生活很多年了，和这个城市的文学圈子和音乐圈子中的许多主要人物都很熟悉。她是娜杰日达·雅科夫列夫娜·曼德尔施坦——曼德尔施坦是作为世界级文学天才而引人注目的、战后俄罗斯的许多作家之一③——家中的常客。正是在曼德尔施坦家中，阿莉娅遇到了作家伊里亚·爱伦堡的秘书娜塔丽娅·斯托里亚洛娃，并和她成了好朋友。斯托里亚洛娃是索尔仁尼琴的一个热烈的崇拜者，在她主动从巴黎回

---

① 索尔仁尼琴:《看不见的盟友》，第 197 页。
② 1998 年 10 月，伊格纳特·索尔仁尼琴附在阿莉娅·索尔仁尼琴答记者问之后的注释。
③ 斯卡梅尔:《索尔仁尼琴传记》，第 484 页。

到苏联后,曾被判处在劳改营中劳改,她给他提供过许多写作《古拉格群岛》的宝贵信息。正是斯托里亚洛娃介绍阿莉娅与索尔仁尼琴相识的。①

在他们第一次见面后,阿莉娅就成了索尔仁尼琴最为信赖和最为能干的一个盟友。她同意打印完整版的《第一圈》,每天晚上在把幼小的儿子哄睡后,她就刻苦地打上几个小时。索尔仁尼琴回忆说:"在我们第四次或第五次见面时,我就像一个人要表达对朋友的感谢或信赖之情时所做的那样,把手放在了她的肩头上。这个姿势一下子完全改变了我们的生活:从这时起,她就成了阿莉娅,成了我的第二任妻子。"②

当时,仍然还存在着关于第一任妻子的尴尬问题。尽管他们有着许多的分歧,尽管索尔仁尼琴已经越来越长时期地离开家,但是,娜塔丽娅觉得仍然拥有他,为他越来越长时间地离开自己而嫉妒不已。这种尴尬的状况一直又持续了四年,直到娜塔丽娅最终同意离婚,允许索尔仁尼琴和阿莉娅结婚。在这个过渡时期,人们可以猜想一下索尔仁尼琴要如何尽力地压制着良知的声音。然而,无庸置疑的是,他终于找到了他的生活伴侣。据二人共同的一位朋友回忆,索尔仁尼琴在阿莉娅身上找到了他最为需要的东西。"她有教养、聪明、机智,有许多的朋友;她身体娇小,外形优美,举止优雅。"她认真负责地为他工作,他可以完全信任她,不用保留任何秘密。虽然她意志坚强、有独立的见解,绝不是索尔仁尼琴的传声筒,但是,她从来不在本质问题上与索尔仁尼琴产生意见分歧。"她是一位少有的女性,一个没有任何虚荣心的人。"③

索尔仁尼琴写道,多年来,他一直都在梦想着可以找到一位观点和他如此相近的同性朋友,但只是徒然。后来,当他几乎放弃了希望的时候,他遇见了他的心灵伴侣,她不仅与他持有同样的政治观点,而且,更

---

① 前述传记信息是由阿莉娅·索尔仁尼琴在回答作者提问时给出的。
② 索尔仁尼琴:《看不见的盟友》,第198-200页。
③ 托马斯:《亚历山大·索尔仁尼琴生命中的一个世纪》,第340页。

为重要的是,还与他持有同样的灵性观点。虽然从母亲这方面来说,她是一个犹太人,但是,在信仰上,阿莉娅是一位东正教徒,从她最本质的方面来说,她是一个充满着深深的爱国热情的俄罗斯人。"她对俄罗斯人最精华的所有东西都具有一种根深蒂固的亲切感,还对俄罗斯的语言显示出异乎寻常的关心与热爱。这一点再加上她活力四射的样子,就让我常常想看到她。"①从阿莉娅的方面来说,她曾对一个朋友这样说道:尽管她很钦佩和尊重她的第一任丈夫,但是,直到她遇到了索尔仁尼琴,她才知道什么是爱情。②

她的爱将会使她付出昂贵的代价。他们结婚后,她一连串地为他生了三个孩子,而且都是儿子。随后,她将带着这三个婴儿,跟随丈夫去流亡,勇敢地面对无处不在的新闻媒体和全新生活的考验,一开始是在瑞士,后来是在美国。经过这一切,她证明了她是一个适应能力超强的人,她抚养孩子,无私地支持丈夫的一切工作。索尔仁尼琴在将要过完中年的时候找到了他最伟大的盟友。

与阿莉娅初次见面后的几个月,索尔仁尼琴发现自己在遥远的地方还有许多的新朋友。秋天,《癌病房》和《第一圈》在米兰、法兰克福和巴黎出版后,又在英国和美国出版。与在祖国的宿敌不同,他在西方的新朋友只是一味地赞扬索尔仁尼琴的作品。对《第一圈》的评论尤其是极尽溢美之辞。托马斯·拉斯基在《纽约时报》上写道:它立刻"就既是经典的,也是当代的……后代人将会带着惊异和敬畏的心情来阅读它"。理查德·辛格雷在《观察家》杂志上将它描述为"几乎是二十世纪俄罗斯最伟大的一部小说"。《星期日泰晤士报》的朱利安·西蒙斯称它为"一部宏大的天才著作"。③

对他的作品的这种接受方式和他从作协的弟兄们那里得到的接受方式是多么地不同啊。最为关键的是,既然西方的资产阶级势力声称他们是他的朋友,那么,他还能从他的这些作协的弟兄们这里期望得到

---

①　索尔仁尼琴:《看不见的盟友》,第 198－199 页。

②　斯卡梅尔:《索尔仁尼琴传记》,第 661 页。

③　同上,第 642 页。

什么呢？无论他又得到些什么样的新朋友，索尔仁尼琴都非常清楚地意识到，他的宿敌依然如故。他不需要被提醒等待着他的将会是什么。就在他的书在西方出版之际，苏维埃的坦克开进了捷克斯洛伐克，以肇始于斯大林的那种悠久方式将言论自由碾得粉碎。

索尔仁尼琴和阿莉娅·斯维特洛娃充满期待地等待着精神支援和支持，准备着迎接即将来临的暴风雨。

第十三章　俄罗斯之忧

一九六九年，西方继续向索尔仁尼琴示好。他的书在欧洲和美国非常畅销，西方的出版商鼓噪着竞相翻译他的作品。他的两个剧本《风中之烛》和《爱情女与无辜人》分别在法兰克福和伦敦出版。西方的自由派知识分子同时也开始怀疑，索尔仁尼琴非但不是西方价值观的拥护者，而且，就像对共产主义的极权主义毫无好感一样，他对资本主义的消费主义也毫无好感。

虽然此时他本人的观点仍然处在发展的过程中，但是，这些观点源于俄罗斯的传统，与在欧洲和美国占优势地位的物质主义毫无共同之处。索尔仁尼琴的基本信仰扎根于劳改营中的灵性斗争，它主张无私地自我限制，反对自私地满足不必要的欲求。当他看到俄罗斯人贪婪地给自己购买各种小玩意儿和其他的消费品、接受来自西方的物质引导的时候，他感到极度不快。这不是生命的意义所在。

或早或晚，他的观点不仅使他和他在共产主义统治阶层中的宿敌产生冲突，而且还使他和他在异见的自由派中的老朋友们产生冲突。一九六九年九月，这种冲突达到了最高峰，索尔仁尼琴和《新世界》的编辑们的分歧公开化了。这次争论源于《新世界》和月刊《青年近卫军》一直都在进行着的一场激烈辩论，起因是文学批评家维克多·恰尔马耶夫前一年在《青年近卫军》上发表的两篇文章。恰尔马耶夫的观点被他的对手们称为"民族布尔什维克主义"，他们认为它实质上是断章取义的马克思主义和俄罗斯爱国主义的反动混合，是两个相互冲突的命题的混淆。恰尔马耶夫抨击西方，认为它正处在令人绝望的堕落和退化中，并因"过度的仇恨"和一切罪恶的源头而窒息。任何试图通过输入它的技术——或者更糟糕的是，输入它的消费品或文化——而同它建立联系的做法，都是错误的，也是危险的。所造成的唯一结果就是将西方的流毒传播到东方来。与西方堕落的颓废状态相比，俄罗斯的传统是纯净的、合乎道德的，滋养着它的是一汪"神圣的清泉"。近年来，这种俄罗斯精神在西方舶来品——比如电视、电影和大众传媒——庸俗化的影响下已经蜕化了，但是，通过使它回归源头，通过从俄罗斯的村庄、俄罗斯人民的道德和灵性价值、干净的大众习语中汲取灵感，这种精神还是可以得到复兴的。恰尔马耶夫神秘地诉诸本乡本土的神圣力量，甚至乞灵于神圣俄罗斯——她拥有那些圣徒和义人，对神迹和爱的仁慈之渴望造就了他们。恰尔马耶夫通过一种奇怪的逻辑飞跃断定，所有的这一切在壮丽的俄罗斯革命——这个"神圣行动"是千年俄罗斯历史中最出色的表现和登峰造极的时刻——中达到了高潮。索尔仁尼琴的介入并不是因为他同意恰尔马耶夫的文章本身，他发现他们之间存在着一些格格不入的方面；而是因为他不同意《新世界》批判这些文章的根据。

恰尔马耶夫的文章发表后，引起了强烈的抗议和争论，在此期间，《新世界》在一九六九年第七期上发表了对恰尔马耶夫观点的回应。《新世界》上发表的那篇驳斥文章的作者是亚历山大·德门迪耶夫，他嘲笑了恰尔马耶夫的爱国主义精神及其对教会历史所持有的那种"非列宁主义"的屈服态度。认为恰尔马耶夫的斯拉夫主义是反动的，他对俄罗斯的乡村田园生活的赞扬是不切实际的。最糟糕的是他对技术现代化含有敌意。德门迪耶夫写道，这种敌意不是马克思列宁主义的，而是一种"教条式的曲解"。马克思列宁主义是国际主义的、进步的、支持现代化的。

九月份，索尔仁尼琴去了一趟《新世界》的办公室，人们本来以为他会完全同意德门迪耶夫对恰尔马耶夫的文章所进行的自由马克思主义的批判。然而，索尔仁尼琴既不是一个自由主义者，也不是一个马克思主义者，他认为德门迪耶夫攻击恰尔马耶夫的理由都是错误的。在恰尔马耶夫的文章中,索尔仁尼琴最不同意的部分是,赞颂与革命的种种关联,以及荒诞地声称,本身就是西方糟粕的马克思主义和俄罗斯历史中崇高的方面有某种联系。当然,他还和《新世界》一样讨厌恰尔马耶夫的言过其实和偏执口吻、低劣的和持强硬派立场的花言巧语和极端的恐外症。然而,他还是被这篇文章中包含着的一些积极的、健康的主题和观点所鼓舞,据他所知,这类主题和观点是第一次在苏维埃的官方出版物上出现。他感到高兴的是,恰尔马耶夫是诉诸俄罗斯爱国主义,而不是苏维埃爱国主义;他还欣喜地看到,恰尔马耶夫赞扬早期俄罗斯教会和俄罗斯圣徒,并赏识俄罗斯乡村生活和乡村文化;他与恰尔马耶夫一样都对俄罗斯民族传统的独特性葆有崇敬之情。

索尔仁尼琴和《新世界》的自由马克思主义者之间的分歧前所未有地突显了出来。他们以革命的名义拒绝俄罗斯的民族传统,而他则持有一种与之正好对立的观点,即认为必须以俄罗斯民族传统的名义拒绝革命。这在苏联当然是一种危险的异端邪说,即便是对于《新世界》这些宽容的自由主义者们来说,这种观点也是极其过分的。索尔仁尼琴选择了缄默,没有指责革命,甚至强忍着不提他同意恰尔马耶夫对西方的许多批评;但他清楚地指出,他不同意德门迪耶夫的回答的本质。

索尔仁尼琴渐渐地疏远了他的一些盟友,同时还准备着迎接他的敌人们的下一波迫害。迫害不久就来到了。一九六九年十一月四日,他参加了梁赞作协——他是梁赞作协的会员——的一次会议。会议一开始即汇报了作家协会为了在作家中加强思想教育工作所要采取的措施。作为这次运动的一个部分,则是要控告莫斯科分部的几名会员,这其中包括列夫·科佩列夫;同时,还要控告他们梁赞分部的一名会员,也就是索尔仁尼琴。一个名叫瓦西里·马图什金的会员提醒大会:作家协会的存在是要把所有持共同观点的人团聚在一起,他们要建设共产主义,向它奉献出他们所有的创作,紧跟社会主义-现实主义的道路。"因此,作家协会中没有索尔仁尼琴存在的空间;让他独立地工作吧。虽然这是痛苦的,但是我一定要说,亚历山大·伊撒耶维奇,我们和你有着不同的道路,我们将不得不分道扬镳。"另一名会员指责道,索尔仁尼琴作品的思想性质无助于建设一个共产主义的社会,是在给苏联光辉的未来抹黑。作协的成员一个接一个地谴责索尔仁尼琴,要求将他逐出作协。索尔仁尼琴和往常一样大胆地进行自卫:"不! 对斯大林的罪行含糊不清地保持沉默或者无视真相是不可能的。有几百万人遭害,他们要求揭露真相。反思一下下面这个问题也许会是一个好方法:假如对这些罪行保持沉默,这将会给青年一代带来什么样的道德影响呢? 它将意味着还要再有几百万人陷入堕落。"①

这些会员没有被索尔仁尼琴的话语打动,他们宣读了一份提前准备好的决议草案:"这次会议认为,索尔仁尼琴的行为从性质上来说是反社会的,在根本上与苏联作家协会的宗旨和目标相抵触。鉴于他反社会的行为……决定将作家索尔仁尼琴开除出苏联作家协会。我们请求书记处批准这一决定。"②在随后的投票中,只有一位会员对这项决议投反对票。

将索尔仁尼琴开除出作协的决议很快就被书记处批准,并在十一月十二日的《文学报》上公布出来。《文学报》提醒它的读者说,敌对的资产阶级正在积极利用索尔仁尼琴的作品从事着诽谤他的祖国的宣传活动,索尔仁尼琴本人的行动和声明也在有力地帮助着煽动以他的名字为中心所展开的反苏叫嚣。

索尔仁尼琴寄给作协书记处的抗议信是一篇猛烈抨击的杰作,他向那些希望他保持沉默的人大发脾气:

> 快将时钟上的灰尘吹掉吧——你们已经落后于时代了。拉开那个你们所珍视的沉重窗帘吧——你们甚至还没觉察到天已破晓。这已经不是你们奴颜婢膝地开除阿赫马托娃的那个令人窒息的、阴暗的、一去不复返的时代了。甚至不是你们开除帕斯捷尔纳克、并大声地辱骂他的那个让人胆怯的、寒冷的时代了。难道这些可耻的事对你们来说还不够吗? 你们想要使它再增加吗? 但是,你们每一个人竭尽办法想要从今天这个决议上抹去自己签名的时代

---

① 拉贝茨编:《索尔仁尼琴:档案记录》,第181、215页。

② 同上,第217页。

已经近了。①

接下来是对冷战时期的盲目狭隘主义的抨击和对它所要带来的环境灾难的警告：

> 离开"敌人"，你们就活不下去；与种族仇恨半斤八两的仇恨，已经变成了你们贫瘠的生存氛围。但是，我们作为一致的、共同的人类这一意识却因此而在消失，它的全面消亡也正在加速到来。如果南极洲的冰川明天就要融化，我们所有的人都汇成一个漂浮的人海，到那时候，你们又将把"阶级斗争"的概念灌输到谁的大脑中呢？更不要说这样的时代了：少数残存下来的两足动物在充满射线的地球上徘徊，慢慢死亡。②

索尔仁尼琴提醒他的迫害者们，他们首先是属于人类，需要的是思想自由和言论自由："敞开、诚实和完全公开，这是一切社会健康发展的首要条件，包括我们自己的社会。如果有谁不想让我们的国家拥有这种公开性，那么，他就完全不关心他的祖国，他所考虑的仅仅是自己的个人利益。谁不希望他的祖国拥有这种公开性，他就不想消除祖国的疾病，而是想把疾病引入祖国，使它溃烂。"③

索尔仁尼琴被开除出作协在西方引起了一波激烈的抗议热潮。十一月十八日，大卫·卡弗和皮埃尔·依曼纽尔分别以他们国际笔会秘书和主席身份向苏联作协主席康斯坦定·费定发了一封电报，说他们对"这位伟大的、广受尊重的作家"遭到开除一事感到错愕和震惊。卡弗和依曼纽尔呼吁费定亲自调停，以使索尔仁尼琴的成员资格得以恢复，希望这样就可以帮助"一个我们最杰出的同行来对抗他长期遭受的应当受到谴责的迫害"。费定的回答极其简洁，他称卡弗和依曼纽尔的电报是对苏

---

① 同上，第 218 页。
② 同上，第 220 页。
③ 同上。

联作协内部事务史无前例的干预。卡弗和依曼纽尔对此予以回应,对费定电文中的语气和内容感到遗憾,并重申了他们的这一看法:即认为索尔仁尼琴的作家才能在任何地方都是受欢迎的,苏联作协应当以有他这样的会员感到荣幸。①

更让苏维埃官方担心的一定是西方的那些社会主义同路人的强烈批评——这些人通常都是对苏维埃的政策持同情态度的。索尔仁尼琴被开除后,法国全国作家委员会发表的一份声明颇能说明左派的义愤之情。这份声明由十六位著名的法国作家签名,其中包括路易·阿拉贡、米歇尔·布托尔、让-保罗·萨特,它表明了这样一种担心:索尔仁尼琴被开除是"在整个世界面前所犯下的一个重大的错误,它不仅会对苏联有害,而且还会帮助证实那些社会主义的敌人们所宣传的一些关于社会主义的看法"。尽管有这个"错误",这些作家仍然认为苏联政权在本质上、政治上是正确的,他们声明:"我们还是愿意相信……这个国家的最高委员会仍然是正确的,我们认为,十月革命的胜利和希特勒法西斯主义的溃败都要归功于它。"这份声明是以"我们为之而生、为之而战、为之而死的共同利益"的名义签署的。②

令人印象最为深刻的还是十二月三日由一群著名的国际人士写给康斯坦定·费定的一封信。"我们拒绝以下这种看法:在一个文明社会中一个艺术家谦恭地拒绝接受国家的检查制度会是违法的;或者,他的著作在国外出版成为迫害他的理由……我们以和平卫士的身份签上了我们的名字,坚决支持亚历山大·索尔仁尼琴对最基本的人类精神权利的捍卫,因为正是这些精神权利将世界各处的文明人联结在一起。"签名的有阿瑟·米勒、查尔斯·布拉瑟林·弗拉德、哈里森·索尔兹伯里、约翰·厄普代克、约翰·奇弗、杜鲁门·卡波特、理查德·威尔伯、让-保罗·萨特、卡洛斯·富恩特斯、三岛由纪夫、伊戈尔·斯特拉文斯基、君特·格拉斯、弗里德里希·迪伦马特、海因里希·波尔、小库尔

---

① 同上,第 221 页。
② 同上,第 222—223 页。

特·冯内古特、米切尔·威尔逊。①

十二月十六日，英国《泰晤士报》发表了一封由三十位知名作家签名的信，信中谴责对索尔仁尼琴这样一位有才华的作家的压制，认为这是一桩反文明的罪行。在信上签名的人有 W. H. 奥登、A. J. 艾耶尔、布莱恩·格兰维尔、君特·格拉斯、格雷姆·格林、朱利安·赫胥黎、罗莎蒙德·莱曼、阿瑟·米勒、玛丽·麦卡锡、穆雷尔·斯帕克、菲利普·汤因比和伯纳德·沃尔。

当全世界的文人学者都争相谴责苏联是人类文明的敌人时，除了最盲目的苏维埃官员之外，对所有的人来说，十分清楚的是，用开除出作协这种简单粗暴的方法来压制索尔仁尼琴的一切努力，已经变成了一个不幸的决策失误。他因此成了一个国际性的轰动人物，是一个面对国家检查制度为人权斗争的鲜活象征。如果对索尔仁尼琴在最近这场迫害中的胜利出场还存有疑惑的话，那么，这种疑惑到一九七〇年十月八日就会彻底消散，在这一天，他因"在追求俄罗斯文学不可缺少的传统中表现出来的道德力量"而被授予诺贝尔文学奖。②

可以预见，苏维埃官方对索尔仁尼琴被授予这项世界上最具权威性的文学大奖的第一个反应会是愤怒。十月十日，《消息报》宣布，将索尔仁尼琴开除出作协的做法得到了全国广大群众的支持，继而又指出这个奖项的授予是索尔仁尼琴的作品被西方反动派用作反苏目的的另一个例证。十月十四日，新斯大林主义的《苏维埃俄罗斯报》称它是一项纯粹的政治活动，称它实质上是一个挑衅，是一个反苏人士的另一项国际动作。同一天，《文学报》指责诺贝尔奖委员会屈服于反苏潮流。十月十七日，《苏维埃周刊》嘲讽这个奖项的授予，说它"不是一次真正的文学奖励，而是一个恶意炮制的轰动事件"。在拒绝承认这个奖项的授予之后，文章还批评索尔仁尼琴本人并不是一位足够出色的作家："他一定是确切地认识到了，他的文学才能不仅低于过去的那些出众的人物，而且也不如他的许多苏维埃的同代人——西方决心要

---

① 同上，第 223 页。
② 同上，第 237 页。

忽视这些作家，因为他们认为，这些作家作品中的真理的影响是让人不快的。"①

在《苏维埃周刊》以如此轻蔑的方式拒绝承认索尔仁尼琴和诺贝尔文学奖的同一天，《共青团真理报》则更进一步，把索尔仁尼琴获奖看作是一种亵渎。进而，这份期刊继续说道，索尔仁尼琴既缺少公民的情感，也缺少普遍承认的道德准则，以至于他"抛弃了他的良知，卑鄙地去撒谎"。②

也有人对此持不同的看法。从莫尔多维亚地区的波特马的苏维埃劳改营中悄悄地传出一条讯息，包括尤里·卡兰斯科夫——这位年轻的俄罗斯诗人因编辑地下刊物《凤凰》在一九六八年被判了七年的苦役——在内的一群政治犯在上面签了名，要为索尔仁尼琴送上衷心的祝贺："您勇敢的、创造性的作品托举起人的尊严，揭露了人类灵魂所遭受的践踏和人类价值所受到的摧毁；铁丝网和自动步枪使我们不能亲自向您表达我们对您这些作品的深深的赞美之情。"③

苏维埃官方也许不会太在意这些政治犯们的看法，因为他们纯粹是人民的敌人；但是，他们一定会担心法国和意大利的共产主义者们、他们在西方的同志们给予索尔仁尼琴的支持。一位作家在法国的共产主义报纸《人道报》上高度赞扬将诺贝尔文学奖授予索尔仁尼琴，认为他是一位"真正的作家，忠实地履行了照他所见说出真相的使命，这是他的社会责任之基本部分"。④ 同时，意大利的共产主义报刊《团结报》认为，它"事关社会主义国家中的言论自由、持异见的自由，事关国家的正当性及其价值"。⑤

这个关于言论自由和持异见自由的问题作为诺尔贝奖的余波，成了许多苏维埃公民心中最主要的问题。十月十日，三十七位杰出的苏联知识分子签署了一封祝贺索尔仁尼琴获奖的信，三周后，著名的大提

---

① 《苏维埃周刊》，1970 年 10 月 17 日。
② 《共青团真理报》，1970 年 10 月 17 日。
③ 拉贝茨编：《索尔仁尼琴：档案记录》，第 244 页。
④ 《人道报》，1970 年 10 月 9 日。
⑤ 《团结报》，1970 年 10 月 9 日。

琴演奏家、作曲家姆斯蒂斯拉夫·罗斯特洛维奇给《真理报》、《消息报》、《文学报》和文化期刊《苏维埃文化》的编辑们寄了一封公开信。罗斯特洛维奇和索尔仁尼琴是好朋友,索尔仁尼琴也是罗斯特洛维奇在莫斯科近郊的住宅的常客。在被驱逐出作家协会期间,索尔仁尼琴一直都住在罗斯特洛维奇家里创作他的小说《一九一四年八月》。在听到他被授予诺贝尔奖的消息的那一天,他正住在他家里,并且刚刚将这部小说写完。现在,眼见苏维埃媒体发起这场针对他的朋友的敌意活动,罗斯特洛维奇奋起参与论争。"我知道,在我寄出这封信后,无疑会有对我的'意见',但是,我不害怕。我公开地说出了我所想的……我读过索尔仁尼琴的许多作品,我喜欢它们。我认为,他有通过自己的苦难写出他所看见的真相的权利,在这场针对他的运动中,我没有理由掩饰我对他的态度。"①

不用说,罗斯特洛维奇的信没能在苏联的任何刊物上发表,但是,此信却登在十一月十六日的《纽约时报》上,掀起了一场很大的风波。他把信公之于众的勇气体现了持不同政见者的人数正在增加,面对苏维埃的压迫,他们准备发出自己的声音。索尔仁尼琴的勇气显然是具有传染性的,并且传播到了当局并不希望播及的那些社会群体。

在官方圈子含有敌意的反应之阴影下,索尔仁尼琴决定不去瑞典领取这个奖项。十一月二十七日,他写信给瑞典科学院,解释说,任何国外旅行都会被用来使他与祖国分离。他将会被禁止回国。② 他现在觉得,苏联政府认为他是一个累赘,他们很愿意摆脱他。他能够察觉到他们局促不安,因此不愿让他们轻易甩掉包袱。此外,他也不愿意离开俄罗斯祖国去西方过一种流亡的生活。无论未来如何,他都想在自己的故土面对它。

在写给瑞典科学院的这封信的结尾处,索尔仁尼琴说他准备提供一份书面的诺贝尔奖演说辞——因为他缺席授奖仪式也就无法亲自演说。一年后,这篇演说辞终于发表,成了苏联这场争取公民自由的斗争

---

① 《纽约时报》,1970 年 11 月 16 日。
② 《纽约时报》,1970 年 12 月 1 日。

中又一有力武器。然而,它也是对艺术的本质和目的所做出的敏锐的、有洞察力的揭示。索尔仁尼琴坚称:

> 艺术家的任务是要比其他人更敏锐地感知到世界的和谐,感知到人类对世界所行之事的美与凌辱,并将它们生动地传达给人们……借助于艺术,我们有时会隐约地、短暂地获取到理性所无法把握的启示。就像是童话故事里的那个小镜子,你往里看,看到的不是你自己,在那一刻,你看到的是你不能理解的东西,是不曾有人跑去或飞去的一个王国,于是,灵魂就开始思念它……①

这个观点植根于索尔仁尼琴的基督信仰,理查德·霍夫在他的论文《索尔仁尼琴艺术观的哲学基础》中也强调了这一事实:

> 索尔仁尼琴对艺术源头和价值的看法,最终还是植根于他对绝对者的信仰中。在他的诺贝尔获奖演说辞中,他明确地说道:艺术家"既没有创造这个世界,也没有控制这个世界,对这个世界的根基没有丝毫的怀疑"。对于索尔仁尼琴来说,世界是一个被造的世界。它是一个可能还未完全实现的世界,因此,它超越自己指向它的灵性源头。对于索尔仁尼琴来说,这个世界必然是依赖性的和参与性的,从那个自存的、永恒的存在汲取它的价值和意义。②

艺术是(或者说应当是)打开神秘体验宝库的一把钥匙,是表达作为次生创造物的人类与人类属于其中的原初创造之统一的方式。从它最高的形式来说,它还是对处在灵性流亡中的灵魂的思乡之情的表达,是对灵魂开始思念的那个永恒王国的渴望。

在历史领域,艺术作为文化传统的守护者是非常宝贵的。"文学还

---

① 索尔仁尼琴:《诺贝尔获奖演说辞》(*Nobel Lecture*,New York:Stenvalley Press,1972),第 5 - 6 页。

② 转引自尼尔·C. 尼尔森(Niels C. Nielsen):《索尔仁尼琴的宗教》(*Solzhenitsyn's Religion*,London:Mowbray,1976),第 135 页。

以另一种珍贵的方式传递着浓缩的、无可辩驳的人类经验：代代相传。文学因此而成为一个民族鲜活的记忆，就这样以一种远离扭曲和错误的方式，使历史中逐渐消退的东西得以延续和保存。文学，还有语言，就以这种方式保存和保护着一个民族的灵魂。"①

民族灵魂的概念是索尔仁尼琴整个世界观的基石。既然文化实质上是灵性的，那么，从某种神秘的意义上说，它就一定拥有一个灵魂。进一步来说，既然每一种本土文化都可以提供给世界某种独特的东西，那么，它们就一定拥有一个自身所独有的神秘灵魂。比如说，俄罗斯的灵魂不同于英国的灵魂或者法国的灵魂。索尔仁尼琴在一九九八年时曾这样说过："我深深地相信，无论是在每一个人的生活中，还是在列邦列族的生活中，上帝都是在场的。"②在他的诺贝尔获奖演说辞中，这些观点也被雄辩地表达了出来：

　　近年来，主张在当代文明的熔炉中消除各个民族、各色人群之间的差异的说法变得越来越流行。我不同意这种观点，但是，这已经是另外一个问题了。在这里应当说的是，列邦列族的消失将会使我们变得贫瘠，就像所有的人都变成了同样的人一样，有着相同的性格和相同的脸。列邦列族是人类的财富，是它具有普遍意义的个性。就是最小的民族也有自己独特的色彩，自身包含着上帝之设计的某个特殊方面。③

当索尔仁尼琴写作他的历史小说《一九一四年八月》时，处于一个民族生命核心的神秘天意这种意识在他心中占据着最重要的位置。这部小说大约完成于他被授予诺贝尔奖的时候，一九七一年六月十一日在西方出版，其宏大历史全景似乎要与《战争与和平》相媲美。索尔仁尼琴一直在全神贯注地思考着的那些主题，也都在这本小说中得到了

---

① 索尔仁尼琴：《诺贝尔获奖演说辞》，第 19 页。
② 作者对索尔仁尼琴的采访。
③ 索尔仁尼琴：《诺贝尔获奖演说辞》，第 19 页。

有力的表达。在这部小说中,年青人的自我中心主义和当代世俗价值的势利,与那些用谚语来表达世界观的农民们的永恒智慧形成鲜明对比。索尔仁尼琴选择用"一句真话比整个世界都有分量"这个古老的俄罗斯谚语来结束他的诺贝尔获奖演说辞,这并不是偶然的。索尔仁尼琴在他反共产主义的暗示中也变得越来越大胆。在早期的作品中,他在进行批评时还很谨慎,将斯大林主义和十月革命的"正统"马克思主义小心地区分开来,在《一九一四年八月》中,他则显得毫无顾忌。所有的马克思主义都是邪恶的,不管是正统的马克思主义还是别样的马克思主义。这种反对态度在瓦丽娅被青年革命者强奸的事件中获得了最为有力的表达,这个事件是对俄罗斯遭受共产主义强奸的暗示。

在战争爆发时,索尔仁尼琴准备参军时所说的那些话,也具有同样强烈的尖锐性,这些话也是这部小说本身的中心思想。在小说第一章的结尾处,他面对瓦丽娅反对他参军的理由无言以对,只是悲伤地回答说:"我为俄罗斯感到可惜。"一九九八年,当索尔仁尼琴被问到他使用这个哀伤的、孤单的句子是要表达什么意思的时候,他专注地盯着采访者,停了一会儿,回答道:"你所问的这个人物是以我父亲为原型刻画的。在那个年代,在那一代人中,有一种相当普遍的关切,为祖国感到可惜,对即将临到祖国的事情忧心忡忡。今天,不幸的是,这种情感差不多全被丢掉了。很少还有这样的人存在。他们一定是少之又少的少数。我们当下困境的一个原因正是在这里。"①

在索尔仁尼琴回答这个问题的时候,他那双年迈但却深具洞察力的眼睛,似乎在重复着他父亲八十多年前所说的那句话:"我为俄罗斯感到可惜。"

---

① 作者对索尔仁尼琴的采访。

第十四章　遭到排斥

　　尽管索尔仁尼琴与《新世界》的自由主义者们存在分歧，但是，他知道，他们仍然是他反抗苏维埃压迫斗争中的盟友。一九七〇年二月，当他的老朋友亚历山大·特瓦尔多夫斯基被解除了他掌管十六年之久的《新世界》主编职务时，这一点尤为明显。特瓦尔多夫斯基被他遭到的解职击垮了，再没有从这次打击中恢复过来。六个月后，他病倒了，一年后就死了，死于一九七一年十一月十八日。

　　在他死后第三天，索尔仁尼琴出现在葬礼上，这引起了相当大的骚动。虽然官方负责筹办葬礼的作协高层官员试图赶他走，但是，在特瓦尔多夫斯基遗孀的坚持下，他还是参加了葬礼，并且坐在前排她旁边的位置上。在世界媒体的注视下，索尔仁尼琴在葬礼快要结束时走到灵柩前，向尚未合上的棺木划了一个十字。在一周后发表的那篇为他这位朋友所写的悼文中，索尔仁尼琴写道："杀死一位诗人有许多种方法。为特瓦尔多夫斯基选择的方法是，夺走他的激情、他的生命结晶、他的杂志。"索尔仁尼琴把特瓦尔多夫斯基的死因归于他的《新世界》主编职务被解除，他指责那些曾试图无耻地控制葬礼的迫害者们："现在，作家协会的那伙人正匆忙赶往现场。仪仗队是由曾经高声尖叫着要把他打倒的那伙浑身赘肉的人组成的。是的，这是我们一个非常非常古老的传统，普希金就是这样的：死去的诗人正是要落到他的敌人的手中。他们急于处理掉尸体，用华丽的说辞将他掩埋。"①

　　苏联官方成功地让特瓦尔多夫斯基沉默了，但是，他们想让索尔仁尼琴沉默的所有努力却都异乎寻常地失败了。在朋友的葬礼结束后的几个月中，索尔仁尼琴的声音传到了全世界更多的人那里。一九七二年，他的作品被翻译成三十五种语言。②也就是在这一年，他借助《给全俄大牧首皮蒙的四旬期书信》，公开承认了他的基督教信仰。在这封公开信发表之前，大部分的人都没有意识到索尔仁尼琴的基督教信仰，因为他出于谨慎总是在书中避免或尽量少地提及他的宗教信仰。他的作品中的基督教因素都是通过让人同情的人物形象或暗示性的隐喻来表达的，这最多只能表明他不过是宗教问题的一个冷静的观察者。当然，很少有人认识到，他认为自己是东正教信徒。

　　索尔仁尼琴给去年刚刚当选为全俄教会首领的皮蒙大牧首写信的起因，是牧首所发的牧函。一九七一年平安夜，也就是在特瓦尔多夫斯基下葬的第三天，这封牧函在一个西方电台播出。"立即，我燃起一股写信给他的冲动。我别无选择，只能写信！而这意味着新的麻烦、新的负担、新的复杂因素。"③

　　一个复杂情况是，他公开承认基督教信仰，在他昔日的许多盟友中所能引发的敌意。他的《四旬期书信》鼓励牧首要更加勇敢地面对苏维埃政权的无神论。然而，他的许多有着自由主义思想的朋友认为东正教是一种陈旧的、过时的东西，对索尔仁尼琴的观点感到非常意外和反感。柳莎·楚科夫斯卡娅曾是他最忠实的一个支持者，也开始破天荒地反对他，坚决拒绝为他打印这封信。索尔仁尼琴回忆道："在一起工作六年多之后，我们的思路不同这一点已经变得很明显了。"④

　　虽然索尔仁尼琴本人坚持认为，和他此前的许多盟友的分裂源于《一九一四年八月》在去年的出版，但毫无疑问的是，其他许多人也开始因他传统的基督教信仰浮出水面而觉得在精神上与他格格不入。他认

---

①　拉贝茨编：《索尔仁尼琴：档案记录》，第 270－271 页。

②　《时代》，1976 年 3 月 5 日。

③　索尔仁尼琴：《牛犊顶橡树》，第 327 页。

④　索尔仁尼琴：《看不见的盟友》，第 130 页。

为,这是导致他的读者群分化的根源,他的支持者在逐渐减少,离开他的人比继续支持他的人要多。

> 只要我仅仅是斯大林主义弊端的揭露者,我就会被"热情地"接受……在我的第一批作品中,我遮掩了我的一些特点,以躲过审查,但大多数公众也因此不明所以。在接下来的每一步中,我不可避免地要越来越多地揭示我自己:更准确地说出自己。更加深入地揭示自己的时刻已经到来了。在这样做的时候,我必然会失去一些读者,失去我的同代人的欢心,但希望可以赢得子孙后代的爱戴。尽管失去我身边最亲密的人的支持是痛苦的。①

虽然导致分裂的这一源头一开始很微小,但是,索尔仁尼琴还是为他的《四旬期书信》所招致的敌意感到吃惊。他本想低调地处理这封信,只让它在教会的地下出版物网络小范围地流通,认为那些真正关心它的人都会逐渐读到它。然而,不可避免的是,由于他颇受争议的国际声望,这封信很快在西方发表了,并在西方媒体中引发了强烈兴趣。他知道,这封信及其在西方所受到的关注已经使克格勃大为光火——无论是他此前还是之后的大部分行动都没有使他们这么愤怒过。这没有什么不可理解的,他补充道:"因为无神论是整个共产主义体系的核心。"然而,如果克格勃的怒气丝毫没有让他吃惊的话,那么,对于原本同情他的那些圈子的敌意,他则没有料到。他看到,此信也招致了知识分子的非难,甚至是厌恶:"一些人认为,我专注于这类宗教问题,这是多么地狭隘、盲目和目光短浅。"然而,不管面对多大的反对力量,不管因此要失去多少有力的盟友,索尔仁尼琴仍旧毫不屈服:"虽然有许多人谴责我,但我从不后悔迈出这一步:如果我们的属灵前辈不需要率先为我们树立一个远离谎言的灵性自由的榜样,我们又到哪里去寻找这个榜样呢?"②

---

① 索尔仁尼琴:《牛犊顶橡树》,第327页。
② 同上,第330页。

在《四旬期书信》中，索尔仁尼琴责备大牧首只对侨居世界各国的俄罗斯侨民说出他神圣的话语，却忽视了俄罗斯本土上被重重围困着的信徒们的需求："是的，基督命令我们要寻找那只迷失的羊，但前提是另外九十九只羊是安全的。如果应当呆在牧人身边的那九十九只羊都要丢失了，难道它们不应当是最需要我们优先关心的吗？"[①]然后，他呼吁教会要对宗教活动在苏联所受到的迫害进行大胆的抗议，继而在对牺牲精神的号召中结束了全文。他坚决认为，外在的镣铐没有精神强大，精神能够战胜所有的迫害活动。"基督教产生初期，处境就非常艰难，但是，基督教还是抵挡住了一切并繁荣发展起来。它向我们展示了这样一条道路：即牺牲的道路。一个被剥夺了一切物质力量的人最终还是通过牺牲获得了胜利。在我们的记忆中，我们的神父和教友就经历过一场堪与基督教最初数百年间的殉难相比的磨难。"[②]

尽管索尔仁尼琴在非宗教的圈子中招致了诸多敌意，但他公开承认宗教信仰却受到了东西方基督徒的热烈欢迎，并赢得了他们的称赞。其中有纽约州圣弗拉基米尔东正教神学院院长亚历山大·史曼门神父。《四旬期书信》在西方一经发表，这位院长就阅读了。他被书信的高尚风格和经文式韵律深深吸引住了，并在索尔仁尼琴的语句中发现了先知的印记。史曼门神父是面向苏联播出的宗教节目的固定播音员，他在《自由欧洲电台》的复活节布道就以索尔仁尼琴的这封信为主题：

　　在旧约时代，在古老选民的历史上，存在过一种令人惊异的先知现象。有一些无法体验到平静和自我满足的奇异的、超常的人，正如他们自己所说，他们逆流而上，说出真相，对所有的谎言、软弱和虚伪做出神圣的审判……现在，这种被忘却的先知精神突然在基督教的中心地区觉醒。我们听到了一个孤独的人所发出的响亮的

---

　　① 索尔仁尼琴：《给全俄大牧首皮蒙的四旬期书信》（*A Lenten Letter to Pimen*, *Patriarch of All Russia*, Minneapolis: Burgess Publishing, 1972），第5页。（有关迷失的羊的比喻，见《马太福音》18章12－13节。——编者注）

　　② 同上，第8页。

声音，这声音足以让所有的人都听到，他说：正在发生的一切，如让步、屈服，即教会的永恒世界与属世权柄和政治权柄的妥协，所有这一切都是恶的。这个人就是索尔仁尼琴。①

索尔仁尼琴收听了这个节目，深受鼓舞。史曼门神父的判断被他所尊重，部分是因为这位神父是最先洞察到他的作品深层的基督教精神的人之一。早在一九七〇年，史曼门神父就写道，可以根据"创造、堕落和救赎三者相结合的直觉"来解读索尔仁尼琴的著作。虽然当时史曼门还不清楚索尔仁尼琴是否接受基督教教义、教会仪式或教会本身；但是，他依然坚决认为，索尔仁尼琴是一位基督教作家，"这位基督教作家对历史性地生长于圣经和基督的启示（并且仅仅生长于圣经和基督的启示）的世界、人和生命有着深刻的、全面的、但也许是无意识的认知。"②索尔仁尼琴曾经读过史曼门神父的文章，并且这样写道，"对我来说，这是一篇非常有价值的文章……它向我本人解释了我的本质……它还阐释了那些我尚未向自己阐释清楚的基督教的重要特征。"③

因此，索尔仁尼琴显然是非常尊敬史曼门神父的，对于这样一位人物如此严肃地谈论他的《四旬期书信》，他感到分外高兴。他回忆说，几个月后，听到他最喜欢的布道者这样赞美他，他深受感动，他觉得，"它本身就是对我那封信的灵性奖赏，对我来说，是对'我是正确的'这一点的最终确认。"④

索尔仁尼琴公开宣认信仰的另一个副产品是否定性的，而且，否定的方式还是大张旗鼓的，就像史曼门神父积极地肯定他的节目那样地大张旗鼓。索尔仁尼琴的宗教"退化"，以及《一九一四年八月》中的反动的修正主义，现在让西方的共产主义媒体可以安心地赞同莫斯科的官方路线了。索尔仁尼琴不再是一个被不公正地驱逐出作协的、遭到压迫的作家了，他现在是一个试图改写和抹黑十月革命之光辉历程的

---

① 转引自斯卡梅尔：《索尔仁尼琴传记》，第 768－769 页。
② 转引自小艾里克逊：《索尔仁尼琴的道德观》，第 4 页。
③ 同上。
④ 斯卡梅尔：《索尔仁尼琴传记》，第 769 页。

危险叛徒。西方的共产主义者杂志成群结队地谴责《一九一四年八月》，苏维埃的媒体则愉快地转载着他们的否定观点。

西方共产主义者在这个时期如此对待索尔仁尼琴，促使他在自传中做出了尖刻的回应，他生气地说："依照左派极为混乱的法律，红色的罪人总是会被原谅的，红色的罪行很快就会被忘记。正像奥维尔所写的那样，当斯大林射杀千千万万的人时，正是那些因地球上任何一个地方的任何一个人的被杀而激愤不已的西方公共媒体在鼓掌喝彩；他们为饥饿的印度悲伤，但是，却没有注意到乌克兰毁灭性的饥荒。"[1] 在七十年代初期，虽然苏维埃政府犯下的红色罪行没有斯大林的残暴政权犯下的红色罪行残酷，但是，克格勃的红色罪人仍然和以往一样活跃。一九七一年八月八日，当索尔仁尼琴在新切尔卡斯克的百货商店排队时，克格勃的密探曾试图暗杀他。根据参与了这桩阴谋的克格勃密探鲍里斯·伊万诺夫上校后来的坦白，"暗杀行动持续了两三分钟"，他们偷偷地将一种致命的毒素注入到目标受害人的皮肤中。当索尔仁尼琴离开商店时，完全没有感觉到被注入到体内的致命毒素，克格勃的密探们认为，他在很短的一段时间内就会被毒死。"一切都结束了"，负责这次行动的军官告诉伊万诺夫。"他不会再活很长时间了。"[2]

多年以后，索尔仁尼琴在回忆起这件事时，他告诉俄罗斯的记者们，那天，他之前一直都很好，他和一位朋友"去了教堂和商店"。他继续描述这种毒素的效果："我不记得有被注射的举动，我一定是没有感觉到它，但是，快到中午时，我左肋部的皮肤突然开始疼起来。到了傍晚我们已经不再见客时，我的情况继续恶化，感到剧痛无比。第二天早晨，情况已经恶化到一种恐怖的状态了：我的左髋部、左肋部、腹部和背部都布满了水泡，最大的水泡直径有十五厘米。"[3]

阿莉娅告诉一位西方记者，她的丈夫得了"一种奇怪的、说不清楚的病"，大概需要好几个月才能痊愈，常常是几乎不能下床或写作。[4] 医

① 索尔仁尼琴：《牛犊顶橡树》，第332页。
② 《华盛顿邮报》，1992年4月21日。
③ 同上。
④ 同上。

生也无法查出这种病痛的原因，有人推测，他的病是一种严重的过敏症。二十年后，一九九二年，当这桩暗杀阴谋在俄罗斯的报纸《绝秘报》上被披露之后，据透露，人们在咨询过相关的毒素专家后，认为克格勃所使用的毒素很可能是蓖麻毒。[①]

据克格勃一位备受瞩目的背叛者奥列格·卡鲁金证实，这桩暗杀企图的确实施过；并且还揭露说，克格勃有"一个发明新型杀人方法的实验室"。这包括"可以偷偷放入饮料中的毒药，还有涂抹到人身上能够引发心脏病的凝胶"。按照卡鲁金的说法，"一九七〇年初，克格勃的密探就是将这样一种东西涂到了亚历山大·索尔仁尼琴的身上，使他突发暴病，但却没有致他死亡。"[②]虽然卡鲁金没有具体指明蓖麻毒就是凝胶中所含的毒素，但是，蓖麻毒能够造成心脏病这个事实似乎证实了毒素专家的结论。卡鲁金所说的话还使人们对毒素被使用的准确方式引发了争议。据通常的报道，索尔仁尼琴曾"被毒针刺过"，[③]或者，暗杀企图的实施是"通过用一个头部浸了毒药的锋利工具来刺伤他"，[④]然而，索尔仁尼琴当时没有任何感觉，这增加了卡鲁金的说法的可信性：它像凝胶一样被涂在索尔仁尼琴的皮肤上。即便如此，有人还想知道隔着几层衣服、如何在受害者不察觉的情况下将凝胶涂到他的皮肤上等细节。这类的谜团可能仍然是没法回答的，但是，这个证据显然已经证实了克格勃试图暗杀索尔仁尼琴这个事实。

几年后，克格勃密探似乎完善了这种特殊的暗杀方法。一九七八年，保加利亚的持不同政见者格奥尔吉·马尔科夫在伦敦被暗杀，就是有人偷偷地用一把使用压缩气体的改装伞向他的腿部射了一颗含有蓖麻毒的小球。没过几天他就死了，在尸检时，人们发现了那颗蓖麻毒小球。自从格奥尔吉·马尔科夫一九六九年逃离保加利亚后，就开始写书，

① 《绝密报》，1992 年第 4 号。

② 奥列格·卡鲁金（Oleg Kalugin）：《第一情报局》（*The First Directorate*，New York：St. Martin's Press, 1994），第 180 页。

③ 《纽约时报》，1997 年 5 月 15 日。

④ 爱德华·小艾里克逊和亚历克斯·克里莫夫（Alexis Klimoff），《灵魂与铁丝网》（*The Soul and Barbed Wire*, Wilmington, Del.：ISI Books, 2008），第 27 页。

做广播节目,激烈地批判保加利亚的共产主义政权,因此,首要的嫌疑者似乎应该是保加利亚的秘密警察。然而,更广为流传的说法是,保加利亚当时还不能制造出这种小球,它一定是由克格勃提供的。自不待言,克格勃否认曾卷入此事,但是,奥列格·卡鲁金和克格勃的另一位背叛者奥列格·戈尔迪耶夫斯基后来证实了克格勃的卷入。

一九七一年八月十二日,在这次失败的暗杀行动发生后的第四天,索尔仁尼琴的一位朋友亚历山大·果尔罗夫遭到野蛮的殴打,因为他撞见了一群正在搜查索尔仁尼琴在罗兹杰茨特瓦的乡下住所的克格勃军官。当果尔罗夫看到身穿便衣的那些闯入者时,要求他们出示证件;这些闯入者的回答就是把他打翻在地,捆绑起来,把他脸朝下拖进树林中,给了他一顿暴打。果尔罗夫的脸受伤了,他的衣服被撕成了条,随后又被绑着押上一辆汽车,带到当地的警察局。这些克格勃的官员们要求他签署一份保密誓约,但是,果尔罗夫坚决拒绝。他们告诉他:"要是索尔仁尼琴知道了这个乡下住所中所发生的一切,你就完蛋了。你的职业生涯也就此断送……这还会影响到你的家人和孩子,如果有必要,我们会把你关进监狱。"果尔罗夫无视这些威胁,他一被释放,立即就告诉了索尔仁尼琴所发生的一切。第二天,索尔仁尼琴给克格勃的主席尤里·安德罗波夫写了一封公开信。

> 多年来,我一直都默默忍受着你的下属们无法无天的行径:他们检查我所有的通信,没收其中一半的信件,搜查与我通信的人的家,他们遭到官方和行政方面的迫害。他们在我家周围监视我,跟踪我的拜访者,干扰电话谈话,在天花板上钻洞,在我城中的公寓和乡下的住所中安装录音设备,当你们的工作人员受邀上台讲话时,还不断地对我进行诽谤。但是,在昨天的查抄后,我决定不再沉默了。①

索尔仁尼琴详细地叙述了果尔罗夫所受虐待的野蛮本质和所受到的威

---

① 拉贝茨编:《索尔仁尼琴:档案记录》,第267—268页。

胁之后，他要求安德罗波夫公开指认这些入侵者，把他们当作罪犯进行惩处，还要对这件事的发生给出一个解释。索尔仁尼琴最后说道："否则，我只能认为，是你派他们来的。"索尔仁尼琴将这封信的一份复印件寄给了总理阿列克谢·柯西金，他说，他认为安德罗波夫"本人应为以上所提及的非法行为负责"，如果政府希望撇清与这类行为的关系，就应当对这件事展开调查。[①]

政府不仅没有与之撇清关系，而且在两年后还提升安德罗波夫进入了政治局。这是他在苏联崛起并获取最高权力的开始。一九八二年，在勃列日涅夫去世后，他成了共产党总书记，在一九八三年七月，他又当选为主席，以此巩固了他的权力。就这样，可恨的克格勃主席成了国家的领袖。

一九七三年八月二十三日，索尔仁尼琴接受美联社和《世界报》的采访，详细叙述了他所受到的死亡威胁。他认为，这些都是克格勃的行为。他还听到一些据说是来自克格勃内部的消息，他们已经制定了一个要在车祸中杀死他的计划。就在他和这些西方记者谈话的时候，克格勃则被指杀害了伊莉莎维塔·沃罗尼扬斯卡娅。这是一个体弱的、六十七岁的老妇人，她是索尔仁尼琴最忠实的支持者之一。多年来，她打印了他的许多作品，被认为是他的一个知心好友。她被克格勃逮捕了，并在审讯中陷入崩溃，于是泄露了《古拉格群岛》的一份副本的秘密隐藏地。由于饱受内疚感的折磨，在八月二十三日回到家后，她上吊自杀了；然而，有谣言说是克格勃杀死了她。以下事实进一步刺激了这种谣言的发酵：她的尸体被带到列宁格勒极其隐密的停尸房中，在被封入棺木下葬前，甚至不让她的家人去看。然而，克格勃至少要为这位老妇人的死亡负间接责任，这是毋庸置疑的。

索尔仁尼琴竭尽全力不让官方知道《古拉格群岛》的存在。既然他们已经有了一个副本，那么，他除了要求它在西方尽快出版之外别无选择。他向驻莫斯科的西方记者公布了这本书的存在和他要出版它的决定。如果这个秘密泄露了，那么，试图了解它的就不仅仅是克格勃，而

---

① 同上，第 268 页。

是整个世界。

几个星期后,在九月二十四日,索尔仁尼琴和娜塔丽娅在火车站站台上有过一次让人难以理解的会面,这次会面似乎具有克格勃卷入其中的全部迹象。这对有着不幸婚姻的夫妇已经有好几年没有像正常夫妻一样生活在一起了,而且在六个月前最终离婚了,随后索尔仁尼琴很快与阿莉娅结婚。娜塔丽娅和她前夫的关系一直都很紧张,因此,当她打电话说要与他见面时,他感到很意外。他从她的口气中推断出,她的动机不完全是私人性的,他极不情愿地在喀山火车站的公共场所与她见了面。娜塔丽娅告诉他,她一直为他在向"某些人"说情,还谈了索尔仁尼琴某些被禁作品的出版问题,尤其是《癌病房》。最终能够让《癌病房》在苏联出版的可能性当然还是很有诱惑力的,但是,在他前妻的提议中,还有某种使他怀疑的东西。她告诉他,他不停地攻击安全机关是错误的。要迫害他的是中央委员会,而不是克格勃。她声称,她最近结交了许多身处高位的、有势力的新朋友,他们要比索尔仁尼琴所能想象的聪明得多。如果这些人一直都在搜查他的手稿的话,索尔仁尼琴也只能怪他自己:"你告诉全世界的人,你最重要的作品将会出版,即使是你死了,它们也会继续流出,由此,你迫使他们来搜查。"正是在说这些话的时候,娜塔丽娅提到了"某些人"想让她明确传达的消息,无疑对他想要出版《古拉格群岛》进行威胁。"你为什么不做一个声明,说你所有的作品都由你自己保管着,并且在二十年之内你不会发表任何东西?"①就是这样。如果他同意阻止《古拉格群岛》在西方的出版,娜塔丽娅那些有势力的朋友们就会同意在苏联出版《癌病房》。她坚持说她唯一的目的是要帮助他,并谨慎地问,他是否同意和某个更高级别的领导会晤。索尔仁尼琴回答说,他只同意和政治局的人说话,只想谈谈"民族的命运,而不是我个人的命运"。②

虽然索尔仁尼琴没有传递给娜塔丽娅任何细节,而其实在几个星期前,他就已经采取行动,做了他所说的事情。九月五日,他给苏联的领导

---

① 索尔仁尼琴:《牛犊顶橡树》,第363—366页。
② 斯卡梅尔:《索尔仁尼琴传记》,第819页。

人写了一封建设性的批评信，希望能唤起他们就祖国命运做出某种积极的回应。作为表示诚意的一种方式，他没有把它当作一封公开信，没有向他的朋友或者媒体透露这封信。相反，他尽力保密，只是分别给苏联的主要领导人寄去复印件。这是对话的真正尝试。

从许多方面来说，索尔仁尼琴的《致苏联领导人的一封信》都是一份有远见的文件，他详细地说明了东方和西方的文明为何陷入危险，即"进步"的危险。

> 无论是在革命前还是在革命后，我们的进步宣传家是多么喜欢嘲笑那些"退化分子"啊，因为退化分子呼吁我们珍惜和同情我们过去的历史、甚至是只有两间小房子的最为荒芜的村落……甚至在机动车出现后，他们还号召我们养马，让我们不要因为有了大工厂和联合工厂就抛弃小作坊，不要因为化肥而抛弃有机肥，不要成百万地聚集在大城市中，不要一个接一个地攀爬到高楼上去。[1]

这个世界已经被拖着"沿西方资产阶级的工业道路和马克思主义的道路前行"，却发现——

> 任何一个乌克兰或俄罗斯的乡下老人早就明白的东西……一堆蛆不能永远不停地咬同一个苹果；如果地球是一个有限的物体，那么，它的空间和资源也是有限的，启蒙时代的空想家们不厌其烦地给我们灌输的无限进步观念是不可能在地球上实现的……这一切的"无限进步"终将是奔向死胡同，疯狂且不明智。一个追求着"永恒进步"的文明现在已经窒息，正在濒于灭亡。[2]

索尔仁尼琴具有前瞻性的话语不是单单为了谴责过去的罪恶，而

---

① 索尔仁尼琴：《致苏联领导人的一封信》，第 20 页。
② 同上，第 21 页。"一堆蛆不能永远不停地咬同一个苹果"是俄罗斯谚语，意指有限的资源在过度的开发下必然会枯竭。

是力图说服苏维埃政府,让它相信它的职责是成为未来的守卫者:"我们愚蠢地挥霍着我们的资源,甚至连头都不回一下,使我们的土壤贫瘠……污染着我们工业中心周围的一片片荒地——但是,至少在眼下,还存在着没有被我们玷污的地方,还存在着我们没有来得及触及到的地方。因此,让我们及时醒悟吧,让我们改变我们的行动方针吧!"①他继续说道,为了保护未来,并为我们的子孙保留一片空气清新、水流干净的土地,必须克服短期经济思路的支配,放弃许多会造成有毒污染物的工业生产形式。②

在进行这些政治讨论的过程中,《致苏联领导人的一封信》还因着一个文学大师对美的思考而文字生动。于是,对裁军必要性的论述以对和平的呼吁而告终——不是政治家的和平,而是诗人的和平:

> 削减我们的军事力量,还会使我们的天空摆脱成群的飞机那令人厌恶的轰鸣声——无论是白天还是黑夜,在上帝创造的所有时刻,它们都在我们辽阔的土地上空进行无休止的飞行和训练,冲破声障,轰鸣着、隆隆作响,扰乱着日常的生活、休息、睡眠和千百万人的神经,人们总是被头顶刺耳的声音弄得头昏脑胀……所有的这一切已经持续了几十年,它们和我们祖国的拯救没有任何关系。请还给这个国家一个健康的宁静吧,没有这片宁静,你们就不会拥有健康的国民。③

他还给出了一份类似的观察资料,这使处在现代都市中不得不忍受着完全反自然的生活的人们有了另一种选择。为了对抗巨大的工业城市,索尔仁尼琴提出了一种"古老城镇中的生活,这是一些适合人、马、狗……生活的城镇,它们是人性化的、友好的和舒适的地方;在那里,空气总是清新,冬天白雪皑皑,春天花园里的香味透过篱笆飘荡到街上,

① 同上,第27页。
② 同上,第35页。
③ 同上,第37页。

芳香扑鼻……使用小型但却高效的技术这种经济方式,不仅可以使这类老式的新城镇得以建成,而且还使它的建成成为必要的。"①

在他这封发自肺腑的信件的结尾处,索尔仁尼琴请求同样公正地对待所有的思想和道德流派,尤其是平等对待所有宗教。他说,从个人的角度,他认为基督教是唯一能够承担起俄罗斯灵性治疗任务的鲜活的精神力量,但是,他并不为它请求某种特权,只是认为它应当受到公正的对待,而不应当受到压制。除了信仰自由,他还呼吁要有"自由的艺术和文学……允许我们进行哲学的、伦理学的、经济学的和社会学的研究,你们将会看到这一切会为俄罗斯带来多么丰厚的回报,结出多么丰硕的成果"。②

虽然索尔仁尼琴的《致苏联领导人的一封信》是从一个俄罗斯人的视角写的,但是,它的主要思想和激进的经济学家 E. F. 舒马赫几乎同时在西方发表的《小即是美》一书中的主要思想有着很大的相似性。舒马赫的这本书对西方思想有着巨大的影响,它的出版为环保人士的游说提供了支持,并进一步用来发动"绿色"运动。舒马赫呼吁可持续发展、环境友好型经济和以人为本的企业,这都与索尔仁尼琴的思想相互呼应。索尔仁尼琴说:"我和他得出了同样的结论,但都是独立地各自得出的。如果您曾读过我的《致苏联领导人的一封信》,您就会看到,我差不多是在同样的时间中说出了和他基本相同的想法。"③

索尔仁尼琴与舒马赫还有其他的相似之处。和索尔仁尼琴一样,舒马赫认为,经济活动是在更高的道德框架、最终是在宗教框架中汲取营养的。和索尔仁尼琴相同,他在去年第一次公开承认了他的宗教信仰,当然,处在他的境况中,他所加入的是罗马的天主教会。然而,他们有着一个显著的差异。舒马赫受到了西方读者的称赞和欢迎,这其中包括美国总统吉米·卡特,而索尔仁尼琴的《致苏联领导人的一封信》,除了沉默之外什么都没有。一九七四年,由于在经济学领域的贡献,舒

① 同上,第 37 - 38 页。
② 同上,第 56 - 57 页。
③ 作者对索尔仁尼琴的采访。

马赫被英国政府授予英帝国二等勋位爵士。同年,索尔仁尼琴被苏维埃政府当作一个叛徒驱逐出境。

在一九七三年的最后一个季度,索尔仁尼琴仍旧沿着他在《致苏联领导人的一封信》中所勾勒的思路,专心思索重建俄罗斯这一主题。特别是,他正在编辑一本由十一篇文章组成的文集,这本文集后来以《从瓦砾下面》为名出版,旨在激起有关当代俄罗斯生活状况之基本原则的讨论。这些文章试图同时阐明当代的罪恶和未来可能的长期的解决办法。索尔仁尼琴为这本文集写了三篇文章,第一篇的题目是《当气息和意识恢复之际》,重新阐述了他在诺贝尔获奖演说辞中曾经阐明过的民族思想:"虽然存在着马克思主义,但是,二十世纪还是向我们揭示了民族感情的不竭力量与生命力,促使我们更深入地思考这个谜题:为什么一个民族和一个人一样,是一个可以清楚定义的、无法分割的人类实体?就如宝石琢出多面增加其价值一样,民族的多样性不是使人类更加丰富吗?它应该遭到破坏吗?它能够被破坏掉吗?"①

在叙述了他本人对民族的丰富多样性的看法后,他将这一看法与安德烈·萨哈罗夫要实现知识分子的世界领导权和世界政府的愿望进行了比较。索尔仁尼琴坚决认为,这样的政府在民主制下是不可能实现的,"在既存的普选制下,一个知识分子精英何时何地才能被选举出来参与管理呢?"因此,任何一个世界政府都只能是强加的,因为它永远不会被选举出来。它将会建立一个威权主义的统治。"不论这样一个政府被证明是非常糟糕的还是非常优秀的,它的创建方式、它的形成和运作的原则,都与当代的民主制没有任何共同之处。"②

一九七三年十月,索尔仁尼琴为他的这篇文章写了一个附注,在这个附注中,他追问了一些关于"幸福"和"自由"的本质与意义的基本问题。当下那种将这二者与物质方面的考虑——比如物质的不匮乏,或者可自由支配收入的增加——联系在一起的看法是不正确的。在最深

---

① 索尔仁尼琴等:《从瓦砾下面》(*From under the Rubble*,Boston,Mass.:Little,Brown and Co.,1975),第15页。

② 同上,第19页。

刻和最有意义的层面上，幸福和自由都是在超验的灵性层面上得到实现的。为了阐明这种观点，他列举了一个革命前俄罗斯农民渴望土地的例子："农民大众渴望土地，如果这在一定程度上意味着自由和财富，那么，在另一种意义上（也是更为重要的意义上），它也意味着义务，而在它最高的意义上，它还意味着和这个世界之间的神秘纽带，以及一种个人价值的情感。"①

索尔仁尼琴把这种农民天然渴望土地的情感，当作更深刻地讨论形上实在的中介：

> 外在的自由本身能成为有意识的人类生命的目标吗？或者它仅仅是其他的和更高的目标得以在其中实现的一个框架？我们是生来就具有内在的意志自由、选择自由的造物，这种最重要的自由是出生时就赐予我们的。为了健康地成长，外在自由或者社会自由是非常值得追求的，但是，它仅仅是一个条件，一个手段，将它当作我们生存的目标是毫无意义的。甚至是在外在不自由的情况下，我们也要坚决维护我们内在的自由……在不自由的环境中，我们并未失去向着道德目标前进的可能性（比如，我们要给这个世界留下一些比我们天生被造就的样子要好的人）。与我们的环境进行斗争的必要性，会用更大的内在成功回报我们的努力。②

另一方面，被一些人误作自由的过度舒适则会导致堕落。正是由于这个原因，物质富足的西方民主社会如今处于灵性混乱的状况。文明社会的道德健康由那些从来没有见过当代科技社会的便利设施的上一代人保存着："这种道德健康的水平相比今天在低级的广播音乐、流行歌曲和商业广告中所表现出来的道德水平要高得多：一个来自外部太空的听众是否会想象到，我们这个地球曾经有过——但如今正被抛在脑后——巴赫、伦

---

① 同上，第 21 页。
② 同上，第 21 - 22 页。

勃朗和但丁呢？"①

如果说，这篇文章显示了索尔仁尼琴对西方物质主义道德破产的蔑视，那么，他最激烈的鄙视则留给了苏维埃制度不道德的极权主义：

> 我们目前的体制在世界历史上是独一无二的，因为它除了限制身体与经济之外，还要求我们的灵魂也完全地屈服，要求我们不断地、积极地去参与普遍的、有意识的谎言。希望做个真正的人的人类，是不可能同意对灵魂的这种腐蚀和精神奴役的。恺撒在强行得到了属于恺撒的东西后，他又更加迫切地要求我们把属于上帝的东西也交给他——而这却是一种我们不能做出的牺牲！②

十一月，索尔仁尼琴写了被收入《从瓦砾下面》的另一篇文章，题目是《悔改与自我限制》。二十五年过后，他仍然认为这是他较为重要的文章，因为该文表达了他的一个核心思想。③ 从一个重要的方面来说，这是他本人对"民族布尔什维克主义"问题深思熟虑后的回应，即引起《新世界》自由派批评家们所激烈批判的那个议题。虽然他坚决不同意自由派对民族布尔什维克主义所做批判的本质，觉得他们攻击的理由是错误的，但是，索尔仁尼琴也反对民族布尔什维克主义排外的沙文主义和侵略主义。在《悔改与自我限制》一文中他尽可能详细地分析了民族布尔什维克主义的本质，认为正是这一本质将共产主义和爱国主义紧密地联系起来，把革命及苏联随后的历史当作俄罗斯精神的胜利来赞扬；而且它还认为，一个人是否是俄罗斯人，仅仅是由他的血统来决定的。索尔仁尼琴写道，至于精神方面的东西，对于民族布尔什维克主义者来说，所有的流派都是可以接纳的。"东正教丝毫不比马克思主义、无神论、科学观或印度教更具有俄罗斯性质。上帝不需要用大写字母来写，但是，政府却一定要用大写字母来写。"④

---

① 同上，第 23 页。
② 同上，第 24－25 页。
③ 作者对索尔仁尼琴的采访。
④ 索尔仁尼琴等：《从瓦砾下面》，第 120 页。

在批判这种穿着马克思主义外衣、持胜利主义的拟法西斯主义时，索尔仁尼琴表达了自己的爱国观点：

> 正像我们对它的理解一样，爱国主义意味着对一个民族绝对的、毫不动摇的爱，它并不是一种不加批判地服务于它的渴望，也不是对不公正要求的支持，而是对它的缺陷和罪恶的坦率评价。我们应当习惯于这个思想：没有一个民族永远都是伟大的或者高尚的……一个民族的伟大不应当在自吹自擂的宣传中去寻找——物质的力量是以超出我们能够负担的精神代价来获得的——而是要在她内在的发展水平、在她广阔的灵魂中来寻找。

索尔仁尼琴就像是今日的施洗约翰，他呼吁同胞悔改，并提醒他们：

> 我们俄罗斯人不是正在壮丽的荣光中跨进天堂，而是正无望地坐在一堆灵性灰烬上……如果我们不悔改，我们的祖国就会灭亡，还将会拖着整个世界与它一同灭亡。只有通过许多人的共同悔改，俄罗斯的空气和土壤才会得到洁净，一种新的、健康的民族生活才会成长起来。我们不可能在错误的、不健康的、不知悔改的土壤中种植出洁净的庄稼来。①

悔改和自我限制的概念不是仅仅适用于民族，它也同样适用于个人，事实上，它尤其适用于个人，因为任何民族的悔改都只能从每一个人的心灵和头脑中开始。"我们总是急切地留心于如何抑制他人的过度贪婪，但是，还没有听说过，有人断然抛弃了他自己过度的贪欲。"正是这种处在人的心灵最深处的自私和骄傲，才是社会问题的根源。

> 在西方的无限自由理想之后，在马克思主义者将自由理解为对必然性之轭的接受之后，这是关于自由的一个真正的基督教的定

---

① 同上，第120-121页。

义。自由是自我限制！是为了他人而对自己的限制！

……这个原则将我们——不仅有个体的人，还有各种形式的人类团体、社会和民族——从外在的发展转移到内在的发展，因此使我们获得更大的灵性深度。

这种向内在发展的转变、内在性对外在性的战胜，如果它会发生的话，它将会是人类历史上的一个伟大转折点，足以与从中世纪向文艺复兴的转变相媲美……如果在某些地方这注定要成为一个革命性的过程的话，那么，这些革命将与早先的那些革命——物质的、血腥的、但却从来没有产生过益处的革命——不同，它将会是道德的革命，它要求勇气和牺牲精神，而不是残忍的品质，它将是人类历史上一个新的现象。①

二十五年过后，索尔仁尼琴开始对此持有怀疑的态度："我相信，如果人们知道如何自我限制，那么，他们将会在道德上更高尚些。不幸的是，如果你试图传播这个自我限制的概念，它并不能获得成功。它得不到人们的响应。我想，这主要是因为，只有具有崇高的宗教信仰的人才愿意接受这个思想。比如，如果你试着向政府或国家宣传自我限制的概念，说他们应当学着不要总是夺取他人的东西，这不会产生任何效果。"②

索尔仁尼琴为《从瓦砾下面》所写的第三篇（也是最后一篇）文章的题目是《一知半解的人》，文章包括三个部分：对过去的悲观评价，对当下发展趋势的痛苦抗议，和对未来所持的大胆的乐观主义。一九七四年一月，他写完了这篇文章，把它交给了他最信赖的朋友柳莎·楚科夫斯卡娅，在此前的八年中，她一直都在帮助他。他请求她将这篇文章与其他两篇为《从瓦砾下面》所写的文章一起打印出来，但是，令他吃惊的是，几天后她把它们退了回来，并且对他进行了激烈的批评；与之相比，她之前因《四旬期书信》所产生的不安就显得微不足道了。她对这些文章的内容极其反感，并交给了他一叠写着她的不同意见的笔记。她的

---

① 同上，第 136－137 页。
② 作者对索尔仁尼琴的采访。

怒火因以下事实的确认而更加猛烈：她到现在才知道，这些年来，她一直帮助的这个人居然在根本问题上与自己大相径庭。

对于索尔仁尼琴的发展方向存有担忧的并不只有楚科夫斯卡娅一个人。他的另一个帮助者米拉·彼得洛娃也不喜欢她在索尔仁尼琴的作品中——尤其是在《一九一四年八月》和《一九一六年十月》中——所察觉到的反动主旨，她讨厌他对宗教的每一次提及。索尔仁尼琴还使他的朋友列夫·科佩列夫疏远了他，科佩列夫对《致苏联领导人的一封信》的内容持强烈的批判态度。从索尔仁尼琴的角度来说，他认为，科佩列夫已经回到了他从前对共产主义所持的同情态度中去了，觉得这位昔日盟友已经变成一个凶猛而持久的死敌。

索尔仁尼琴为往日友谊的冷淡或者失去而悲伤，他理解这些昔日盟友们的忧虑，但是，他最终却无法接受他们的不同意见。他似乎正在失去那些与他最为亲密的人的温暖，发现自己在最严酷的白热化斗争中遭到冷落。然而，他仍然可以依赖阿莉娅那不屈不挠的力量。她刚刚给他生下第三个儿子，他知道，在她那里，他至少还能找到一个赞同他所有言行的盟友。她是他的支柱，坚定地耸立在因他个人的活动而为他们二人带来的这场暴风雨之中。然而，成为一个父亲和家庭生活的喜悦无法完全驱散老友反目所带来的悲伤。一九七三年十二月，在一个抑郁的时刻，他问自己："终究什么时候斗争的喧嚣才会停止？要是我能够离开这一切，在偏僻的乡村过上许多年，除了可以看到田野、辽阔的天空、树林和马匹之外，什么都看不到；除了自在地写我的小说之外，什么都不做，那该多么好啊！"[1]

他完全不知道，他的祈求两个月内就得到了回应，虽然不是以他所想象的方式。他即将发现，他的朋友们会像他的敌人们一样冷落排挤他。他将遭到排斥，背井离乡。

---

① 索尔仁尼琴：《牛犊顶橡树》，第 379 页。

第十五章　遭遇冷落

一九七三年十二月，《古拉格群岛》第一卷在巴黎出版，苏联当局对此怒不可遏。作为典型的恶意反应，一九七四年一月十四日的《真理报》发表了一篇题为"背叛之路"的文章。这篇文章认为，《古拉格群岛》是"索尔仁尼琴又一部诽谤性的著作"，其目的显然是要用各种有关苏联的虚构去愚弄和欺骗容易上当的人民，索尔仁尼琴实际上对他生于斯长于斯的这个国家、对社会主义制度、对苏联人民充满着病态的仇恨。《古拉格群岛》仅仅是他"疯狂想象的倾泄"，"充满了编造出来用于服务帝国主义反动力量的愤世嫉俗的伪造"。它的作者是从枪杀和吊死共产主义者、革命工人和农民的那些人的视角来看待苏维埃制度的，这些人所维护的是反革命的黑暗事业。索尔仁尼琴道德堕落、精神贫困，也许最糟糕的是，他"扮演着一个基督教愚人的角色"。这本书中所记录的劳改营历史只是一种居心险恶的杜撰，它无论如何都是不必要的，因为苏联共产党已经对斯大林个人崇拜时期苏联法律体系所遭到的破坏进行了毫无保留的批判。在结尾处，这篇文章还进行了可怕的威胁："索尔仁尼琴拼命地要实现的那些目的，足以使他落得一个叛徒的下场：全苏联的劳动人民和地球上每一个诚实的人，都应当愤怒地和厌恶地唾弃他。"①

《真理报》的文章发表四天后，索尔仁尼琴发表了一个捍卫自己的

---

① 《真理报》，1974 年 1 月 14 日。

声明,他揭露说,怒火中烧的苏联媒体宣传向他们的读者隐瞒了这本书的目的:"当它说这本书的作者是'从吊死工人和农民的那些人的视角来看'时,它撒谎了。不！他是从被人民内务委员部枪杀和折磨过的那些人的视角来看的。《真理报》宣称,在我们国家,已经对一九五六年以前的时期进行了'毫无保留的批判'。那么,就让他们给我们举一个他们进行了毫无保留的批判的例子吧。我已经为此给他们提供了最为丰富的真实材料了。"①几位著名的持不同政见者奋起为索尔仁尼琴辩护,随着反对索尔仁尼琴的运动变得越来越喧嚣和疯狂,这些人也因此面临着极大的危险。安德烈·萨哈罗夫和其他四位持不同政见者共同署名写了一封信,在信中,他们对最近在塔斯社的一份声明中对"索尔仁尼琴作出的新的威胁"表达了深切的忧虑。

> 塔斯社宣称索尔仁尼琴是祖国的叛徒,说他诽谤祖国的往昔。但是,如果收集和出版人民依据集体良知对部分罪行的历史见证这样的真诚努力都被认为是诽谤的话,人们还怎么能够相信"过去的错误"已经受到谴责和被改正了呢？曾经有过大批拘捕、非人境况、强制劳动、几百万人在劳改营中被有意识地消灭,这些都是不可否认的;曾经有过消灭富农的运动、迫害和消灭成千上万的宗教信徒的活动、一批一批的人被流放、反工人和反农民的法律、对昔日战俘的迫害;还犯有其他的罪行,其无情、胆怯、玩世不恭是骇人听闻的。②

美国作家索尔·贝娄回应了萨哈罗夫等人所写的这封信,将他的声音汇入到了那些尽力地使索尔仁尼琴免遭迫害的人们的声音中。贝娄在《纽约时报》上发文称,"英雄"这个长期以来已经声名狼藉的词被索尔仁尼琴挽回了声誉。贝娄反过来对苏联官方进行威胁,他警告说,如果他们继续迫害索尔仁尼琴,比如将他驱逐、关入精神病院或者流放,则

---

① 索尔仁尼琴:《牛犊顶橡树》,第531页。
② 拉贝茨编:《索尔仁尼琴:档案记录》,第362页。

会被视作苏维埃政权在道德上完全堕落的最后证明。[①]

结果，苏维埃政权在三个星期后就表现出了它的道德堕落。一九七四年二月十二日，索尔仁尼琴在他莫斯科的家中被捕，他被带到列福尔托沃监狱，指控他犯有叛国罪。在接下来的一天，他在被剥夺苏联国籍后被当作叛徒驱逐出了祖国。无庸置疑，若在斯大林统治下，他一定会被判处死刑，这表明，苏维埃制度已经改进了它的方法，即便还没有更正它不容异己的信条。持不同政见者 L. L. 里杰尔森在二月十七日给苏联政府写了一封公开信，抗议对索尔仁尼琴的驱逐，他也注意到了苏联在处理方法上的微小变化。

> 看起来，你们渐渐开始明白，在精神斗争中，一个被杀的对手比一个仍然活着的对手要危险得多……但是……你们还没有意识到，随着《古拉格群岛》的出版，对你们来说，毁灭性的历史时刻已经来临……千百万被谋杀的人将要起来反抗你们……长期以来，他们一直都想进入到我们的生活中，但是，却没有人为他们开门……《古拉格群岛》是一份控告书，你们接受人类审判将从它开始……也许上帝用来惩罚你们的首任领袖所患的瘫痪症，已经先知般地预表了正无情地向你们逼近的灵性瘫痪。
>
> ……也许，你们中间有些人会开始问自己：在我们所有人之上，是否有一位要求进行全面清算的上帝？
>
> 千万不要怀疑——是的，是有这样一位上帝。
>
> 他要求进行清算。而你们将被要求作出回答。
>
> ……将俄罗斯从该隐的手中夺回，把它归还给上帝。[②]

索尔仁尼琴被驱逐出境六个星期后，他的家人被允许前往瑞士加入到他的流放生活。三月二十七日，就在他们最终要离开前两天，阿莉娅安排了一个由朋友们参加的告别聚会。许多知名的持不同政见者都出席

---

① 《纽约时报》，1974 年 1 月 15 日。
② 索尔仁尼琴：《牛犊顶橡树》，第 538 页。

了，其中包括列夫·科佩列夫、尤里·达尼埃尔和亚历山大·金斯堡，还有许多西方记者。阿莉娅秉承着她丈夫的真正精神，并葆有她自己充满活力的性格，她向到场的人做了一个激烈的、大胆的发言。她说："离开俄罗斯是让人痛苦的。我们的孩子不得不去过一种离开祖国的生活，这是痛苦的；抛下那些失去保护的朋友，这也是痛苦的、困难的。"对于丈夫的被逐，她强调指出，"他们能够将一个俄罗斯作家和他故国的土地分开，但是，却没有人有权力和力量可以切断他与祖国的精神联系，将他与祖国割裂开来。尽管他的书现在正被付诸一炬，但是，它们在他祖国的存在却是毁灭不了的，就像索尔仁尼琴对祖国的爱是毁灭不了的一样。"最后，她重复了一百五十多年前跟随丈夫流放的十二月党人——即一八二五年十二月反抗沙皇的起义贵族——的妻子们的话："虽然我就要来到他的身边，但是，离开俄罗斯却是让人极度痛苦的。"[①]

他的妻子和孩子现在和他安全地生活在一起，索尔仁尼琴开始尝试着接受他的新生活了。在与苏联检查机关进行斗争的这些年中，他从来没有想过要逃往西方。相反，他对俄罗斯的爱是如此强烈，他诚挚地希望仍然留在苏维埃的土地上，甚至是不计一切代价。然而，不可否认的是，在他到达苏黎世时，他也有一种获得自由的感觉。终于，他能够享受到完全写出和说出他所想的一切东西的自由了，并且，也不再有遭到监禁的威胁了。

在第一年的流亡生活即将结束之际，他完成了他的自传《牛犊顶橡树》，这本书出版于一九七五年。不久，他又为这本书写了一个附录，题为《看不见的盟友》，由于害怕牵连到那些仍然生活在苏联的朋友与盟友们，这个附录在此后二十年才发表。在他流亡的第一年，还出版了《普鲁士之夜》，这是索尔仁尼琴用诗歌的方式对第二次世界大战时在前线服役那段经历的描述。与此同时，他还在创作《列宁在苏黎世》，这是他对列宁在第一次世界大战中与俄罗斯敌人进行合作的一个控诉。这种研究在苏联等同于亵渎，因为其修正论的方法揭示了列宁的阴暗交易，揭露了德国人和德国大企业在为布尔什维克革命提供资金资助

---

① 《纽约时报》，1974 年 3 月 28 日。

方面所扮演的角色。虽然斯大林由于个人崇拜而受到批判和攻击,但是,对列宁的崇拜仍然是不容亵渎的。他仍然是完美无瑕的共产主义者的偶像,《列宁在苏黎世》被苏联人看作是一个无法原谅的偶像破坏活动。

在创作《列宁在苏黎世》时,几部已经在西方发表、但无法在苏联让人读到的历史著作,给索尔仁尼琴提供了巨大帮助。索尔仁尼琴的俄罗斯敌人将他驱逐到西方,这无意间为他打开了一个对他来说全新的探索世界,使他掌握了一些最新型的、威力十足的武器。索尔仁尼琴在《列宁在苏黎世》结尾处的注释中,向这些历史著作的作者们致谢,因为"他们密切地关注着这些决定着二十世纪进程的事件,但史书一直小心地遮盖这些事件,而且,由于西方发展的取向,这些事件很少得到关注"。① 在被问到他关于列宁研究的这个晦涩结尾时,索尔仁尼琴再次表示,他曾明确地提到四位作者,而他的研究正是极大地受惠于他们,尽管他们对抗时代潮流:"他们所传递的意义和事实会使人生疑,大多数人当然会问这样一个问题:为什么我们需要这本书? 尤其是,其中一本集中研究列宁和德国人的联系的著作彻底遭到了抛弃,即使它是用大量的资料文件证明了它的观点,人们仍旧否认这些事情曾经发生过。"②

因着捍卫这些不受欢迎的西方历史学家,索尔仁尼琴向西方政府发出了第一波警示性的尖锐批评。到西方才几个月,他就开始捣乱了,大张旗鼓地和西方的持不同政见者们站在一起,就如他曾大张旗鼓地和东方的持不同政见者们站在一起。显然,索尔仁尼琴并不是在西方占主流地位的自由人道主义者的喉舌,尽管苏联媒体如此声称。他在《古拉格群岛》第一卷中还曾暗示:"我不喜欢'左派'和'右派'的划分,它们是条件性的概念,被随意地摆布,它们表达不出实质性的东西。"③不幸的是,冷战时期的政治思想都是以这些划分作为先决条件的,任何

① 索尔仁尼琴:《列宁在苏黎世》(*Lenin in Zurich*, London:The Bodley Head, 1976),第 223 页。

② 作者对索尔仁尼琴的采访。

③ 索尔仁尼琴:《古拉格群岛》,第 1 卷,第 475 页。

一个不能按左右标签来划分的人,注定要被对立双方的那些愚蠢的思想家们所误读。

索尔仁尼琴已经疏远了俄罗斯的许多持不同政见者,因为他没有对西方的两党民主制顶礼膜拜。这样一种制度并不是解决极权主义问题的万能药,部分是因为它不过是要在半斤和八两之间作出一个选择。他的悲观主义有时被误以为在本质上是威权主义的,这个误会又被文集《从瓦砾下面》的一篇文章中所包含的某些混乱思想(或者,至少是混乱的用词)加重了。然而,他的观点远远不是反民主的,正如他对瑞士政治制度的热情所表明的那样。他告诉《新苏黎世日报》的主编弗瑞德·卢新格博士,他很欣赏瑞士的民主制,因为它是在微小的地方单位中组织起来的,比如在村庄和州中。不像西方国家中央化的民主制,瑞士的重心在于地方自决和全体人民的积极参与。他告诉卢新格,这使他想起中世纪诺夫哥罗德的民主制度。还有一次,他告诉他的瑞士出版商奥托·沃尔特:十九世纪亚历山大·赫尔岑在日内瓦寻求政治庇护时受到的接待给他留下了深刻的印象。日内瓦当局问伯尔尼联邦政府,他们对赫尔岑寻求庇护的请求是否有反对意见;政府回答道:这是日内瓦自行决定的事情。索尔仁尼琴激动地大声说:“当一个城市可以自行决定国家政策的问题时,这实际上就是一种出自基层的民主。”①

一九七四年六月,索尔仁尼琴接受美国电视台的采访,他再次赞扬了瑞士的政治制度:

> 瑞士的民主制有着一些令人赞叹的特点。第一,它是完全沉默的,悄无声息地运转着。第二,它具有稳定性……。第三,它是一个倒立的金字塔。更确切地说,地方级政府所掌握的权力比行政区政府更大……行政区政府所掌握的权力又比联邦政府更大……此外,民主制是每一个人的责任。每一个个体都宁愿节制自己的需求,而不愿意破坏整体的结构。瑞士人有着如此高的责任感,以至于没有人试图结党为自己捞取某种东西,并排斥其他的人……

---

① 斯卡梅尔:《索尔仁尼琴传记》,第883页。

当然，人们只会赞赏这样的民主政府。①

在索尔仁尼琴看来，瑞士的民主制度在国家层面上体现着他本人对自我限制的热忱信念。这表明，他据以生活的那些原则既能被社会、也能被个人用作实践的基础。索尔仁尼琴的观点和舒马赫的观点又一次呈现出了相似性，舒马赫为他的《小即是美》加了一个副标题："一项考虑人类切身问题的经济学研究"。在瑞士的民主制度中，索尔仁尼琴认为，他正在研究的是考虑人类切身问题的政治学。

索尔仁尼琴接受美国电视台访问的时间正好是在期待已久的英文版《古拉格群岛》出版之际。不出所料，它的出版在整个英语世界有着巨大影响。L. W. 韦布在《卫报》上发文写道："现在活着却还不知道这本书的人，应该是遗漏了时代意识的重要部分的真正的傻瓜。"②当《古拉格群岛》变成了一本国际畅销书时，他的观点在全世界引起了共鸣。在美国，该书有两百万册平装本出版，乔治·凯南在《纽约书评》上撰文，称这本书是"对一个曾在当代受到严厉指责的政治制度所进行的最强有力的控诉"。③

索尔仁尼琴达到了自己的目的，兑现了他曾经做出的承诺——当他还是《古拉格群岛》中所形象地描绘的劳改营中的一个囚犯时，他曾经做出的那个承诺。在他还是一个完全不为人所知的、在被人遗忘的古拉格中慢慢地变得衰弱的囚犯时，他就发誓要让全世界都知道苏联的污秽秘密——这是一个无法言说的秘密，它掩藏着上千万人被杀害的真相。然而，他无法想象他将会获得的这个成功，乔治·凯南描述了这个巨大的成功："仅仅通过忽视它或者用谎言尽力地扼杀它，苏维埃的领导人无法做到忘记它的存在或者不让它产生任何后果。对于苏维埃宣传机器的胃口来说，它过于庞大了。在苏维埃宣传机器的胃能够发挥作用之前，它一直都会卡在那里，而且，造成的不适感还会逐渐地增长。"④

---

① 同上。
② 转引自托马斯：《亚历山大·索尔仁尼琴生命中的一个世纪》，第446页。
③ 同上。
④ 同上。

当然，苏维埃的宣传机器总是会用那种历史悠久的方式将美国媒体上的这类评论看作资产阶级反动势力的反社会主义喧嚣来加以驳斥。比较难以对付的是这本书的法语版对法国社会主义知识分子的观点所具有的灾难性影响。《古拉格群岛》出版后，法国知识分子和苏联之间的恋爱长跑走到了令人不快的终点。让·保罗·萨特、西蒙娜·德·波伏娃、路易·阿拉贡和亲苏保守派中的其他一些著名人物，都陷入到忧郁满怀的暮年，他们终生所抱的幻想在他们眼前被揭穿了。"我们要怎么办呢？"萨特恳求地问他的爱人。"我们要到哪里去呢？""一股旋风正把我带向坟墓。"波伏娃哀伤地说："我正尽力地不去想它。"①

与萨特和波伏娃的绝望无神论相反，索尔仁尼琴对苏联的东正教会所面临的问题开始抱有越来越强烈的希望。九月二十七日，他给第三届国外俄罗斯教会理事会所写的一封公开信发表在日报《新俄罗斯言论报》上。这封信是应费拉瑞特都主教的请求所写的，因为都主教请他就一个问题发表看法，即处在自由中的俄罗斯东正教会应当如何向俄罗斯境内受压迫和受奴役的教会提供帮助。毫无疑问，索尔仁尼琴本人还有另一个写信动力，他思念自己现在无法自由行走于其上的故土，因此，这封信中充满了对同胞虔诚精神的由衷赞美。他谈到了挤满信徒的教会，他说，当信仰正在西方衰退时，也许在地球上的任何地方都不会像在苏联这样有着如此拥挤的教堂。

> 只要有仅仅足够跪在地上或划十字的空间，信仰就不会消亡。我们要肩并肩地站在一起，相互支持，共同反抗迫害。而且，信徒的数量其实要远远超过愿意和能够参加礼拜仪式的人们的数量。在我最为熟悉的梁赞地区，虽然存在着所有的禁令和迫害，但是，超过百分之七十的新生儿都接受过洗礼。在墓地中，十字架也正在取代用红星以及镰刀、锤子组成的苏维埃标识。②

---

① 同上。
② 尼尔·C. 尼尔森：《索尔仁尼琴的宗教》，第 144 页。

仍然存在许多有待解决的问题,比如国家对教会事务的干预,管理不善或形同虚设的教区,年青人基督教教育的缺乏;但是,俄罗斯的年青人正在独立地走进教堂,在信徒和皈依者的热情中——如果不是在它有效的组织中——教会正在变得越来越强大。索尔仁尼琴饶有兴趣地将年青人中宗教信仰的复苏和革命后蜜月期苏联青年的好战无神论相比较。在革命前后那几年中,年青人和知识分子对教会都是避之惟恐不及,还对它大加嘲笑。索尔仁尼琴回忆了一九二〇年代曾经存在过那么多好战无神论的热烈信徒。"那些横冲直撞、吹熄烛火、用斧头砸碎圣像的人,现在已经化为灰尘,就像他们好战的无神论联盟一样。"五十年过去了,信仰的敌人们换上了一种不同的、更加狡猾的但同样有害的面具:"无限的物质进步所带来的花哨的小玩意儿已经将所有的人都带到一个令人压抑的灵性死胡同——这个死胡同在东方和在西方的差别极其细微——我只能为当下活着的每一个人、为所有的国家、为所有的社会、为所有的人类团体、最主要的是还要为所有的教会,揭示出一条健康的道路。我们必须承认我们的罪与错误(我们自己的,而不是他人的),作出悔改,并在未来的发展中进行自我约束。"①

即使索尔仁尼琴仍然鄙视世界堕入其中的这个灵性死胡同,但是,他的话语却难得地表现出了一种强烈的乐观主义。似乎对于这个渴望自由的作家来说,在他所欣赏的瑞士民主制度中的生活,自由感新鲜得就像阿尔卑斯山上的空气一样。

一九七四年十二月,索尔仁尼琴终于到斯德哥尔摩去领取了他的诺贝尔奖,这个在四年前就授予他的奖项。一九七五年四月,他访问巴黎,出现在收视率很高的电视节目《作家面对面》上。这个节目播出当天吸引了五百万的观众,超出了平时的两倍,大部分观众都被他充满热情的坦诚和魅力吸引住了。按照《快报》的说法,索尔仁尼琴是"一个新的先知,是一个伟大宗教运动的先驱",《巴黎竞赛画报》认为他"是堪比陀思妥耶夫斯基的天才"。

六月三十日,索尔仁尼琴在华盛顿的希尔顿酒店向美国劳工联合

① 同上,第154-155页。

会-产业工会联合会（AFI-CIO）的两千五百名代表发表演说。他对美国和美国人民表示了崇高的敬佩之情。他说，美国是"一个有未来的国家，一个年轻的国家，一个有着各种可能性的国家，一个有着广阔的地理空间的国家，一个有着宽广的灵性空间的国家，一个慷慨大方的国家，一个宽宏大量的国家"。他也说到了苏联当下的状况：在那里，正在进行着人类灵性的解放。新的一代正在成长，他们"坚定不移地与邪恶进行着斗争，他们不接受毫无原则的妥协，他们宁愿失去一切——工资、生存条件和生活本身——而不愿意牺牲良知，不愿意和邪恶做交易。"①索尔仁尼琴的话是对他那些持不同政见的同道者们的一种赞扬，也是对美国的缓和政策的一个谨慎批评，他认为，这种政策是对他在苏联的持不同政见的朋友们的背叛，完全等同于与邪恶达成的无耻妥协。

令人感到意外的是，鉴于索尔仁尼琴亲美的立场，他的华盛顿之行因他根本没有收到访问白宫的邀请而最为惹人注意。众所周知，国务卿亨利·基辛格对索尔仁尼琴直言不讳地批评美国的缓和政策感到不快，人们普遍怀疑，正是他阻止了白宫对索尔仁尼琴的邀请。当然，白宫发布的官方理由更加剧了人们对官方冷落索尔仁尼琴的真正动机的猜疑。据说，是福特总统不想进行"没有实质意义"的会面。这似乎有点奇怪，美国总统找不到任何实质性的东西来与这个通过《古拉格群岛》中所揭露的事情撼动了苏联帝国的作家进行讨论，而仅仅在一个星期前，他还有时间和选美大赛皇后与巴西足球明星贝利合影。

《卫报》驻华盛顿记者西蒙·温彻斯特还因福特总统拒绝接见这个"毛发浓粗杂乱的作家"、"这个麻烦的辩论家"——这个人已经成了"劳苦大众的宠儿"，还在希尔顿酒店对着上千个"大腹便便的人"发表演说——而表现出的真实性和坦率性赞扬了福特总统。② 除了一些毫无根据的攻击和陈词滥调外，温彻斯特的观点代表着那些怀疑索尔仁尼琴政治正确性人们的观点。一位国务院官员还要更加不遗余力地辱骂

① 索尔仁尼琴：《缓和：民主和独裁的前途》（*Detente: Prospects for Democracy and Dictatorship*, New Brunswick, N. J.: Transaction Books, 1977），第 37、36 页。

② 托马斯：《亚历山大·索尔仁尼琴生命中的一个世纪》，第 433 页。

索尔仁尼琴,愚蠢自负地踏进了连温彻斯特都不敢涉入的区域。他评论说:"让我们面对现实吧,他几乎就是一个法西斯主义者。"这个评论激起了作家 D. M. 托马斯充满轻蔑的辩护之语。怎么会有人提出,索尔仁尼琴这个"曾经反抗纳粹主义者和布尔什维克主义者的人,这个主张言论自由和宗教自由、主张道德规则、基层民主、生态保护、终结军事征兵和推翻苏联帝国的人,在思想上会和纳粹希姆莱有相似性?"①

许多美国人对白宫冷落索尔仁尼琴的作法义愤填膺,福特总统也发现自己由于这个怠慢行为在政治上陷入了窘境。政治家们和他们的选民一样苦恼不堪,七月十五日,索尔仁尼琴在参议院党团室为他举行的欢迎会上向八十多名国会议员发表演说。十月初,参议院一致通过一项决议,要授予他荣誉公民的称号,但是,国务院再次进行干涉,阻止这项决议的落实,这也是基辛格采取报复行动的另一个例证。

在美国引起这些争议之后,索尔仁尼琴于一九七六年二月首次启程造访英国。他是以名人的身份到达的,据二月二十三日的《泰晤士报》报道,费利克斯·费边已经将他画的索尔仁尼琴肖像画送到了维多利亚和阿尔伯特博物馆。一群记者陪他前往牛津和艾冯河畔的斯特拉特福德,随后,他又抵达伦敦。在 BBC 的电视中心,他针对 BBC 的俄语节目水平的下降批评了它的高级管理人员,呼吁应将更多的信息传递到被谎言轰击着的人们那里。他认为,BBC 还应当向苏联境内的少数民族播出节目,比如,向爱沙尼亚人、立陶宛人和乌克兰人。最为重要的是,BBC 的俄语节目应当向它的听众提供更多的宗教讯息。他解释说,基督教是俄罗斯最有生命力的表达异见的方式,一些社区距离教堂有两三百英里之遥,BBC 能够而且应当把教会送到他们的家中。

索尔仁尼琴之行的高潮部分是接受 BBC 王牌新闻节目《全景》的采访。有五百万人观看这场节目的首播,高达一千五百万人观看它的重播,一般来说,只有喜剧表演或肥皂剧才能拥有这么多的观众。虽然这个国家的人正在观看和收听采访他的节目,但是,索尔仁尼琴已经开始怀疑人们对他的话是否充耳不闻:

---

① 同上。

我的警告、其他人的警告——萨哈罗夫直接从苏联发出的严肃警告——都未被理睬，和以往一样，大部分警告都被充耳不闻，被那些不想听到它们的人充耳不闻。我曾经希望，可以将人生体验从一个民族传到另一个民族，从一个人传到另一个人……但是现在，我开始怀疑了。也许每一个人注定要亲自经受过每一种体验后才能够理解它们。①

更引起争议的是，索尔仁尼琴开始大张旗鼓地批判西方的堕落，就像他曾大张旗鼓地批判东方的专制统治那样。他警告说，老一代知识分子放弃领导权，退出公共领域，会带来很多危险。他说，"让那些最年轻的、毫无生活阅历的人在指导社会生活方面发挥最大的影响力，这是违反事物的自然秩序的。"②

在这次采访中，索尔仁尼琴还趁机驳斥了铁幕双方含有敌意的批评家们加在他身上的各种标签：

以"民族主义者"这个词为例，它已经变得毫无意义了。它经常被使用。每一个人都把它抛来抛去，但是，究竟什么是"民族主义者"呢？如果有人指出，他的国家应当拥有一支强大的军队，应当征服它周围的国家，应当继续扩大它的疆土，这样的人应被称为一个民族主义者。但是，如果相反，我指出，我的国家应当将它所征服的所有民族都解放出来，遣散军队，停止一切的侵略活动，那么，我是什么人？一个民族主义者！如果你爱英国，你是什么样的人呢？一个民族主义者！那何时你不是一个民族主义者呢？在你憎恨英国时，你就不是一个民族主义者了。③

离开英国一个星期后，索尔仁尼琴接受法国电视台的采访，这次采访

---

① 索尔仁尼琴：《对西方世界的警告》，第 8 页。
② 同上，第 9 页。
③ 同上，第 12 页。

激起了苏联政府的官方抗议。然而，这与随后他访问西班牙时所引起的骚乱相比就显得无足轻重了。三月二十日，他接受了西班牙电视台的采访，同一天晚些时候，他又召开一场新闻发布会。西班牙正在摆脱佛朗哥——佛朗哥在当了近四十年的独裁者后在去年去世了——的专制统治，新闻界自然会提出许多与这个国家迈向民主制的探索性措施有关的问题。索尔仁尼琴对于那些试图在佛朗哥去世后获得更大的民主自由的人们给予了暗中的支持，但是，他提醒说：民主的进程不宜进行得太快。西方的民主制是软弱的、颓废的，它们并不是西班牙效仿的好榜样。由于他说"基督教的世界观"已经在西班牙内战中获得了胜利，这招致了争议；此外，由于他指出西班牙同苏联相比已经算是一个自由的社会了，这又在自由派和社会主义者阵营激起了愤怒。他曾听说，批评家们将当代的西班牙描述成了一个专制和独裁的国家，但是，在走遍这个国家后，他要说，这些批评家们很显然并不理解他们所使用的词汇的意思。没有一个西班牙人被绑缚在他的居住地上。西班牙人可以到国外自由地旅行，报亭里出售着来自世界各地的报纸杂志。人们可以自由地、轻易地使用复印机，允许罢工，最近还对政治犯进行了一次小范围的大赦。"如果今天在苏联我们有这样的条件，我们一定会大吃一惊的，我们会说，这是空前的自由，是六十年来我们没有见到过的自由。"①他的话是善意的，也确实进行了详尽的论证和准确的表述，但是，世界各地的媒体还是出现了一种预料之中的反应。最让人不能容忍的歪曲是《世界报》上的那篇报道，它所使用的标题是《索尔仁尼琴认为西班牙人生活在"绝对自由"中》。其他的报纸也遵循同样的原则，大肆批评索尔仁尼琴，因为它们认为他高度赞扬了佛朗哥政权。几乎没有人提到，索尔仁尼琴实际上是赞同西班牙的民主改革的，只是劝告这个国家在走上这条道路时要小心谨慎。

　　索尔仁尼琴看到这些颠倒是非的世界性的头条新闻时，他一定想起了苏联媒体对待他的方法。实际上，西班牙左翼的一位发言人宣称，索尔仁尼琴一定"患有精神病"，这确实会令人想起《真理报》那种拙劣

---

①　转引自斯卡梅尔：《索尔仁尼琴传记》，第 946 页。

的批判方式。①

这是极具讽刺性的,但是,媒体的喧哗吵闹掩盖了大部分人完全不明真相的事实。在新闻发布会的整个过程中,索尔仁尼琴总的语气不是对抗性的,而是真正调和性的。他说,他想避开左派和右派的专制。此外,东方和西方的对立是相对的,并不是非常重要的。人类处在危机之中,但是,这个危机从本质上来说是灵性的,而不是政治的。共产主义的东方和资本主义的西方都患上了同一种疾病:"唯物主义的疾病,道德标准缺乏的疾病。正是由于道德标准的缺乏才造成了像苏维埃社会一样可怕的专制制度的出现,才造成了像西方社会一样贪婪的消费社会的出现。"②

他解释说,这一问题的源头在于从中世纪向文艺复兴的转型。这是唯物主义对于灵性在中世纪的过分扩张的一种反抗。这个过程一旦开始启动,它就是前进的,更准确地说,它是倒退的。人类已经变得越来越物质化了,越来越忽视自己的灵性,其所造成的结果就是物质性的全面胜利和随之而来的灵性生活的衰落。"今天的世界呈现在眼前的那幅画面使我非常震惊。我认为,如果人类不是注定要灭亡,那么,它就必须恢复一个正确的价值观。用另一句话来说,灵性的价值必须重新支配物质的价值。这并不意味着,我们应当回到中世纪去。每一项发展都要有足够的时间来深化。我正在说的是新的视野,或许它对我来说是新的视野。"③

在这些经过认真思考的句子中,索尔仁尼琴坦率地承认了他的信条、他自己赖以存在的理由;但是,他的话语、他的警告再一次被充耳不闻,被那些不想听到它们的人充耳不闻。让报纸能够大卖的是丑闻,而不是灵性价值,因此,占据第二天早晨头条新闻的正是丑闻。

也许,索尔仁尼琴已经对新闻媒体会如何利用他的话语有预感。在新闻发布会将近结束时,他客气地请求允许他稍微谈一些题外的话,

---

① 同上,第 947 页。
② 同上。
③ 同上。

恳求记者们要么采用他的完整回答,要么就完全忽略掉某些主题。"我……从……经验得知,报纸通常只采用它们所需要的东西。它们把某些词语从上下文中摘出,破坏所有的平衡关系,扭曲我的思想……请不要删减,你们明白我的意思吗?"①

不久,索尔仁尼琴就对能从西方媒体那里获得相对公平的倾听意见的机会完全绝望了。因此,他很少再出现在公共场合或者接受采访了。沉默成了最安全的行动方针,因为沉默不像语言那样容易被歪曲。如果这个世界执意要成为聋子,那么,他就成为哑巴,就只通过他的著作来讲话。

与此同时,他与西方的短暂蜜月期也彻底结束了,他开始怀念他在东方的祖国。"我从来都不打算成为一个西方的作家,"在西班牙的记者招待会上,他告诉一位记者说,"我来到西方,这是违反我的意愿的。我只为我的祖国而写作……我不在乎其他地方的人们如何对待我所写的东西,以及他是否会以自己的方式使用它。"另一位记者问他为什么要住在瑞士。他回答说:"我没有住在瑞士,我住在俄罗斯。我所有的兴趣、我所关心的所有事情都在俄罗斯。"②

在被从他所爱的俄罗斯中驱逐出来之后,他现在发现自己又遭到了西方的冷落,这进一步加剧了他的流亡感。

---

① 同上,第948页。
② 同上。

第十六章　东正教的拥护者

　　他在西班牙引起的评论风暴过后，索尔仁尼琴每一次公开露面都会遭到越来越深的敌意——虽然他由于自我保护心理的增强已经很少公开露面了。一九七六年三月底，他直言不讳地批评不列颠人的自鸣得意及其履行国际责任时的意志缺乏，时任新首相的詹姆斯·卡拉汉对此作出轻蔑的回应，他说，他完全不同意索尔仁尼琴的观点。①

　　几个星期后，索尔仁尼琴接受《观点》周刊的编辑乔治·萨弗（Georges Suffert）的采访。在整个采访过程中，萨弗都表现出一副掩饰不住的憎恶的样子，他的采访对象努力地描述着自己在劳改营中对生命和上帝的发现，而他对采访对象的这一努力却无动于衷。相反，他中途提出了一个毫不相关的问题，他问索尔仁尼琴是否希望发生一场世界大战，这个俄罗斯人对此的回答是：只有萨弗"扭曲"的历史概念才会使他做出这样的提问。"内在的目的比任何政治都重要"，他如此申明道。②

　　四月二十七日，BBC电视台对索尔仁尼琴的一个采访在《图书节目》播出，在这个采访中，索尔仁尼琴讨论了他近期出版的英文版《列宁在苏黎世》，这遭到来自苏联方面的愤怒反应。在这个节目播出前，BBC的总导演查尔斯·柯伦曾两次受到警告：这个节目的播出将会使

---

　　①　《泰晤士报》，1976年3月25日。
　　②　《流亡中的索尔仁尼琴：批判文章和文件资料》，前揭，第262页。

柯伦提出的访问莫斯科的计划破产。两天后，苏联人把他们的决定通知了柯伦，并将这个威胁付诸了行动——延迟了他的访问。苏联国家广播电视委员会主席谢尔盖·拉宾发来的电报写道：BBC在四月二十七日播放的关于索尔仁尼琴诽谤性作品的电视节目，再次证实了BBC是在继续采取冷战时的态度，在纵容对苏联的恶意攻击。[①]

为了避免媒体纠缠不清的打扰，索尔仁尼琴正计划举家从地处欧洲中心地带的苏黎世迁往美国偏僻的佛蒙特州。他正在寻找一种方法，可以使他摆脱受媒体操纵的愚蠢状况，恢复乡村幽居的宁静，从而再次集中精力进行创作。他最早产生长居佛蒙特州的想法是他在一九七五年旅行加拿大、阿拉斯加和美国期间。索尔仁尼琴曾受佛蒙特州诺威奇大学俄语系的邀请，进行了为期三天的访问，这给他留下了深刻的印象，这个州的气候、乡村、清冷的空气和常绿的森林，都是他心爱的俄罗斯的翻版，这使他感到十分舒服。他邀请了一位名叫阿列克谢·维诺格拉多夫的青年建筑师在佛蒙特州寻找一块合适的地产，并授权他购买和管理这块地产——所找到的这块地产在卡文迪什村村外。一九七六年夏，索尔仁尼琴为家人申请永久居住美国的签证并获得批准，九月，索尔仁尼琴一家离开瑞士来到美国。

在他到达后的几个月内，村民们没有看到住在他们中间的这位著名作家的任何行迹。这块地产周围竖起了高高的篱笆，这位隐居的俄罗斯人表明了他无意进入公共生活的意思。直到第二年的二月，人们才终于在公共场合中看到索尔仁尼琴，当时，他和阿莉娅正在参加在中学体育馆举行的城镇年度会议。

然而，索尔仁尼琴一家人成功地躲开媒体的强行打扰后所获得的安宁，与他们的存在本身正引起的国际骚动是相互矛盾的。一九七七年四月三日，苏联政府继续最终徒劳的消耗战，它剥夺了阿莉娅的苏联国籍，因为她发表了对苏联不利的声明。[②] 与此同时，伦敦的柯莱特国际书店承认，由于担心冒犯苏联，暂时不再出售索尔仁尼琴和安德烈·

---

① 《泰晤士报》，1976年5月1日。
② 《泰晤士报》，1976年4月4日。

萨哈罗夫的著作。这家书店承认已经收到苏联高达六位数的展延信用证。[①]

在这种充满敌意的氛围中，只有少数人公开地捍卫索尔仁尼琴。在英国，那个令人钦佩的伯纳德·莱文开始支持他。一九七七年十一月十八日，莱文在《泰晤士报》上发表了一篇题为《索尔仁尼琴对进入漫长冬夜的挑战怒吼》的文章，在这篇文章中，莱文针对一些评论家讨论《普鲁士之夜》时的轻蔑方式给出了一种全新的观点。他说，索尔仁尼琴来到了西方，他就像是——

> 一个巨大的火山，他的被驱逐最彻底地表明了他的国家的统治者的道德败坏和卑鄙……

> 很快就会清楚，这个火山决不会熄灭；索尔仁尼琴在这个国家（和在美国）的电视节目中出现，影响巨大而持久，唯一恰当的比拟是一些天文学家对有关宇宙起源的思索；索尔仁尼琴大爆炸的回声继续在人们头脑中回响，放射性的粒子仍然在向着地球飘荡。

在以如此有感染力的方式来捍卫索尔仁尼琴之后，莱文继续描绘他的诗作的力量：

> 史诗，《普鲁士之夜》就是这种史诗，今天已不再那么流行了，切斯特顿的《雷邦多》已经是很久以前的事情了。我怀疑，正是这个事实本身衬托出就索尔仁尼琴的作品而发表文章的某些人的反应。如果要恰当地感受到这部作品的席卷性的力量，必须一个人坐下来静静地阅读它……这部诗作最有力的地方在于诗句的推进，其韵律和节奏与他描述俄罗斯军队前进的要求有着完美的匹配。读者可以随着队伍的前进而快速地前进，随着它的停止而停止，看着索尔仁尼琴的战友们停下来吃东西、抢劫或者强奸；对诗作的这种参与感是我之所以说读者应当将它看作一次历史穿越的

---

① 《泰晤士报》，1976 年 7 月 26 日。

原因，在理解整部诗作时，要是只看单独的几行或者甚至是几页，那就像从一条奔腾的河中取出一桶水一样，是没有什么意义的。

在文章的结尾处，莱文说《普鲁士之夜》是一项非凡的成就，它证实了索尔仁尼琴作为灵性巨人和艺术巨人的地位。①

然而，如果他是一个灵性领域或者艺术领域的巨人的话，那么，他也是一个面对着国际政治强权这个歌利亚的大卫。一九七八年二月，阿莉娅发表一份声明，指责克格勃近期企图破坏她丈夫所建立的一个帮助苏联持不同政见者的基金。这个基金被有些人不恰当地称为"俄罗斯社会基金，用以帮助那些受到迫害的人和他们的家属"，是索尔仁尼琴刚刚被驱逐出苏联时设立的。他将《古拉格群岛》的全部版权所得都捐献出来，用作这个基金的初始财政资金，这项基金后来帮助了几百个家庭，主要是以衣物或药品的形式，或者为家属提供探访劳改营的旅费。

这个基金的负责人是阿莉娅，而它在苏联境内的主要执行人曾经是著名的持不同政见者亚历山大·金斯堡，金斯堡曾担任这个职位三年之久，直到一九七七年二月被捕为止。金斯堡被捕后不久，安全部门就将管理这项基金的其他几个主要人物或是流放到了西伯利亚，或是将他们驱逐出境。在声明中，阿莉娅解释说，金斯堡的妻子伊琳娜已经接替丈夫成为主要的执行人，但是，在她努力向因犯及其家人提供帮助时，却受到苏联监狱管理人员的阻挠。这些管理人员拒绝传递暖和的衣服和圣经，还严格限制食物包裹中的东西。阿莉娅还指出，活跃在瑞士的克格勃密探还试图获取得到基金帮助的那些人的详细情况，以便于协助政府阻挠基金的运行。②

正当克格勃为索尔仁尼琴维护受押的持不同政见者的利益而恼怒的时候，他却在准备着一篇将会激怒世界上另一个超级大国的演说。六月八日，他在哈佛大学的毕业典礼上发表演说，在这次演说中，他谴

---

① 《泰晤士报》，1977 年 11 月 18 日。
② 《泰晤士报》，1978 年 2 月 22 日。

责西方世界,认为它在道德上是败坏的。他说:"在西方,已经到了该捍卫人类义务而不是人类权利的时候了。"权利对义务的胜利已经造就了一种毁灭性的、不负责任的自由,导致了"人类堕落的深渊"。他指出,"自由的滥用是对年轻人实施的道德暴力,比如充满色情、犯罪和恐怖事件的电影",这说明,西方自身没有能力抵御罪恶的腐蚀。[①]

索尔仁尼琴还专门针对媒体作出讽刺,他批评新闻界不知羞耻地闯入名人的私生活,以至于"它的读者的神圣灵魂被塞满了闲话、废话和没有价值的谈话"。在他本人多次被歪曲之后,他似乎很喜欢这个反击新闻媒体歪曲事实的机会:"草率和肤浅,这些都是二十世纪的精神疾病,而它们在任何地方都没有在新闻界显露得这么清楚。对一个问题进行深入的分析,这是新闻媒体憎恶的事情,与它的本质相悖。新闻界仅仅采用可以造成轰动效果的表达方式。"他指出,媒体已经"成了西方国家最强大的力量,超过了立法机关、执法机关和司法机关的力量"。然而,它的力量完全不是民主的,"它是依据哪一项法律被选举出来的?它又该向谁负责呢?"[②]

在向媒体发泄了怒火之后,他将批判的予头转向作为整体的西方,他说,俄罗斯不要想着把西方当成一个可以效仿的榜样。

> 不,我不能把你们的社会当作我们的社会进行变革的理想来推荐。经过一番沉痛的苦难之后,我们国家的人民现在已经获得了极其深刻的灵性成就,与此相比,当下正处在灵性枯竭状况中的西方制度显得没有任何吸引力……在遭受了几十年的暴力和压迫的苦难之后,人类的灵魂渴望着更高尚、更温暖、更纯净的东西,渴望着比大众的日常生活习惯所提供的东西——名片、让人反感的侵入性的商业广告、使人麻痹的电视节目、令人不堪忍受的音乐——更

---

① 索尔仁尼琴:《一个分裂成两半的世界》(A World Split Apart),摘自罗纳德·伯尔曼(Ronald Berman)编《索尔仁尼琴在哈佛》(*Solzhenitsyn at Harvard*, Washington, D. C. : Ethics and Public Policy Center, 1980),第 8 - 9 页。

② 同上,第 10 页。

高尚、更温暖、更纯净的东西。①

这些拙劣技术的炫目的装饰物是唯物主义哲学——这种唯物主义哲学脱胎于文艺复兴时期反教权主义的迫切愿望——的短暂后果："我所说的是这样一种十分盛行的西方世界观：它产生于文艺复兴时期，从启蒙运动时代起获得了政治上的表达形式。它成为政治学说和社会学说的基础，可以被称作理性主义的人本主义或者人本主义的自律：是人脱离一切高于他的力量、获得自律的宣言和实践。它还可以被称作人类中心主义，是将人看作万物的中心。"②这是他在西班牙记者招待会上曾试图传达的那个观点的进一步发展。由于人类抛弃了经院哲学家，使自身成为宇宙的最高权威和审判者，他们也就播种下自身的隐忧：

> 人本主义的思维方式——它已经宣称自己是我们的向导——不承认人身上存在着内在的恶，除了要达成尘世的幸福，它也看不到还有其他更高的任务。它开启了当代西方朝着崇拜人和崇拜人的物质需求的危险方向发展的文明。一切超出物质福利和物质产品积累的东西，所有其他的人类需求和一切具有更精细、更高尚的本质特征的东西，都被抛到国家和社会制度所关注的领域之外，就好像人类的生活没有任何更高的意义一样。这样就为邪恶留下缺口，于是，邪恶的气息在今天自由地飘荡着。③

人本主义的这种结果是所有的人都有目共睹的。这个世界处在严重的灵性危机和政治僵局中，以至于所有突出的技术进步成就都不能弥补二十世纪的道德贫困。

索尔仁尼琴随后详细阐释了他在劳改营中领悟出的牺牲和自我限制哲学。如果像人本主义者所宣称的那样，人的唯一目的是快乐，那他

---

① 同上，第 12 - 13 页。
② 同上，第 16 页。
③ 同上，第 16 - 17 页。

就不会生来就是要死的。"既然他的身体注定是要死的,那么很显然,他在尘世上的任务就一定是更为灵性的:不要完全专注于日常生活,也不要去寻找获得物质产品后再无忧无虑地将它们消耗掉的最好方法。"恰恰相反,生命的目的一定是与一种更高义务的履行联系在一起,"因此,一个人的生命旅程也许主要是一种道德成长的体验:与生命之初相比,一个人在结束生命时要变成一个更好的人。"①

也许,让冒着毛毛细雨听索尔仁尼琴演讲的一万至一万五千人最为难忘的见闻,是来自哈佛大学历史系教授、同时也是该校俄罗斯研究中心前负责人理查德·派普斯的评论:"我们听到了一场针对当代西方的毁灭性的批判,他批判它缺乏勇气、自我放纵、自我欺骗。这位演讲者,这位来自地狱的避难者,似乎在谴责我们这些处在炼狱中的人,因我们没有活在天堂。"②

索尔仁尼琴的演说在媒体上引发了一场抗议的风暴。六月十一日,《华盛顿邮报》指责他严重误解了西方社会;两天后,《纽约时报》则指出:"对于我们来说,索尔仁尼琴先生的世界观比那种令他恼怒不已的逸乐精神要更加危险……对于那些不赞同他的愿景或者不接受他的信仰的人来说,生活在一个由像索尔仁尼琴先生这样的狂热分子控制着的社会中,一定很不自在。"③六月二十日,美国总统夫人罗瑟琳·卡特在国家新闻俱乐部的演讲中批评索尔仁尼琴在哈佛的演说,她指出,美国"并不存在不受约束的唯物主义"。④

和以往一样,在索尔仁尼琴日渐增多的仇敌大军所共同发出的刺耳的喧闹声中,仍然存在一些友好的声音。乔治·F.威尔,《华盛顿邮报》的一位特邀作家,将索尔仁尼琴比作一位不知疲倦却不断招来反对意见——这种反对意见表明了这个社会的自满——的旧约先知。威尔批评那些索尔仁尼琴的批判者具有知识分子的护短心理,并指出:"《纽

① 同上,第 19 页。
② 理查德·派普斯(Richard Pipes):《在俄罗斯知识分子的传统中》(In the Russian Intellectual Tradition),摘自伯尔曼编《索尔仁尼琴在哈佛》,第 115 页。
③ 《纽约时报》,1978 年 6 月 11 日。
④ 《泰晤士报》,1978 年 6 月 21 日。

约时报》开放的怀疑精神扩展到了所有的价值上,除了它自己的价值。"①威尔观察到,与他的批判者们气量狭窄的护短心理相比,索尔仁尼琴的观点与西塞罗、奥古斯丁、阿奎那、帕斯卡尔、托马斯·莫尔、埃德蒙·伯克的观点相当一致。也许,《纽约时报》将会把这些著名的思想家都当作像索尔仁尼琴一样的狂热分子而打发掉,认为他们对现代世界根本不重要。

围绕着哈佛演讲所展开的争论持续了好几周,并且跨过了大西洋,七月二十六日,《泰晤士报》决定刊登索尔仁尼琴演讲的全文,还刊登了一些回应性的信件,但是,大部分的信件似乎都没有把握住它的要点。只有一封来自诺福克的 R. J. 伯尔尼先生的信似乎很赞赏它,认为"它关于人类精神在我们西方世界'慢慢'消亡的观点是深刻的、清楚的"。它是一篇具有洞察力的演讲,它阐明了真正的挑战、真正的生活、真正的希望。伯尔尼先生将索尔仁尼琴的演讲和英国首相詹姆斯·卡拉汉的一篇被刊登在同一天《泰晤士报》上的演讲加以对比。与索尔仁尼琴有先见之明的警告不同,卡拉汉的演说"则是要诱使我们进一步陷入当代西方民主国家这辆殡仪车的安逸控制——在当代西方国家的垂死挣扎中,我们完全感觉不到疼痛,只是感到一无所有"。②

当大西洋两岸的讨论和异议终于尘埃落定时,可以清楚地看到,对索尔仁尼琴演讲的主要评价是否定性的,这也加重了这位俄罗斯流亡者的疏离感,增强了他的避静愿望,即要退回到佛蒙特州那个堡垒一样的家。在家庭的避难所中,他身边除了妻子和三个孩子外别无他人,他可以不受打扰地写作,可以不理会来自敌对世界的喧哗。而且,正是在他这个安全的、与世隔绝的家中,这个逐渐隐退的作家以一种少见的方式活跃起来——除了他的家人和最亲密的朋友,没有人见过他的这种活跃之态。令他的儿子伊格纳特感到遗憾的是,他父亲的公共形象是苛刻的、严厉的,他说:"这种普遍的公众印象并不准确。"

<hr />

① 乔治·F. 威尔(George F. Will):《索尔仁尼琴的批评家们》(Solzhenitsyn's Critics),摘自伯尔曼编《索尔仁尼琴在哈佛》,第 33 页。

② 《泰晤士报》,1978 年 8 月 1 日。

我父亲有着多面的性格，这一点常常被那些只看到他苛刻、严厉一面的人们所忽视，或者是完全不为他们所知。比如，除了作家的才能，他还有许多其他的才能。他有着出色的表演才能，年轻的时候，他痴迷于戏剧。他还是一位出色的老师，每天都给我和我的兄弟们上历史课、代数课、几何课和物理课。他通过模仿——不管是模仿公共人物，还是模仿家中的某位成员——使我们所有的人大笑不止。他能够运用不同的声部。这就是单人滑稽喜剧表演。当他讲故事时，他会用他的模仿才能和表演才能来增加效果。他是一个讲故事的高手。他可以为每一个不同的人物配音。这是非常有趣的。然而，有时，如果他为俄罗斯的事情或者写作中的某些困难的章节所烦扰时，他也会极其严肃。关键的一点是，我的父亲是非常多变的。他有一个多变的性格。但是，这并没有使他变得特别地苛刻和严厉。事实上，所有见过他的人——这些人心里想着有可能会见识到他的苛刻个性——都会得到相反的印象。①

　　伊格纳特对父亲的童年回忆和帕尼对三十年前在马尔费诺特殊监狱中作为囚犯的索尔仁尼琴的回忆是一致的："他是一个特别有活力的人，他的身体素质好得似乎他从来不会累一样……他常常只是出于礼貌才忍受着我们这群人，总是为他浪费在我们无聊消遣上的时间而感到婉惜。另一方面，当他出于礼貌或者允许他自己稍微娱乐一下时，我们则可以从他的笑话、俏皮话和故事中得到巨大的快乐。"帕尼记得，在这样的情形中，索尔仁尼琴脸颊上的红晕会加深，"他的鼻子发白，好像是用石膏雕刻成的一样。""人们不常看到他具有幽默感的这一面。他有能力把握住最细微的习惯、姿势和腔调——这些东西常常会被我们其他的人所忽视——然后再用那种会让他的听众笑翻的艺术技巧将它们再模仿一遍。令人遗憾的是，仅仅在非常偶然的情况下，他才容许自己在最亲密的朋友当中有如此表现——也就是说，只是在不耽误他的

---

① 1998 年 9 月 24 日，作者对伊格纳特·索尔仁尼琴的采访。

工作的情况下。"①

更大的遗憾是,索尔仁尼琴性格的这个方面、他的生活乐趣、他的幽默感、他作为一个喜剧演员和滑稽演员的才能,在公共视野中消失了。为什么这个公共形象和实际情况是如此不同?这是媒体的类型化结果,抑或只是索尔仁尼琴没能表现他的轻松一面?伊格纳特认为应该是由于前一种情况。

> 我认为,这是因为人们,尤其是媒体,总是以老套的反应来思考问题。他们已经有了一个索尔仁尼琴形象的模板:"隐居的、严厉的、一个现代的耶利米"……
>
> 问题是英国和美国的媒体并不阅读索尔仁尼琴的著作。那些指责他有着最为古怪观点的人并没有阅读过他的著作。产生这个不合理形象的唯一原因,就是他说话的腔调和表达方式是西方所不习惯的。比如,当我父亲发表他那篇饱受争议的哈佛演讲时,他是诚恳的、充满激情的,但是,他炽热的激情仅仅被看作是不礼貌的,是苛刻的。也许,以下的事实又加重了这一点:他用俄语讲话,他的话语要通过译者的翻译才能被听懂。可能这使他的激情失去了个性,也使它听起来比它本身更加苛刻。无论如何,我父亲的方法在盎格鲁-撒克逊圈子中没有得到理解。他的方法不是盎格鲁-撒克逊式的。对于盎格鲁-撒克逊人来说,他是不够礼貌的。然而,我要补充一下,对待我父亲的这种态度仅限于盎格鲁-撒克逊世界。它不适用于其他的地方。比如,在法国,他的著作真正得到了广泛的阅读,他广受赞誉。那里的人真正地阅读了他所写的东西。在法国,一个名叫伯纳德·皮华特的人主持了一档谈论图书的非常流行的电视节目,这在美国是无法想象的。我父亲分三次接受皮华特的采访,一次是七十分钟,另一次是八十分钟,还有一次是九十分钟。每一次的收视率都出乎意料地高。人们完全无法想象这样的事情会在美国或者英国发生。在法国,理智问题或者

---

① 帕尼:《索罗格金的笔记》,第 265 页。

灵性问题——比如哲学——会受到人们的严肃对待。在盎格鲁-撒克逊世界，它们时常会遭到轻视或者排斥。①

伊格纳特·索尔仁尼琴对父亲在盎格鲁-撒克逊世界中的反常地位的分析出自他本人独特的、具有优越性的视角，他不仅仅是索尔仁尼琴的儿子，而且，他还是一个所受教育跨越了盎格鲁-撒克逊文化传统和俄罗斯文化传统的人。他和他的兄弟们上的都是当地的学校，接受的是美国教育；但是，他们在家里说俄语，通过父母给予的家庭教育获得了俄罗斯人的视角。除了父亲的课程和故事外，他们的母亲还常常给他们上俄语课，尤其是俄国诗歌课。她非常热衷于教导孩子们学习他们祖国的诗歌。②

伊格纳特解释说：

在流亡生活中，我们是作为俄罗斯人被教养大的。我们紧跟时事的进程，最初是通过父亲，他会将他当天从 BBC 或者美国之音中收听到的相关新闻讲给家人听（比如，我清楚地记得父亲告诉我们苏联坦克侵入阿富汗时的情景），后来，当然是我们自己通过报纸和电视获取信息了。在家人的意识中，俄罗斯的过去、现在和将来总是处在核心位置，我们这些孩子自然会接受这种意识。在家庭之外，当我们开始上当地的学校时，我们学英语，交朋友，做运动，做佛蒙特州的孩子们所做的大部分事情。回顾过去，我当然觉得处在我们的朋友、邻居和周围的文化中是非常舒服的。由家庭中的俄罗斯和家庭之外的美国所组成的二重世界非常自然地并存着，我们并不力图自我孤立，或者反之，并不致力于狂热地要与周围环境打成一片。③

伊格纳特和他的兄弟们还与父母保持着非常友爱的关系：

---

① 作者对伊格纳特·索尔仁尼琴的采访。
② 同上。
③ 1998 年 8 月，伊格纳特·索尔仁尼琴写给作者的信。

当我说我们为有这样的父母感到幸运时,我想我有信心代表我的兄弟们这样说。在没有特别的帮助下,当然也没有一支由秘书、编辑和宣传者组成的团队——在美国,大部分作家都会雇佣这样的团队——的情况下,他们写作和出版了二十卷本的父亲的文集,而且他们还要在受共产主义威胁的公共舞台上为获得理解进行斗争;虽然他们承受着这种似乎难以完成的任务的重压,他们还是投入了大量的时间和精力来抚养我们——他们通常比那些不算太忙的父母投入的时间和精力还要多。我们过去是、今天也依然是一个极其紧密地联合在一起的家庭,家庭生活的稳定和亲密是非常美妙的。当然,我和父亲很亲密,这从来都不能通过他实际上和我们呆在一起的小时数来衡量……他在两个小时中教给我们的东西比大部分父亲在二十个小时中教给他们的孩子的东西还要多。①

一九七九年二月十三日,在他被驱逐出俄罗斯的五周年纪念日,索尔仁尼琴走出了他主动选择的隐居生活,接受 BBC 俄语频道的采访。这个采访是向他的祖国播出的,索尔仁尼琴传递给他的同胞的信息包含着一种由悲观主义和乐观主义构成的复杂但并不矛盾的混合情感。他的悲观主义在于这样的想法中:虽然西方的政治家们自我欺骗说,超级大国正在趋向缓和,但是,事情显然正在向着世界战争的方向发展;而他的乐观主义则存在于这样一种希望中:那种会唤醒西方并使它恢复健康的力量仍然可以在西方出现。"我尤其对美国抱有强烈的希望,在这里,有许多未加利用的、潜在的力量,这种力量与那些影响着报纸头版、智力生活和都市生活的人们有着很大的不同。比如,这些人采取了一种完全不同于报纸所用的方式来回应我的哈佛演讲。有许多人给我和编辑们写信,在这些信件中,这些读者对于他们的'报纸'的态度给

---

① 同上。

予嘲笑。"①他在如下事实中也看到了希望的源泉：许多年轻人对真理变得更加敏感，他们"似乎能够穿过一堆堆的垃圾而前行，他们奋斗着，探索着"。也许，这些年轻人将会形成一支向着宗教真正兴起的先锋队。"当然，我们必须把新教皇当作时代的旗帜。这是……我激动得说不出话了……，这是上帝的一个馈赠！"②

在整个采访过程中，索尔仁尼琴对他自己祖国的命运都表现出一种坚定的乐观主义。"共产主义死定了"，他带着胜利的姿态如此宣称道。从苏维埃六十年的统治中得到的最重要收获是俄罗斯人已经摆脱了社会主义的感染力。现在，在俄罗斯有着一种完全不同的道德氛围，人民似乎完全没有生活在苏维埃的统治之下。"人民的表现就好像那些蹲在我们旁边的吸血鬼、恶魔完全不存在了一样。现在的氛围完全不同了。"这种氛围使他表达出了一个希望、梦想，他相信，这个希望和梦想不只是一厢情愿的思考："毫无疑问，我很快就会通过我的著作回到我的祖国，我还希望能够亲自回到祖国。"③

六个星期后，索尔仁尼琴受到了威尔士王子热情但出乎意料的支持。三月二十六日，在向地处堪培拉的澳大利亚科学院发表的演讲中，威尔士王子对索尔仁尼琴关于西方缺乏勇气的观点表示赞同。王子提到哈佛大学的这篇毁灭性的但也是建设性的演说，他同意它的结论，并讲了他自己的看法："当下，对人的各方面作出考虑，从工业社会对人性、对人的灵魂、精神的影响这个角度来审视工业社会，是非常必要的。"④

在索尔仁尼琴开始第六个流亡的年头时，关于灵魂与精神的问题在他心中占据最主要的位置。与政治的重建相比，他现在更为关心的是俄罗斯和世界上的灵性复兴。实际上，他认为，如果没有灵性复兴的先行带动，政治的重建是不可能实现的，而去实现政治重建的努力也会

---

① 索尔仁尼琴：《东方与西方》(*East and West*, New York: Harper & Row, 1980)，第 174—175 页。
② 同上，第 175—176 页。
③ 《每日电讯报》，1979 年 2 月 14 日。
④ 《每日电讯报》，1979 年 3 月 27 日。

毫无结果。心灵的转变必须先于一切社会的转变。由于他存有这样的思想,在一九八〇年代,他作为东正教会的拥护者不仅会出现在专门由俄罗斯人组织的活动中,还会出现在更广泛的天主教的活动中。

索尔仁尼琴的东正教信仰正在变成他生活中一个越来越重要的部分。住在佛蒙特州那座房子中的每一个人都戴着一个十字架,他们严格地守着四旬期,将复活节看得比圣诞节更加重要。孩子们的圣徒节和他们的生日一样得到热心庆祝。在图书室的侧室,有一个东正教的小礼拜堂,据说,每当有神父到家里时,都会在那里举行礼拜仪式。

毫不让人意外的是,索尔仁尼琴的立场、他对当代唯物主义的道德驳斥、他对灵性价值的公开捍卫,引起了其他基督教作家的注意。一九八〇年,美国的作家和批评家爱德华·小艾里克逊出版了《索尔仁尼琴的道德观》,意在揭示索尔仁尼琴的宗教信仰。让小艾里克逊担心的是,索尔仁尼琴在很大程度上被误解和曲解了:"在我看来,理解索尔仁尼琴的主要障碍和时代精神有关。虽然索尔仁尼琴极其熟悉在他的时代中占据着优势地位的思想流派,但是,他基本上都是选择站在它们的对立面……甚至更为重要的(然而,不是不相干的)是这样一个事实:当世俗人本主义在文化和知识精英中蓬勃发展,在这样的时代中,他却牢牢地抓住传统的基督信仰不放。"[①]小艾里克逊著作的序言是由马尔科姆·马格瑞奇撰写的,从一些重要的方面来说,马格瑞奇的生命历程和索尔仁尼琴的生命历程是非常相似的。当然,他没有遭到过索尔仁尼琴所经受的可怕的身体折磨,但是,他所受的精神折磨却与这位俄罗斯作家极为相似。在二三十年代,他曾经是苏维埃社会主义的拥护者,在经历思想幻灭和进行严苛的自我评定的反思阶段后,他最终接受了东正教。在他的序言中,马格瑞奇对索尔仁尼琴表达了敬慕之情,重点突出了"这个人面对磨难和危险时的伟大形象"。马格瑞奇认为,索尔仁尼琴"比任何其他的评论家都更加勇敢地说出了和更加清楚地理解了世界上正在发生着的事情"。然而,对于马格瑞奇来说,即使是这样的赞美也还是不够的,那些把索尔仁尼琴看作当代先知的人所表现出的

---

① 小艾里克逊:《索尔仁尼琴的道德观》,第 2—3 页。

敬意也使他产生了共鸣。"我认为,他在讲话时所使用的范畴和诗篇的作者、创世以来的神圣先知说话时所使用的范畴完全相同;他就像伟大的先知以赛亚,为处在黑暗和绝望中的人们书写和讲出满有激励和希望的壮丽篇章。"①

如果索尔仁尼琴是东正教的拥护者,那么,马格瑞奇则想成为他的盟友,为这位俄罗斯人辩护,使他免受媒体的攻击。索尔仁尼琴的基督信仰正是媒体加以掩盖或者忽视的东西:

> 为了满足媒体的需求,当他作为一个被迫流亡的人,发现自己生活在道德败坏、法纪缺失和放荡不羁的状态——在西方世界,这种状态被称作自由——中时,他应当觉得自己是获得了解放。和以往一样,他那极其敏锐的洞察力立即就意识到,西方衰退和堕落的真正原因正是善恶辨别意识的丧失,还有世界中所有的道德秩序的丧失,没有了这种道德秩序,任何秩序就都无以实现,无论是个人的秩序还是集体的秩序。

> 因此,索尔仁尼琴不是通过向这片新发现的自由大陆致敬的方式来取悦于媒体,而是认为西方人正在麻木地进入到和苏联通过武力强行实现的那种奴隶状态相同的状态中……在大学校园里,在电视屏幕上,在报纸杂志上,甚至在教堂的讲坛上,都在宣扬着这样的信息:现在,人类正自己主宰着自己的命运,他能够根据自己的特性在尘世中创造出一个天国,不需要敬拜上帝,不需要救世主为他赎罪,或者也不需要圣灵的充满。然而,索尔仁尼琴在无神论和唯物主义最核心的地方,发出了打破这种白日梦的最强有力的、先知般的声音,而且还是在这个地方经历过六十多年最为强烈的、彻底的反向灌输之后。这是多么地非同一般啊!②

---

① 马尔科姆·马格瑞奇:《序言》,见小艾里克逊:《索尔仁尼琴的道德观》,第 xiii 页。
② 同上,第 xiv-xv 页。

第十七章　俄罗斯的重生

一九七九年十月十三日，索尔仁尼琴发现自己再次成为政府审查制度的受害者。然而，这次试图阻碍他的著作出版的不是苏联政府，而是一个看起来很友好的政权。芬兰当局禁止向阿兰群岛上讲瑞典语的居民播出由《伊凡·杰尼索维奇的一天》改编的瑞典语的电视剧。在芬兰的电视播出之所以会受到限制，是因为最高法院裁定这会损害芬兰与苏联的关系。[①] 然而，即便是冷战时期敌对政策仍然继续高昂着它那冰冷的头颅，索尔仁尼琴还是对它不屑一顾，因为他知道，这不过是停尸房里飘出的寒意。他早就看到苏联政权已经濒临垮台，他觉得，他很可能会重新回到俄罗斯。

> 我坚定地相信……我将会返回俄罗斯，我等得到这一天。你知道，我是如此地乐观，对我来说，重返俄罗斯似乎只是几年时间的问题……我无法证明它，但是，我有一种预感、一种感觉。我常常会产生这种准确的感觉、预知的感觉，此时，我预先就知道了将会发生什么事情，事情将会如何发展，而事实也往往就是如此。我认为，而且我也确信，我将会回到俄罗斯，我仍然有机会在那里生活。[②]

---

① 《每日电讯报》，1979 年 10 月 15 日。
② 斯卡梅尔：《索尔仁尼琴传记》，第 993 页。

当索尔仁尼琴说这些话的时候,很少有人会认真地对待它们。苏联安然地屹立着,它似乎是一个坚不可摧的庞然大物,它庞大的、屹然不动的身躯挺立在整个东欧,它的影响力扩展到地球上的每一个角落。事实上,从许多方面来说,勃列日涅夫时代都是一个相对稳定的时期。生活消费品获得了较大幅度的补贴,当消费者得知他们花费在基本食品——比如肉类和面包——上的钱和他们三十年前在斯大林时代所花费的钱一样多时,也许感到很舒心。稳定掩饰了更为深层的问题,比如食物短缺、黑市猖獗、腐败空前,但是,这些似乎都不会给苏维埃的社会结构造成一种真正的威胁。在一九八〇年提出整个苏维埃大厦将倾,这是不可想象的,就像提出美国正处在崩溃边缘一样。人们料想——似乎是不言而喻的——在未来的几十年中,两个超级大国将是世界政坛上的固定成员。从这个角度来看,索尔仁尼琴的话当时听起来一定是荒谬的,盲目乐观的。

一九八二年十一月,持强硬路线的克格勃前负责人尤利·安德罗波夫接替了勃列日涅夫的职位,这进一步增强了苏维埃大厦仍和以前一样屹然不动的印象。在这个月份,莫斯科上演了一部关于列宁的戏剧《我们将会这样获胜》,然而,演出中途却被一个喊着"打倒苏维埃法西斯主义"并要求索尔仁尼琴回国的人打断了。[1] 他孤零零的抗议行动也许已经表现出了索尔仁尼琴的支持者们所具有的不屈不挠的个性,但是,这个行动既是英勇的,也是没有实质性内容的,就像是詹姆士二世党人的痴心妄想之举。

一九八三年五月,索尔仁尼琴高调访问英国,相较于七年前的上一次访问,他在这次访问中受到较为亲切的接待。在过去的几年中,政治局面已经发生巨大的变化。由于保守党在一九七九年的民主选举中获胜,卡拉汉的工党政府已被推翻,英国还在体会着它在福兰克群岛战争中胜利的余温。五月十一日,玛格丽特·撒切尔在唐宁街接见了索尔仁尼琴,在这次长达一个小时的私人性、礼节性的访问中,他们讨论了自由的理想。

---

[1] 《泰晤士报》,1982 年 11 月 20 日。

五月九日,《泰晤士报》在头版位置刊登了一幅索尔仁尼琴的照片,照片上,索尔仁尼琴手捧圣像正在参加肯辛顿地区的俄罗斯流亡者教会中举行的东正教礼拜活动。第二天,他在伦敦市政厅发表了《坦普顿奖演说》,演说的文字稿发表在《泰晤士报》上。这篇演说的题目是"无神论——走向古拉格的第一步",与他此前呼吁要在当代生活的疯狂状态中去重新发现精神健全的任何讲话相比,这篇演说也许具有更加明显的宗教性。他从对童年时代的回忆开始,这个回忆是他此次演说后续展开的一个道德样板,也是他以后的人生和他生活于其中的那个世纪的道德样板。"半个多世纪以前,当我还是一个孩子的时候,我记得许多老年人对于降临在俄罗斯身上的这些重大灾难曾作出这样的解释:'人们忘记了上帝;这就是这一切会发生的原因。'"

　　他解释说,从那以后,他花费了近半个世纪的时间研究这段"吞噬了我们六千万人民"的俄罗斯革命的历史,但是,如果要求他尽可能简明扼要地表达出所发生的这一切的主要原因,那么,除了重复老人们所讲的这些话,他无法再给出更为准确的表达了。"而且,如果要求我简洁地概括出整个二十世纪的主要特征,同样,除了再次重复这些话,我也不能找到更为简洁有力的东西:'人们忘记了上帝。'"

　　索尔仁尼琴引用陀思妥耶夫斯基对法国大革命的观察,即对教会的激烈憎恨是大革命的典型特征——"革命必然是从无神论开始的"——他断言:"对上帝的憎恨是掩藏在马克思主义背后的根本动力"。因此,在苏联,可以看到东正教神职人员不断地殉难。虽然西方没有遭受过共产主义的经历,但是,它也正在"经历着宗教意识的干涸……几个世纪以来,善与恶的概念一直都被嘲弄着;它们被逐出了日常的使用范围,它们被对政治或阶级的短暂价值的考虑所取代。诉诸永恒概念已经变得很让人难为情了,因为恶在进入政治制度之前,已经在个人的心灵中扎根了。"

　　在演说的结尾处,他呼吁对永恒真理的追求:

　　　　我们的生命并不在于对物质成功的追求,而是对有价值的灵性成长的探寻。我们整个的尘世存在只是向着某种更高存在的运动

257

中的一个过渡阶段……仅仅靠物质的规律并不能解释我们的生命，或者给予它方向。物理学和生理学的规律永远都不能揭示出那个无可辩驳的方式——造物主正是以这种方式永不停息地、夜以继日地参与着我们每个人的生活，无穷无尽地赐予我们生存的能量；当我们失去这个帮助时，我们就会死亡。在我们整个地球的生命中，这个神圣的灵在用同样的力量运行着：我们必须在黑暗和恐惧来临时把握这灵。①

索尔仁尼琴的声音和以往一样毫不妥协，他的话语也和以往一样刺耳，但是，这一次，它们似乎被意气相投的人接受了。五月十二日，《泰晤士报》显著位置刊登的一篇文章只是称赞了这位俄罗斯作家对"人们忘记上帝时社会将要发生什么"的及时提醒，并没有论及其他的。"时尚的意见很容易草率地将索尔仁尼琴当作一个充满怨恨的流亡者，认为他那产生于苏联迫害下的宗教激情对西方的自由社会是不适宜的。然而，时尚的意见经常是错误的。"②

索尔仁尼琴再次成功地点燃了争论的火焰，这通常是比较鲜见的。五月十四日，《泰晤士报》发表了一封由大不列颠人道主义协会、国家世俗主义协会、理性主义出版协会的代表们联合写的一封信，这封信愤怒地驳斥了索尔仁尼琴的《坦普顿奖演说》和《泰晤士报》的主打文章，在同一期上面，还刊登了其他几封支持索尔仁尼琴主要论点的信件。在接下来的两周，争论在《泰晤士报》的读者来信中继续升温和沸腾，索尔仁尼琴的支持者和批评者围绕着宗教在当代社会中的作用，提出支持性的观点或驳斥性的观点。

五月二十三日，当争论正在进行的时候，《泰晤士报》发表了一篇博纳德·列文对索尔仁尼琴的采访录，在这篇采访中，索尔仁尼琴再次重述了自己的信念："人类生存的目标不是快乐，而是灵性的成长。"他承认，在当代世界，这种信念"会被认为是某种奇怪的东西，某种近乎疯狂

---

① 《泰晤士报》，1983年5月11日。
② 《泰晤士报》，1983年5月12日。

的东西"。列文问道,此前只有少数人可以享有物质财富,现在却是人民大众都可以享有物质财富,人民大众拥有享受物质财富的权利,这在根本上有什么问题吗?索尔仁尼琴回答道,我们必须在物质的充足和消费者的贪欲之间做出区分。他认为,整个历史是由一系列人类通常都会屈服于其中但却与历史更高的目标不相配的诱惑构成的。"现在,我们面对的是物质的诱惑,而不是物质的充足,是奢侈品的诱惑,是所有东西的诱惑,我们再一次证明了自己的不配。我们的历史过程实际上是由这样的人组成的:这种人面对着那些诱惑着他的东西,却证明了自己是能够战胜这些诱惑的。"①

索尔仁尼琴再次表达了对教宗约翰·保罗二世本人以及对"他的个性、他带进罗马天主教会中的精神、他对全世界各种问题持续的、积极的关注"的敬佩之情。②

当列文问到苦难是否是人们转向灵性事物的必要条件时,索尔仁尼琴予以肯定:"对我们的灵性成长和完善来说,苦难是不可缺少的。"而且,"苦难被送给整个人类……它是足量送来的,为的是让人类知道要如何做,才能把苦难当作自身成长的条件来使用。"人们必须自由地接受苦难,由此使之成为积极的力量。"现在,如果一个人不是从苦难中汲取应当汲取的东西,而是怨恨苦难,那么,他在这个时刻实际上就是在做一个消极的选择。"③

在被问到他是否相信共产主义最终将会在苏联崩溃时,他拒绝给出一个具体的时间表,但是他重复了他的预感:"我本人相信,我将会在我活着的时候回到我的祖国。"④

索尔仁尼琴之所以会接受博纳德·列文的独家采访,是因为列文是少数公开捍卫他的英国作家之一。出于同样的原因,几个星期后,他也接受了马尔科姆·马格瑞奇的采访。一段时间以来,马格瑞奇一直都很想采访索尔仁尼琴,在访英期间,这位俄罗斯作家终于同意了他的

---

① 《泰晤士报》,1983 年 5 月 23 日。
② 同上。
③ 同上。
④ 同上。

请求。一九八三年七月四日，这个采访在 BBC 二台播出，涉及了在列文此前的采访中已经探讨过的许多熟悉的内容，其中包括，苏联政权的残酷行为，基督教面对着这些残酷行为走向复兴，西方自由主义的背叛，和在非共产主义国家灵性复兴的必要性。他还说到那个预言式的预感："奇怪的是，我不仅仅是希望，而且是从内心确信，我将会回到祖国"，索尔仁尼琴这样告诉马格瑞奇。事实上，马格瑞奇是少数能够严肃对待索尔仁尼琴重回俄罗斯这一希望的人之一。从一九七〇年代中期以来，他就一直在预言苏联即将崩溃。结果，这两个人都看到了他们预言的实现。

彼得·阿克罗伊德在评论这次电视采访时，这样写道，索尔仁尼琴的"信念使他显得生机勃勃，在这次短暂的采访中，他看起来非常自信，目光直率，没有过多的手势，这是一个'经受过考验'的人所具有的特征"。阿克罗伊德还被两位对话者在整个过程中表现出来的相互尊重逗乐了："索尔仁尼琴和马格瑞奇相互认同、相互补充的场面具有喜剧的元素……针对索尔仁尼琴的一个评论，马格瑞奇说：'哈利路亚！'而在马格瑞奇的一段论述之后，索尔仁尼琴说：'您的话具有一种深刻的意义。'"①就索尔仁尼琴来说，对于他和马格瑞奇的这次会面，他留下的只有积极的回忆，认为马格瑞奇是"迷人的"。②

十月，索尔仁尼琴在佛蒙特州的家中接受博纳德·皮华特的采访，博纳德·皮华特录下他们的对话，准备在法语电视节目中播出。这次采访是在十二月十日（即索尔仁尼琴六十五岁生日前夕）播出的。该访谈披露，索尔仁尼琴常常劈柴，"用这种真正的俄罗斯方式进行锻炼"；晚年的时候，他还从事网球运动。他解释说："当我还是一个生活在梁赞的小男孩的时候，我就梦想着打网球，但是，我从来都没有足够的钱来买一支球拍。在五十七岁的时候，我成功地满足了自己的爱好。"同样，他还说了那句熟悉的、好像是必须要说的话：他最珍贵的梦想就是

---

① 《泰晤士报》，1983 年 7 月 5 日。
② 作者对索尔仁尼琴的采访。

"活着回到俄罗斯，而不仅仅是在我的书中"。①

十二月九日，在皮华特的采访播出的前一天，索尔仁尼琴的法语出版商出版了《一九一四年八月》的增订版——这本小说被视为题为《红轮》的系列著作的第一卷。索尔仁尼琴宣布，他又写完了两卷，包括《一九一六年十月》和《一九一七年三月》，但是，它们都还有待出版。他正在写第四卷，还有其他几卷正在计划中。"也许，我的生命会在我完成这个计划之前结束"，他告诉皮华特。事实上，他活着看到《红轮》全套书的出版，他认为《红轮》是他生命中最重要的作品。②

倘若索尔仁尼琴自己认为《红轮》是他的文学成就的最高峰的话，那么，他如下的表现就丝毫不让人感到意外了：每当谈起它时，他就变得生机勃勃，对它非常热衷，既把它看作一部文学作品，也把它看作一部亟须的历史著作。

在西方，人们常说，我用我的书证明了二月革命的不可避免性。事实上，这并不对。持这种观点的人其实并没有读这本书；一个记者写了篇东西，另一个记者会读了这篇东西，然后重复这种东西。实际上，二月革命也许会发生，或者也可能不发生。对于二十世纪的俄罗斯来说，这是一个关键的问题，是一个主要的事件，但是，在二月革命后，那些自由主义者和革命者却如此快速地在八个月中拆毁了一切。一切都土崩瓦解了，整个俄罗斯都土崩瓦解了。他们实际上不知道他们做了什么，他们甚至不再想要权力了。布尔什维克主义者们走了过来，他们发现权力就在那里，它躺在地上，他们拣起了它。因此，十月革命是一件次要的事情。

这是一部具有重大意义的作品，因为重要的是不放弃、不忽视事件发展的重要性。当然，我本来是可以用比较简略的形式来写的。为了具有更大的可读性，它本来只须对人们所说的谎言作一个描述即可，但那样就得不到历史的证明。有人会说，他可以这样

---

① 《泰晤士报》，1983 年 12 月 12 日。

② 作者对索尔仁尼琴的采访。

论证，但也可以做相反的论证；但是，我列举了大量的事实，是不可能做出相反的解释的，因为这些事实本身只能做出一个解释。当然，考虑到这套作品的卷数、规模，我采用了许多不同的文学手法，在各种体裁之间进行变换，散文体、引用文献、对时事的一般观察、一系列对不同地区生活掠影的简短片断、电影剧本、嵌进文本中的俄罗斯民间谚语——比如，有时会用一个传统的谚语来开始一章的内容。它的意义是这样的：有些年长者将会阅读所有的文字，而且，他们还会用一个传统的民间谚语来评判他刚刚读过的东西。①

索尔仁尼琴认为民间谚语包含有许多永恒的智慧，在《红轮》的行文中使用这些谚语，"清楚地揭示、呈现出了前一章所述内容的意义"。事实上，民间谚语不仅能够概括出所说内容的意义："从某些方面来说，它是人民对我们正在做的事情所做出的一个出乎意料的评判。"为了阐明这个观点，索尔仁尼琴详细讨论了这个谚语式的诗句："毋要搜村庄，乃要搜汝心"，他用这句话结束《一九一四年八月》的一章。"在俄语中，它是押韵的，这一点在英语翻译中丢失了。它的意思是，在你试图解释正在发生的奇怪事情时，不要四处巡视，然后说：'哦，这是因为人们是这样或那样的'，而是要认识到，你可能也是那样的，也许所发生之事的关键原因也可以在你的内心深处找到。"②

从索尔仁尼琴讨论《红轮》时那种抑制不住的热情可以清楚地看出，这部鸿篇巨制的创作是他整个一九八〇年代生命中最重要的部分，其他任何事都无法与之相比。

当索尔仁尼琴在佛蒙特州的隐居之地辛苦地创作《红轮》时，苏联政治的红轮此刻正痛苦地陷入停滞的困境。一九八四年二月，尤里·安德罗波夫去世，此时他掌权仅仅一年，此后由七十三岁高龄的康斯坦定·契尔年科继位。仅仅过了一年，契尔年科也去世了；一九八五年三月，政治局中最年轻的成员，五十三岁的米哈伊尔·戈尔巴乔夫接管

---

① 同上。
② 同上。

了领导权。在他就任的几个月中,戈尔巴乔夫时代著名的专门用语——"公开"和"重建"——在兴奋的俄罗斯民众间传讲开来。也许,共产主义压迫即将结束。然而,年长的俄罗斯人记起了赫鲁晓夫时代的虚假曙光,他们仍然很谨慎。

具有讽刺意味的是,"公开"在苏联的出现和索尔仁尼琴即将成为美国公民的传言同时发生。一九八五年六月二十四日,在美国的一个法庭上,新闻媒体充满期待地等着索尔仁尼琴的到来,在那里,已经为他和他的家人安排了一个授予美国公民资格的专门仪式。最后,阿莉娅和他们的长子叶尔莫莱被正式授予了公民资格(他们的三个儿子到十八岁时,都依次申请了美国国籍),但是,索尔仁尼琴没有出现,这挑起了新闻界的好奇心。新闻媒体不相信法庭办事员所给出的"他病了"的官方解释,而是引用了他们家庭的一个朋友的话,这位朋友暗示,他是希望避开大批的记者。① 几年后,阿莉娅揭开了他没有到场的秘密。在整个流亡岁月中,她的丈夫"从来都没有真正想过、更从来都没有成为过一个美国公民,因为他无法想象自己成为俄罗斯(不是苏联)之外任何一个国家的公民。"在八十年代初,阿富汗战争正如火如荼之际,苏联在短期内会发生变动的希望落空的时候,索尔仁尼琴确实有过一个犹疑不定的时刻,但是,他最终还是决定"保持没有国籍的状态,直至俄罗斯从共产主义中解放出来,这是他一直都盼望的事情"。② 简而言之,也许是受祖国最近的变化的鼓舞,他似乎是在最后一分钟改变了主意。

一九八六年四月,苏维埃这个庞然大物身上的吱吱断裂声由世界上最严重的切尔诺贝利核灾难——索尔仁尼琴十多年前在他《致苏联领导人的一封信》中已经预见到这种生态悲剧——戏剧性地表现出来。苏联官方不顾一切地封锁关于这场灾难的所有新闻,他们讽刺性地背离了正在大肆宣传的"公开性",将这件事整整隐瞒了三天。当一车车被疏散的儿童到达基辅火车站时,莫斯科人已猜测到可能发生了什么事情,但是,直至瑞士的气象观测家发现了放射性云团时,苏联才不得

---

① 《泰晤士报》,1985 年 6 月 26 日。
② 1998 年 10 月,阿莉娅·索尔仁尼琴对作者所提问题的书面回答。

不承认这件最为糟糕的事情。

　　和讽刺性地否定自己的公开性原则相类似的是,戈尔巴乔夫厚着脸皮否认政治犯的存在,直至安德烈·萨哈罗夫被出乎意料地从"封闭"的高尔基城流放地释放出来为止。萨哈罗夫回到了莫斯科,受到英雄般的欢迎,他发誓要为一切人的自由而斗争。

　　尽管采用着这样的双重标准,在戈尔巴乔夫的统治下,苏维埃的钳制还是大大地放松了。在勃列日涅夫时代滥用职权的腐败官员受到公开的调查,党内对黑市交易的庇护也同样受到公开的调查。苏联社会氛围的变化催生了这样的传言:索尔仁尼琴的著作终于要在苏联出版了。一九八七年三月,一份丹麦报纸报道,苏联官方很快就会取消对《癌病房》的禁令。① 一年后,一九八八年四月,《古拉格群岛》终于冲破铁幕,在南斯拉夫出版。② 八月三日,苏联《莫斯科新闻周报》称赞《伊凡·杰尼索维奇的一天》是最伟大的俄罗斯文学经典之一,是文学、道德和灵性生活中的一个重大事件。十天后,苏联国家出版委员会宣布解除对索尔仁尼琴作品的官方限制。在提到《伊凡·杰尼索维奇的一天》时,委员会同意由私人出版社决定是否重印这部此前曾在苏联出版过的作品。索尔仁尼琴那些仅仅在国外出版过的作品,换句话说,就是他的大部分作品,目前还没有被批准出版。③ 值得注意的是,在同一天,《新世界》宣布计划出版乔治·奥维尔的《一九八四》。

　　受国家机构中自由化趋势的鼓励,苏联的持不同政见者发起了支持索尔仁尼琴回国的运动。一九八八年夏,一篇呼吁恢复他的公民身份的短文发表在《书评》周刊上。④ 八月底,一个非官方的委员会——这个委员会为在莫斯科树立一块斯大林受害者纪念碑而四处寻求支持——邀请索尔仁尼琴加入它的理事会。索尔仁尼琴婉拒了这个邀请。十月,一个名为"纪念"的苏联人权组织的第一次会议开始纪念斯大林主义的受害者,要求公开承认索尔仁尼琴,并恢复他的苏维埃公民

---

① 《泰晤士报》,1987 年 3 月 4 日。
② 《泰晤士报》,1988 年 4 月 12 日。
③ 《泰晤士报》,1988 年 8 月 15 日。
④ 托马斯:《亚历山大·索尔仁尼琴生命中的一个世纪》,第 498 页。

身份。

苏联的保守势力惊惶失措地回应着日益增长的改革运动,他们开始了一场激烈的反击战。起初,他们似乎是成功的。最受欢迎的改革主义者莫斯科市长鲍里斯·叶利钦被解职,一九八八年夏,戈尔巴乔夫抛弃了在保守派和先锋派之间寻求微妙平衡的策略,并和持强硬路线者重新结盟。似乎又是一个老套的故事:改革的所有承诺都在重新兴起的极权主义者的反击中破灭。随着新斯大林主义者再次占据优势地位,戈尔巴乔夫开始将持强硬路线者安置到显著的权力岗位上。九月三十日,瓦季姆·梅德维杰夫被任命为政治局成员,负责意识形态宣传。两个月后,他戏剧性地否决了索尔仁尼琴的著作在苏联出版的提议,认为它们"正在破坏苏维埃国家的根基"。①

然而,强硬派这一次低估了联合起来反对他们的力量。就在戈尔巴乔夫和保守势力站在一起的时候,共产党内部的自由主义者组成了民主联盟,自一九二一年以来,这是他们第一次进行的有组织的反抗运动。戈尔巴乔夫禁止他们集会,并创建一个特种兵组织来处理所有骚乱。同时,在波罗的海共和国,民族主义人民阵线正在大量招幕成员。一九八八年十一月,一个较小的民族国家爱沙尼亚大胆地脱离了苏联。在随后一年的二月,爱沙尼亚人在他们的议会大楼上方升起他们的国旗,取代了锤子和镰刀图案的旗帜。大约在同时,相邻的波罗的海国家拉脱维亚和立陶宛的两份报纸刊发了索尔仁尼琴的小品文《不要靠谎言生活》,在他被流放之前,这篇小品文曾出现在地下刊物中。

面对这样的挑衅,戈尔巴乔夫持强硬政策的政府屈服在反对力量的重压和冲击下。一九八九年三月,在人民代表大会的选举中,苏联的投票者多年来第一次被允许从一个以上的被选举人中进行选择,其中有些被选举人甚至还不是党员。尽管选举过程受到了严重的操纵,但是著名的改革家——比如叶利钦和萨哈罗夫——还是当选了。每当萨哈罗夫——他还是和以往一样斗志昂扬——呼吁结束一党专政时,尤其是每当俄罗斯电视台现场直播他的演讲时,他的麦克风就会被切断,这

① 《泰晤士报》,1988 年 11 月 30 日。

个举动充分突显出共产主义统治者努力抓住权力而不顾一切的本性。

在进行选举的同一个月中,《二十世纪与和平》——这是一份官方批准的由苏联和平委员会发行的杂志——效仿波罗的海的杂志发表了《不要靠谎言生活》,以此公然挑战克里姆林宫对索尔仁尼琴作品的禁令。与这篇小品文一起发表的一篇评论则称赞索尔仁尼琴为当前改革铺设的道路。[①] 与此同时,在遥远的库班,还有一份小杂志也无视官方的禁令,发表了分三部分刊出的索尔仁尼琴作品导读。[②]

当改革派在三月选举中获得成功之后,索尔仁尼琴发现自己有了许多位居高位的朋友。四月,几名苏联人民代表大会的代表呼吁恢复他的公民身份。长期以来,这个斗争只是被局限于持不同政见者们所处的狭径上,现在却在政府的权力走廊上被发动了起来。

六月二日,萨哈罗夫因为谴责苏军在阿富汗的暴行而被喝令停止在代表大会上发言。同一天,另一名代表,即作家尤里·卡梁金,也引起了一场类似的骚乱,因为他提议政府恢复索尔仁尼琴的公民身份,并把在斯大林统治下被杀害的几百万人的名字刻在克格勃总部的墙上。[③]

七月初,当苏联作协不仅投票赞成重新吸收索尔仁尼琴为会员,而且还敦促官方批准出版《古拉格群岛》时,索尔仁尼琴一定感受到了最终胜利的到来。

尽管中央委员会中的强硬派仍在拼死阻挠《古拉格群岛》的出版,但是,这件看似不可能的事情在十月份还是发生了,《新世界》首先刊发了《古拉格群岛》的一个长篇摘录。这份杂志分三期刊发了这部著作三分之一的内容,在这个过程中,杂志的读者量增加了一百万。杂志发行了三百万份。人们对索尔仁尼琴抱有巨大的兴趣,国有的苏维埃作家出版社则宣布出版一整套索尔仁尼琴作品的计划。

在《古拉格群岛》的摘录首次刊发的这个月中,红场上举行十月革命庆祝会的途中出现了空前的反对者游行示威活动。其中一面旗帜上

---

① 《泰晤士报》,1989 年 3 月 21 日。
② 托马斯:《亚历山大·索尔仁尼琴生命中的一个世纪》,第 498 页。
③ 《泰晤士报》,1989 年 6 月 3 日。

写着:"全世界的工人——我们懊悔不已"。全世界无产者联合起来一同进行共产主义革命,这曾是苏联共产主义者的信念,现在他们打出这样的标语,意思是说,这一信念已经破产。

对于共产主义的保守派来说,此前的一年绝对是一场灾难。不仅苏联内部的问题逐渐失去了控制,而且,苏联在东欧的控制权也逐渐变得不再稳固。一九八九年期间,改革派的运动在整个东方阵营都获得了胜利,这一胜利随着柏林墙的倒塌和捷克斯洛伐克的天鹅绒革命达到了顶峰。

一九八九年十一月,苏联官方极不情愿地表示,如果索尔仁尼琴提出申请的话,他们将会恢复他的公民身份。索尔仁尼琴通过阿莉娅向《纽约时报》转达了他对这个提议的拒绝:"这是让人感到羞耻的:在他们对他所做的一切事情之后,人民代表大会没有最基本的勇气去承认他们是错误的。他们试图把一个道德的和政治的问题变成一个官僚机构的日常工作……他们把他驱逐了出去,在此之后,他们又想让他卑躬屈膝地请求允许他回国……我们已经等了很长时间。我们会一直等到他们变聪明时为止。"[1]

一九九〇年一月十九日,戈尔巴乔夫决定派苏联坦克进入阿塞拜疆的首都巴库去镇压那里的独立运动,这并不是一个明智的决定。那天夜里,有一百多人被杀害,这进一步挑起了人们对苏联政权的憎恨,加剧了人们争取独立的斗争。二月份,在那场一九一七年革命以来俄罗斯最大规模的示威活动中,红场上聚集了数万人。在接下来的一个月中,投票者都在当地的选举中表现出了他们对共产主义政权的厌恶。在苏维埃共和国中,民族主义者大获全胜,这为随后宣布独立铺平了道路。在俄罗斯,反共产主义的民主纲领在强大的列宁格勒和莫斯科市议会中获得了多数。在国际劳动节庆祝会上,戈尔巴乔夫遭到了红场上各界群众的羞辱,在这个月月底,他的劲敌鲍里斯·叶利钦赢得了选举,当选为俄罗斯议会的主席。两个星期后,即六月十二日,叶利钦打出了他最大的一张牌,宣布俄罗斯仿效波罗的海诸国脱离苏联。

---

① 《泰晤士报》,1989 年 12 月 12 日。

在被共产主义统治近四分之三个世纪之后，俄罗斯终于作为一个民族国家重生了。在外围的共和国一个接一个地宣布脱离共产主义的束缚后，俄罗斯自身现在也选择了脱离。对于苏联来说，这是它终结的开始，它实际上已经不存在了，只不过是在名义上统治着一个已经消失了的帝国。一九九〇年七月，苏联共产党召开最后一届代表大会。叶利钦在媒体镜头面前撕碎了他的党员证，到这一年的年底之前，则有两百万人效仿他撕碎了党员证。

　　在这期间，索尔仁尼琴在几千英里之外的佛蒙特州，带着与日俱增的喜悦之情观察着事件的进展。他确信，他和家人可以返回祖国，只是时间早晚的问题。然而，即使是胜利在望，他也无暇阔谈必胜信念。他真是禀性难易：他已经为这个新的俄罗斯写出一篇勇敢的、饱受争议的宣言了。他感受到，对于他的故乡来说，苏联的终结是一个令人兴奋的新的开始。俄罗斯已经重生了，但是，现在她需要得到重建。

第十八章 重建家园

一九九〇年一月,索尔仁尼琴就语词与文学问题和俄罗斯的现代主义者展开了一场口舌之争。他通过他的巴黎出版商尼基塔·斯徒卢威宣布,他即将写成一本关于古代俄罗斯语词和稀有方言的专业词汇表,用以保护俄语的纯净和美丽,从而使之免受外来新词和苏维埃官方行话的侵蚀。

这个词汇表分月发表在苏维埃的评论杂志《俄罗斯语言》上,受到了传统主义作家的欢迎,这些作家极其厌恶苏联时代那种粗俗的、政治上正确的词汇和新资本主义时代的新兴暴发户们的词汇。戈尔巴乔夫改革的西化口味已经给当代俄罗斯语言的菜谱上增添了一些新词,这包括资本主义的术语"商人"和"经理"等。

整场争论虽然根植于枯燥的语文学,但却充满政治色彩。许多传统主义作家认为,西方流行文化中的某些东西——比如摇滚音乐和毒品——的引入是对俄罗斯生活方式的一个巨大威胁,同样,这些词汇的引入本身也是对语言的一个威胁。西方的文化帝国主义和语言帝国主义紧跟着逐渐失去影响的苏维埃口号化的脚步来到了。一九六〇年代末期,作家康斯坦定·帕乌斯托夫斯基在《文学报》上发表一篇文章,他指出,语言正在堕落成官僚主义的行话;时至一九八九年七月,发表于《文学俄罗斯》上的一篇文章则要求最高苏维埃制定语言保护方面的法律。因此,当索尔仁尼琴选择和传统主义者站在一起反对现代主义者时,他是正在踏进一个高危的雷区。尼基塔·斯徒卢威解释说:"俄罗斯语言是他的生命元素、他的生命本质。对一个流亡作家来说,这是自然而然的。"①

索尔仁尼琴培育和保护俄语纯洁性的愿望不是产生于一种具有倒退性质或者反动性质的动机,而是源自这样一种炽热的信念:俄语自身的丰富性可以产生出更新的机会。他的目的就是要突显这些机会,并着重指出,俄语作为一门活生生的语言,不必求助于外来的附加物,就能够生动地、有活力地演化。斯徒卢威说道:"有着前缀和后缀的俄语是一门活生生的语言,它能够创造出新的词语。索尔仁尼琴的作品就是俄语具有自我更新能力的证明。"②

虽然许多年来索尔仁尼琴一直都在创作这本字典——从他在劳改营时开始③——但是,当他看到他的小儿子斯捷潘打字的时候,他再次燃起了创作这本字典的激情。斯徒卢威解释说:"这是使他的俄罗斯儿子更加贴近俄语的一种方法。"④事实上,斯徒卢威在做出这个表示时,不经意间概括了索尔仁尼琴流亡期间作为他的灵感来源的"三合一的天职"。首先,他是一位作家,文学在他的生活中永远都优先于其他的一切。然而,正如他的儿子伊格纳特已经证实的那样,他无疑还是一位有才华的老师和体贴入微的父亲。因此,作为一个家长和监护人,他从教育孩子的愿望中汲取文学创作的灵感,这并不让人意外。父性本身就是一种创作的力量。

然而,父性不仅是一种灵感,还是一种责任,他和阿莉娅尽他们的一切努力在他们感到困难的、反常的文化环境中履行他们的家长职责。叶尔莫莱、伊格纳特和斯捷潘都被鼓励去汲取他们生活于其中的本土文化,同时,也不要丢掉他们俄罗斯的文化和遗产。这是一个困难的平衡之举,然而,从结果来看,它无疑是成功的。

索尔仁尼琴的长子叶尔莫莱是一个特别有天赋的学生,与同龄人相比,他早上了三年学。然而,即使是这个很高的成就也没有能使这个

---

① 《泰晤士报》,1990 年 1 月 6 日。
② 同上。
③ 2010 年 7 月 10 日,伊格纳特·索尔仁尼琴给作者发的电子邮件。
④ 《泰晤士报》,1990 年 1 月 6 日。

聪明的孩子得到他应得的公正评价；俄罗斯学者阿列克谢·克里莫夫在访问佛蒙特讨论翻译问题的时候，他发现这三个少年正在学习超出他们同龄人十年的课程。毫无疑问，这大部分要归功于他们从父母那里得到的家庭教育，还有克莱尔蒙特的东正教会特列古波夫神父的宗教教诲。按照 D. M. 托马斯的说法，这"仅仅是加在他们身上的繁多的、严格的要求之一部分"。① 在叶尔莫莱十二岁的时候，他曾帮助母亲把他父亲的一部作品输入到电脑中。索尔仁尼琴希望最大限度地挖掘儿子的突出潜能，把他送到伊顿公学，接受最后两年的中学教育。叶尔莫莱写道："我想说，我父亲把我送到伊顿公学，这反映出他对那里的教育质量的尊重，我很感激他的这个决定。"②

> 我想，伊顿公学的两年并没有在我身上留下任何特别的英国特征（我觉得我能够有效地将这些特征化解掉），虽然我确实开始喜爱和欣赏英国语言的丰富性和潜在价值——这是我在佛蒙特州时没有在同样程度上遇到过的东西。也许，这是我从那段高中经历中所得到的最大礼物。当我在伊顿的时候，我的同学常常说，我们对这所学校的真正评价就是将来我们是否会把我们自己的孩子送到那里去。我对回答这样一个问题感到犹豫，主要是因为对伊顿公学在未来十多年中将变成什么样子，我还不清楚。我想，伊顿如果丢掉一些"刻板性"会对自己更有好处。至于其教学质量，当然是了不起的。许多帮助你更深入钻研所学课程的出色教员和有效的激励因素，是伊顿公学的特点所在。③

从更广泛的层面来看，叶尔莫莱对英国的记忆必然受到他对伊顿公学的记忆的影响——这是一所寄宿学校——因此，他对英国的记忆在一定程度上是有局限性的。然而，无论他的看法是否有局限性，都是非常正

---

① 托马斯：《亚历山大·索尔仁尼琴生命中的一个世纪》，第 473 页。
② 1998 年 9 月 27 日，叶尔莫莱·索尔仁尼琴给作者发的电子邮件。
③ 同上。

面的："我非常喜欢英国,在我有机会时,我将非常乐意拜访那里。它对世界文明的贡献是里程碑式的,大部分时候,我也是英国式幽默的狂热爱好者。"①

伊顿公学的时光结束之后,叶尔莫莱回到了美国,在哈佛大学学习汉语。

伊格纳特和他的哥哥一样有天赋。在他还只有十一岁的时候,他就作为一个钢琴演奏者随温德姆管弦乐团进行了他的首次独奏演出,他演奏的是贝多芬的第二钢琴协奏曲。和叶尔莫莱一样,他在英国继续完成他的学业。D. M. 托马斯总结说,索尔仁尼琴"一定很看重英国教育",②这并非没有道理;然而,伊格纳特坚持认为,"他们并没有送我去那里的总体规划","这实际上是一个巧合"。③

> 我到英国去只是由于一个特殊的原因,这就是要跟随一位在伦敦从事私人教学(他现在仍然在从事私人教学)的优秀钢琴教师马利亚·库尔斯奥学习钢琴。与此同时,我在珀塞尔公学、哈罗公学完成了中学课程,因为我来伦敦之前在美国没有完成高中的学业。我在伦敦一共度过了三年。起初这并不容易。我认为,对于一个独自来到这里的十四岁少年来说,英国并不是一个轻松的国家。但是,我慢慢地结识了一些出色的朋友,当然,也尽情地品味了伦敦丰富的音乐生活和博物馆。我现在则怀着喜悦的心情回顾我的个人生命和音乐生命中的这个发展阶段。我常常还会回去,以后也会一直如此。④

在英国完成学业后,伊格纳特回到了美国,进入世界上最好的音乐学院之一的费城柯蒂斯音乐学院攻读钢琴和指挥专业的双学位。在那里,他的表演活动继续增加,后来,他和纽约的一个重要的音乐管理公

---

① 同上。
② 托马斯:《亚历山大·索尔仁尼琴生命中的一个世纪》,第 473 页。
③ 1998 年 9 月,伊格纳特·索尔仁尼琴给作者发的电子邮件。
④ 同上。

司——哥伦比亚艺术家公司签约了。

斯捷潘在三兄弟中排行最小，他获得了哈佛大学的学士学位，又获得了麻省理工学院城市规划专业的硕士学位，索尔仁尼琴的这个出色的孩子由此完成不凡学业。三个男孩皆取得了成就，这既归功于索尔仁尼琴夫妇的辛勤栽培，也归功于孩子们自身的勤奋。托马斯如此描述这些孩子从孩童时期就享有的家庭生活："有秩序的和谐……一个生产性的蜂巢，非常简朴"，这也是他们最终获得成功的秘密。托马斯写道，索尔仁尼琴和"他的爱侣""播种着精神的种子"。①

托马斯还谈到"与前来做客的有趣人物的会面对这些孩子"的重要激励作用，②也许，其中最有名的人物当数姆斯蒂斯拉夫·罗斯特洛维奇，他是叶尔莫莱的教父，也是家中的常客。这个国际知名的大提琴家是索尔仁尼琴的老朋友，也是他最忠实的盟友之一。一九七四年七月，在索尔仁尼琴被驱逐出苏联后仅仅几个月，罗斯特洛维奇就被迫出逃，这主要是因为他公开支持索尔仁尼琴而遭到苏联政权的迫害。一九九〇年一月，罗斯特洛维奇和他的妻子、女高音歌唱家加琳娜·维什涅芙丝卡娅被恢复了苏联公民的身份。在接下来的一个月中，他回到了莫斯科，从出逃后指挥华盛顿国家管弦乐团以来，这是他第一次回到莫斯科。在一次人头攒动的记者招待会上，他转达了索尔仁尼琴的口信："告诉我们的人民，我将会回来，但是，仅仅是在每一个人都有机会读到我的书的时候。"罗斯特洛维奇乐观地说："当我们离开的时候，苏联是一个布满谎言的巨大岛屿，现在它正在洁净自身"，但是，他又补充说，他本人和他妻子是不会完全满意的，除非索尔仁尼琴回到他的人民中间。苏联的文化部长尼古拉·古边科不情愿地给出了一个官方的回答，他说，他会努力恢复任何一个被迫离开的人的公民身份。③

索尔仁尼琴所提出的要求，即每一个人都应当有机会读到他的书，似乎终于可以得到满足了。俄罗斯已经在制定计划，准备在未来的两

---

① 托马斯：《亚历山大·索尔仁尼琴生命中的一个世纪》，第 474 页。
② 同上。
③ 《泰晤士报》，1990 年 2 月 13 日。

年中出版他的全部著作。在接下来的几个月中,他的许多著作第一次得以在他自己的国家出版,并且立即成了畅销书。仅仅在头一年,他的著作就销售了七百万册,以至于一九九〇年被称为"索尔仁尼琴年"。①这个巨大的成功给官方恢复他的公民身份增加了压力。一九九〇年四月,《文学报》的全体工作人员给戈尔巴乔夫写了一封公开信,要求给索尔仁尼琴平反。不祥的是,与这则新闻一同刊发的是这样一则报道:"苏维埃共产党内部的保守派和自由派正处在彻底决裂的边缘"。② 然而,就在俄罗斯人民即将再次遭受苏联之难堪政治的发作之际,索尔仁尼琴及时地提醒道,还有许多比左派和右派的殊死分裂更为重要的问题。四月底他宣布,他将把他所享有的在苏联销售的《古拉格群岛》的版税捐献出去,用以修复一座十六世纪的修道院。③

随着压力不断增加,必然之事的发生只是一个时间问题。八月十六日,索尔仁尼琴的公民身份最终得到了恢复,这差不多是在他被剥夺公民身份后的第十七年。还有其他二十二名苏维埃高压下的受害者也在同一天被恢复了公民身份,这包括国际象棋大师维克多·科尔奇诺伊和艺术家奥斯卡·拉宾,拉宾的露天画展曾在勃列日涅夫的命令下遭到破坏。一位苏联的发言人说:"这是一种道歉的方式,虽然是姗姗来迟,但毕竟是道歉了。"④没过几天,总理伊万·西拉耶夫邀请索尔仁尼琴作为他的客人访问苏联,试图以此捞取政治资本。索尔仁尼琴拒绝了。⑤ 高度动荡的强权政治游戏正在俄罗斯展开,他不想成为这场游戏中被利用的工具。相反,他正准备着自己的一个大动作。

九月十八日,一篇新写的、题为《重建俄罗斯》的重要文章同时刊登在两份苏联报纸上:即共青团日报《共产主义真理报》和《文学报》。他的这篇文章作为一份十六页的增刊发表在此前只会用尖刻的贬斥语言

---

① 《每日电讯报》,1998 年 2 月 28 日;转引自托马斯:《亚历山大·索尔仁尼琴生命中的一个世纪》,第 498 页。

② 《泰晤士报》,1990 年 4 月 12 日。

③ 《泰晤士报》,1990 年 5 月 1 日。

④ 《泰晤士报》,1990 年 8 月 17 日。

⑤ 《泰晤士报》,1990 年 8 月 25 日。

提到他的这两份报纸上,这个事实再一次表明他的名誉是突然地、戏剧性地恢复的。索尔仁尼琴明确指出,他的稿费要捐给切尔诺贝利受难者基金会,这个举动也表明了对环境的关注是他的思想关注的一个核心。

这篇文章一开始就列出了一系列灾难,它们都是由于"强行追求盲目、有害的马克思列宁主义乌托邦"才降临到俄罗斯身上。其中包括农民阶级及其村落的毁灭,这因此"也使庄稼的种植失去了它的全部目的,使土地失去了丰收的能力"。大片的乡村淹没在"人造的海洋和沼泽"中,城市被"我们粗放工业的排放物所污染"。而且,"我们还毒化了我们的河流、湖泊和鱼类,今天,我们正在消灭着我们最后的一些清洁的水源、空气和土壤资源,核辐射加快了这个进程,而为了赚钱,对西方的放射性垃圾的储存,也进一步推动了这一过程……我们砍掉我们广茂的森林,掠夺我们无比富饶的土地——而这些财富都是我们的子子孙孙无可取代的遗产。"①

索尔仁尼琴警告说,新俄罗斯所面临的这个危险是从马克思主义的过度浪费盲目跳跃到唯物主义放纵无度的贪欲。"几个世纪以来,工厂主和企业主都以他们产品的耐用性而自豪,但是,今天(在西方)我们看到一系列令人麻木的、新的、更新的和华而不实的产品,'修理'的概念正在消失:那些稍有损坏的东西就必须被扔掉,被新的东西所取代,这是有害于人类自我限制意识的行为,是一种挥霍无度的浪费。"②这种特性是这样一种堕落的制度所固有的:它拼命地追求长久的、却是不可持续的经济增长,而不管地球的未来要为此付出什么样的代价。西方已经染上一种"心理瘟疫",这场瘟疫不是"进步,而是消费掉一切的经济烈火",③从本质上来说,它也不仅仅是经济性的。它已经破坏了西方生活的道德结构,恐怕在俄罗斯也要造成同样的后果:

> 昨天的铁幕将我们的国家有效地隔绝起来,使它接触不到西方

---

① 索尔仁尼琴:《重建俄罗斯》(*Rebuilding Russia*,London:Harvill / HarperCollins,1991),第9-10页。

② 同上,第34-35页。

③ 同上,第35页。

的所有积极特征：公民的种种自由、对个体的尊重、个人的行动自由、全民的高福利、自发的慈善活动。但是，铁幕并没有彻底断绝所有的通道，而是允许液态的污秽之物不断地渗透——比如，自我放纵的、伤风败俗的"大众流行文化"，恶俗的时尚，过度宣传的副产品——我们的一些缺乏教养的年青人已经贪婪地深陷其中了。西方青年肆无忌惮地宣泄多余的情感，而我们的青年则盲目地模仿着那些滑稽的行为——尽管他们的情感还很匮乏。今天的电视节目则热切地将这些污秽的潮流传遍全国。①

能够用来对抗这种肆无忌惮状况上升势头的，正是索尔仁尼琴长期以来所呼唤的自我限制，还有这位诗人要求避开令人无法忍受的泛滥信息、回归宁静的忧伤呼吁，他认为，大部分的信息都是多余的、没有意义的，而且还贬低着人类的灵魂。现代人正被无处不在的技术压迫着。还有宣传家们发出的前所未有的鼓噪，这些都是商业性的、牵制人们注意力的东西。"我们如何才能保护我们的耳朵享受静默的权利、我们眼睛向内洞见的权利呢？"②

然而，最主要的是，而且也正如标题所示，"重建俄罗斯"不仅仅是旷野呼告的产物，或者只是对这代漫不经心的人所面临问题的预先警告。它还是一个有关新俄罗斯的愿景，它按照正确明智的原则重建、并基于可持续的传统价值观。它欢迎民族主义在苏维埃的各个组成部分中复苏，期盼着苏维埃帝国的彻底崩溃，盼望着独立的民族国家在各自的土地上重新出现。"每一个民族，甚至是最小的民族，都代表着上帝之设计的独特一面。"为了证实这个观点，索尔仁尼琴引用了宗教哲学家弗拉基米尔·索洛维约夫的话——索洛维约夫曾在阐释基督教的诫命时这样写道："你们要爱所有其他的民族，就像爱你们自己的民族一样。"③

---

① 同上，第40页。
② 同上，第49页。
③ 同上，第23页。

276

索尔仁尼琴还认为,分权的精神不仅仅是小民族从国际主义或帝国主义的束缚中解放出来的权利,它还应当是扩展到小的村落、甚至家庭,使其从中央计划的束缚中解放出来的权利。他写道:"一个国家能够具有生存能力及其文化能够具有生命力的关键,是要将各个省份从中央的压力下解放出来。"各省应当"在经济和文化方面获得完全的自由,还要有强大的地方自治政府"。① 耐心地、持续不断地扩大地方村落的权利,是整个国家有机体逐渐重塑过程中一个重要的部分。只有通过一个强大的、具有生命力的地方政府,真正的民主才能够存在:

> 之前提到的所有缺陷在小地方的民主中几乎都不会出现,比如在中等大小的城镇、小的社区、零星的村落或者相当于一个县治的地区中。只有在这样小规模的区域中,选民对候选人的推选才有把握,因为他们对候选人处理实际事务的能力和他们的道德品质都比较熟悉。在这种层面上,伪造的声望站不住脚,空洞的花言巧语和党派资助也无济于事。
>
> 正是在这样的范围中,新俄罗斯的民主才有可能开始生长、汲取力量和获得自我意识。这还意味着它一定可以立足于实际情况,因为它关心每一个地区最重要的关注点……
>
> 没有适当地组织起来的地方自治政府,就没有稳定的或者繁荣的生活,公民自由的概念也会失去所有的意义。②

索尔仁尼琴几年的苏黎世生活的持久影响和他对瑞士政治制度的赞叹之意清晰可辨,虽然他已意识到俄罗斯中世纪也曾经存在过类似的制度,而且还深深地为这种制度着迷。无论他在政治生活中提倡分权与辅助原则的根本动机是什么,他都拆穿了这样一个谎言:即认为无论如何他都是不提倡民主的;然而,这并不能阻止人们对他的谴责,尤其出自那些不能超越西方两党民主制之无益摆荡来看问题的人。

---

① 同上,第 37 页。
② 同上,第 71-72 页。

类似的激进思考激励着索尔仁尼琴呼吁俄罗斯经济的重建。这需要重新培育独立的公民："但是，没有私有财产，就没有独立的公民。"七十年的宣传已经将"私有财产是可怕的"这样的思想灌输到俄罗斯人心中，但是，这只是错误意识形态对"我们人类的本质"的一个胜利。真实的情况应是：必须将拥有适量的、不压迫他人的财产看作是人格不可分裂的一部分，并且是有益人格稳定的一个因素。① 索尔仁尼琴坦承他没有经济学方面的专业知识，也不想冒险给出一个权威性的建议，但是，总体的构图却是相当清楚的：

> 健康的个人进取心必须获得广泛的活动自由，鼓励和保护各种类型的私营小企业，因为它们是确保每一个地方最快速地繁荣起来的力量。与此同时，对于未受约束的资本集中，应当进行严格的法律限制；在任何领域都不允许形成垄断；每一个企业都不能被其他的企业控制。垄断的出现会带来质量恶化的风险，因为一个企业为了维持需求量，会允许自己生产极不耐用的商品。②

这些建议和舒马赫在《小即是美》一书中所倡导的建议，还有切斯特顿和西莱尔·贝洛克在他们呼吁分产主义（distributism）时所倡导的建议，有着明显的相似性。舒马赫、切斯特顿和贝洛克最初都是从天主教社会教导中获取他们大部分灵感的，尤其是从教宗利奥十三世在《新事物》通谕中汲取了大量的灵感。时至一九九〇年，索尔仁尼琴当然很熟悉这些具有类似精神的思想和教宗这篇至关重要的通谕。到西方后不久，他就看到了舒马赫和切斯特顿的作品，但是，他强调指出，他是完全独立地得出相似结论的。③ 既然《重建俄罗斯》的核心原则基本上就是他多年前在《致苏联领导人的一封信》中已经表达出的思想的进一步发展和完善，那么，很显然，这种相似性正是英雄所见略同，而不是一个

---

① 同上，第 33 页。
② 同上，第 34 页。
③ 作者对索尔仁尼琴的采访。

人借鉴另一个人的思想的问题。"他们对我没有直接的影响,因为我总是沉浸于俄罗斯的事情中。我稍稍谈及的世界大事都是与俄罗斯的问题、俄罗斯的关注有关系的事情,但是,我由之出发并为之写作的对象却仍然是俄罗斯,因此,这是一个偶然的亲和性,而不是直接的亲和性。"①

从许多方面来看,《重建俄罗斯》都是索尔仁尼琴最出色的作品之一,也许对于后代来说,这还是他最重要的作品之一。虽然索尔仁尼琴在写作这篇文章时所考虑的仅仅是俄罗斯,但它却具有很多普遍的价值。作为以小为美、辅助性、经济理智这些概念一个永恒的纪念碑,此文完全可以和舒马赫的《小即是美》、切斯特顿的《理智的纲领》和贝洛克的《一篇关于所有权恢复问题的文章》相提并论。要知道,他们所处世纪的主要特征是朝向不可持续的增长和政治经济巨无霸主义的猛烈冲刺。

在结束《重建俄罗斯》时,索尔仁尼琴采用了一种真正的谦恭姿态,同时还混合着冷静的现实主义的语言。他写道,"为未来的行动制定出一个有条不紊的计划,这是极其困难的","它所包含的错误也许会比它的优点还要多,还可能跟不上事件的实际进程。但是,不做出这种努力也是错误的。"②他做出了这种努力,履行了他的职责,但是,也许他已经感觉到了——这不是第一次,也不是最后一次——他的话语还会被充耳不闻。

一九九〇年之前,大多数俄罗斯人十分讨厌和厌倦政治。他们所想要的就是摆脱后共产主义混乱状态——苏联发现自身正处于这种混乱状态中——的简易方法,过一种轻松的生活。对一个梦想破灭、只想找到捷径的民族来说,索尔仁尼琴的方法似乎是太难了。最好还是听从那些自吹自擂的预言家们,他们承诺会出现一个有着无限的消费品的世界。一个追求自我满足的民族,几乎不可能被索尔仁尼琴所呼吁的自我限制的主张所吸引。事实上,在《重建俄罗斯》中,索尔仁尼琴已

---

① 同上。
② 索尔仁尼琴:《重建俄罗斯》,第 90 页。

经看到了这种危险，并且预知到它的后果："如果一个民族的精神能量已被耗尽，那么，即使是最完美的政府机构或者所有的工业发展，都不能将它从崩溃中拯救出来：一棵根基腐烂的树无法站立起来。"①

在《重建俄罗斯》发表时，戈尔巴乔夫总书记的一位发言人承诺说，苏维埃的领导人会研读这份文件的。② 他是否真的读了，这不得而知。但是，可以确定的是，索尔仁尼琴对新生俄罗斯的实际建议——借用切斯特顿的话来说——并不是经过试用后却发现不合适，也不是被人需要却没有机会尝试。更糟糕的是，它们既不讨人喜欢，也从未被尝试过。

坦率地说，戈尔巴乔夫不太可能有时间研究索尔仁尼琴的建议，他甚至都没有这样做的愿望，更没有余力实际去做一些这方面的事情。一九九〇年秋，他已被对手全线击溃了。叶利钦及其在俄罗斯国会中的自由派盟友宣布俄罗斯独立，以此对戈尔巴乔夫形成围攻之势；而苏维埃统治阶层中的强硬派则在共产党内部占据了优势，给这位日益孤立的苏维埃领导人施加越来越大的压力。

在这场斗争中，索尔仁尼琴则被视作一个有利的政治工具。十二月，俄罗斯人民代表大会中的自由派授予他俄罗斯国家文学奖，奖励的作品是他的《古拉格群岛》，这项荣誉与叶利钦阵营旨在打击他们的苏维埃共产主义对手的愿望密切相关。与此同时，由于领导层的系列重组，共产主义者的权力得到加强，内务部和媒体都掌握在保守的反动力量的手中。十二月二十日，作为对这一进程的抗议，自由派的苏维埃外交部长爱德华·谢瓦尔德纳泽辞职了，并以不祥的口吻警告说："专制统治就要来临了。"

戈尔巴乔夫的强硬政策重组的影响变得越来越明显，一九九一年一月十三日，十三名保卫国家电视中心的立陶宛人被苏联军队杀害。叶利钦立即飞到波罗的海诸国，签署了一份谴责苏维埃暴行的联合宣言。一个星期后，二十五万人在莫斯科大街上抗议这场屠杀，这是有史

---

① 同上，第 44 – 45 页。
② 《泰晤士报》，1990 年 9 月 19 日。

以来俄罗斯首都爆发的最大规模的示威活动。戈尔巴乔夫的军队完全无视公众的意见，几个小时后，他们冲进拉脱维亚首都里加的内务部，又杀了五个人。俄罗斯的新闻媒体绝大多数都站在叶利钦和自由派的一边，支持波罗的海诸国，反抗戈尔巴乔夫的镇压。作为对此的回应，戈尔巴乔夫威胁说要加紧对媒体的控制，似乎是为了兑现他的威胁，他又在政治局增添了一些持强硬政策的人，给予安全部门更大的权力。

戈尔巴乔夫力图回到共产主义轨道，民众持强烈反对，这最明显地体现在六月份，当时，列宁格勒市民在全民公决中投票要求将这座城市的名字重新恢复为圣彼得堡。同一个月中，鲍里斯·叶利钦在俄罗斯总统选举中获胜，尽管苏维埃尽力地阻碍他的竞选活动，但他还是赢得了压倒性的多数。

苏维埃的保守派和叶利钦的自由派进行最后决战的舞台已经搭就。八月十九日，整个国家随着广播中舒缓的肖邦乐曲和电视中的《天鹅湖》刚刚苏醒过来，这件事情就发生了。没有理由担惊受怕，听众和观众都是见多识广的，但是，国家却以"为了公众利益"的名义宣布进入紧急状态。与三十年前赫鲁晓夫的卸任离奇地相似，报道说，戈尔巴乔夫因健康原因辞职了。国家现在交由独立自主的"苏维埃紧急状态委员会"进行管理——这个委员会是在最近的重组中由戈尔巴乔夫任命的持强硬政策的集团所自封的一个冠冕堂皇的称号。持强硬政策者由于很少得到或者说根本就没有得到公开的支持，所以他们很快就意识到俄罗斯人不会再屈服于恐怖政策了。十万人不顾宵禁命令，走上街头，公然向那些坦克挑战。八月二十一日清晨，在宣布进入紧急状态两天后，据报道，已有好几支坦克队伍倒向叶利钦一边，到下午时，强硬派对权力的接管已完全溃败。强硬派的领导们逃跑了。一伙人飞往克里米亚，但他们一到那里就被逮捕了，其他几个人则自杀了。在这期间，这个团体名义上的领导人根纳季·亚纳耶夫并没有采取上面所说的逃跑和自杀这两种极端的行动方式，而是选择喝得酩酊大醉，不省人事，以使自己忘记一切。俄罗斯人所谓的暴动、历史记录中所谓的苏联闹剧式的最终崩溃、七十四年共产主义统治的耻辱结局，就是这样开始又结束了。

从索尔仁尼琴的角度来看，俄罗斯的这个戏剧性事件，一个实际的后果就是九月份发布的一个公告：即针对他的叛国罪的起诉被正式撤销。这是阻碍他返回俄罗斯的最后一个官方障碍。它的撤销和《红轮》系列的最后一卷的最终完成同时发生。他对这个系列的创作曾是他回国的另一个障碍：因为从佛蒙特州搬家到俄罗斯，不可避免地会造成创作的中断，因此，他决定先写完这套书。

一九九二年四月，新俄罗斯驻美大使弗拉基米尔·卢金到佛蒙特州拜访索尔仁尼琴。就俄罗斯新上任的反共产主义领导者来说，这是对索尔仁尼琴的首次官方认可。按五月十四日《泰晤士报》的一篇文章所说，索尔仁尼琴"在他的祖国已经成了一个传奇式的人物，许多人把他当作圣徒一样来尊敬"。[①] 随后不久，因反苏电影《你不能这样活》获得盛名的电影导演斯坦尼斯拉夫·戈沃鲁钦拜访了他。戈沃鲁钦和索尔仁尼琴一家人共度了东正教的复活节，拍摄了一个要在俄罗斯电视节目中播放的纪录片。从一九七四年被驱逐出境以来，这是索尔仁尼琴第一次允许前苏联的人采访他，他透露说，他的妻子将在五月份前往莫斯科，为一家人返回俄罗斯寻找一个合适的家。

六月十二日，叶利钦总统通过电话表明他在即将进行的美国国事访问中可能要会见索尔仁尼琴。四天后，叶利钦在到达华盛顿的几个小时中，给索尔仁尼琴打了三十分钟热情洋溢的电话，其间他为前政权对待索尔仁尼琴的方式表达了忏悔之意，强烈希望他回国，并承诺说："俄罗斯的大门对你敞开着。"叶利钦承诺要竭尽全力确保"我们民族的这个伟大之子"能够在俄罗斯的疆土上而不是在他国为俄罗斯人民进行创作。两个人还讨论了他们国家所面临的最迫切、最棘手的问题，索尔仁尼琴尤为主张应当尽可能地使俄罗斯农民拥有自己的土地。从叶利钦方面来说，他向索尔仁尼琴保证，他正在设法恢复俄罗斯的灵性价值观，指出索尔仁尼琴"已经阐明了许多"他正在尽力去遵循的"真理"。与前政权的领导人不同，他将告诉俄罗斯人民"真相、全部的真相，并且

---

① 《泰晤士报》，1992 年 5 月 14 日。

只告诉他们真相"。①

　　叶利钦的话无疑是温暖的,然而,很多辛辣的评论家却怀疑叶利钦谋求索尔仁尼琴支持的冷酷动机。正如《泰晤士报》的一位作者所评论的那样,"索尔仁尼琴在俄罗斯享有巨大的道德威信,他的支持对叶利钦来说将有一种不可小觑的价值。"②然而,事实胜于雄辩,自从叶利钦突然掌权以来,俄罗斯显然已经发生了巨大的变化。事实上,就在叶利钦和索尔仁尼琴通话的同一天,俄罗斯已决然地与它的苏维埃过去断绝了关系:一位来自北朝鲜的研究生申请留在俄罗斯当一名基督教牧师,俄罗斯为他提供了政治避难。③

　　随着俄罗斯的变化节奏逐日加快,索尔仁尼琴是否会回到俄罗斯已经不再是一个问题了,问题在于他究竟何时会回到俄罗斯。然而,一个月又一个月过去了,他们的家庭安排却没有什么变化。一九九三年六月十一日,在他同叶利钦通话差不多过去一年后,索尔仁尼琴依然安稳地住在佛蒙特州,还去哈佛大学参加了儿子的毕业典礼。十天后,在又一次回到俄罗斯时,阿莉娅明确地告诉记者,"我们就要回来了","很快,只是几个月的事情。"④

　　索尔仁尼琴就要回国的消息促使博纳德·列文——列文是他整个流亡期间最忠实的盟友之一——在《泰晤士报》上发表了一篇文章,题目是"巨人回家"。这是对这位俄罗斯伟人的勇气和成就的一篇颂词,还夹杂着列文对这个充满神意的回归事件掩饰不住的喜悦之情:"我们可以引用莎士比亚的经典说法,'时间的流转会为他复仇'。但是,还有哪一种复仇,能像亚历山大·索尔仁尼琴在被迫流亡将近二十年之后即将回到俄罗斯的消息这样甜蜜呢? 或者还有任何时光的流转能像这个消息这样有意义呢?"⑤

　　时间一周又一周、一月又一月地过去了,仍然没有迹象表明,这个

---

① 《泰晤士报》,1992 年 6 月 17 日。
② 同上。
③ 同上。
④ 《泰晤士报》,1993 年 6 月 1 日。
⑤ 《泰晤士报》,1993 年 6 月 4 日。

流亡者要完成他期待已久的回归。一九九三年九月,伊格纳特回到俄罗斯,从他作为一个懵懂无知的婴孩离开俄罗斯后,这是他第一次回到俄罗斯。对于同国家管弦乐团和姆斯蒂斯拉夫·罗斯特洛维奇一起的这趟行程,他认为是"一段难忘的经历,这十二天是我生命中的独立篇章"。① 他第一次能够在他的周围看到俄语文字,在商店门前,在路标上,在所到的任何地方:"我亲眼看到了俄语……听到我周围的人讲俄语,几百个走在特维尔大街上喋喋不休的人,都在讲俄语。"他带着孩子般的兴奋,走过莫斯科这个留有他朦胧的童年记忆的城市中的大街小巷,会见一些人——在此之前,这些人仅仅是从他父亲的历史中走出来的传奇的影子:"去看望我父母的朋友、他们的战友,和那些曾与我父亲同呼吸共命运、在漫长的流亡生涯中又在精神上与我们同在的人一起坐着喝茶。"带来第一印象的洪流汹涌澎湃地穿过他的意识:克里姆林宫、圣彼得堡令人炫目的美,"当然,还有他们自己的音乐演奏、热情的俄罗斯听众。"② 我们可以想象一下,当儿子向索尔仁尼琴叙述他对俄罗斯令人兴奋的第一印象时索尔仁尼琴的反应,也可以猜测一番,这在他流亡的躯体中所能产生出来的那种热望。然而,他还是没有回国。

相反,九月十四日,就在伊格纳特在向心醉神迷的莫斯科和彼得堡听众演奏音乐的时候,索尔仁尼琴则在列支敦士登公国的沙恩村,接受国际哲学研究院所颁发的名誉博士学位。他在这个研究院的演讲注定要成为他对西方的告别演说,成为他流亡生涯最合宜的散场曲。

索尔仁尼琴从政治学与伦理学的分离——他说,这种分离始于启蒙运动,约翰·洛克专门为它从理论上作出论证——开始,精彩地分析了世界的病态状况。在《重建俄罗斯》中,他曾通过铺设"绿色的根基",试图在社会政治层面上解决社会问题;现在,他则通过铺设哲学的基础,为根本的生命问题寻求更深入的解决办法。索尔仁尼琴承认,在国务活动家当中,道德的推动力总是比政治的推动力微弱,但是,他强调指出,他们做出的社会决定的后果却在整体上需要"我们向个体施加道德

---

① 伊格纳特·索尔仁尼琴给作者发的邮件。
② 同上。

的要求,比如,理解诚实和欺骗之间、慷慨和贪婪之间、善和恶之间的区别,这些道德要求会在很大程度上影响到国家、政府、国会和政党的政策"。① 他在基督教的语境中引用弗拉基米尔·索洛维约夫的话:"政治活动必须是从道德服务活动中推导出来的,而由纯粹的利益追求所推动的政治,却在根本上缺乏基督教成份。"②

索尔仁尼琴接下来探讨了"进步"的本质和意义。整个人类都接受了这个术语,但是,似乎很少有人想过它实际上意味着什么:"进步是好的,但是,是在哪方面的进步呢? 又是什么东西的进步呢? 在这个进步的过程中,我们是否失去些什么呢?"③他提醒他的听众:"举例来说,马克思正是从关于进步的强烈乐观主义中推论出,历史无需上帝的帮助就可以把我们带向正义的王国。"④在二十世纪,进步确实是在向前推进着,它"甚至大大地超出了人们的想象",但是,它只是在技术领域中如此。技术本身是自足的吗? 它不是以某种代价——也许是以一个过高的代价——获得的吗? 无限的进步正在威胁着有限的地球资源,"成功地吞噬着我们所享有的环境"。它还在威胁着人类灵魂的生命。面对技术中心主义的进步以及它所带来的"肤浅信息的海洋和低劣的演出",人类的灵魂正变得越来越浅薄,灵性生活正在退化着。

> 无论如何絮叨空洞的新颖性,并试图以此来掩盖我们文化的衰落,我们的文化都正在变得更加贫乏,更加黯淡。对普通人来说,物质生活水平不断提升着,而灵性发展却变得停滞不前。过多的物质带来的是心灵的持续忧伤,我们觉得,寻欢作乐并没有带来满足感;而不久之后,它还可能会使我们窒息。

不,不能把所有的希望都寄托在科学、技术、经济增长上。技术文明的胜利还会给我们的灵性灌输一种不安全感。它的馈赠在

---

① 索尔仁尼琴:《俄罗斯的问题》(*The Russian Quetion*,London:The Harvill Press,1995),第114-115页。

② 同上,第115页。

③ 同上,第117页。

④ 同上。

使我们富有的同时，还奴役着我们……一个内在的声音告诉我们，我们已经失去了某种纯粹的、高尚的、脆弱的东西。我们已经看不到根本目的。①

在索尔仁尼琴结束他的演说时，他以对健全理智的最后呼吁，向西方告别。然而，在他为回俄罗斯做准备的时候，他知道，关于"进步"的这同一个问题也正在他的祖国等待着他。新俄罗斯人正在友好地、迫不及待地接受着消费主义这一新宗教，他们正在和他们的西方兄弟一样热情地崇拜着最时新的玩物。东方和西方如今正在走向一种新的统一，这种统一不是闪耀着神圣之光，而是闪耀着刺眼的技术崇拜的光芒。这是一种没有目的的统一。

---

① 同上，第 119 页。

第十九章　先知在故乡

　　一九九三年底,索尔仁尼琴在罗马拜会了教宗约翰·保罗二世。这是一次具有重大意义的会晤。两个人以各自不同的方式代表着人的灵性对极权主义之恶的胜利。此外,两个人都为共产主义的倒台做出过贡献,从某种程度上来说,他们的贡献也许超过了他们同时代的所有人。

　　自从约翰·保罗二世担任教宗以来,索尔仁尼琴一直都非常钦佩他,认为选出一位波兰人当教宗是上帝的恩赐。他支持教宗在整个世界所奉行的政策,这不仅包括约翰·保罗对东欧共产主义的坦率批判,而且还包括他反对南美马克思主义激发的解放神学的主张。在一个浮华的时代中,教宗在索尔仁尼琴的眼中就像是一个崇高的、极其珍贵的道德楷模,熠熠生辉。只是会有这样一种危险的情况:当这个俄罗斯人终于看到教宗本人时,可能会产生一种失望感。然而,这种危险的情况没有出现,索尔仁尼琴对于这次会见保留着生动的记忆,认为他们的会见和谈话是"非常积极的"。作为一个人,教宗是"非常快乐的、开朗的"。[①]

　　这次会见持续了一个半小时,按照索尔仁尼琴的描述,其中有着非常有趣的谈话。需要指出的是,教宗似乎很熟悉索尔仁尼琴的社会政治作品。教宗提到了《新事物》教谕对教会的社会教导的重要性,这也许是因为他意识到了教会的教导与索尔仁尼琴的观点之间的亲和性。索尔仁尼琴如此回忆道:

---

　　① 作者对索尔仁尼琴的采访。

我们唯一的分歧出现在我向他提起一九二〇年代布尔什维克摧毁俄罗斯的东正教会时,梵蒂冈的一些教会人员曾就如何在俄罗斯扩大天主教会问题,与布尔什维克展开对话。教宗回答说,这是让人遗憾的,它是某些个人自己的倡议的结果。但是,我不认为这仅仅是个人自己的倡议,而是因为天主教会那时还不明白布尔什维克反对所有宗教的彻底性。他们认为,俄罗斯东正教会的覆灭也许会为天主教会腾出一个空缺。①

"除了这一点之外,我们是完全一致的",索尔仁尼琴强调道,还指出,他们大部分的谈话都集中于宗教在当代世界中的地位及其作用。这次会面是在教宗继位十五周年的纪念日上,令索尔仁尼琴感到难过的是,教宗的身体此时似乎已经衰弱了。②

相比而言,这个七十四岁的俄罗斯人却非常健康。明显有恙的不是他,而是他的祖国,他的祖国刚刚脱离共产主义,正处在贫困、衰退的境况中。好像是要提醒他这个严酷的现实一样,一九九四年二月,他收到这样一个消息:他的俄语出版商在莫斯科被黑手党枪杀了,他被枪杀的原因是肮脏的商业竞争的结果,而不是政治的原因。因此,在他和阿莉娅开始为他们回到俄罗斯做准备的时候,他们根本不抱有任何幻想——他们回俄罗斯这件事终于不再是无休止的谣言,而是近在眼前的现实。

三月一日,他在佛蒙特州卡文迪什村公开露面,他在此地居住了十八年,这仅仅是他在这里的第三次公开露面。这次露面的目的是要向邻居们说再见,虽然这些邻居们几乎都不认识他,但是,他却对他们感激不尽。他向两百名到场的村民说道:"流亡总是艰难的,然而,在我等待回国的漫长岁月中,我不能想象出还会有一个比佛蒙特州的卡文迪什村更好的居住地了……你们要原谅我反常的生活方式,为了保护我的隐私,我甚至刻意地躲避着你们。在你们当中生活,我们一家人都觉

---

① 同上。
② 同上。

得舒服自在。"①

　　告别仪式结束了，索尔仁尼琴已为未来做好一切准备，然而，这个未来似乎只能给他一种不确定性。在一九九三年十二月的选举中，由弗拉基米尔·日里诺夫斯基领导的极端民族主义派别的支持率大幅上升。在所谓的商业社会中，犯罪和腐败都在大幅增长，正如索尔仁尼琴的出版商被谋杀这样的事件所直观地表明的那样。是汽车炸弹，而不是商讨会，已经成为解决商业纠纷时被偏爱的手段。甚至是在回到俄罗斯的土地上之前，索尔仁尼琴就已经在政界和商界结下了仇人，他无畏地批评日里诺夫斯基是"小丑"，以此向黑手党宣战。在一次接受《纽约客》的采访中，索尔仁尼琴极其厌恶地与极端民族主义者的伪装法西斯主义撇清了关系，并且声明："黑手党们明白，如果我不曾与克格勃和平共处，也当然不会与他们和平共处。"②很显然，在新俄罗斯，有许多人并不希望这位作家回国。

　　同样是在这次接受《纽约客》的采访中，索尔仁尼琴承认，在他流亡初期，他曾经高估了苏维埃接管整个世界的威胁，在讲述这一"后见之明"时，他的音调听起来有点尖锐。他解释说："当我与共产主义政权的恶魔进行斗争时，我所采取的是最激烈的表达方式。"③

　　四月底，索尔仁尼琴接受哥伦比亚广播电视节目《六十分钟》的采访，这是他在启程回到俄罗斯前最后一次接受西方电视台的采访。考虑到他最近对俄罗斯排外的民族主义者的直言批判，主持人故意请他对一位美国评论家的话做出回应——这位评论家污蔑他是"一个狂热分子、君主专制主义者、反犹主义者、古怪的人、过气的人，而不是一个英雄"。他的回答既是有分寸又很直接："西方媒体对我的评论不是基于阅读我的书。没有人曾经引用我的任何一本书中的话作为这类指控的论据。但是，每一个新闻记者都阅读其他记者们所写的这类观点。美国的新闻媒体对我怀有恶意，正如此前苏联的媒体对我怀有恶意

---

① 《泰晤士报》，1994 年 3 月 2 日。
② 《纽约客》，1994 年 2 月 14 日。
③ 同上。

一样。"①

　　提到他的回国,他只是模糊地回答:"我的希望是我也许能够以某种方式提供帮助",②但是,有人猜想,不管俄罗斯会有怎样的未来,能够离开西方媒体的失真报道,他都会感到很高兴。然而,在这期间,他们还要继续苦恼地度过他在西方的最后日子。安妮·麦克沃伊在《泰晤士报》上发表文章,同意索尔仁尼琴对弗拉基米尔·日里诺夫斯基的描述:即认为日里诺夫斯基是"俄罗斯爱国主义的邪恶模仿者",但是,她还是坚持认为,索尔仁尼琴的《重建俄罗斯》"充满危险的民族主义色彩"。③

　　如果索尔仁尼琴抱有这样的希望的话——在东方,政治家或者媒体会比在西方的政治家和媒体具有更为敏锐的洞察力——那么,他的希望很快就会破灭。一九九四年五月二十七日清晨,二十多年来,当他第一次踏进俄罗斯之际,政界的每一个派别都急于将他视为自己人。俄罗斯的帝国主义者和右翼统一俄罗斯党领导人亚历山大·鲁茨科伊,仍然是自由派改革派领导人的鲍里斯·叶利钦,甚至持强硬政策的共产主义者阿纳托利·卢克亚诺夫,他们都声称索尔仁尼琴是他们特定立场的支持者。④

　　然而,索尔仁尼琴却对会见普通的俄罗斯人更感兴趣。从阿拉斯加起程经过十个小时的飞行后,他第一步踏上的俄罗斯土地是马加丹,这是非常恰当的,因为马加丹曾是苏联集中营体系的中心。对于这个昔日的囚犯来说,这是一个令人心酸的时刻。"今天,在激烈的政治变幻中,几百万受害者被漠然地遗忘了,没有经受过这种毁灭性政策的人忘记了他们,那些要为此事负责的人也忘记了他们。我要向科力马的土地鞠躬,因为那里埋葬着我们几十万(如果不是几百万的话)被杀害的同胞。根据古老的基督教传统,埋葬无辜受害者的土地是要成为圣

---

① 《泰晤士报》,1994 年 4 月 26 日。
② 同上。
③ 《泰晤士报》,1994 年 5 月 20 日。
④ 《泰晤士报》,1994 年 5 月 30 日。

地的。"①

在同家人一起到达东部城市弗拉迪沃斯托克时,索尔仁尼琴受到英雄般的欢迎。官方用鲜花、拥抱以及传统的欢迎礼——面包与盐——来迎接他。在记者的团团包围中,在两千多名群众的掌声中,索尔仁尼琴谈到了他对未来的希望与担忧:

> 在我流亡的这些年中,我密切地关注着我们国家的生活。我一直都深信共产主义必然会崩溃,但是,我总是担心,我们对共产主义的脱离、我们为此付出的代价,将会是非常惨痛的。现在,我为俄罗斯最近两年的状况感到加倍地痛心,这两年对人们的生活和精神来说是极其难受的……我知道,我正在回到一个饱受折磨、备受打击、变得面目全非的俄罗斯,它正在痛苦地寻找自己,寻找自己真正的身份。

他告诉人们,他打算从俄罗斯的心脏地带穿过,从东部开始,途经西伯利亚——之前他仅仅通过押运囚犯的火车车窗看到过西伯利亚。沿途他想见见那些普通人,以便检验和修正自己的判断,"真切地理解"他们的烦恼和忧虑,"一同寻找可以使我们走出长达七十五年困境的最可靠的道路。"②

世界的媒体见证了索尔仁尼琴的胜利回归,买下这次回归之旅转播权的 BBC 对此进行了深度报道。BBC 记录了索尔仁尼琴和家人从佛蒙特州的家直到他们开心地到达弗拉迪沃斯托克的整个行程,在离开前的最后几分钟里,作家坐在佛蒙特家中的书桌前,接受了他们的采访。这是一个忧郁的时刻。他告诉采访者,毕竟这里也是他的家,从某些方面来说,他在佛蒙特的这些年,是他一生中最幸福、最多产的时期。他说,所有的离别都是一种死亡。他已经完成了他的伟大作品。他没有时间再开始写作新的作品了——任何有实质意义的作品。

---

① 《泰晤士报》,1994 年 5 月 28 日。

② 同上。

这也是一种死亡。回到俄罗斯后,他不希望自己活得太久。他回国是要去接受死亡。

三个月前,在接受《纽约客》的采访时,他也曾被问道是否害怕死亡的问题。他的脸散发着喜悦的光芒。"绝对不害怕! 这将是一个平静的过渡。作为基督徒,我相信死后还有生命,因此,我认为,这不是生命的尽头。灵魂在延续,灵魂继续活着。死亡只是一个阶段,有的人甚至说它是一个解放。无论如何,我都不害怕死亡。"①

虽然 BBC 购买了这次回归之旅的独家转播权,但是,最好的场景却是家人亲眼目睹的。伊格纳特在回忆父亲回归俄罗斯这件事时,他认为此前进行回国准备的那几周是极其难忘的:

  ……让人望而生畏的后勤准备工作,要枯燥无味地打包几百箱的书和文件;媒体日益增强的猜疑:"发生什么事情了吗?"于是我悄悄地笑笑,暗想道:"等着瞧吧,你们全都不会料到这一点的。"确实,全球的多数媒体不仅对我父亲回国的方式非常意外,而且他们都像是个人受到了冒犯一样,因为他们都没有被咨询过,穿过远东回国是否是一个好主意! 我非常清楚地感到,一个历史性的时刻正在临近,但是,和往常一样,我们都平静地理解着这些事情,没有人说:"这不是很重大吗?"每个人都知道——而且,完全彼此相信——我们是作为一个团体在行动的,每一个人都有自己的位置和责任。因此,斯捷潘和我的父母一起从卡文迪什到波士顿、再到盐湖、安克雷奇、马加丹和弗拉迪沃斯托克,而叶尔莫莱则从他的工作地台北直接飞到那里,迎接他们下飞机,然后,在横穿西伯利亚的长达两个月的旅程中全程陪伴着父亲,而母亲和斯捷潘则提前飞到莫斯科布置房子等等。与此同时,我则和外祖母呆在卡文迪什,把所有的箱子装到船上,应对西方的媒体,基本上是在另一边"坚守着岗位"。②

---

① 《纽约客》,1994 年 2 月 14 日。
② 1998 年 9 月,伊格纳特·索尔仁尼琴给作者发的电子邮件。

叶尔莫莱经历了这次长途旅行：

> 几年前，我无法想象能够有机会和父亲一起在旅行中穿过幅员辽阔的俄罗斯，几乎走了近两个月的时间。从我个人的角度来说，和他共度"珍贵的时光"并看到他现身时人们激动的场景，这是一件很美妙的事情。一些人被他燃起希望与信仰，另一些人则爆发出怒火，声称他是"不相干的"。在后一种情况中（无论是在当时，还是在之前和之后；也无论是西方媒体，还是俄罗斯媒体），我发现，很能说明问题的是，他们在宣告他的边缘化时的极度不安，有时甚至是歇斯底里，这恰恰削弱了他们自身的论点。如果他真是"不相干的"，为什么他会让他们那么激动呢？①

这对父子在整个六、七月间横穿这个国家的过程中，索尔仁尼琴发表了一系列直率的演说，他说，俄罗斯由统治集团牢牢地控制着，它需要实施基层民主。他迫切要求灵性复兴，呼吁投身到对抗国家道德堕落和文化堕落的正义活动中。他是一位回到故乡的先知，但是，正像身处故乡的先知们通常会有的遭遇那样，本国的人民总是直到最后才乐意接受他的话。七月二十一日，两千名群众在莫斯科迎接他的归来，但是，这座城市几乎已变得让他认不出来了，无论是在物质上，还是在精神上。D. M. 托马斯用象征性的语言描述了这一变化："普希金塑像正面对着麦当劳。西方正在进入。把你们的平庸之物、你们的电视节目秀、你们的五光十色的垃圾作品、你们的色情作品都送给我们吧！——俄罗斯正在乞讨。"②

文化的平庸化还反映在俄罗斯人对文学的鉴赏力上。一九九四年，莫斯科书店的畅销书包括查尔斯·布朗森的电影《求死愿望》小说版、意大利的电视连续剧《章鱼》小说版、墨西哥的肥皂剧《纯朴的玛丽娅》小说版。一位英国记者在莫斯科最大的书店"图书之家"的流行小

---

① 1998 年 9 月 27 日，叶尔莫莱·索尔仁尼琴给作者发的电子邮件。
② 托马斯：《亚历山大·索尔仁尼琴生命中的一个世纪》，第 503 页。

说中寻找索尔仁尼琴的著作,结果却一无所获。有人告诉他可以去二手市场碰碰运气。这样的故事证实着如下的说法:索尔仁尼琴在当代俄罗斯已经不流行了、过时了,在沉迷于新奇事物的文化氛围中,他的作品简直就是异端邪说。

面对西方庸俗小说的入侵,许多批评家不仅不为俄罗斯文学遭到忽视感到震惊,而且,他们似乎还巴不得民族文化的衰落,对索尔仁尼琴遭受的忽视幸灾乐祸。一九九四年五月,莫斯科的一位年轻的批评家格里高利·阿梅林写道:"每个人都知道他的名字,但是,没有人读他的书。我们这位来自佛蒙特州的伏尔泰是一座精神纪念碑,是门廊中的衣帽架。就让他永远呆在冷宫吧……让这个负有盛名的阉人,让这个有着让人望而生畏的全集、好莱坞式的胡子、有着干净得令人难以置信的良知(它干净得甚至会在阳光下闪闪发光)的高尚、杰出的作家退休吧。"①小说家维克多·叶罗费耶夫也抱有同样的心态,他丝毫不理解索尔仁尼琴的作品,却觉得自己有资格否定它。"索尔仁尼琴在他所有的作品中流露出来的人道主义的悲情,基本上和社会主义者的现实主义一样可笑,一样过时……一位斯拉夫派的政府观察家来拜访我们了,身后拖着斯拉夫主义思想的所有传统的包袱。"叶罗费耶夫接着又说了一些势利的话,他讽刺索尔仁尼琴只是"一个外省的教师,他已经超出了自己的职责,他的手伸得太长了"。②

牛津大学的迈克尔·尼科尔森博士对于索尔仁尼琴在俄罗斯挑起的这种敌意给出了一个解释。尼科尔森曾和阿列克谢·克里莫夫教授一起翻译了索尔仁尼琴的《看不见的盟友》,从一九六〇年代开始,他就一直从地下出版物中研究索尔仁尼琴,曾写过论文《索尔仁尼琴和俄罗斯的文学传统》,还充满热情地给牛津大学的学生们讲授俄罗斯的文学作品。他认为,在当代俄罗斯,索尔仁尼琴之所以会被认为是过时的,这是由取代了马克思主义教条的"无政府主义的、不道德的时代精神"所导致的。在共产主义多年的禁锢和压抑之后,那种相对主义似乎看

---

① 《独立报》,1994 年 5 月;转引自上书,第 514、523 页。
② 《卫报》,1994 年 5 月 28 日。

起来要好一些,要比索尔仁尼琴那套标新立异的价值观更容易被人接受。① 正是这个突然的转向致使索尔仁尼琴在新俄罗斯备受敌意:

> 索尔仁尼琴曾对苏联的解体起到了极大的推动作用,然而,这一事实并不能保证他融入新俄罗斯,甚至在他离开佛蒙特州之前,他就知道俄罗斯已经对自己历史的重要特征表现出了困窘和厌倦的迹象——事实上,它的历史中不仅有腐化堕落的因素,也有宏伟壮丽的因素。文学的俄罗斯更同情的是后现代主义,而不是积极投身(engagement);是多元论,而不是对真理的追寻。传说中的苏维埃读者们的如饥似渴,似乎随着苏联一起消失了。②

尼科尔森指出,索尔仁尼琴的感觉也许和另一位归来的流亡者齐诺维·齐尼克的感觉相似,齐尼克觉得,一九九〇年代的俄罗斯,就像是一个由失去方向的侨民所构成的国度:"这里的人民迁入到了一个新的国度。旧的国家已经从他们脚下溜走了,他们现在处在一个新的国家中。而这个国家对他们来说是陌生的,就像对我是陌生的一样。"③

一九九四年秋天,当他在第一频道十五分钟的访谈节目开始播出时,索尔仁尼琴正处于这种陌生的环境中。《与索尔仁尼琴面对面》栏目被安排到一个优先的时段上,吸引了高达百分之十二的莫斯科观众——当然它不能与观看墨西哥肥皂剧《野玫瑰》的百分之二十七的观众相抗衡。这时,俄罗斯的观众和他们的西方对手一样,都沉溺于肥皂剧中。D. M. 托马斯说,一位病入膏肓的人曾写信给一家报社,任何人只要告诉他另一部墨西哥肥皂剧《富人也哭泣》的结局,他就可得到这位病人毕生的积蓄。④

阿提奥姆·托洛茨基是反对索尔仁尼琴的节目主持人之一,他是

---

① 1998 年 11 月 2 日,作者在牛津大学对迈克尔·尼科尔森博士的采访。

② 迈克尔·尼科尔森:《索尔仁尼琴,流亡和守护》(Solzhenitsyn, Exile and the Genius Loci),未发表的手稿。

③ 同上。

④ 托马斯:《亚历山大·索尔仁尼琴生命中的一个世纪》,第 528 页。

一个摇滚乐的乐评人，主持着午夜之后的一档名叫《奥勃洛莫夫咖啡馆》的节目。当他质疑索尔仁尼琴的电视节目的必要性时，实质上代表了许多的新俄罗斯人："为什么现在还会有人去关心《古拉格群岛》？恐怕，索尔仁尼琴是完全、完全过时了。"这位托洛茨基分子努力不让自己过时，不落后于时代潮流，为此，他从一个严肃的"摇滚音乐"的异见分子，摇身一变而成为俄罗斯《花花公子》杂志的编辑。另一位对索尔仁尼琴作为一个电视名人露面之事很快做出评价的新俄罗斯人是维克多·叶罗费耶夫，他又趁机说了这样一些势利的话："让他说话比让他写作要好些。通过写作，他刻画出了如此丑陋的俄罗斯人。他再一次表现出了他的内心本质：一个外省的教师。"①

　　也许，索尔仁尼琴必然不会在电视领域现身太久。一九九五年四月二十三日，《星期日泰晤士报》上的一篇报道暗示，由于"对政权的批判"，他的电视节目将会被取缔。五个月后，这个节目最终被取消了。索尔仁尼琴依然深信，这个决定是出于政治动机而做出的。"这个节目之所以会被终止，是因为掌权者害怕它所讨论的问题。"②他的节目被叫停无论是由于对政府的公开批判，或者仅仅是由于他不适应当代的日程要求，这些都只是一个推测。取代索尔仁尼琴的那个新节目所推出的第一位嘉宾是意大利议员、色情演员琪秋黎娜。俄罗斯正在得到它所需要的东西，但并不是索尔仁尼琴。

　　一九九五年九月十三日，索尔仁尼琴在萨拉托夫大学的演讲中，表达了俄罗斯文化堕落所引起的失落感。他向听众讲道："虽然我们依然作为一个唯一的统一国家结合在一起，但是，我们的文化空间却四分五裂。"③在他十二月份发表的那份声明中——在这份声明中，他表示在总统选举中，既不支持叶利钦，也不支持他的共产主义对手——这种失落感也很明显。索尔仁尼琴解释说："电视台采访我，要我表达一下看法。我问他们，他们是否会播出那些我不得不说出的话。他们说会播出。

①　同上。
②　作者对索尔仁尼琴的采访。
③　转引自尼科尔森：《索尔仁尼琴，流亡和守护》。

我回答说,无论是叶利钦还是共产主义者,都不应该当选,他们都没有拿出纲领,也没有讨论过什么纲领。双方都不曾对他们过去的所作所为作出忏悔,我建议对双方都投反对票(并给出了一个反对双方的选择)。他们最终并没有播出这些话!"他的眼中闪烁着戏谑的光芒,同时他还十分欣喜地指出,确实有百分之五的人投票反对这两方。"这些人是在独立思考的基础上做到这一点的。"①

由于对俄罗斯所走的道路越来越不满,索尔仁尼琴再次退回到他在佛蒙特州时曾经度过的那种隐居生活中。他和阿莉娅如今所住的大房子位于莫斯科郊外树木繁茂的乡村中,有好几英亩的树林将他们和世界隔离开来,这和此前他们在美国的家几乎差不多。他离群索居,重新回到写作,在他困顿的一生中,写作一直都是他的慰藉之源。他开始从旁观者的角度更加消极地看待俄罗斯的消亡——虽然他仍然和以往一样充满热情。然而,日益封闭的生活并没有窒息他在机会出现时计划周密地批评俄罗斯领导层的能力。一九九六年十一月,这样的机会出现了,当时,俄罗斯总理维克多·切尔诺梅尔金正在对巴黎进行为期两天的访问,索尔仁尼琴趁机在法文报纸《世界报》上发文批判政府。

路透社认为他的狂轰滥炸是"对俄罗斯新任政治领导人的一个激烈的批判",并且说,"他们并不比他花费大半生去反对的共产主义领导人更好"。② 在他这篇题为《俄罗斯即将死亡》的文章中,索尔仁尼琴写道,俄罗斯不是一个民主的国家,它永远不会发展出真正的市场经济。俄罗斯的统治者"犯下了……真正的罪行,使整个国家都陷入毁灭之中,让几百万人民陷入贫困,导致成千上万的人死亡,然而他们却从来没有受到过惩罚。"在最近的十年中,"统治阶层并没有展示出好于共产主义时代的任何道德品质。"确实,在大多数情况下,还是同一批的共产主义者集团掌握着权力,"此前的共产主义统治集团的成员和俄罗斯的新贵们一起,通过盗窃在短期内积聚了大量的财富,形成了一个由一百

---

① 作者对索尔仁尼琴的采访。
② 路透社新闻稿,1996 年 11 月 26 日。

五十至二百人组成的寡头集团，正是他们在统治着整个国家。"①

　　索尔仁尼琴指出，杜马（国会）被总统的权力压制着，地方议会就像是奴隶一样地服从着当地的政府，电视台听命于总统鲍里斯·叶利钦——而叶利钦既没有为他过去的统治进行任何辩护，也没有提出任何具体的未来纲领，就赢得了选举。"这个政府……和此前的共产主义政权一样，享有着同样的免予惩处的特权，它不能被称为民主政府。"②他写道，这样的情况在别的国家会引发一场社会抗议，但是，在俄罗斯却不会，因为在共产主义统治下社会力量被削弱了七十多年，政治对手也都被铲除，已经没有剩下什么力量了。（一九九八年七月，索尔仁尼琴再次重申了他的观点，共产主义已经削弱和耗尽了俄罗斯的精神："这就像是才脱离了最严重的霍乱，刚一康复却又得了瘟疫一样。这是很难承受得住的。"③）

　　与此同时，政府没有持续的经济策略，计划不周、准备不足的私有化已经被证明是灾难性的，它将国家的财富分成小部分，交给了不能胜任的个人。索尔仁尼琴写道："如此容易地获得财富，在西方历史上从未发生过"，并且补充说，其腐败也达到了西方无法想象的程度。"市场经济还看不到光明，随着事情的进展，它永远都看不到光明。"④

　　两年后，索尔仁尼琴的看法并没有缓和下来。一九九八年，他写了《崩溃中的俄罗斯》，详细地阐述了他在《世界报》的那篇文章中所表述过的激烈观点。当索尔仁尼琴同笔者讨论这些事情时，他仍然对俄罗斯的现状表现出一种厌恶之情：

　　　　我们以一种最不幸、最笨拙的方式脱离了共产主义。要想设计出一条比这更糟糕的脱离共产主义的道路都是困难的。我们的政府宣称它正在实施着某种伟大的变革。事实上，并没有实施任何

---

　　①　索尔仁尼琴：《俄罗斯即将死亡》（Russia Close to its Deathbed），载《世界报》（Le Monde），1996 年 12 月 25 日。

　　②　同上。

　　③　作者对索尔仁尼琴的采访。

　　④　路透社新闻稿，1996 年 11 月 26 日。

真正的变革,没有人在任何问题上发表过一个连续的纲领。"改革"这个名词不过是掩盖了对国家财产的悍然偷窃过程。换句话说,许多非常灵巧的、狡猾的前共产主义者,以及其他一些从四面八方涌来的骗子、盗贼之流,立即开始一起从国家资源中偷窃出所有的东西。这些东西过去都是属于国家的,……但是现在,在私有化的伪装下都被据为己有了。对于大企业、大工厂、大农场来说,有时只需要付出相当于它们百分之一至百分之二价值的价格就被私有化了。实际上,社会的上层、寡头集团在这种偷窃的热情中是如此地沉醉,以至于他们根本不会停下来思想俄罗斯的未来。他们甚至都不考虑设法维持一下国库,不考虑政府的财政;只是处在偷窃的癫狂状态中。突然间,他们意识到,他们作为政府不得不去治理这个国家,但是,已经没有钱了。因此,他们现在以一种非常丢脸的方式向西方屈膝要钱——不仅仅是现在,而且是一个一直进行着的过程。现在,他们借钱支付去年和今年年初的工资,因此,现在至少有三分之一、也许是一半的国人被抛进了贫困之中,遭到了抢劫。另外,教育已经恶化和衰退了。高等教育也是如此。科学也衰退了;医学、制造业停滞了;工厂关闭了,现在差不多有十二年没有修建大型的新工厂了。从这个意义上说,他们正在扼杀人民生活一切有活力的方面。国外的这些贷款都只是使寡头集团继续掌握权力的权宜之计。①

他继续说道:"请想一想,人民处在如此贫困的境地,以至于女教师去上课的时候没有得体的衣服穿。""因出版物太贵,教师缺乏参考资料;……科学家的收入现在比大街上的清洁工的收入都低;医生半年、九个月或者更长时间都领不到工资;为了领到薪水,工人都需要去罢工了。"而且,"人们由于负担不起旅费,没有机会到国外拜访亲友或参加一些文化活动"。这种物质的贫困已经在文化领域中造成了破坏性的后果,以至于"国家的文化空间已经残破不堪……在这个国家,几乎出现了文化的原

---

① 作者对索尔仁尼琴的采访。

子化,即明显的文化断裂。在这样的情况下,人们除了觉得他们是被抛弃了,在灵性上被抛弃了,还能会有别的想法吗?"物质的贫困和精神的匮乏之间存在着无法切断的联系:"如果人民不能获得必要的教育,或者不能达到一个人为自己确立的文化水平,如果这样的文化水平对他来说依然高不可攀,那么,他因此也会在物质上和灵性上双双失落。"①

在《崩溃中的俄罗斯》中,索尔仁尼琴指出,俄罗斯已经走入死胡同。在我们的谈话中,他再次重申了这一点,他说中央政府没有计划找到走出这个死胡同的方法。他们只是不择手段地掌握着权力。

> 在整个国家,俄罗斯人——无论是政界的还是其他领域的——都在某种程度上思考着如何拯救国家的问题,思考着如何走出困境。处处都有许多清醒的思想家。我知道这一点,因为有许多这样的人直接给我发邮件。这些人希望我能够说些什么,能够走出来,但是,在这种情况下,我做不到这一点……人们说,我们这里有言论自由,然而,问题是我可以和你自由地说话,但俄罗斯却不会听到这些话。如果我的声音不会被听到,那么,提出走出这个死胡同的种种方法的那些人的声音当然也不会被听到。②

当被问及如何看待西方跨国公司涌入俄罗斯的经济生活这件事时,索尔仁尼琴毫不含糊地表达了他的疑虑。俄罗斯正在失去经济的自主性,"在许多方面正在变成……我不想说材料产地,但是它确实正在供跨国公司驱使。"尽管过去"我们可以信赖自己的经济力量",但是在今天,"我们自己已不能独立自主地解决问题了。"③

与西方经济涌入相伴而生的是西方在其他方面的影响。这是一种文化帝国主义的形式吗?索尔仁尼琴回答道:"如果西方的文化水平很高的话,那么,可以将它称为文化的帝国主义。当然,我们的年青人乐于接

---

① 同上。
② 同上。
③ 同上。

受来自西方的东西,但是,这仅仅是典型的唯物主义,缺乏灵性内容,因此,我不会把它称为西方的帝国主义,而是唯物主义的帝国主义。"①

索尔仁尼琴认为,全球化的进程是不可避免的,但是它可以用不同的方式来推进。"一种方式是全球生活的全面标准化。另一种方式是对民族差异和文化的细心保存——不仅仅保存民族的特性和特点,而且还保存民族的文明。"一直都应当牢记:除了许多不同的民族之外,还存在着"几种较大的文明、较大的文化"。目前,世界似乎正向着前一种方向发展,即向着全球标准的方向发展。这是不幸的。

> 国际的标准化侵蚀和破坏了民族的自我认同。在争取我们自己的个人身份的斗争中,我们除了争取我们同自己祖国的共同联系之外别无他法。对祖国的这种意识和一个由多种传统——这其中包括灵性传统、文化传统,当然还有宗教传统——组成的统一体联结在一起。国际化使人们脱离了所有的传统。它就像是完全剥夺了一个人的个性一样。也许,所剥夺的不仅仅是他们自己个人的个性,而且还有那种被称为人的灵性内核、灵性核心的东西。存在着一种关于世界统一体的幻象,正是它会对本土的文化带来这样的威胁。它只是一种虚幻的统一。②

然而,当代世界的全球化必然把俄罗斯的道路和西方的道路联结起来。在过去十二年中,索尔仁尼琴已经不再认为,俄罗斯与西方是截然不同的。

> 今天,当我们说西方时,我们既是指西方,也是指俄罗斯。如果我们要将非洲、伊斯兰世界——在某种程度上还有中国——排除在外的话,我们可以使用"现代性"一词。在排除这些地区时,我们虽然可以使用"现代性"一词,但却不能使用"西方"一词。现代世

---

① 同上。
② 同上。

界。是的，然后我将会说，还有一些典型的病症，并且已困扰西方很长时间了，现在它们也在飞快地向俄罗斯传染开来。用另外的话来说，现代性的特征、二十世纪的心理疾病，就是匆忙、仓促、急速、间歇性和浅薄。技术上的成功是巨大的，但是，没有灵性的要素，人们不仅不能进一步地获得发展，甚至不能保存自己。存在着一种相信永恒的、无限进步的信念，这种信念实际上已经变成了一种宗教。这是十八世纪启蒙时代的一种错误。我们正在以同样的方式重复和推进着这种错误。①

索尔仁尼琴认为，在人类即将进入第三个千年的时候，面对着一个严酷的、无法避免的选择。"要么是选择被称为可持续的发展模式，即舒马赫的稳定发展观；要么是选择不受约束的、不受限制的增长模式。"②前一种道路是一条明智的道路，后一种道路潜在地是一条灾难性的道路。世界已被困在后一条道路上了，人类和地球的未来也被推向危险的边缘。

很明显，一九九八年，在索尔仁尼琴八十岁时，他仍然不愿意与他三十年前所鄙视的那种体系妥协。迈克尔·尼科尔森认为，这是因为"他最大程度的真诚……你可以称它为改变能力的缺失或者刚愎自用，但是，多年以来，他成功地激怒了一大批的人……他被指责为反犹分子，被称为秘密的犹太教徒，他惹恼了许多的人……好在你知道，从一九六二年到现在一直是如此；在《伊凡·杰尼索维奇的一天》出版后的三十年，他无疑是又挑起了一场轰动。"③

多年以来，索尔仁尼琴已经招致了大规模的敌意，对此，很少有人会提出质疑。然而，他的儿子叶尔莫莱却从公众对他父亲的看法中感觉到一个重大的变化。也许，这股潮流正开始朝着对他有利的方向转变。

---

① 同上。
② 同上。
③ 作者对尼科尔森的采访。

我必须说，俄罗斯人对他的态度已经发生了很大的变化。许多人已经开始在纸媒上悄悄地、确信地这样写道：他所说的话中包含着许多的真理；对于所有的人来说，思考一下他所珍视的许多问题是明智的。曾经沉醉在"新生活"的新奇中的俄罗斯，几乎没有时间停下来想一想要往何处去，将富有洞察力的警告当作未予以证明的丧气话来对待。那是在一九九四年。如今，四年过去了，越来越多的人试着停下来想一想了。①

既然叶尔莫莱如今在莫斯科生活和工作，那么，他当然要密切关注媒体对他父亲的看法的所有变化，然而，一定有人怀疑他的话语中有偏袒因素和某种一厢情愿的想法。他认为，那些阅读他父亲的著作的人们对他父亲的看法"始终都是绝对正面的"，在陈述这一看法时他显得更加有据可依。这本身也是他持乐观主义看法的理由。"在冒昧地说出这个显而易见的事实后"，叶尔莫莱继续说道，他父亲的书是工具，"他靠这些书影响俄罗斯社会"。因此，"媒体看法的奇思异想从许多方面来看远不像它初看起来那样具有持久的影响。"②
　　伊格纳特对索尔仁尼琴在今天的俄罗斯受到的对待及其影响也给予了类似的积极评价：

　　他已经回来了，就像他承诺的那样；他也正在做他曾说他要做的事情：他积极地进入公共生活，广泛地游历祖国，会见了成千上万各行各业的人；他同许多人保持通信，收到了成千上万封来信；他继续坚定不移地公开谈论时事，总是让现任的领导层气恼不已；当然，他还继续写作，重新采用他最爱的短篇小说和散文诗的形式——由于《红轮》这项巨大的工程，他在过去的三十年中不得不放弃短篇小说和散文诗的写作。他的政治对手曾言之凿凿地预言说，他回来后会发起一种俄罗斯的民族主义运动（虽然他一再表

---

① 叶尔莫莱·索尔仁尼琴给作者的信。
② 同上。

明，他不会参与政治，也不持任何官方的立场）。他履行了自己的诺言，因此，他们不得不改变策略，现在，他们统一的口径是："索尔仁尼琴过时了，他回来得太晚了，他的重要性已经大大降低了，没有人再读他的书了"——所有的看法要么显然是不正确的，要么它们的错误很快就会不证自明。尤其是考虑到俄罗斯当前的危机，很显然，俄罗斯的政治和文化精英没有学习或者汲取到什么东西……对我来说清楚的是：我父亲和他的思想将会对俄罗斯的重生做出巨大的贡献，无论是对现在还是对未来的世世代代，都是如此，这是因为他总是在历史和道德维度的双重背景下思考政治和社会问题。①

再一次，人们会认为这样的评论只是表明了子女的孝顺心理，而不是对索尔仁尼琴在当代俄罗斯的作用的客观说明。但是，迈克尔·尼科尔森所给出的观点应该是毫不偏袒的，虽然它包含着明显的同情态度。在谈到索尔仁尼琴在当代俄罗斯文学生活中的地位时，尼科尔森认为："索尔仁尼琴创造的小说世界的连续性、他生命中的英雄主义、他的道德声望——这一切都向那些要在后共产主义的俄罗斯文学生活中争取必要地位的人们提供了一个极为重要的目标。"尼科尔森提到了"先锋主义的兴起"——索尔仁尼琴认为这种先锋主义是头脑浅薄之人的产物，这些人对"自己祖国的语言、土地、历史"没有感情，这一点也是这种文学上的敌对活动产生的主要原因。尼科尔森还补充道："七十多岁的索尔仁尼琴在他的一生中似乎都不喜欢从舆论风向的改变中获取任何好处"。在过去的许多年中，索尔仁尼琴"时刻准备着经受甚至招致不受欢迎的状况，然而，这却没有使他的地位受到任何的动摇，甚至是他的敌人也不得不心怀嫉妒地承认这一点。"从一九六二年初登文坛，他无论是在东方还是在西方都已经成了"一块试金石……"，"在他不合时宜地拒绝相对主义时，在他激起众怒的持久能力中，都存在着一

① 伊格纳特·索尔仁尼琴给作者的信。

种美德。"①

　　作家亚历山大·吉列斯就是"嫉妒地承认"索尔仁尼琴在当代俄罗斯屹立不倒的地位的敌人之一,他对于索尔仁尼琴作为不讨人喜欢的预言家——对于粗陋浅薄的现代人来说,他是不讨人喜欢的——的角色不吝溢美之辞:"我觉得,在绝对真理的废弃庙宇中成为阿波罗的最后的预言家之一,这本身就是一个勇敢的、尊贵的角色。"②

---

　　①　迈克尔·尼科尔森:《索尔仁尼琴——一个社会主义的现实主义者》(Solzhenitsyn as "Socialist Realist"),选自希拉里·仲(Hilary Chung)编《在政党的精神中:苏联、东德和中国的社会主义现实主义及其文学实践》(*In the Party Spirit*:*Socialist Realism and Literary Practice in the Soviet Union*,*East Germany and China*,Amsterdam and Atlanta,Ga.:Rodopi,1996),第68页。

　　②　同上。

第二十章　八十华诞

一九九八年十月二十六日,在莫斯科的安东·契诃夫雕像揭幕仪式上,索尔仁尼琴发表了简短演说。他这样开始道:"对千百万的俄罗斯读者来说,契诃夫不仅仅是一位俄罗斯经典作家,而且他还贴近人的灵魂,几乎就是一位家庭成员。"他继续阐发契诃夫短篇小说的精神:一位逐一清点一生中给大自然带来伤害的老农民总结道,"对于上帝的世界来说,毁灭的时候已经到来了";一位将妻子送进医院的老人,尽管妻子已经悄悄地离世了,他还是默默地对她说着话;契诃夫"本人从未当过犯因,但是,他却能够以最为出色的笔法传达出一位流放囚犯的思想倾向和世界观"。契诃夫在小说——比如《圣善夜》和《受难周》——中用透彻的理解力和极大的热情描绘了东正教。索尔仁尼琴指出,每一位读者都能够根据"契诃夫的灵魂或灵性品质,从他的短篇小说中感受到自己的道路,并挑选出贴近心灵的一个小段落"。在演说的结束语中,索尔仁尼琴说:"我在此没有谈及他的戏剧,但是,令我们高兴的是,契诃夫——他在雅尔塔接受治疗时慢慢地憔悴,非常渴望和他心爱的艺术剧院在一起——现在终于永远地冲破了所有的壁垒。"①

索尔仁尼琴这次演说的内容基本上都被西方媒体忽视了,路透社的报道集中在索尔仁尼琴最近一本书较小的发行量以及他的电视节目

---

① 亚历山大·索尔仁尼琴于 1998 年 10 月 26 日在莫斯科的安东·契诃夫雕像揭幕仪式上的讲话;伊格纳特·索尔仁尼琴为作者摘译自他父亲的笔记。

在三年前被取消的事实上，以及对他讲话时人群中一些人的窃窃私语的观察上。似乎传达出索尔仁尼琴的过时性比他本人关于俄罗斯最伟大的剧作家的看法更为重要，荒谬的是，这样的做法却是更为符合时代的需要。伊格纳特·索尔仁尼琴认为路透社的报道是"胡说八道"，是"无关紧要的，以至于我都不愿费心向我父亲提起它"。①

事实上，对于莫斯科市长尤里·卢日科夫——在这位俄罗斯作家发表演说时，他就站在他的旁边——来说，索尔仁尼琴在揭幕仪式上的演讲在俄罗斯是非常合乎时宜的。许多政治观察家将卢日科夫出席仪式看作是他在叶利钦总统健康欠佳时采取的一种战略手段。他被认为是接替叶利钦的主要候选人之一，很显然，他认为揭幕仪式是一个增加他曝光度的机会。在报纸刊登的索尔仁尼琴发表演说的照片上，卢日科夫就站在索尔仁尼琴的身后，这让他的机会主义取得了成功。

从索尔仁尼琴的角度来说，他拒绝回答记者们就俄罗斯的当下困境所提出的问题，这表明出他本人对政治团体的失望和他专注于更高主题与目标的愿望。在他八十岁寿辰即将来临之际，在内心深处，他比以往任何时候都更加确信：政治不是自足的。在自己的作品中，他坚决主张，灵性维度或者哲学维度要比政治维度更加重要。

> 首先是文学的层面，其次是灵性和哲学的层面。政治的层面之所以会被需要，主要是因为当代俄罗斯形势的必要性所致。它是由当下的时刻和环境所决定的……
>
> 我必须说，在受过教育的人当中，被政治占用的时间已经太多了。所有的期刊、所有的报纸都充满着政治的内容，虽然他们所讨论的许多对象都是变化不定和短暂的。当然，世界各地都确实有人投身更高的主题，而且并不仅仅是作家，但是，他们的受众非常有限，有时，他们甚至被看作是某种处于边缘的、外围的奇怪团体。确实，关于更高灵性的问题甚至都不能和政治上那些一闪而过的无聊之事相提并论。关于生与死的终极问题更清楚地呈现出了这

---

① 1998 年 11 月，伊格纳特·索尔仁尼琴同作者的谈话。

种差异的异常性质。当代人的主要特征正是缺乏回答生与死这类重要问题的能力。人们时刻准备着往他们的大脑中塞入一切的东西，准备着谈论任何的话题，但是却阻止对这个主题的思考。这正是我们的社会日渐庸俗、完全关注琐碎之事、枝节问题的原因。①

他认为，事实上，正是对政治的过分强调损害了人类对灵性或哲学真理的理解，这正是当代困境的核心。"人类为自己设定了征服世界的目标，但是，在这个过程中，他丢失了自己的灵魂。"②

他随后重述了一个主题——这个主题是五年前他在国际哲学研究院发表演说的核心：

> 被称作人本主义的那种东西，如果被叫做反宗教的人类中心主义，会更恰当些，这种学说不能提出最重要的生命问题。当然，它也很难为所有的人解答这些问题，但是，对于这种非宗教的人类中心主义、人道主义来说，最难的则是回答这样的问题。我们已经处在理智混乱、世界观危机的状况中。并不是所有的人都理解这一危机，也并不是所有的人都能把握其重要性。

索尔仁尼琴提出，欠缺理解的一个例证就是：他常常被指责为"黑暗与毁灭"的先知。

> 这是人们不读书而只是浏览书所造成的结果。比如，我给你另举一个例子：《古拉格群岛》里面写了可怕的故事，但是，贯穿在整部书中的是，净化之灵的呈现。在《崩溃中的俄罗斯》中，我没有用玫瑰色的笔调美化黑暗的现实，但是，我确实提供了一个清晰的方法，探寻了某种更为光明的东西、某种摆脱困境的方法——最重要

---

① 作者对索尔仁尼琴的采访。
② 同上。除了特别标出之外，本章中所有其他引用的索尔仁尼琴的话，都来自作者对他的采访。

的是，这是在灵性意义上进行的，因为我不能提供任何摆脱困境的政治方法，这是政治家的任务——因此，那些如此指责我的人，只是不知道如何阅读而已。这就是那种草率行为、仓促行径的一个例证。当代世界的主要特征正是这种泛泛而读、快速的掠过，它与尽快地经历一切这种企图密切相关。

虽然索尔仁尼琴坚持认为政治必须服从于更高的生命目标，但是，他对共产主义和消费主义的批评还是正确的。然而，他的批评有着与政治根据相对立的灵性根据：

> 过去的这些年中，我在不同的地方不得不证明，社会主义——西方的许多思想家将它看作一个正义的王国——事实上充满着强制、官僚们的腐败和贪婪，并且一向都在宣扬，不借助于强制，社会主义是不可能实现的。共产主义的宣传有时会包括这样的说法，比如，"在我们的思想体系中，我们汲取了《福音书》的所有诫命"。差别在于《福音书》要求通过爱、通过自我限制来实现所有的这一切，而社会主义只使用高压统治。

然而，如果说布尔什维克主义是流氓，那么资本主义就是无赖。前者压制人的灵性，后者则用舒适之物腐蚀人的灵性，因此，它们都是同样阴险的。为了阐明这一点，索尔仁尼琴说，他喜欢用教宗保罗二世的话而不是用自己的话作为开场白。"他只是说，第三种极权主义就要来临了，这就是金钱的绝对权力，'野蛮地爱着追逐资本的资本积累'……我的结语如下：假如对上帝的灵无动于衷，也不受人类良知的约束，那么，资本主义和社会主义都是令人厌恶的。"

他说，在实质上，两种制度有着共同的唯物主义根基，因此，都必然会和基督教产生冲突。它们与基督教的立场相悖，因为它们完全处在不同的层面、不同的水平上。两种制度都不能"容忍基督教的诫命，它们都不关注灵性领域，它们都拒绝灵性领域……这是一种处在不同维度上的生活；这些维度之间都是各不相关的。"因此，屈服于唯物主义诱惑的基督徒也许会理解基督教，"但是，他们却不能全身心地接受它。"

在消费主义和自由主义道德的崛起中，唯物主义生活观所固有的享乐主义是一种重要的元素。另一个元素则是律法主义，即法律化。

> 当前的现代性所夸耀的一切都是依据"法律"进行的。在当代社会，如果从法律的观点来看一个人是正确的，那么，就没有人会要求他或她采取更高层次的道德行动。一个关于现代性的著名论述是："法律不禁止的就是被允许的"，这等于拒绝了道德评价在行为上的应用。事实上，法律的衡量标准和衡量方式都低于伦理的标准。这是灵性或与灵魂相关的平庸构成的氛围。西方的道德基础既是我们的享乐主义，也是我们的律法主义。

按圣经所说的，这种律法主义的方法可以被称为法利赛人的方法，它已成为这样一种基础：据此，"自私"这个人类最卑劣的共同点，在法律上被视作当代道德最高的共同因素。人类的道德本质被遗忘了，"因此，在过去的几十年中，最流行的口号是人类的权利"。

> 但是，人类忘记了自身的义务。人不可能拥有不附义务的权利。它们必须处在平衡中，如果义务确实不是更大一些的话。就像一个人对自己说我将只用左肺呼吸是不可能的一样，但是，我也不会只用右肺呼吸，它们需要一同工作，义务与……权利也必须以这种方式共同发挥作用。我们的处境变得太过扭曲，我们现在甚至有了这样表达：存在着一种关于人类权利的意识形态。那它是什么呢？它就是很久以来的无政府主义，而且，我们正在向着这种无政府主义前进。

现代性把自私当作美德的这个事实是它获得持久成功的关键之一。索尔仁尼琴认为新教是推动这一进程的重要因素：

> 当然，一个人不能声称只有我的信仰是正确的，所有其他人的

信仰都是不正确的。当然，上帝是无限的，多维度的，因此，地球上存在的每一种宗教都代表着上帝的某一面向、某一侧面。一个人千万不能对任何宗教都持某种负面的态度，虽然如此，对上帝理解的深度和对上帝诫命履行的深度在不同宗教中却是不同的。在这个意义上，我们不得不承认，新教把一切都归结到信仰。加尔文主义认为，信仰根本不取决于人，信仰已经被预先决定了；在对天主教的激烈反抗中，新教匆忙抛弃了信仰中的一切奥秘的、神话的和神秘的方面，连同礼仪。从这个意义上来说，它使宗教变得贫瘠不堪。

索尔仁尼琴同意切斯特顿的观点，即认为每一种异端只取真理的一部分，然后把它夸大，到了最后只剩下对真理的歪曲。同时，索尔仁尼琴还认为，最近几个世纪以来对真理的这种背叛会带来灾难性的后果。"如果人类不去服从道德的要求、道德的条件，那么，众多私我将会毁掉这个世界。"他举生态危机为例，认为它和社会的其他许多问题一样，具有敌视宗教的根源。

因为离开宗教，人已忘记自己是统一的创造之一部分。他不再把自身当作自然的一部分来考虑，因此，我们转向对环境的破坏，以致在我们毁灭社会之前也许会先毁灭环境。正如我们通过众多的国际会议所看到的那样，美国和其他的主要国家都拒绝采取措施阻止环境的破坏。这是一个走向世界毁灭的直接路径。

面对这样一幅末日景象，唯一的希望是否是回归宗教？索尔仁尼琴回答道："不是向宗教的回归，而是朝向宗教的提升。问题是宗教本身必须是动态的，因此，回归是一个不正确的术语。"人是不能回归到过去的。

相反，为了对抗当代唯物主义的道德观念，为了与虚无主义和利己主义作斗争——宗教必须要进行这些斗争——宗教自身也必须获得发展，必须具有灵活的形式，必须与时代的文化形式相关联。宗教总是高于日常生活。为了使人们向宗教的提升更容易一些，宗教必须能够根据现代人的意识改变自身的形式。

索尔仁尼琴呼吁宗教和现代文化进行动态的对话，这与他在《古拉格群岛》以及其他的一些作品中暗暗流露出的对旧教徒的同情态度稍有不同。索尔仁尼琴解释说：

> 我只是通过历史的面向、历史的层面、历史的视角来说的。由于宗教仪式上的一些无关紧要的细微差别——这些差别是在没有进行充分的评判并缺乏有说服力的根据的情况下造就的——旧教徒们受到了非常不公平的对待。由于这些微小的差别，他们被以许多残酷的方式处死，被迫害、被流放。从历史正义的视角来看，我同情他们、支持他们，但是，这与我刚才所说的宗教为了跟上人类的步伐必须使它的形式适应于现代文化这一点毫无关系。换句话来说，我同意旧教徒们所持的宗教应当被冻结起来、绝不再发展的观点吗？完全不同意！

在西方人看来，与此相关的是一九六〇年代梵二会议时在天主教会内部发生的那场争论。一方很乐意接受梵二会议，因为它使教会迈向现代化，而另一方的传统主义者则将它看作是对现代价值观的妥协，认为基督教本质上是与这些价值观相冲突的。索尔仁尼琴指出俄罗斯东正教会面临着类似的困难：

> 俄罗斯东正教会特有的一个问题是：我们是应当继续使用古老的教会斯拉夫语呢，还是应当把许多现代俄语引入到宗教礼拜仪式中去呢？我理解东正教会和天主教会中那些人的担心、谨慎、犹豫，他们担心这样会把教会降低到现代境况、现代环境。我理解这种担心，但是，我更担心的是，如果宗教不改变自己，它就不可能使整个世界归向宗教，因为这个世界没有能力独立地上升到和宗

教的古老要求一样的高度上。在某种程度上,宗教需要主动去面对这个世界。

宗教事务中传统与改革之间长期的张力正如切斯特顿所描绘的教会形象:它就像一辆急速穿过几个世纪的沉重战车,不断地喧嚣但却直立不倒。然而,发现索尔仁尼琴明确地站在改革派的立场还是有点令人意外的——他常常被认为是一个坚决的传统主义者。也许,是时候进行礼拜仪式上的重大革新了。是否会走到这样的地步,宗教与当代世界的关联会切断它与传统信条的联系?比如,曾在安立甘教会导致分裂的女性牧师问题。

索尔仁尼琴回答道:"当然有许多不能改变也不应当改变的牢固界限。当我谈到当下各种文化规范间的某种联系时,它实际上仅仅是整个问题很小的一部分。"他停了一下,苍老的蓝眼睛中闪烁出一丝欢快的、年青人特有的光芒。"当然,我不认为应当有女牧师!"他继续说道,并充满感染力地格格笑起来。

偶然会爆发出有感染力的格格笑声,是索尔仁尼琴言行举止中的另一个特点。在某种程度上,这似乎与他好斗的公众形象不相一致。正如他在讨论许多主题时所持有的那种严肃态度一样,欢笑和轻松幽默也是他总体性格特征的一个部分。当我向索尔仁尼琴列举出他与之有某种相似性的一系列西方作家时,他再次表现出了活泼兴奋的表情。我指出,在某种程度上,索尔仁尼琴和一些将传统的基督教精神当作回应现代性的方式来接受的作家,有着相同的思维结构。他的眼睛盯着这份名单,读出了切斯特顿、贝洛克、艾略特、C. S. 路易斯、托尔金、萨松、西特韦尔、伊夫林·沃和纽曼的名字:"我确实知道这些作家的存在,"他继续带着同样的格格笑声说了句俏皮话,"而且,我还知道他们在西方同样是不流行的!"

当问到他是否认为这些作家的观点和舒马赫的社会经济观都是使社会重获理智的一把钥匙时,他说,"我确实认为它是一把钥匙,但是,我不认为社会可以重获理智,因为人们屈从于时尚,受控于惯性,很难改变主意去接受一个不同的观点。"当问及这种悲观主义——由于缺乏更好的词,只好使用这个词——是否可以用来表示社会重新发现宗教或者向宗教上升的前景时,出现了一个长时间的停顿,在这期间,他蔚蓝色的灵魂之窗显得悲伤起来。"我不得不说,这条道路是非常艰难的,希望也很小,但是,它也并不是不可能的。历史在许多不同的问题上都曾表现出极大的反复和曲折。"如果是这样的话,他是否看到了这样一种可能性:宗教信仰的前景将和现在一样,仍然是一群被误解的少数人的地盘?"是的,我看到了,但是,这并不意味着信徒们要袖手旁观,或者不应当再抱有希望。"

至少在俄罗斯,还存在着持有一定程度乐观主义的理由。共产主义倒台后,基督教信徒的数量已经开始增长。"在无神论的媒体中,在严格的控制下,许多东西已经被忘记了,因此,我们在某种程度上确实是在向基督宗教回归。然而,同时还存在着一种随着消费社会的兴起而带来的价值衰退。"考虑到俄罗斯当前的剧变,我们难以确定等待我们的将是什么样的未来。"对于俄罗斯的整个未来,我会说,情况尚不明朗,它将会走向哪条道路还不清楚。因为对于整个俄罗斯、对于与俄罗斯相关的所有问题来说都是如此,所以,基督教的发展在何种程度上会在俄罗斯受到阻碍,又在何种程度上会影响整个国家所走的道路,这也是尚不清楚的,是我们现在还不能预测的。"

在这种混乱状况中,许多俄罗斯人甚至已经开始懊悔共产主义的崩溃了。索尔仁尼琴大笑道:"无论如何,有许多人在为此谴责我、声讨我,他们说:'好了,您推翻了它,但是,现在我们还有什么呢?'"虽然没有人贸然提出索尔仁尼琴是一个共产主义者,但是,他却常常受到诽谤,说他与从共产主义倒塌的废墟中崛起的极端民族主义者保持着联系。因此,他对国家中一切种族基础的明确驳斥就显得很有意思了。他坚持认为:"人身上的许多东西不是由他的身体特征或者血统决定的,而是由精神决定的。比如,我常常说起俄罗斯人,我还被问道:'什么是俄罗斯人?俄罗斯覆盖着不同民族混居的大片领土。你是无法追索出血统的。'我回答说:'一个人是否是俄罗斯人,所根据的是精神、心灵、他忠诚与利益的方向。因此,存在的是灵性上统一的人民,而不是以血统为基础的人民。'"

索尔仁尼琴最为热情地拥护的一个观点是：这一灵性基础是理解生命本身的核心，无论是对个体的人还是对整个民族来说，都是如此。他解释道，他的小说《癌病房》的一个主旨就是"爱的身体方面和灵性方面之间的关联性和相互关系。它与这本书的情节的直接发展密切相关：奥列格面临着身体死亡的可能性，处在他面前的问题是：还有什么是值得期待、值得为之而活的？……毫无灵性层面的爱不是爱。"这本书中的女性人物的性格特征——这些女性人物被以有力的、同情的笔触呈现了出来，但却暗含着反女权主义的（虽然不是反女性的）方向——也与这种灵性维度相关联。"我确实觉得女权主义是反自然的。"索尔仁尼琴认为，

> 它确实摧毁了女性，因此也摧毁了人类。它分解了人类的女性方面，也使人类的男性方面饱受摧残。它是以下这个事实的一个表现：人们已经失去了人作为上帝创造的最高形象。然而，我们却对这一状况不加限制，几乎使之达到疯狂的状况，我们还从不理解人类本质的自由主义——这种自由主义不仅不理解女性的本质，而且也不理解人类存在的本质——出发，肆意地行动，并由于这种疯狂的、不受约束的舞动而变得盲目。

除了这种对灵性的执著之外，索尔仁尼琴最爱的还是他的作品。即使已经八十岁了，但在谈到他的作品时，他的眼睛还是熠熠发光，而且兴高采烈，滔滔不绝。他很乐于讨论他以前的作品，但是，正如他所说的，"最喜欢的作品总是当下你正在创作的那一部。"因此，他带着更多的热情讨论他回到俄罗斯以后所写的那八篇各由两部分组成的短篇小说。他解释说：

> 它是一种特殊的体裁。这两部分需要用某种东西连接起来。有时它们也许是由同一些处在完全不同时期的人物联系起来的。有时人物完全不同，初看起来他们似乎彼此毫无共同之处，这就需要试着猜出将每一部分连接的共同主题的窍门了。从某些方面来

说，这创造出了一个另外的空间、另外的维度，因此，你需要猜出的连接点既不在第一部分，也不在第二部分，而是把两部分结合起来才能推导出的某种其他的东西。

索尔仁尼琴在继续界定他近几年才开始使用的这种新体裁时，突出强调了因创造性的革新和文化传统的结合所体现出来的明显悖论。这也是迈克尔·尼科尔森觉得他的作品特别令人激动的一个方面。尼科尔森说："索尔仁尼琴比大部分作家都更为关注与他的作品相伴的实际问题。最吸引人的斗争不是天才和庸人之间的斗争，而是如何防止被不断涌来的材料吞没的问题。"困难通过革新被战胜了。"他采用了用以定义新体裁的副标题。《古拉格群岛》是'一项文学调查的实验'。《第一圈》在时间上不超过三天，没有采用线性的发展方式；它采用的是多声部和循环比喻方式。"甚至《伊凡·杰尼索维奇的一天》——这是索尔仁尼琴最朴实无华的作品之一——也是这样一部小说："尽可能多地说出言外之意的冲动使小说很膨胀，因此，你在这里会感受到一种可怕的张力。文本中渗透出这些象征性的、标志性的因素。"①

在《癌病房》一个非常漂亮的段落，包含了据说是有关生命意义的一个定义："生存的意义就是要保护每个人与生俱来的永恒的形象，尽可能使之不受损坏、不被扭曲。"②索尔仁尼琴是否认为他自己的生活与工作成功地保护了这种永恒的形象呢？"我当然在自己的每一部作品中都尽力而为——在每一部作品中，都有我尽力地保护这种永恒形象的时刻。当然，不是在整部作品中，我要补充的是，我不仅在作品中这样做，在生活中也是这样做的。我还要补充的是，一个人年纪越大，他就越关心这种事情、这种问题。"

这促使我们对如下问题展开讨论：在索尔仁尼琴极端的"现实主义"小说和托尔金被视为"逃避现实"的幻想作品之间，有着鲜被辨识的相似性。托尔金曾经详细说明过一部作品成功地保护或者认识永恒形

---

① 1998 年 11 月 2 日，作者在牛津大学对迈克尔·尼科尔森博士的采访。
② 索尔仁尼琴：《癌病房》，第 432 页。

象的那些时刻,这或者是"突然而至的充满喜乐的'转向'","或者是对潜在现实或真理的突然瞥见……或者是霎那间的灵见……或者是福音在现实世界中的远远闪现和回响。"[①]"是的,是的,"索尔仁尼琴激动地、发自内心地大叫起来,"在许多情节中,在我作品中的事件更广泛的发展中,我不仅试图看到、试图安排这样的转向,也试图唤起生命走向这种转向。"

在他们的作品中,托尔金和索尔仁尼琴都专注这样一件事:通过苦难的试炼与折磨,灵魂变得高尚。索尔仁尼琴解释道:

> 不仅纯洁的、能够升华的灵魂是如此,而且,具有韧性和力量的灵魂也是如此。对于所有的人来说,长时期的安乐和舒适通常都是危险的。在如此长的时期,软弱的灵魂无法再经受得住任何试炼。它们害怕试炼。但是,在这样的时期中,坚强的灵魂仍然能够被动员起来,表明自身,经受住这种试炼。困难的试炼和苦难能够促进灵魂的成长。在西方,有一种普遍的看法:如果我们过高地评价苦难,那就被视为虐待狂。相反,当我们尊重苦难并理解它放置在我们灵魂上的重担时,它就是一项有意义的勇敢行为。

然而,有件非常重要的事情是去区分下述两者:被钉十字架和复活所集中体现出来的高贵形式;在尼采的格言"每一次不能将我毁灭的打击都会使我更加强大"中所宣扬的意志胜利。"当我们说起'被钉十字架'和'复活'时,我们的头脑中最先出现的是基督的形象,以及那些在基督教背景下走上殉难或受苦道路的人们的形象。这纯粹是灵性对抗苦难或者试炼的斗争。而在尼采那里,我们看到的是对苦难的身体对抗。它就好像是一种训练,几乎就像一场拳击对抗。它们是有着不同性质的

---

① 托尔金(J. R. R. Tolkien):《怪物、批评家和其他的文章》(*The Monsters and the Critics and Other Essays*),由克里斯多佛·托尔金(Christopher Tolkien)编辑(London:George Allen & Unwin, 1984),第 153 - 154 页;J. R. R. 托尔金:《托尔金书信》,由汉弗莱·卡彭特(Humphrey Carpenter)编辑(London:George Allen & Unwin, 1981),第 53 - 54 页。

两种现象：一个是灵性的，另一个是身体的。”

索尔仁尼琴欣然接受了他和托尔金在创作观上具有相似性的看法，受此鼓励，我斗胆为他读了两段选自托尔金的作品，但却似乎可以概括他本人作品之精神的引文：

> 一个堕落世界的本质是：最好的东西不是通过随心所欲的享受、或者通过所谓的“自我实现”（通常，这是自我放纵的一个好听的说法，但它对其他人的自我实现则是完全有害的）来获得，而是通过否定、通过苦难来获得。[“完全是这样的……完全是这样的”，索尔仁尼琴小声地说道。]

> 走出我饱受折磨的生命的黑暗，我把在世上唯一要去爱的一件大事摆在你面前：圣餐……在那里，你会找到浪漫、荣耀、光荣、忠诚，以及你们在世上所有的爱的真正方式，此外还有死亡——通过这个终结生命、要求所有人服从的神圣悖论，而且仅仅通过对它的体验（或者预先体验），你在世俗关系中所追寻的一切（爱、忠诚、喜乐）才能够得到维护，或者呈现出现实性或永恒存在的样子——这是每一个人的心灵都渴望的东西。①

“这是托尔金所说的？”索尔仁尼琴问道，并吃惊地睁大了眼睛。“是的，是这样的。”

当他敏锐的眼睛越过桌子与我的视线相遇时，托尔金的另一个形象进入我的脑海。这一次我没有阅读引文，但我心中想到的，是树人树胡的形象——《指环王》中的人物，他的声音干巴巴的，却充满智慧，“深邃的眼睛……缓慢、庄严地眨动着，但却极具穿透力”。一瞬间，索尔仁尼琴的目光和树胡的目光会合在了一起：“人们会觉得，在它们的背后似乎有一口深井，装满了岁月的记忆以及漫长、缓慢、坚定的思考；但是，它们的表面却在当下闪闪发亮：就像是洒在大树叶片上或者深湖波纹中的闪亮阳光。”我像那位护戒使者小皮平一样，觉得这双眼睛缓慢

---

① 同上。

地、仔细地打量着我,而这双眼睛在漫长岁月曾同样打量过他自己的祖国。

索尔仁尼琴打破停顿,继续说:"我最近重新开始写短小的散文诗了。其中有一篇名叫《衰老》,意思是正在变老。它只有几行诗。从这几行诗中得出的结论是,变老不是一条下坡路,事实上,它是一条向上走的路。"当然,这与唯物主义者的观点相对立,唯物主义者把变老的过程仅仅看作身体衰退的表现,除了预示着不宜说出口的死亡之路外,别无其他。这进而也造成了当代人的青春崇拜,进一步对社会造成有害的影响。"老年人掌握了集体经验。没有什么东西可以替代这样的经验。年青人也许只拥有预感、猜测,但是,他尚不具备使那种经验得到发展的基础。年长之人的优势就在这里。"

年老的话题难免会将谈话带到关于回顾的思想上。在他的自传《牛犊顶橡树》中,索尔仁尼琴已经暗示了天意在他生命中的作用。究竟在何种程度上他认为自己一生的劳作,服务着比它们各自的总和更大的目的呢?

在此存在着两个问题。第一个问题是:我如何看待天意。我今天已经说过,我深信上帝参与了每一个人的生活,然而,另一方面是,人们对这一点有着不同程度的理解。一些人清楚地认识到它,而另一些人则没有。另外,人生并非一定要有外在的成就。他也许有着最卑微的生命形式,但却总是能够感到和上帝之间的这种联系。因此,我也毫无例外地有这样的感觉。这仅仅是这一点的另一个例证。这是第一个问题。第二个问题是:我所做的一切是否大于它的各部分的总和。我所做的一切体现为我所写的那些书,每一本书都有它自己的分量与意义,"总和"的概念很难适用于这种艺术的创作。后者应是我的社会活动。我的社会活动有总和,它们对我的祖国以及西方的发展过程具有影响……目前,我有意识地回避了这一点,因为我看不出我的祖国有影响事件进程的能力,这是考虑到这个国家文化上的原子化状态。另一个方法是写书,直接讨论这些问题,但是,这些书不能传播到所有的地方去。

比如,《崩溃中的俄罗斯》这本书在莫斯科和圣彼得堡销售,但是,谁知道什么时候它才会传播到外省去呢?这是无法确定的。而我的年纪则要求我去完成我之前已经开始而现在正在进行的这项工作。

当索尔仁尼琴进入他生命暮年之际,顺天知命的心态似乎将最后的一切计划、希望、抱负都一扫而光了。他不再希望实现什么了。"我只是想完成那些我已经开始的工作,至多就是这些。当然,我会尽力地去影响俄罗斯的事件进程,但我却不知道该如何来影响。我已经得过两次轻微的心脏病了。"

在提到索尔仁尼琴惊人的创作能力即将终结的时候,这种忧郁的氛围却消失了。对退休的提及再次引起他那种有感染力的格格笑声,并且和此前一样,他的眼睛中闪现出了使人安心的天真的光彩。"恐怕我将不能完成所有的事情,在去世后,我想我还会有好几卷未发表的素材……因此,现在还不是退休的时候!"

第二十一章　多事之秋

随着苏维埃帝国的废墟尘埃落定,随着俄罗斯——它遭到重创、受到伤害,但也许并没有完全破碎——挣扎着从废墟中浮现出来,索尔仁尼琴的巨大遗产终于得到了充分的发掘。《古拉格群岛》出版后的前十年中,它已经销售了三百多万册,并至少被翻译成三十五种语言。此作品及其作者都是不可忽视的。无论是喜欢还是厌恶,这个人和他的作品都像是一个良知被激怒的巨人一样跨立在苏联的最后年代中。三十年后,当苏联的尸骸被埋藏在俄罗斯大地之下时,索尔仁尼琴在为纪念反抗这个怪物的人们——他们对这个怪物的反抗是在它极具活力的时候,而且,它不仅有活力,还会使人丧命——所建的先贤祠中赢得了光荣的一席之地。

列宁和斯大林用沾满鲜血的钉子将俄罗斯和俄罗斯人民钉上共产主义十字架,而索尔仁尼琴则把这些钉子暴露在光天化日之下,他自己也已成为共产主义棺木上的一颗钉子。《古拉格群岛》出版不久,俄罗斯持不同政见者 L. L. 瑞杰尔森在给苏联领导人的一封公开信中这样写道:"您依然没有意识到,随着《古拉格群岛》的出版,对您来说,致命的那个历史时刻已经到来。"[1]作为德国的一份主要报纸的《法兰克福汇报》用类似的口气证实了《古拉格群岛》出版所具有的预示性质:"是时候该将苏联制度崩溃的开始追溯到《古拉格群岛》的出版了。"[2]

---

[1]　转引自索尔仁尼琴:《牛犊顶橡树》,第 538 页。
[2]　同上,第 389 页。

对索尔仁尼琴之巨大影响的这些评价是值得注意的,因为它们是由那些不同意他的宗教观和政治观的人们所写出的。在赞美它们的时候,他们常常是很不情愿的。其他的人也不是很慷慨,他们贬低索尔仁尼琴的重要性——尽管存在所有与之相反的证据。[①] 虽然索尔仁尼琴具有独自反抗暴政的无法抑制的勇气,但是,他却常常受到蔑视,这是当下时代及其浮华时代精神的悲哀反映。在一个懦夫的时代,勇气显然要受到贬抑。

也许,许多人对索尔仁尼琴的敌对态度根植于他们对他的基督信仰根深蒂固的敌意,索尔仁尼琴的传记作者 D. M. 托马斯间接地提及了这一事实:"对于一个有着自由思想的人来说,发现一个作家热烈地信仰毛主席、斯大林或胡志明,那么,这是可以接受的;但是,如果发现他热烈地信仰上帝,那么,这会引起强烈的不适感和怀疑态度。"[②]

索尔仁尼琴的信仰在《崩溃中的俄罗斯》中雄辩地表达了出来,尤其是在"动荡年代的东正教"那一章中。他唯恐读者会忘记,从对教会在共产主义制度下受到的迫害和许多基督徒在世俗国家中的殉难的提醒开始,他对后共产主义俄罗斯的东正教的未来表达了信心:

> 今天,我们正是应当带着同情来记起和理解,我们的教会是从怎样的废墟、耻辱、彻底的毁灭与抢劫中复活的……
>
> 当然,许多人仍在盼望和等待着——这样做也是正确的——东正教会把自身增强为这个国家中一个完全独立的、有权威的力量,因为所有的政府支持只会削弱教会的灵性。[③]

他呼吁教会要在公共场合远离"虚伪的、以上电视为目的的政府皈依教会的活动(这是一种非常有损尊严的、迷惑人心的活动)",还呼吁教会

---

　　① 爱德华·小艾里克逊 2002 年春在《现代》(Modern Age)上发表的文章对索尔仁尼琴的思想财富受到的批判进行了更加全面的研究。

　　② 托马斯:《亚历山大·索尔仁尼琴生命中的一个世纪》,第 449 页。

　　③ 索尔仁尼琴:《崩溃中的俄罗斯》(Russia in Collapse,Moscow:Russkii put', 2006)。这本书有时以《深渊中的俄罗斯》(Russia in the Abyss)被提起,还没有出版英文版。作者非常感谢伊格纳特·索尔仁尼琴为本章所提供的翻译。

接受并发挥它"在社会和人民日常生活中的作用","当教会合法地分离于政治权力时,它却不应当远离社会及社会痛苦的需求。鉴于今天俄罗斯民族与人民的灾难处境,东正教置身社会问题之外的悠久传统是极其令人忧心的。"①

值得关注的是——考虑到他常常被指责为沙文主义的斯拉夫主义者或极端的民族主义者——他对"那些用爱国主义损害东正教并且将爱国主义置于东正教之上的人"提出了批评:

> 当然,我们是带着个人的和民族的差异与观念来接受信仰的,但是,在灵性发展过程中——如果我们在这方面获得成功的话——我们会被提升到更高的高度,达到比那种纯粹民族的维度更要广阔的维度。二十世纪所发生的我们民族的破碎化,正是源于我们丢失了东正教信仰并自溺于新的、邪恶的异教主义。我们的爱国主义不接受东正教信仰,因而具有了异教的特征……在过去的一千年中,我们的民族正是在东正教中成长和生存下来的。现在,对我们来说,要放弃我们的信仰是不合适的,相反,在考虑到二十一世纪即将到来的新的诱惑的情况下,我们应当谨慎地、纯洁地运用信仰。②

他批评媒体上世俗的、反教权的力量,因为他们毫不留情地攻击获得新生的东正教;他颇具讽刺意味地暗示道,在需要勇气公开表达看法的那个"无声的年代",媒体的声音却明显地沉默着:"那些躲过无声年代红蹄践踏的人,现在却在倡导公开性的俄罗斯,嘲笑东正教信仰以及其中的每一项不够完美的仪式,对千千万万被这红蹄践踏过的殉道者毫无尊重。基督教在俄罗斯千年历史之断绝是多么令人悲伤啊。"③

在这章的结尾处,索尔仁尼琴再次明确表示,"在这些动荡的年代中",正是他的东正教信仰彰显了那源自信仰的希望之泉:

---

① 同上。
② 同上。
③ 同上。

对于今天这个遭到破坏和摧残、昏聩不堪且极易滋生腐败的俄罗斯，显而易见的是：没有东正教信仰在灵性上的保护，我们将不会得到复兴。如果我们不是一群无理性的畜生，那么，为了我们的统一，我们需要一个崇高的基础。我们俄罗斯人必须带着极大的热情和恒心抓住东正教信仰的灵性禀赋，因为它是我们所剩下的最后的一个禀赋，而且还是一个我们已经开始丧失的禀赋。

正是东正教的信仰，而不是帝国的权力，创造了俄罗斯的文化模式。正是保存在我们的心灵、传统和行为中的东正教，让那种超越一切种族独特性、将俄罗斯人统一起来的灵性意义获得了巩固。而且，即使是我们在即将到来的这个世纪中失去了人口、领土，甚至是政权，我们仍然拥有这个唯一不朽的东西——东正教信仰以及由它得出的对实在的高贵认识。①

索尔仁尼琴的东正教信仰使他在一九九九年的巴尔干危机中同情塞尔维亚，他再次证明了：即使他已经是一位八十多岁的老人，他也没有失去引起争议、挑起西方愤怒的能力。一九九九年四月八日，他抨击北约的科索沃政策，指出它公然漠视联合国，将联合国宪章"践踏于脚下"，"在未来的一个世纪中，北约已经在世界面前宣告了一条古老的法则，即丛林法则，最强大的总是正确的。只要你的高科技允许这条法则，那么，你就在暴力上百倍于你所谴责的敌人。"②两个月后，他又批评北约轰炸南斯拉夫，并且指出他没有看出"北约的行为和希特勒的行为之间的区别"，还补充道，"虽然他不知道如何才能解决南斯拉夫问题，但是，他对一个欧洲国家在三个月之内在全世界面前被完全摧毁感到遗憾。"③

当南斯拉夫的冲突使二十世纪的恐怖事件拉上了它浸透着鲜血的帷幕时，当世界在新千年即将到来之际胆怯地期望着一个布满怀疑的未来时，有迹象表明，索尔仁尼琴遭受冷落的状态正在解除，这位流亡

---

① 同上。
② 塔斯社，1999 年 4 月 8 日。
③ 路透社（美国），1999 年 6 月 3 日。

的先知终于在祖国受到了欢迎。二〇〇〇年九月二十日,他会见了俄罗斯总统弗拉基米尔·普京,后者正在煞费苦心地证明他已经获得了索尔仁尼琴对他的政府政策的支持。二〇〇一年八月,普京在他的教育改革政策公布之前,宣布已经将相关文件送交给"国家各界著名的、受人尊重的人物——包括亚历山大·索尔仁尼琴——审阅了"。[①] 这一点与政治局时代截然不同。四年前的一九九七年五月,索尔仁尼琴被选为俄罗斯科学研究院院士,这与他在一九六九年被从作家协会中开除出去的时代也大相径庭。

尽管权力中心的那些人在讨好他,但是,索尔仁尼琴仍然保留着自己公开批判政府的权利。正像 C. S. 路易斯的《纳尼亚传奇》中的阿斯兰这个角色一样,索尔仁尼琴并不是一头驯服的狮子。实际上,他对赞美他的那些人毫不领情。二〇〇〇年十二月十四日,他罕见地公开露面了,在莫斯科的法国大使馆接受了一个人文学科的奖项,并利用这个机会批评后共产主义时代俄罗斯的政策。在他的领奖演说以及随后的新闻发布会上,他发表了被《莫斯科时报》称为"是对鲍里斯·叶利钦十年执政生涯毁灭性批判"的言论。连普京也没能逃过他的激烈批判:他批评总统"犯了一系列的政治错误",其中最主要的是普京最近的一项决定,即让俄罗斯国歌重新采用苏联国歌旋律。[②]

二〇〇一年二月二十一日,索尔仁尼琴再次进入政治争论。在俄罗斯国家杜马讨论土地改革问题的会议开幕前夕,他公开批判土地的买卖。"土地应当被私有,但只能是农民的财产,而不是其他任何人的财产,不是掠夺者或地主的财产",他如此对记者说。不应该公开拍卖土地——公开拍卖土地必然会导致土地流入到在外的地主投机商的手中——而是应当做出安排,使农民获得低息贷款,从而使他们能够购买自己的土地。他还认为,应当无偿地把土地返还给那些在苏联时代被剥夺了土地并被流放的人们的后代。[③] 他的观点和他在过去数年

---

① 《真理报》,2001 年 8 月 29 日。

② 《莫斯科时报》,2000 年 12 月 14 日。

③ 《真理报》,2001 年 2 月 21 日。

中曾经表达过的观点——即从一九七三年的《致苏联领导人的一封信》，到一九九〇年的《重建俄罗斯》——都是一致的，这表明他是平均地权论政治传统的一个组成部分，在西方，这一传统包括切斯特顿和贝洛克在一九二〇年代以及舒马赫在一九七〇年代所提出的土地政策。

两个月后，在四月二十五日，他公开反抗由国家控制的俄罗斯天燃气传媒公司接管独立电视台遍布全国的电视网络。在谴责国家控制媒体所固有的危险时，他还批评了俄罗斯的电视台，因为它"对人民的真正境遇基本是冷漠的，甚至有时持嘲笑的态度"。此外，他还指出，独立的媒体之有效用，唯有在它"不从国外获取资金的情况下拥有内在的和国内的治理"之际。① 四天后，他呼吁俄罗斯政府恢复死刑，使之成为对抗恐怖主义的手段。他说："有时，为了拯救民族与国家，死刑是有必要的。在俄罗斯，当前的情况正是这样。"车臣的麻烦仍然是"俄罗斯历史上未完成的一个章节，也是一个严峻的政治问题。因此，恐怖主义的浪潮正在这个国家中兴起……欧洲那些要求我们废除死刑的人并不了解俄罗斯正在经历的这种考验。"②

和以往一样，索尔仁尼琴的直率既使他获得了朋友，也为他树立了许多敌人。属于朋友的有美国政治哲学家丹尼尔·J.马奥尼，他的著作《亚历山大·索尔仁尼琴：超越意识形态》出版于二〇〇一年。马奥尼认为，索尔仁尼琴对当代政治文化的最大贡献在于他呼吁当代人和当代思想界抛弃乌托邦假说的束缚，从而超越意识形态，获得关于基督教实在概念的超验真理。具有讽刺意义的是，索尔仁尼琴的最大贡献也正是为他招致诸多敌意的原因。"当代的知识分子和记者们不能容忍掩藏在当代自由下的启蒙或进步主义的假说受到任何真正的挑战"，马奥尼强调道。③

---

① 《真理报》，2001 年 4 月 26 日。

② 《真理报》，2001 年 4 月 29 日。

③ 丹尼尔·J.马奥尼（Daniel J. Mahoney）：《亚历山大·索尔仁尼琴：超越意识形态》（*Aleksandr Solzhenitsyn: The Ascent from Ideology*, Oxford: Rowman & Littlefield Publishers, Inc., 2001），第 120 页。

属于敌人的有小说家、前苏联时代的持不同政见者弗拉基米尔·沃伊诺维奇，二○○二年七月，他出版了一本名为《以一个神话人物为背景的肖像》的书，对围绕着索尔仁尼琴所展开的"个人崇拜"提出了批评。如果马奥尼的作品着重突出的是对意识形态的超越，那么，沃伊诺维奇的书似乎则是下降到个人私事。在莫斯科的新书发布会上，沃伊诺维奇这样告诉记者们："我不是反对索尔仁尼琴，而是在反对一个不可触及的人，反对个人崇拜。作为一个作家，他并不算糟糕，有时甚至还是很出色的，但是，关于他的伟大、天才、预见能力和道德纯洁性的看法，在某种程度上则是子虚乌有的。"①鉴于索尔仁尼琴的许多批判者继续坚持认为他在当代俄罗斯是"过时的"和"已被遗忘的"，沃伊诺维奇的一曲哀歌当然是很引人注目的事情。在这本书中，沃伊诺维奇回忆了一九六○年代他同索尔仁尼琴的第一次见面。"我们都很喜欢他的写作方式、行动方式和说话方式。比如，他说，一个作家应当生活谨慎、穿着简朴，应当乘普通列车旅行。"②

　　如果沃伊诺维奇的著作的大部分内容——尤其是对他逐渐意识到索尔仁尼琴迅速取得名人地位的详细描述——只是由来已久的妒忌心的产物，那么，他对索尔仁尼琴的政治思想的批判至少有效表达出真正的政治分歧。沃伊诺维奇写道："索尔仁尼琴在他复兴俄罗斯的计划中将国家的安全利益置于个人权利之上。"他对索尔仁尼琴同总统普京的会面表示不满，还提醒读者们注意，这位俄罗斯总统是一位前克格勃的密探，他还反对索尔仁尼琴强烈的民族主义立场，尤其是他对俄罗斯镇压车臣叛乱战争的捍卫。③

　　随着索尔仁尼琴关于俄罗斯犹太人的两卷本历史著作《两百年同行》在二○○一年和二○○三年的相继出版，索尔仁尼琴又树立了新的敌人。《波士顿环球报》的一位专栏作家凯西·扬对此做出了激烈的反

---

　　①　《CDI 俄罗斯周刊》(213)，2002 年 7 月 4 日，http://www.cdr.org/russia/213 - 4 - pr.cfm(2005 年 8 月 1 日访问)。

　　②　同上。

　　③　同上。

应,谴责了他的反犹主义。① 其他的人——无论是俄罗斯人还是西方人——也都附和着她的焦虑。俄罗斯犹太人事务委员会主席叶甫盖尼·萨特诺夫斯基对这本书表示不满,但是,他却安慰性地回应道:"这是一个错误,但是,即使是天才也会犯错误。理查德·瓦格纳不喜欢犹太人,但却是一个伟大的作曲家。陀思妥耶夫斯基是一位伟大的俄罗斯作家,但也对犹太人持一种怀疑的态度。"②然而,索尔仁尼琴也并非没有辩护者。针对凯西·扬对索尔仁尼琴作品所做的"极其不诚实的描述",丹尼尔·J. 马奥尼给予了回应:

她的专栏读者永远也不会知道,索尔仁尼琴对俄罗斯旧政权下犹太人受到的"可耻限制"的谴责,他对俄罗斯政权作出批评,因为这个政权在预想和回应残酷的反犹太人的大屠杀活动时采取了"不可原谅的不作为"政策,他对彼得·司托雷平结束犹太人无权地位的成就表达钦佩,还有他对俄罗斯内战期间的白军作出批判,因为他们不可原谅地容忍在他们控制的领土上进行反犹暴行和宣传。

任何一个读者都不会知道索尔仁尼琴有原则地驳斥法西斯主义及其所作所为的一切事情,不会有人知道他在《两百年同行》第二十一章就苏维埃领土上所发起的针对犹太人的大屠杀运动所给出的感人的、清醒的讨论。不会有人知道索尔仁尼琴对 D. O. 林斯基、约瑟夫·别克曼、迈克尔·海勒、米哈伊尔·奥古尔斯基、亚历山大·金斯堡和多拉·史度曼等等这些犹太人的赞叹,也不会知道他对犹太人在一九六〇年代和一九七〇年代反共产主义抵抗斗争中所发挥的"重大"作用的突出强调。③

---

① 凯西·扬(Cathy Young):《传统的偏见:亚历山大·索尔仁尼琴的反犹主义》(Traditional Prejudices:The Anti-Semitism of Alexander Solzhenitsyn),载《原因》(Reason),2004 年 5 月,http://www. reason. com.

② 《卫报》,2003 年 1 月 25 日。

③ 《理由》,2004 年 8 月和 9 月,http://www. reason. com.

理查德·派普斯在为《新共和报》所写的《两百年同行》的书评中着重指出，索尔仁尼琴"有意识地努力对双方都表示出同情，呼吁犹太人和俄罗斯人'表现出有耐心的相互理解和对他们共同罪恶的认识'——最大的罪恶是一九一七年革命，它给俄罗斯带来了诉说不尽的灾难"。①派普斯还提到，他觉得这本书是索尔仁尼琴试图使自己摆脱"反犹主义名声"的一个尝试，还说他已经成功地做到了这一点，并以此结束了自己的这篇书评。

围绕着这本书在俄罗斯的出版所引起的激烈争论，索尔仁尼琴被迫在二〇〇二年十二月罕见地为此召开了一次新闻发布会，用以澄清他写作这本书的动机。他强调指出，他写作此书是受这样一个愿望的驱使：俄罗斯人要诚实地面对斯大林主义者和革命者对犹太人的大屠杀，犹太人也要诚实地面对这个事实：他们应当憎恨他们自己在苏联大清洗运动中所扮演的角色，就像他们正义地憎恨他们在苏联统治下遭受的迫害一样。"我的书的目的是要写出犹太人的思想、感情和心理状态，即他们的灵性构成"，他告诉莫斯科的记者。"我从来不会对一个民族做出一种泛泛而论。我总是将犹太人的阶层予以区分。一个阶层奋不顾身地冲向了革命。相反，另一个阶层则尽力地置身事外。"②

在围绕着他的新书的争论持续升温的时候，人们再一次回忆起他所引起的上一次争端。二〇〇三年五月，哈佛大学召开会议纪念索尔仁尼琴的毕业典礼演说发表二十五周年。一九七八年，索尔仁尼琴曾经批判西方的物质主义、消费主义和享乐主义，坚决认为它不会给出一条取代共产主义的道路。二十五年后，《国家评论》的主编杰伊·诺德林格认为他的话"比任何时候都更加切合时代的需要"。同索尔仁尼琴的儿子伊格纳特和斯捷潘一起，诺德林格也是这次二十五周年纪念大会的发言人之一，他称那次哈佛演说是"当代历史上最有争议的、最受诟病的演说之一。我承认，当我重温这篇演说时，我为它的正确性感到惊讶……我不停地在空白处写着'正确'、'如此正确'、'完

---

① 《新共和报》，2002 年 11 月 25 日。

② 《卫报》，2003 年 1 月 25 日。

全正确'"。①

二〇〇三年底,索尔仁尼琴和他的家人接受邀请,拍摄一部关于他的生活与工作的纪录片。② 在临近八十五岁寿辰之际,这位年迈的作家以一种充满洞察力的平静态度回答问题,这种态度是他加诸自身的幽居生活所结出的硕果。他评论道:"这座城市使我感到疲惫。我厌恶它的单调、无休止的拜访和电话。我渴望一个隐蔽的地方……在我流亡之前,我就曾设法这样明智地生活了一段时间,随后是在佛蒙特州,现在是在这里。"他谈到了他关于俄罗斯命运与东正教交织在一起的信念和观点。"信仰东正教的人民坚定地相信,上帝牢记着他为俄罗斯规划的特定目的。但是,我们千万不能认为上帝会实现这个计划——如果存在着某个神圣的计划的话。我们有自己的自由意志,我们会误解这个计划,偏离它。在过去的那些世纪中,我们已经犯过许多的错误。"

在被问到他为什么在俄罗斯的东正教信仰中教育自己的孩子时,他饶有兴趣地谈起了基督教在他的生活和他家人的生活中的重要意义:"一个孩子出生了,这意味着,上帝将一个你应当培育的灵魂送到了你的手上。你怎么能让这个灵魂躲避上帝、偷走它呢?"

他对当代俄罗斯年青人的命运充满忧虑,抱怨说他们"生活在诸多诱惑中","社会达尔文主义的信条是这样的:适者生存,追求成功,积累财富,向前进! 这是一个最糟糕的诱惑,它控制住了年青人,并摧毁了他们。"对抗这种自我毁弃的方法就是自我限制;一个人"应当锤炼自己,尝试让自己身处道德界线内,改进自己"。

在转到艺术的话题时,他坚持认为,在理解自然或超自然,理解艺术创造力方面,基督教处于中心地位:

> 艺术家常常是根据"流派"来划分的,但是,在将这些区别与信
> 徒和非信徒间的区别加以比较时,这些就都不是根本性的区别

---

① 《国家评论》,2003 年 6 月 6 日,http://www.nationalreview.com.

② 由"爱兰德工作室"(Island Studios)制作和俄罗斯电视频道播出的这部纪录片的文字稿是叶尔莫莱·索尔仁尼琴为作者翻译的。本章以下所有引文都引自这个文字稿。

了……非信徒不理会至高意志的约束，也没有人约束他们。他们说："我不相信上帝，我是宇宙的创造者；我会写一部小说，我是创造世界的造物主。"他们高傲又虚荣，这样的艺术家终究会失败；他们不能升到高处。一个信仰上帝并且意识到存在着某种更高力量的艺术家，则会自然地表现得像上帝的门徒一样。

这个采访不可避免地回顾了索尔仁尼琴多有劫难的生命经历。阿莉娅·索尔仁尼琴回忆了她第一次听到丈夫被授予诺贝尔文学奖消息时的心情：

> 无论是在那之前，还是在那以后，我都没有同时感受到两种感情，两种同样强烈的感情，两种同样使我如此激动的感情。一种是为他和我们所有人绝对的喜悦的感情、胜利的感情，因为按照他们的措词，这个奖项是颁给他的"伊凡·杰尼索维奇"的。这是我们所有人的一个胜利，是俄罗斯和"伊凡·杰尼索维奇"的胜利。另一方面，我感到绝望……我正怀着我们的第一个儿子叶尔莫莱，而在我看来，亚历山大·伊撒耶维奇毫无疑问要去参加领奖仪式。那时我觉得，他一定要这样做，他没有别的选择。显然他会去参加那个仪式，同样显然的是，他们将不会让他返回俄罗斯。这意味着我们要永远地分开了。

索尔仁尼琴被问到他与安德烈·萨哈罗夫的关系。"有两个大人物——您和萨哈罗夫——挑战过这个国家。你们之间的分歧是什么？"索尔仁尼琴的回答和以前一样直率、有说服力，但口气却很温和。他"不同意"萨哈罗夫一九七八年出版的《关于进步与和平共处的想法》一书的观点，他解释说，"关于共产主义政权，它显得太过于谨慎了"。

> 他使用的是"斯大林主义"这个词。那时，撇开共产主义制度和它的思想体系而谴责斯大林的一切是很时尚的……然后他说到了"世界政府"。他说，最为明智的是组建一个由将会统治地球的

聪明人所构成的世界政府。这是令人觉得可怕的，因为一些大国的政府甚至不能料理他们自己的庞大国家，以及国内的复杂性。他还说科学应当统治艺术。这是一个怎样的暴政啊——科学告诉艺术要做什么。对他来说，俄罗斯和它的前革命的历史似乎是完全不存在的。他从来都没有提到过它。我要是说起我们的千年历史，他恐怕会惊异地看着我，并说道："这有点民族主义的味道。"我们有差异，但只是善意的差异：我们只是不相同而已。

我没有料到他对我的《致苏联领导人的一封信》——它在我被驱逐出境后得以出版——会有那样的反应。他公开地、快速地通过电话向《纽约时报》口授了他的反对文章。他说，在我的《致苏联领导人的一封信》中，充满着具有未来俄罗斯民族主义危险的情绪。西方的声音表示赞同，在以后的几十年中，他们都继续重复着这一点：索尔仁尼琴的俄罗斯民族主义比共产主义更加危险，是最为危险的事情。他们称我为阿亚图拉·霍梅尼，他们说："他将会无休止地杀戮生命！"他们将这个标签贴在我身上。但是，直至他去世前一年我们最后一次通电话时，我们都还保持着良好的关系。人们应当将爱国主义者和极端的民族主义者区别开来，极端的民族主义者喜欢以战争的方式来支持一个帝国，支持侵犯他国的行径。我从不喜欢帝国情结，即认为一个国家应当在世界上占有支配性的地位，接近于要统治其他国家，就像美国当下所做的那样。美国现在具有了帝国的特征。我反对这一点……它也不会给美国带来什么好处。

考虑到最近围绕着《两百年同行》所引起的争论——这让许多人把"反犹主义"的标签叠加在他的"民族主义"标签上——索尔仁尼琴不遗余力地为他写作这本书的决定做辩护。他提醒他的采访者："几乎每一位作家都写过关于犹太人和俄罗斯人的作品"，并列举了俄罗斯作家的观点来阐明他的这一看法：普希金、莱蒙托夫、果戈理、屠格涅夫、涅克拉索夫、萨尔蒂科夫·谢德林、高尔基。他只是在延续着一个高尚的文学传统。这本书本身是他为他的史诗《红轮》做研究的过程中积累的

"巨大历史资料"的成果。在他的《红轮》系列中,他没有利用这些关于俄罗斯社会中的犹太人的资料,因此他决定就这个主题专门写作一卷作品。最初是打算写一卷的,但是,这本书却慢慢地变成了两卷。"它是一本畅销书,每一个人都会不断地阅读它。"它已经收到了"极为不同的反应"。许多人"怀着极大的兴趣"阅读它,感谢他写了这本书;"另一些人,也就是所谓的俄罗斯民族主义者……责备我不批评犹太人的宗教"。至于读了这本书的犹太人所作出的反应,他则因他们普遍的积极回应而得到极大的鼓舞:"我也收到大量的犹太人的来信,其中有著名的犹太学者,也有犹太的高级知识分子。他们非常善解人意。他们欣赏我的著作的客观立场、它的叙述语气。他们接受了它。"然而,还是有"极少数的犹太人"拒绝接受这本书。"他们怀有敌意",并写了"一些充满恶意的评论"。

谈到后共产主义俄罗斯的当代政治这个话题时,索尔仁尼琴为前共产主义者们没有忏悔感到遗憾。"忏悔是俄罗斯民族的一个特征,它是在东正教中发展起来的。"对于个人来说,"为一些事情感到懊悔,觉得需要悔改",这是很有必要的。

> 对于所有的人民来说,这种忏悔应当是他们的主要特征。我认为,在离开布尔什维克主义时,一些说谎者和刑讯者应当忏悔,至少他们中的一部分人应当如此。但没有一个人这样做。他们只是扔掉或掩藏起他们的党员证,改宗其他信仰,就这样开始了一个免受惩罚的新世纪。现在,他们属于一个这样的政治阶级:清楚地知道正在发生着什么事情,也知道正在发生着多么不道德的事情。他们对此无动于衷。我只看到党派斗争。

在纪录片将近结束时,索尔仁尼琴的大儿子叶尔莫莱指出他的父亲"清楚地意识到了他的生命的结束","这并不意味着他觉得他将会死亡;这仅仅是一种客观的意识。他很快就到八十五岁了。我有这样一种印象:在最近的几年中,他的精神境界、他的思考范围都在逐渐地增长着,他已经获得了最为深刻的洞见。"

第二十二章　悲观主义的乐观派

　　二〇〇四年十一月，索尔仁尼琴获得了塞尔维亚东正教会的最高奖项圣萨瓦一等勋章。在塞尔维亚牧首帕夫莱的祝福下，黑山的阿姆费罗希都主教来到莫斯科郊外的索尔仁尼琴住处，亲自向他颁发了这个奖项。在对索尔仁尼琴的评价中，阿姆费罗希都主教指出，这个奖项表达了教会和塞尔维亚人民对这位俄罗斯作家最深的尊敬，因为他"将真理、悔改和宁静看作是唯一的救赎之路"。① 索尔仁尼琴对阿姆费罗希都主教表示感谢，他强调说，他把这项荣誉的授予看作"可见的标志，表明源于同样灵性根源的俄罗斯东正教会和塞尔维亚东正教会长期以来所共享的灵性"。他补充道，俄罗斯教会和塞尔维亚教会的"同源性"是"我们两国人民互爱的源头"。在回顾一九九九年春天的塞尔维亚轰炸时，他对阿姆费罗希都主教说，当时他是"全身心"地和塞尔维亚人民站在一起的，和他们一同经历着恐惧与哀痛。"我们两国人民一同经历了困难的挑战和灵性混乱的时代，这就是为什么，承受和保护我们的灵性是重要的"，他总结道。

　　二〇〇五年四月，在教宗约翰·保罗二世逝世后，索尔仁尼琴发表了一篇由他本人写的悼词："教宗约翰·保罗二世是一个伟大的人。在众多的罗马教宗中，他是非常引人注目的。他影响了世界历史的进程，

---

　　① 塞尔维亚东正教会资讯服务，http://www.spc.rs/Vesti-2004/11/18-11-04-e.html♯ale(2010年12月31日访问)。

他不知疲倦地在全世界进行教务访问,把基督宗教的温暖带给所有的人。"①两个月后,在近乎三年来他所接受的首次受访中——这次采访在俄罗斯的第二频道播出了——他用已故教宗能够完全赞同的那些术语谈起了民主制的本质。在谈到基层民主制的必要性时,索尔仁尼琴重复了约翰·保罗二世发表于一九九一年的《百年通谕》所采用的推理思路,还重述了他本人此前发表于一九九〇年的作品《重建俄罗斯》中所探讨过的观点。索尔仁尼琴在强调指出"我们在这个国家中还没有民主制"后,将真正的基层民主和被国家强行实施的伪民主加以区别。"民主不能从上面强行实施……它不是像扣帽子一样地扣在社会上。民主只能从基层自下而上地生长起来——就像一切生长的东西一样,像植物一样。首先,必须有小规模的民主、地方自治政府,所有的这一切都是民主的开端。只有在这之后,民主才能开始发展。"②

为了阐明他的观点,他给出了一些实际的例子,把瑞士的民主模式看作是一个国家应当模仿的榜样,在这个国家中,个人投票的权力和全民公投的使用都"非常顺畅地、有效地运行着"。法国就提议中的欧洲宪法进行全民公投的例子也使他受到鼓励。"他们的政治阶层一直在设计这部宪法,对它非常有信心,但是,人民却对此说不。他们投票否决,而这就是事情的结局。这是人民的意愿,这是一个完美的结果。"在对欧盟宪法的挫败表示喜悦之余,他抱怨说俄罗斯没有进行类似的全民公投来决定重大的民族问题。

> 在我们国家,全民公投是非常必要的。但是,杜马设置了如此多的障碍和限制,以至于根本不可能举行全民公投,这实际上是取缔了全民公投……关于国家问题的全民公投仍然是可能的。那么,他们为什么要在此阻碍投票活动呢?这是因为他们害怕人民的意见,而不是因为组织全民公决是困难的。他们只是害怕听到

---

① 叶尔莫莱·索尔仁尼琴所提供的翻译。
② 对亚历山大·索尔仁尼琴的采访,俄罗斯第二频道,2005年6月。

人民的不容置疑的意见。①

　　这位八十七岁的老人仍然被认为拥有权威的声音，这一点可以从国际媒体对这次电视采访的回应来衡量。在俄罗斯新闻社发布的新闻中，大字标题是"作家索尔仁尼琴批评俄罗斯的政治制度和美国政策"；在澳大利亚的《悉尼先驱晨报》上，大字标题是"索尔仁尼琴说，俄罗斯发起人民起义的时机已经成熟"；在伦敦的《泰晤士报》杂志上，大字标题则是"俄罗斯现在适合进行自由革命"。

　　七月，据报道，索尔仁尼琴全集将首次用俄语出版。时代出版社为了满足人们对"这个曾经遭受禁止和流放的作家"的巨大兴趣，决定承担起这项三十卷的工程。时代出版社的主编鲍里斯·帕斯捷尔纳克强调指出了索尔仁尼琴的不朽意义和现实性："俄罗斯正在经历它的历史上的一个决定性的时期，那些寻找路标的人在索尔仁尼琴的著作中找到了。"②

　　二〇〇六年一月，画着索尔仁尼琴留有胡子的亲切面容的宣传板出现在整个莫斯科，以此来宣传由他的小说《第一圈》改编的、即将在国家电视台播放的电视剧。在他慈父般的面容注视着莫斯科的大街时，这张清醒睿智的面庞似乎终于取代了那些无所不在的老大哥肖像，列宁、斯大林、赫鲁晓夫、勃列日涅夫、安德罗波夫、普京等人的画像终于为古拉格无法制服的幸存者让路了。

　　《第一圈》在一月二十九日演播，共播放了十个晚上。第一集是整个国家中收视率最高的节目，稍胜《终结者3》阿诺得·施瓦辛格一筹。有一千五百万观众看完了全部十集，一共是七个半小时的观看时间，放映的过程中没有穿插商业广告。现年已经八十七岁的索尔仁尼琴亲自出任这部剧作的编剧，并为全剧配诵了画外音。他还担任摄影顾问，建议全体工作人员如何营造古拉格幽闭恐怖的氛围。他对结果很满意，尤其是主演对涅尔仁这个人物的把握更是让他满意。这部电视剧的导

---

① 同上。
② 《华盛顿时报》，2005年7月31日。

演格列布·潘菲洛夫透露说,索尔仁尼琴观看剪辑的样片时眼含泪水。① 在最后一集放映完之后,是一个就此电视剧进行的圆桌讨论实况,有以下人物的特写:著名演员叶甫盖尼·米罗诺夫,俄罗斯前驻美大使弗拉基米尔·鲁金,物理学教授谢尔盖·卡皮斯萨,最后一位但却是最重要的一位是阿莉娅·索尔仁尼琴。

这部电视剧的重要意义没有逃过史蒂芬·李·迈尔斯的眼睛,他在《纽约时报》上发表了评论文章。他认为索尔仁尼琴正处在"极其有影响力的职业生涯的前夕",他写道:"索尔仁尼琴已被称作这个民族的良知,但是,自从苏联解体以来,他的声誉却和俄罗斯自身一样喧闹不休地起起伏伏。《第一圈》再一次使他处在民族的舞台上,它拥有一个巨大的观众群——在他四十年前偷偷地将这本书送出苏联时,这样巨大的观众群对他来说是不可想象的。"②

在阅读这一关于索尔仁尼琴的重要作用的评价时,我想起了大约八年前我本人对他的采访。当时,他幽默地说,他虽然已经八十岁了,但却没有时间退休。如果这之间有什么区别的话,那就是他似乎是越来越强大了。回忆起我和他在一起时的时光,我想起了我们的访谈结束之际的那个时刻。对我的接见快要结束了,但是,也许还有时间问最后一个问题。我问道,索尔仁尼琴希望以什么样的方式被后代记住。"这是一个复杂的问题",他回答道,在开始说话之前停了一会。

我希望,那些关于我的谎言、诽谤在几十年的时间中会像污泥一样变干,然后抖落掉。不可思议的是,关于我有着如此多的莫名其妙的话,这类话在西方比在苏联还要多。在苏联,它是单方向的宣传,每一个人都知道,就是共产主义的宣传。但是,在西方,每一个人都能撒谎,有人在一篇小文章中说些什么,就有三十个人开始复制它。模仿是一种时尚。③

---

① 《纽约时报》,2006年2月9日。
② 同上。
③ 作者对索尔仁尼琴的采访。

他对媒体歪曲事实的指责并不是第一次。多年以来,索尔仁尼琴一直都在痛苦地呼吁着客观和公正。我曾经好几次读到过他所说的类似的话,在干巴巴的书页间,它们听起来是严厉的,也许甚至是尖刻的。然而,现在当他隔着桌子将这些话亲口说给我听时,则有着温和的面容,还有着不时发出的微笑,而且,他的微笑常常还会变成大笑。他对媒体的这一指责确实理由充分,而且毫无疑问还是真诚的,但是,他受到的被污辱感却被平和的心态缓和了。他是幸福的,显然处在安宁中,对这些谎言不屑一顾。

"但是,您仍然在微笑?"我问。

"当然,我对这一切漠然处之,因为我总是忙于我的工作,我不听他们说的话,也不读他们写的东西。但是,当您问'在我死后'时,在那个时候,我将不能为自己辩护,因此我希望那些指责会像变干的污泥一样自动抖落。"[1]

当我们的访谈结束时,阿莉娅开始用不流利的英语同我讲话。她带着明显的喜悦之情告诉我,她丈夫又开始写散文诗了,而在流亡的那些年中,他一直都无法写作这种东西。她暗示道,这些诗是他再一次能够与生活和平相处的证据。有的诗作是直接来自他们花园中的事物所给予的灵感,比如一场暴风雨,他将它当作人类各种行为的寓言式的启发。索尔仁尼琴终于回到了祖国,不仅在身体上,而且还在艺术上,他回到了祖国。

迈克尔·尼科尔森在阅读这些散文诗时,特别惊讶于其中两首诗中写到的与钟及钟楼联系在一起的比喻,认为它们用得特别能引起共鸣。

在其"灵性乐观主义"中,最有代表性的作品是《钟》,在这首诗中,他刻画了一个高高地耸立在伏尔加河波涛中的孤寂的钟楼。被洪水淹没了一半的卡里阿赞镇犹如一座鬼城,居住着被欺骗、被遗弃的灵魂。虽然卡里阿赞暗示了整个国家的忧伤境况,但钟楼

---

[1] 同上。

依然站在那里："我们希望，我们祈祷，不，主不会允许所有的俄罗斯人都被淹没在波涛之下。"这和索尔仁尼琴此前小说中的家、教会、钟楼之间的联系是不需要进一步详细说明的。①

尼科尔森将这些诗作中的灵性乐观主义和他认为索尔仁尼琴对未来所持的潜隐的悲观主义加以对比：

> 现在回到了俄罗斯，他发现，自由的污水已经充塞了曾被共产主义占据的空间，或者，用他的另一个比喻来说，邪恶的王子仍然在向塞格登湖念着魔咒，那些依然陷入在他的阴影中的人们，不能得到具有救治力的澄明湖水。至于索尔仁尼琴，他觉得自己听到了一个响彻在世世代代俄罗斯历史中的警钟声，但是，在他的暮年中他却与这样一种恐惧抗争着：也许，他的呼吁是徒劳无用的。②

将悲观主义和乐观主义的这一结合理解为一个悖论，而不是一个矛盾，这对于研究索尔仁尼琴的生活与工作来说是至关重要的。

在即将与他告别之时，我问索尔仁尼琴，是否还有其他特别重要的、他希望我在这本传记的写作计划中要写到的事情。他回答道："这是一个出乎意料的问题。我需要认真地考虑考虑。"最后，他表达了这样的一个愿望：要驳斥一下人们对他的悲观主义的指责。

> 我必须告诉你，正相反，我本质上是一个根深蒂固的乐观主义者。我一直都是一个乐观主义者。当我快要死于癌症时，我是一个乐观主义者。当我被流放到国外时，没有人相信我会回来，但是，我深信，我会回来。因此，不，并不是充满黑暗和阴郁的，总是还存在着一线光明。但是，当然（他咧嘴一笑补充说），如果没有足

---

① 尼科尔森：《索尔仁尼琴，流亡和守护》，未发表的手稿。
② 同上。

够的乐观主义是活不到八十岁的！①

　　索尔仁尼琴是一个人格化的悖论：是一个悲观主义的乐观主义者。他的悲观主义源于令人毛骨悚然的领悟：人类历史也许不过是在流放之地的漫长溃败。然而，这个溃败虽则漫长，但还是植根于时间中的，是时间性的，因此是暂时的。索尔仁尼琴知道，他在时间中的流亡，就像他在西方的流亡一样，最终必然会终结。也许，只有在那时，他的命运的完满性才得以揭示。眼下，索尔仁尼琴是一个暂时的悲观主义者，但是，他也是，而且仍然是，一个永恒的乐观主义者。

---

　　① 作者对索尔仁尼琴的采访。

第二十三章 不惧死亡

·

在由《第一圈》改编的电视剧获得巨大成功后，据报道，该小说的"未删节"版很快就要首次翻译成英文了。虽然完整版已经在俄罗斯出版一段时间了，但是，自从一九六八年出版后，它唯一的一个英文版本却是一个删节版，它是索尔仁尼琴曾幻想它会被苏维埃检查机关通过而"淡化处理"过的一个版本。直到二〇〇五年，九十六章的完整版才终于被翻译出来，这是译者哈利·威利茨去世前不久才完成的一部译著。几篇新章节在二〇〇六年秋才在由爱德华·E.小艾里克逊和丹尼尔·J.马奥尼编辑的《索尔仁尼琴读本——一些新的和重要的作品（一九四七至二〇〇五）》中初次出版，但是，这部小说的英译完整版直到二〇〇九年才问世。

二〇〇六年四月，索尔仁尼琴再次成了世界的头条关注，这次是因为他对北约的批判。BBC新闻网站的头条是"索尔仁尼琴对北约的阴谋发出警告"；法新社驻莫斯科记者写道："索尔仁尼琴指责北约密谋对抗俄罗斯。"《真理报》的英文网站宣扬道："诺贝尔奖获得者亚历山大·索尔仁尼琴指责美国、北约包围俄罗斯。"①毫无疑问，索尔仁尼琴对北约扩张的激烈批判是引起世界媒体强烈兴趣的关键点，但是，这种新闻

---

① 这些新闻分别发表在 2006 年 4 月 28 日的英国广播公司新闻网站 http://www.bbc.co.uk/news/uk/；2006 年 4 月 27 日的《国防新闻》网站 http://www.defensenews.com；2006 年 4 月 28 日的《真理报》的英文网站 http://www.english.pravda.ru/。

稿和声明并不能公正地对待他话语中反映出的深度和复杂性。索尔仁尼琴讲这些话时的语境表明他不像那些标题和声明所暗示的那样是一个排外的斯拉夫民族主义者,而是相反,他仍然是一个从传统的基督教视角来看待全球政治问题的敏锐的观察家。

《莫斯科新闻报》主编维塔利·特列季亚科夫在接受采访时给出了这样一个有争议的评论,他将全球政治并入到一个简单化的框架中,在这个框架里,"基督教文明"被认为体现在"北美联盟"、"欧洲联盟"和"东欧(俄罗斯)联盟"中。为了阐明索尔仁尼琴批判之语的根本依据,需要全文引用特列季亚科夫的问题:"举例来说,我相信,如果欧洲大西洋(基督教)文明的三个基本主体——具体说来,就是'北美联盟'、'西欧联盟、和'东欧(俄罗斯)联盟'——不形成一个(有着超国家主体的)战略性的同盟,那么我们的文明迟早都会消亡。您认为欧洲大西洋文明的拯救之道是在哪里呢?"①

索尔仁尼琴从来都是一个清醒、敏锐的思想家,他回答道:"不幸的是,全球的政治进程并没有向着您所勾勒的方向前进",俄罗斯"加入欧洲大西洋同盟……所造成的不是基督教文明的扩展,而是它的衰退"。换句话说,索尔仁尼琴认为美国的外交政策和欧盟的外交政策是全球进一步世俗化的原因。由企业全球化及其政治代言人所构想的世界秩序,不是代表着对基督教文明的保存或增强,而是预示着基督教世界的灭亡。索尔仁尼琴对北约的批判应当在这个背景下来理解,正是这个背景才使他的言论和他对自由世俗主义的批判——从三十年前发表同样引人争议的哈佛演说以来,他一直都对之持批判态度——完全一致。他的言论再一次被媒体误解或者歪曲了,它们的真正意义被奥维尔式的宣传话语埋没了。

被世界媒体忽视的还有索尔仁尼琴支持"基层"民主的基本立场,他批判两党"民主制"的反民主本质,谴责政党制度是一种"集体利己主义"的形式,认为它是寄生性的,"依靠他人生活,以牺牲他人为代价。"

---

① 发表在 2006 年 4 月 28 日的《莫斯科新闻》上,采访稿的英文版发表在 2006 年 5 月 2 日的《莫斯科新闻》的英文网站 http://www. moscownews. com。

索尔仁尼琴提出了一种次级民主制的方式，用来替代这些反民主的大"民主制"，"一种健康的民主制度只能在基层的层面上，从地方团体中一步一步地通过逐级选举发展起来……我相信，从地方政府发育成最高立法议会的民主制度对俄罗斯来说是一种最健康的制度，也是和它的传统精神最为一致的制度。"由于西方的民主制正处在"严重的危机"中，因此，要是让俄罗斯的民主制简单地以西方的民主制为模板，则是愚蠢的。"对我们来说，唯一正确的道路不是复制其他的模板，而是在不背离民主制基本原则的前提下，努力提高人民的物质幸福和道德幸福。"

索尔仁尼琴不仅把辅助原则当作实现真正民主制的方法予以拥护，而且还对东正教会牧首基里尔表达了支持，特别是对于其不受约束的人权不应当侵害宗教自由的坚决主张表示赞同。索尔仁尼琴认为，权利必须受到义务的约束，他重申自我限制是实现自由和繁荣的途径：

> 启蒙时代以来，我们听到所有人都一直在讨论"人权"，这些权利已经在许多国家得到了维护，但却并不总是在道德价值和规则的约束下得到维护的。然而，由于某种原因，还没有人号召我们保护"人类的义务"。甚至对自我限制的号召也被认为是可笑的和荒谬的。然而，只有自我限制、自我否定才能够使所有的冲突获得一个道德的、可靠的解决方法。

特列季亚科夫不是将索尔仁尼琴描绘成"一个自由主义者"，当然也不是把他描绘成"一个社会主义者"，而是称他为"一个保守主义者"，并要求他详细地说明"当代的俄罗斯保守主义"。索尔仁尼琴回答说："保守主义是保存和支持最好的、最合乎人性的、最合理的传统的一种努力，在整个悠久的历史中，这种传统已经使自己获得了证明。"保守主义在当代俄罗斯的兴起是"对一切皆被允许的一种自然回应"，它实质上是"一种复兴"，虽然实际上它只是"复兴的萌芽"。

考虑一下国际媒体报道索尔仁尼琴这次受访时的语气，这也是耐人寻味的。在这次采访中，他明确谴责了排外主义，坚决指出俄罗斯的民族主义和"法西斯主义"或者"纳粹主义"没有什么关系。排外主义

"从来都不是俄罗斯人民固有的一种品质",但种族主义者袭击案例的增长是让人担忧的。应当采取"强硬的"、"有力的"措施,阻止"这些正在威胁着我们社会的野蛮袭击和谋杀",但是,也有必要"认真地研究这些攻击性的态度产生的原因和根源"。这种态度也许是由苏联共产主义制度体系的民族自虐活动所孕育的:"为了其他民族的利益压迫俄罗斯民族,这是列宁的一个重要的、强制性的思想……这一点在斯大林时代又得到了延续,尽管他后来发表了伪善的声明。(就我们当下的宪法来说,"俄罗斯人"这个词在宪法里根本就不存在!)在数十年中,俄罗斯人的意识中已经累积起了怨恨和愤怒的情感。"

尽管在俄罗斯的民族主义和纳粹主义之间有着巨大的差别——它们没有什么共同之处——但"法西斯主义"一词还是"被不确切地、不负责任地当作阻碍俄罗斯统一性和俄罗斯民族意识兴起的一个方便的咒骂语被使用"。① 同年稍后一些时候,在接受奥地利小说家丹尼尔·凯尔曼的采访时——这篇采访发表在法国《费加罗报》上——索尔仁尼琴遗憾地说,西方的许多人把俄罗斯看作"共产主义"的同义词,不能将俄罗斯和苏联区分开来。许多所谓的"左派"不确切地、不负责任地使用法西斯主义一词,许多"右派"则迫不及待地用"共产主义者"或"苏联人"的称号谴责新生俄罗斯造成的威胁。前者沾染着阶级战争的毒气,而后者则带着冷战时期的短视目光;二者都不能理解那个现实,因为他们苍白的词汇妨碍他们的把握能力。索尔仁尼琴与狭隘的沙文主义毫不沾边,但再次成了它的受害者。

二〇〇七年四月,索尔仁尼琴的老朋友和盟友姆斯蒂斯拉夫·罗斯特洛维奇在与癌症进行了长期的搏斗后去世了。他的葬礼在基督复活大教堂举行。一九三一年,这座教堂在斯大林的命令下被炸毁,苏联解体后,一九九〇年代它得以重建。② 因此,它成为俄罗斯从苏维埃世俗原教旨主义灰烬中复活的一个象征或隐喻,仿佛凤凰涅槃一般。在

---

① 发表在 2006 年 4 月 28 日的《莫斯科新闻》上,采访稿的英文版发表在 2006 年 5 月 2 日的《莫斯科新闻》的英文网站 http://www.moscownews.com。
② 《费加罗报》,2006 年 12 月 1 日。

这个石头建筑的复活面前,死者被应允的复活一定显得更有力量。虽然索尔仁尼琴在罗斯特洛维奇死后发表了一个声明,称这是"对我们文化的巨大打击",但是,他却不能亲自参加葬礼,这也加剧了关于他本人健康不佳的传闻。在葬礼快要结束的时候,阿莉娅遵照俄罗斯东正教的习俗,代表家人划了十字,在棺木前鞠躬致意。①

六月五日,俄罗斯总统弗拉基米尔·普京签署了一项为索尔仁尼琴授奖的法令,为他授奖的理由是"他在人道主义活动领域中取得了突出的成就"。这个奖项是由冬宫博物馆馆长米哈伊尔·皮奥多夫斯基和俄罗斯科学院院长尤里·奥西波夫在克里姆林宫的一次记者招待会上公布的。阿莉娅代表丈夫回应获奖的消息,她告诉记者说,索尔仁尼琴认为,这等于对他毕生工作的承认已广为所知:"它使人产生了一种希望,如果这个希望真的可以在生命中实现的话,那么,亚历山大·伊撒耶维奇会很高兴的,这就是他希望我们的国家将会从二十世纪自我毁灭的历史中汲取教训,永远不要再重蹈覆辙。"②正如举行罗斯特洛维奇的葬礼时的情形一样,索尔仁尼琴衰弱的身体不允许他参加六月十二日在克里姆林宫礼堂里举行的盛大的官方颁奖仪式,他的妻子再一次代表他出席了仪式。然而,在同一天稍晚些时候,普京前往索尔仁尼琴的住处,亲自向他颁发了这个奖项,这也是俄罗斯统治精英尊重他的一个标志。根据俄罗斯媒体的报道,两个人详细地讨论了索尔仁尼琴关于当代俄罗斯的政治局势的观点。③

西方的许多人似乎对索尔仁尼琴和普京间表现出的融洽关系感到迷茫和困惑,一些人很快就意识到在索尔仁尼琴和被他们认为是俄罗斯新极权主义者之间存在着一种虚伪的和谐。六月中旬,在莫斯科的颁奖仪式过去几天之后,阿莉娅在伊利诺斯大学举行的国际索尔仁尼琴大会上发表重要讲话时,平息了人们对索尔仁尼琴的这一误解。对于她丈夫来说,当代俄罗斯的许多方面"无论如何都是让他无法同意

---

① 《国际先驱论坛报》,2007 年 4 月 29 日。
② 《莫斯科时报》,2007 年 6 月 6 日,http://www.themoscowtimes.com.
③ 2007 年 7 月 12 日,亚历克斯·科里莫夫给作者和其他人发的邮件。

的",这其中包括:由政党主导的立法机关,缺少实际意义的地方自治政府,继续困扰俄罗斯社会的大肆腐败。特别糟糕的是,索尔仁尼琴对共产主义解体时没有进行"一个净化的过程"感到非常遗憾,"我们没有听到任何一个党政官员的一句忏悔之语"。索尔仁尼琴认为,不进行这种忏悔,俄罗斯人就"丧失了历史净化的根本经验"。①

丹尼尔·马奥尼——《亚历山大·索尔仁尼琴:超越意识形态》的作者,也是《索尔仁尼琴读本》的一个编者——尽可能全面正确地看待普京与索尔仁尼琴的关系,他坚持认为,"假如认为索尔仁尼琴是一位对俄罗斯今日现状不加批判的支持者的话,那么,这是一个极大的错误。"然而,

> [索尔仁尼琴]确实很欣赏普京,因为他对付了最为棘手的政治寡头,抵制了人口危机(正是索尔仁尼琴一九九四年秋在杜马发表的演说中首次警告说,俄罗斯人正处在逐渐灭绝的过程中),恢复了俄罗斯人的自我尊严感(虽然索尔仁尼琴坚决反对将俄罗斯的爱国主义与苏联式的帝国主义加以等同的一切做法)……关键在于[马奥尼总结道],索尔仁尼琴仍然是一个独立自主的人,一个爱国主义者,一个真理的见证者。②

事实上,虽然索尔仁尼琴已经不再遭受从他作为持不同政见者以来一直都在遭受的冷落,但是,在他和普京的讨论中,他所寻求的唯一的东西,仍然是他三十四年前在《致苏联领导人的一封信》中希望苏联政治局所追求的东西。唯一的区别在于,普京洗耳恭听索尔仁尼琴智慧的话语,并亲自和他进行讨论,而共产主义的保守派则试图让他闭嘴。如果普京真的准备听从索尔仁尼琴关于因灵性空虚的文化导致的人口衰减的警告,或者解决腐败问题的要求,或者建立强大的地方民主政府的必要性,或者真正的民族主义和沙文帝国主义的区别,那么,普

---

① 2007年7月22日,索尔仁尼琴大会上的发言人丹尼尔·马奥尼给作者和其他人发的邮件。

② 同上。

京为什么要因为听从而受到批评,而索尔仁尼琴又要因为说出了心声而受到批评呢?

在索尔仁尼琴接受普京颁发的"人道主义"奖时,在西方对此表示愤慨和迷惑之际,A. N. 威尔逊在《每日电讯报》上发表了一篇短评,赞扬索尔仁尼琴的小说《癌病房》是"一部极其优秀的著作"。"亚历山大·索尔仁尼琴是一位完全配得上他的桂冠的诺贝尔奖获得者",在将索尔仁尼琴形容为一个"伟大的人物"之后,威尔逊开始写道。在这篇评论结束时,威尔逊将《癌病房》和金斯利·埃米斯的《现在就要它》及埃德纳·奥布莱恩的《爱的对象》——这两部小说首次出版于一九六八年,正是《癌病房》第一次出版的同一年——进行了对比。尽管威尔逊不想对埃米斯和奥布莱恩表示"不尊重",但是,他还是声称:"与西方这些无足轻重的作家相比,"索尔仁尼琴"似乎使人留下了相当深刻的印象,而且随着时间的流逝,这种印象也愈加深刻"。①

六月二十三日,德国的《明镜》周刊发表一篇对索尔仁尼琴的采访录音。不出所料,接受弗拉基米尔·普京颁发的奖项所引起的争议是被问到的一个重要问题。所提问题以及索尔仁尼琴的回答都不加删节地摘录如下:

《明镜》:十三年前,当您结束流放归来时,您对看到的新俄罗斯感到很失望。您拒绝了戈尔巴乔夫提出的奖项,也拒绝接受叶利钦想颁发给您的奖项。然而,现在您接受了普京颁发给您的国家奖。普京曾任俄联邦安全局情报处领导,而俄联邦安全局情报处的前身即是曾残酷地迫害和谴责过您的克格勃。要如何去理解这一切呢?

索尔仁尼琴:一九九〇年的奖项不是由戈尔巴乔夫提出的,而是由俄罗斯苏维埃社会主义联邦共和国——当时还是苏联的一个部分——的内阁会议提出的。这个奖项是要奖给《古拉格群岛》的。我拒绝了这个提议,因为我不能接受一个奖给用数百万人的

---

① 《每日电讯报》,2001 年 7 月 16 日。

鲜血写就的书的奖项。

　　一九九八年，国家正处在低潮，人民处在悲惨的境遇中，这一年，我出版了《崩溃中的俄罗斯》一书。叶利钦签发命令，要授予我最高级别的国家奖。我回答说，我不能从一个将俄罗斯带到如此可怕境地的政府手中接受奖项。

　　当下这个国家奖不是由总统亲自颁发的，而是由一个顶级的专家团颁发的。提名我获取这个奖项的科学委员会和支持这个想法的文化委员会，包括着这个国家中最受尊重的一些人。总统，作为这个国家的领导人，只是在法定的假日中颁发了这项荣誉。在接受这个奖项时，我表达了这样一个希望：我终生思考和描绘的俄罗斯的苦难经历将会成为我们的一个教训，使我们不要再陷入新的灾难性的崩溃中。

　　弗拉基米尔·普京，是的，他曾是情报服务部门的官员，但是，他不是克格勃的密探，他不是古拉格劳改营的头目。至于在国外进行的情报活动，这在任何国家中都不是一种负面的因素，有时它甚至会获得赞扬。比如，乔治·布什先生并没有因为他曾经是美国中央情报局的前负责人而受到过多的批评。①

　　在被问到俄罗斯人是否从他们的共产主义历史中汲取了教训时，索尔仁尼琴给出了乐观的回答，他谈到了关于二十世纪历史的"大量的出版物和电影"，认为它们是人们"了解最近历史的要求逐渐增长的证据"。他特别高兴地看到国有电视频道最近播出的以瓦尔拉姆·沙拉莫夫——他的《科累马的传说》是一部古拉格文学的经典——的作品为基础改编的连续剧。索尔仁尼琴说，电视剧"呈现出了斯大林集中营可怕的、残酷的真相。它没有遭到淡化处理"。②

　　对于他关于二月革命的文章再版后紧接着进行的"大规模的、热烈的和持久的讨论"，索尔仁尼琴也表达了喜悦之情。"我很高兴看到广

---

①　《明镜》，2007 年 6 月 23 日。
②　同上。

泛的意见,包括那些反对我的意见,因为它们表现了人们理解过去的急切心情,不理解过去,就不可能出现一个有意义的未来。"①

这次采访录的很大一部分都集中于索尔仁尼琴希望俄罗斯发展"地方自治政府"的恒久愿望和他对普京治下权力太过集中的遗憾。他援引自己流亡时期在瑞士和佛蒙特州居住时体验过的基层民主,提出了一些值得俄罗斯借鉴的"高效的地方自治政府"的典范。他还觉得遗憾的是,仍然不存在与普京政府对立的有效的政治反对派,他说:"对于任何一个国家的健康发展来说,反对派都是必需的和令人向往的。"②

在被问到应当如何处理当代俄罗斯的巨大贫富差距时,索尔仁尼琴的回答是,让辅助原则成为经济复兴的核心原则。虽然在叶利钦总统统治时期,大量的财富在经济遭受"掠夺"的过程中被聚集了起来,但是,通过社会主义的方法解决这个问题是不会得到什么好结果的,"改善今天处境的唯一合理的方法是不要追求大的企业——大企业当下的所有者正在尽力地使它们有效地运转着——而是要给予中小企业自由施展的空间。这意味着保护公民和小企业主不受任意的管治和腐败的危害。"③

在讨论俄罗斯与西方关系的冷淡时,索尔仁尼琴对此前十五年历史的分析突显出了他看待时事的敏锐性。在他回到俄罗斯时,他发现,西方"实际上正在被俄罗斯崇拜着"。这种情况的出现"不是由于对西方的真正了解或者是有意识的选择,而是由于对布尔什维克政权及其反西方宣传的自然厌恶"。在"北约残酷地轰炸过塞尔维亚"之后,许多俄罗斯人对西方的积极看法开始减弱了,"坦白地说,俄罗斯社会的各个阶层都被这种轰炸深深地、难以磨灭地震惊了。"在北约试图向前苏联共和国扩大影响力时,情况进一步地恶化了。"西方作为'民主骑士'的认识被失望的信念所取代,人们开始认为,西方政策的核心是经常表现得愤世嫉俗的、自私的实用主义。对于许多俄罗斯人来说,这是一次严重的幻灭,是理想的崩溃。"④

---

① 同上。
② 同上。
③ 同上。
④ 同上。

至于西方，它则"在使人疲惫不堪的冷战结束后享受着自己的胜利"，对戈尔巴乔夫和叶利钦治下俄罗斯的无政府状态袖手旁观。俄罗斯似乎基本上变成了"一个第三世界的国家了，而且还将会永远如此"。结果，俄罗斯作为一股政治力量的重新出现引起了西方的不安，造成了一种"基于昔日害怕心理"的恐慌。西方不能在俄罗斯和苏联之间做出区分，这"太糟糕"了。①

索尔仁尼琴用一种较为平静的语气表达了他对德国文化的欣赏，尤其是在席勒、歌德、谢林的作品中体现出来的德国文化，还有他对"伟大的德国音乐传统"的敬佩，"我不能想象我的生活中没有巴赫、贝多芬和舒伯特。"在他捍卫俄罗斯的东正教会时，他则充满激情，针对那种认为它正在变成"国家宗教"的谴责，他进行了辩驳：

> 正相反，我们应当觉得惊奇的是，我们的教会自从脱离了对共产主义政府的全面屈服，在短短几年中，已经获得了一种相对独立的地位。不要忘了，俄罗斯东正教会在整个二十世纪所遭受的可怕的人类灾难……我们年轻的后苏联的国家正在学着把教会当作一个独立的机构来尊重。比如，俄罗斯东正教会的"社会教导"比政府的计划要更为深入。教会立场的杰出阐释者牧首基里尔近来一再地呼吁进行税制改革。他的观点和政府的观点截然不同，然而，他在全国的电视节目中公开地宣传它们……而对于历史，我们的教会则日夜不休地为莫斯科附近的布托沃、索洛维茨岛以及其他大规模墓地中那些在共产主义大屠杀中的遇难者们祈祷。②

在采访接近尾声时，索尔仁尼琴被问道，信仰对他来说意味着什么。他回答道，信仰是"一个人的生命基础和支柱"。随后，他被问道，他是否害怕死亡。他回答道："不，我一点都不害怕死亡……我觉得，它是一个人生存过程中的自然事件，但绝不是最终的里程碑式的

---

① 同上。
② 同上。

事件。"

他的采访者回应道："无论如何,我们希望您再拥有许多年的创作生命。"

"不,不,"索尔仁尼琴回答道,"不要再多了。已经足够了。"①

---

① 同上。

第二十四章　"成了"

二〇〇七年八月初,就在索尔仁尼琴提及那些基督教殉难者——他们是在莫斯科郊外的布托沃墓地被共产主义者杀害的——的那篇采访在《明镜》上发表仅仅一周后,俄罗斯东正教会在这个墓地中举行了一场纪念这些殉难者的纪念会。普京总统及其政府由于没有出席这项活动而备受关注,也受到俄罗斯媒体的强烈谴责。三个月后,总统普京为他此前的这个疏忽之过(如果人们可以用这样的语言解释政治家的动机和行为的话)公开进行忏悔,他来到布托沃,就意识形态的罪恶和死于共产主义制度中的几百万人发表声明。在同一天,东正教会将几百位共产主义的受害者追封为圣徒。

十二月九日,在索尔仁尼琴八十九岁生日的前两天,他接受了俄罗斯电视台《每周新闻》栏目为纪念新版《古拉格群岛》的出版所进行的采访。他警告说,虽然俄罗斯"重新恢复了它在国际关系中的影响力,重新获得了它在世界上的地位",但是,从内在来说,"从道德上来说,我们离自己所希望的和所需要达到的目标还很远。"俄罗斯需要的是超越政治的"灵性发展"。①

二〇〇八年三月三十一日,A. N. 威尔逊再次成了索尔仁尼琴在英国的支持者,就像一九七〇年代伯纳德·列文和马尔科姆·马格瑞奇是他的支持者一样。威尔逊于前一年曾对《癌病房》大加赞赏,现在他

---

① 《每周新闻》,2007 年 12 月 9 日,俄罗斯电视台网站。

要赞美的则是《第一圈》："我一直都在读《第一圈》，一个星期以来，其他的任何事情对我来说都是不存在的。它不仅是对斯大林主义最具摧毁力的控告，而且还是将所有的事情都设定在三天的空间中的一部优秀小说。"①在讨论过这篇小说的文学价值和道德品质之后，威尔逊将他的注意力转向了索尔仁尼琴本人：

> 在他反抗斯大林政权的强有力的斗争中，索尔仁尼琴获得了胜利。于是，他曾英勇地单独向世界揭示的真相变得众所周知……真理的热爱者永远都会向他致意。在《第一圈》的结尾处，一些犯人被装在贴着"面包"和"肉"标签的货车中转移到劳改营。法文报纸《解放报》的一名记者曾经在看到这些经过莫斯科大街的货车时这样写道："必须承认，这个城市的食物供应组织得极好。"在西方，在索尔仁尼琴开始写作之前，我们都曾和这位记者一样盲目。我们要感谢他，感谢我们自己，还要感谢那些遭受苦难的人，不要忘记他们。②

　　四月二日，索尔仁尼琴再次挑起争议，这一次是因为他指责乌克兰政府的"历史修正主义"。在接受俄罗斯日报《消息报》的采访时，索尔仁尼琴谴责乌克兰努力使一九三二至一九三三年的大饥荒在国际上被认作是俄罗斯人对乌克兰人的种族灭绝的做法。索尔仁尼琴反对这种"修正主义"，他反驳道，这场饥荒是由共产主义政权的腐朽理想造成的，在这种政权的统治下，所有的人都同样遭受着苦难，无论俄罗斯人还是乌克兰人，都是一样。如果认为这是一场种族屠杀，那么，这种提法就成了一个"远超布尔什维克主义宣传机器的野蛮提议"的离奇"谎言"："当然，这类诽谤的话语是很容易潜入西方人的头脑的。他们从来都不理解我们的历史，你可以向他们兜售任何一个古老的神话故事，甚至是和这个故事一样愚蠢的故事。"三天后，《波士顿环球报》在获得授

---

① 《每日电讯报》，2008 年 3 月 31 日。
② 同上。

权后准确地用英文发表了《消息报》上索尔仁尼琴的全部谈话,并以"乌克兰的饥荒不是种族灭绝政策"为大标题。西方媒体很少如此客观和公正地对待过索尔仁尼琴的话语。

索尔仁尼琴最后的这个公开发言包括着他一生中的三个主要追求:对共产主义的谴责、对历史真相的维护和对俄罗斯的爱,也许这个概括是再合适不过的了。二〇〇八年八月三日,在莫斯科郊外的家中,索尔仁尼琴死于心力衰竭,结束了他无所畏惧、始终不渝地为正义和真理事业服务的一生。几乎没有人能够真正地用圣保罗的话正义地宣布:那美好的仗他已经打过了,当跑的路他已经跑尽了,所信的道他已经守住了(参见《提摩太后书》4 章 7 节)。不仅将圣保罗的话用于索尔仁尼琴是得体的,甚至将他的精神与基督作参照也是得体的。几乎没有人像索尔仁尼琴那样度过自己的一生:被钉在苦难的十字架上,被戴上用作嘲笑他而编织的荆棘冠冕;也几乎没有人如此配得用他们最后的一丝气息,说出基督最后的话语:"成了"。

葬礼和相关的委托事宜于八月六日在顿河修道院的主教堂中举行。索尔仁尼琴的研究者和翻译者迈克尔·尼科尔森参加了葬礼,他认为葬礼是"极其隆重和感人的",他描述道,葬礼结束后,因为人们试图献上鲜花并亲吻那个临时的木质十字架,墓地上挤满了人。[①] 不到两个星期,索尔仁尼琴又一次战胜了他的共产主义敌人,而且,这一次还是在他逝世之后战胜的。据报导,莫斯科伟大的共产主义者大街将被更名为"亚历山大·索尔仁尼琴大街"。[②] 为了授予他由总统普京亲自下令批准的这项荣誉,这个城市的官员们不得不修改现行的规则——这个规则规定,只有去世十年以上的人的名字才能有幸被用作大街的名称。"生活中会出现这样一些情况,可以让你不必等待十年来评价一个人对俄罗斯和莫斯科历史的贡献。"莫斯科市议会主席弗拉基米尔·普拉东诺夫如此说。[③] 对于一个将自己的大部分生命都用于批判政治

---

① 2008 年 8 月 11 日,迈克尔·尼科尔森给作者和其他人发的邮件。
② 英国广播公司新闻网站,2008 年 8 月 18 日,http://www.bbc.co.uk/news/uk.
③ 同上。

生活的世俗主义和世俗化的人来说,对他的这一世俗封圣活动所暗含的讽刺意味,成为围绕着他生命神圣"喜剧"之全部的黑色幽默。

这个喜剧还在继续上演。九月十一日,在索尔仁尼琴逝世四十天的前夜,按照俄罗斯东正教的习俗,要举行一个逝者的纪念会,一位莫斯科的共产党领导人弗拉基米尔·拉凯耶夫发表声明说,"伟大的共产主义者大街"是为了纪念一九〇五年和一九一七年革命中在那里倒下的布尔什维克主义者而命名的大街。拉凯耶夫说,把莫斯科最受人尊敬的一条大街更改为索尔仁尼琴的名字,这是"不能被允许的",因为这个名字曾经"反映出那些为了自由、为了人民的幸福和国家的强盛而献出生命的共产主义者的热情"。① 不久,共产党莫斯科分部的网站宣称说:"全国的公民继续表达着他们对给这位假先知封圣这一活动的不满情绪。"②

九月二十三日,尽管共产主义者抗议,莫斯科政府还是初步同意了修改法律,从而使街名的更改完全合法化,并因此使八月十二日的总统令正式生效——这项总统令的内容是:要在这条街上树立一个纪念索尔仁尼琴的纪念碑,应当在二〇〇九年一月一日之前将新街的标识牌和纪念碑安放到位。令人感兴趣的是,总统令还具体规定了纪念碑的内容,要求说明索尔仁尼琴是一位诺贝尔文学奖获得者和俄罗斯国家奖获得者,但却没有提及古拉格。同时,还有另一个较为阴郁的戏剧性事件,一小群共产主义者和"伟大的共产主义者大街"的居民拿着写有"不要虚伪地生活"的标语牌示威游行。这是如此离奇,足以放入奥维尔的反面乌托邦。

似乎是为了让迷惑不解的观察者能够清醒一些,忏悔者圣马丁教堂——这是坐落在"伟大的共产主义者大街"上的一座漂亮的教堂——

---

① 《纽约时报》,2008 年 9 月 25 日。
② 同上。似乎称索尔仁尼琴为"叛徒"的说法在许多俄罗斯人那里是非常普遍的。2009 年 7 月,在德克萨斯州的一场体育活动中,我有机会碰到一位年轻的俄罗斯流亡者,这次会面使笔者理解了这一点。当我问这位年青人他如何看待索尔仁尼琴时,他回答说,在俄罗斯,大部分人都认为他是一个叛徒。

的神父们在教堂外面树立起一个写着它在一九一七年之前的地址的标识牌，即大阿列克谢耶夫斯卡娅教堂街 15 号——大阿列克谢耶夫斯卡娅教堂是一座纪念中世纪东正教徒阿列克谢的教堂。在解释树立这个标识牌的决定时，瓦列里·斯捷潘诺夫神父——他在这个教堂中事奉，还主持着一档关于莫斯科的电视节目——说道："我们不应当像那些四处奔波为所有东西更名的共产主义者那样。但是，"他补充道，"索尔仁尼琴大街比伟大的共产主义者大街要好。"①

　　同时，索尔仁尼琴的逝世及其留下来的遗产不仅在莫斯科的大街上引起了混乱和分歧，西方的作家也在成群结队地对这个二十世纪的巨人表达着敬意。索尔仁尼琴去世后获得了谅解，甚至是受到了赞颂——如果说他在世的时候没有得到这一切的话——尽管这对于那些长期以来因他对西方支配地位的毁灭性批判而排斥他的人来说并不是心甘情愿的。

　　二〇〇九年八月三日，在索尔仁尼琴去世一周年时，弗拉基米尔·普京给索尔仁尼琴的遗孀发了一封电报，称索尔仁尼琴是"一位世界级的人物，他的创作遗产和思想遗产将在俄罗斯的文学史和我们国家的历史记载中占据着一个特殊的位置"。② 同一天，继普京之后任俄罗斯总统的德米特里·梅德维杰夫也给阿莉娅·索尔仁尼琴发了一封电报。它的内容似乎是要暗示，也许她丈夫的深切愿望终于被这个国家的政治家们意识到了。无论如何，这封电报是俄罗斯总统对他的国家中最伟大的当代英雄的恰当赞誉：

　　　　亚历山大·索尔仁尼琴的道路是一个真正战士的道路，他经受住了各种形式的试炼和苦难。他上过战场的前线，经受过斯大林的劳改营和流亡的痛苦。但是，在经过命运的一切苦难后，他坚持着对人民、对人民的道德伟大和灵性伟大的信仰。他从来没有背叛过自己，没有背叛过他的信念和良知。他总是讲真话，无论是在

---

① 《约纽时报》，2008 年 9 月 25 日。
② 俄新社消息，2009 年 8 月 3 日，http://www.en.rian.ru/.

什么样的情况下。他的作品《伊凡·杰尼索维奇的一天》、《古拉格群岛》和《第一圈》,通过对悔改的呼吁而唤醒了民族的良知。

他的心中总是充满着对他的祖国和同胞的无尽的爱。他衷心地为祖国的命运忧虑,他不知疲倦地寻找着建设俄罗斯和保护俄罗斯人民的道路,并以此作为他的生命的目的。他关于加强各州地位、发展民主自由的许多思想都是切合实际需要的,它们今天仍然有着不朽的意义,他的文学和哲学作品是一份需要深刻、全面研究的遗产。①

总统的这篇颂词的最后一句话被证明是具有预言性的。二〇一〇年十月,据报道,《古拉格群岛》成为俄罗斯所有高中生的必读篇目。普京在和索尔仁尼琴遗孀的一次会见上,称《古拉格群岛》是"一个基本的读物"。"不知道这本书,我们会缺乏对我们祖国的全面理解,而且,我们对未来的思考也会变得困难。"②不过,索尔仁尼琴的生命事实本身,终究还是比任何的话语都更有力量,人们几乎可以听到他的灵魂的声音,回荡着他在接受《明镜》周刊的采访时最后说的那几句话:"不,不要再多了。已经足够了。"他的生命是自身的代言人。它结束了,完成了,至善至美。

今天,在苏联解体后,在斯大林的雕像被匆忙推倒后,人们很容易会忘记索尔仁尼琴的巨大成就。简而言之,他所做的一切被认为是不可能的。人们不相信,一个人可以挑战共产主义国家却能够活下来。更加让人不能相信的是,他不仅活了下来,还在这个国家的倒台中发挥了重要的作用,而且比这个国家本身活的时间还要长。索尔仁尼琴的生命和榜样悍然违背了"现实主义者"的所谓"现实"。

在最为悲观的"现实主义者"看来,这个胆敢挑战国家权威的小人物,其命运的缩影就是乔治·奥维尔的小说《一九八四》——这本小说出版于一九四八年,当时索尔仁尼琴作为苏维埃政权的政治犯正在服

---

① 俄罗斯总统网站,2009 年 8 月 3 日,http://www. Kremlin. ru.
② 2010 年 10 月 26 日,http://rt. com/news/solzhenitsyn-gulag-novel-putin/.

刑——中的温斯顿·史密斯。同样,温斯顿·史密斯这个人物不仅可以被看作疏远极权主义国家(老大哥)的每一个人的形象,而且还可以被看作一个愚蠢的形象和对索尔仁尼琴本人的预见。按照这种"现实主义的"观点,温斯顿·史密斯不仅要被这个强权的国家所摧毁,而且,他还会背叛他的每一个理想和他所爱的一切,可怜地屈服在它的强横的要求之下。"老大哥"的胜利是不可避免的,是预先注定的。它是命运,而否定或者反抗命运则是致命的和徒劳的。

事实是奥维尔没有摆脱他过去作为一名马克思主义者时所信奉的黑格尔决定论。他早已对马克思主义失望了,但是,却仍然相信历史的力量是不可违拗的,国家的胜利是无法避免的。和他从前的同志一样,奥维尔仍然相信,国家是全能的;他和他们唯一不同的是:他憎恨这个全能的神,而他们则崇拜它。

另一方面,索尔仁尼琴并不认为苏维埃共产主义国家是神,而认为它只不过是一个魔鬼,或者说是恶龙,是所有罪恶的显现。他不相信命运,而是相信自由:相信意志自由和它为真理服务的职责。命运是想象的臆造,而恶龙则是真实的。而且,和这个恶龙斗争是好人的责任,如果有必要,甚至要战斗而死。索尔仁尼琴和这个恶龙进行了殊死斗争,虽然它比他大几千倍,虽然它喷着火舌,杀了几百万的人。他和它进行斗争,是因为他在良知上不能做别的事情。通过这样做,他证明了,最终的胜利者是信仰,而不是命运。信仰能够使山移动;它能够移动被视为"上帝"的庞大机器;它能够移动和推翻"老大哥"。

索尔仁尼琴以他的生命事实作笔,改写了乔治·奥维尔的小说。他上演了温斯顿·史密斯的胜利。真理似乎不仅比想象更有力量,而且它还具有一个更为幸福的结局。

图书在版编目(CIP)数据

流放的灵魂:索尔仁尼琴/(英)皮尔斯(Joseph Pearce)著;张桂娜译.—上海:上海三联书店,2013.9(2025.4 重印)
ISBN 978 - 7 - 5426 - 4251 - 6

Ⅰ.①索… Ⅱ.①皮…②张… Ⅲ.①索尔仁尼琴(1918~2008)—传记 Ⅳ.①K835.125.6

中国版本图书馆 CIP 数据核字(2013)第 134989 号

流放的灵魂:索尔仁尼琴

著　　者／约瑟夫·皮尔斯
译　　者／张桂娜

责任编辑／邱　红
特约编辑／徐志跃
装帧设计／豫　苏
监　　制／姚　军
责任校对／张大伟

出版发行／上海三联书店
　　　　　(200041)中国上海市静安区威海路 755 号 30 楼
邮　　箱／sdxsanlian@sina.com
联系电话／编辑部:021 - 22895517
　　　　　发行部:021 - 22895559
印　　刷／上海展强印刷有限公司

版　　次／2013 年 9 月第 1 版
印　　次／2025 年 4 月第 6 次印刷
开　　本／655mm×960mm　1/16
字　　数／320 千字
插　　图／4 页
印　　张／22.75
书　　号／ISBN 978 - 7 - 5426 - 4251 - 6/K·222
定　　价／58.00 元

敬启读者,如发现本书有印装质量问题,请与印刷厂联系 021 - 66366565